海外우리語文學硏究叢書 100

조선출판문화사
(고대~중세)

리철화 저

한국문화사

조선문학개관

(상권 — 중세)

사회과학원

연구문학사

차   례

머리말 ……………………………………………………(9)

제 1 편
고대 및 삼국 시기 출판문화

제1장. 고대시기 문자사용과
서사수단의 발전 ……………………………(1 1)

제1절. 고대시기 문자사용과
서사어의 발전 ……………………………(1 1)

1. 신지글자……………………………………………(1 2)
2. 한자…………………………………………………(1 6)
3. 리두자와 리두어…………………………………(1 8)

제2절. 고대시기 필사도서……………………………(2 0)

제2장. 삼국시기 출판문화………………………(2 2)

제1절. 서사수단의 발전………………………………(2 2)
제2절. 금석문의 발전과 탑본………………………(2 9)

1. 석각의 발전과 탑본의 출현……………………(3 0)

2. 활자의 모체로서의 인장 …………………………(34)

제3절. 필사도서, 목판인쇄기술의 발단 ……………(35)

　1. 필사도서 ………………………………………(35)

　2. 목판인쇄기술의 발단 …………………………(47)

제 2 편

발해, 후기신라 시기 출판문화

제1장. 발해의 출판문화 …………………………………(49)

제1절. 발해문인들의 다양한 저술활동 ………………(49)

제2절. 발해의 금석문과 도서의 출판 …………………(51)

제2장. 후기신라시기 출판문화 …………………………(53)

제1절. 목판인쇄기술의 발전 ……………………………(53)

제2절. 각종 도서의 출판과 보급 ………………………(58)

　1. 기술도서를 비롯한 각종 교육도서
　　 출판과 보급 ……………………………………(58)

　2. 개인저술의 발전과 력사,
　　 문예 도서편찬간행 ……………………………(60)

　3. 주소학의 보급발전과 경전
　　 주소의 편찬간행 ………………………………(67)

제3절. 신라말기의 《닉명서》와 《격문》 ………………(71)

제4절. 도서장정의 발전과 서체의 다양성 ……………(75)

　1. 도서장정의 발전 ………………………………(75)

2. 8~9세기 서체의 변천과 다양성……………………(7 9)

제 3 편

고려시기 출판문화

제1장. 고려전반기 출판문화……………………………(8 3)

제1절. 고려초기 출판기구의 정비……………………(8 3)
1. 문방구의 발전………………………………………(8 3)
2. 출판기구의 정비……………………………………(8 6)
   1) 중앙출판기관 ……………………………………(8 6)
   2) 지방출판기관 ……………………………………(8 9)
   3) 사원출판기관 ……………………………………(9 0)

제2절. 고려전반기 각종 도서들의 출판………………(9 1)
1. 교육도서……………………………………………(9 1)
2. 력사도서……………………………………………(9 7)
3. 문예도서……………………………………………(103)
4. 천문력서 및 지도…………………………………(108)
5. 대농민폭동시기의 《격문》,《벽서》………………(109)

제3절. 대장경의 간행……………………………………(113)
1. 초조판 대장경의 간행……………………………(114)
2. 속장경의 간행………………………………………(117)

제4절. 고려판본의 기술적우수성과
   대외적영향………………………………………(125)

제5절. 출판인쇄기술의 발전과 금속활자의 발명………(131)

1. 활판인쇄기술의 발전 …………………………(131)
2. 금속활자의 발명 ……………………………(135)
3. 금속활자발명의 세계사적의의 ………………(144)

제2장. 고려후반기 출판문화 …………………………(148)

제1절. 문예도서의 출판 ……………………………(148)

1. 개인문집간행 …………………………………(148)
  1) 13세기에 간행된 개인문집 …………………(149)
  2) 14세기에 간행된 개인문집 …………………(152)
2. 력대 작품선집의 출판 ………………………(160)

제2절. 력사, 어학 및 기술 도서의 출판 …………(166)

1. 력사도서 ………………………………………(166)
2. 어학도서 ………………………………………(174)
3. 기술도서 ………………………………………(177)
4. 저화의 간행 …………………………………(181)

제3절. 《팔만대장경》의 판각과
   인쇄문화사적의의 …………………………(182)

1. 신조판 《팔만대장경》의 판각 ………………(182)
2. 신조판 《팔만대장경》의 인쇄
   문화사적의의 ………………………………(190)

제4절. 고려말기 주자학의 도입과
   유학경서 ……………………………………(194)

제 4 편

리조시기 출판문화

제1장. 리조전반기 출판문화 …………………………(197)

제1절. 출판문화발전을 위한 제반 시책………………(197)

1. 출판기구의 설치와 출판사업……………………(197)

1) 《서적원》의 설치와 출판사업……………………(197)
2) 《주자소》의 설치와 출판사업……………………(199)
3) 《교서관》의 설치와 출판사업……………………(199)
4) 《간경도감》의 설치와 불경의 간………………(201)
5) 기타 림시출판기구………………………………(201)
6) 지방의 출판기관과 출판사업……………………(202)

2. 출판자재보장……………………………………(203)

제2절. 인쇄기술의 획기적발전과
         금속활자의 대량적주조 ………………(209)

1. 금속활자의 대량적주조와
       그 기술의 발전…………………………………(209)

1) 15세기 금속활자주조사업………………………(209)
2) 16세기 금속활자주조사업………………………(221)
3) 활자주조기술………………………………………(223)

2. 조판인쇄기술과 도서출판방법의 발전…………(225)
3. 목활자와 목판인쇄기술의 발전…………………(228)
4. 주전 및 저화 인쇄기술의 발전…………………(232)
5. 출판화의 발생발전………………………………(236)

제3절. 15~16세기 각종 도서의 출판………………(239)

— 5 —

1. 어학도서의 출판……………………………………(240)

   1) 훈민정음의 창제와 여러가지 언해……………(240)

   2) 리두도서를 비롯한 어학
      도서의 출판………………………………………(250)

2. 문학도서와 문집류의 출판………………………(254)

   1) 문학도서의 출판………………………………(254)

   2) 문집류의 출판…………………………………(258)

3. 력사도서의 출판……………………………………(263)

   1) 《고려사》를 비롯한 통사도서의 출판…………(264)

   2) 《리조실록》의 편찬출판과 사료적가치………(269)

4. 법전 및 경제 관계 도서의 출판 ………………(275)
5. 군사관계도서의 출판………………………………(278)
6. 기술도서의 출판……………………………………(281)

   1) 천문력학도서 ……………………………………(281)
   2) 의학도서…………………………………………(283)
   3) 지리도서…………………………………………(287)
   4) 농학도서…………………………………………(290)

제4절. 봉건통치계급내부에서의 심각한
       대립과 이를 반영한 출판사업 ………………(291)

제5절. 임진조국전쟁시기의 애국적출판물…………(298)

제6절. 출판문화의 대외적영향………………………(302)

   1. 명나라와의 교류…………………………………(302)
   2. 일본에 준 영향…………………………………(306)

제2장. 리조후반기 출판문화……………………………(313)

제1절. 전쟁으로 파괴된 출판문화를
　　　　수복하기 위한 투쟁················(313)

　1.《훈련도감자》를 비롯한 활자,
　　　각자 및 주조사업··················(314)
　2.《리조실록》 수복사업················(318)

제2절. 17세기～18세기 출판문화의
　　　　발전과 실학도서의 출판············(320)

　1. 17세기～18세기 출판문화의 발전········(320)
　　1) 출판기구 및 출판사업의 확대·········(320)
　　2) 활자의 다양한 주조·················(326)

　2. 실학사상에 의한 출판문화의 발전과
　　　실학자들이 저술한 도서···············(334)
　　1) 실학사상에 의한 출판문화발전········(335)
　　2) 17세기 실학자들이 저술한
　　　대표적인 도서·······················(338)
　　3) 18～19세기 전반기 실학자들에 의한 출판
　　　문화의 발전과 그들이 저술한 도서······(343)

제3절. 각종 도서의 출판··················(368)

　1. 우리 말 연구와 어학도서의 출판········(368)
　2. 국문소설도서의 출판··················(370)
　3. 문집류와 패설관계도서의 출판··········(374)
　　1) 문집류···························(374)
　　2) 패설관계도서·····················(375)
　4. 력사도서의 출판····················(377)
　　1)《리조실록》······················(378)
　　2)《승정원일기》····················(380)

3) 《국조보감》……………………………………(382)
4) 관청지, 읍지 기타 도서………………………(383)
5. 정치, 경제 및 법전 관계
   도서의 출판……………………………………(383)
   1) 정치, 경제 관계도서…………………………(383)
   2) 여러가지 법전…………………………………(385)
6. 군사관계도서의 출판……………………………(387)
7. 자연과학과 기술 도서의 출판…………………(388)
   1) 천문, 수학 분야 도서………………………(388)
   2) 지리도서………………………………………(391)

제3장. 《조보》와 《닉명서》를 비롯한 각종 형태의 선전문……………………(393)

제1절. 《조보》의 기원과 발행조직, 내용과 성격 ………………………………(393)

1. 《조 보》의 기원……………………………………(393)
2. 《조 보》의 발행조직과
   내용 및 성격…………………………………(395)

제2절. 《닉명서》를 비롯한 각종 형태의 선전문 ………………………………(400)

1. 《닉명서》………………………………………(400)
2. 《륜음》…………………………………………(403)

부　　　록

조선 중세활자 일람표……………………………(405)

머 리 말

조선인민은 먼 옛날부터 자기의 창조적로동으로 훌륭한 문화와 과학적발명을 이룩하였다.

위대한 수령 **김일성**동지께서는 다음과 같이 교시하시였다.

《유구한 력사와 찬란한 문화로 빛나는 우리 민족은 오랜 옛날부터 과학적 창조와 발명으로써 인류문화의 보물고를 풍부히 하는데 크게 기여한 훌륭한 전통을 가지고있습니다.》(《김일성저작집》 7권, 384페지)

조선인민이 인류문화발전에 기여한 과학적 창조와 발명의 공적 가운데는 일찍부터 발전하여온 출판문화도 빛나는 한자리를 차지하고있다.

지혜롭고 근면한 우리 인민은 기원전 오랜 시기부터 벌써 서사생활을 시작하였으며 이에 토대하여 저술편찬사업과 인쇄기술을 발전시켰다.

특히 삼국시기부터 시작된 판각술과 서적편찬사업은 고려시기에 이르러 《팔만대장경》과 같은 거대한 규모의 판각을 이룩하여 민족의 자랑으로 되게 하였으며 세계문화사상에 하나의 위대한 발명으로 되는 금속활자를 11세기말 12세기초에 주조사용함으로써 세계 그 어느 나라보다도 인류문화를 발전시키는데 크게 기여하였고 우리 나라의 명성을 온 세상에 떨치였다.

고려시기를 거쳐 리조시기에 들어서면서 금속활자를 대량적으로 주조하고 기술을 획기적으로 발전시켜온 우리 인민은 마침내 세계에서 가장 먼저 연활자를 15세기 전반기에 창안주조하였으며 《리조실록》과 같은 1,763권에 달하는 방대한 량의 책을 편찬하여 오늘까지 보존하여왔다.

우리 인민이 이룩하여놓은 이 출판문화의 유산들은 위대한 수령님과 친애하는 지도자동지의 현명한 령도와 세심한 배려에 의하여 오늘 민족의 재부로서 계승발전되고있으며 찬란한 빛을 뿌리고있다.

이 책에서는 우리 나라 고대중세시기 우리 인민이 출판문화분야에서 달성한 성과들과 슬기로운 창조과정을 체계적으로, 전면적으로 서술하는데 중점을 두었다.

그리하여 우리 인민들로 하여금 지난날 우리 인민이 창조한 찬란한 출판문화의 력사와 우리 민족이 이룩한 자랑스러운 문화전통을 리해하는데 일정한 도움을 주려고 하였다.

제 1 편
고대 및 삼국시기 출판문화

제1장. 고대시기 문자사용과 서사수단의 발전

제1절. 고대시기 문자사용과 서사어의 발전

위대한 수령 **김일성**동지께서는 다음과 같이 교시하시였다.

《과학과 문화의 발전에서 문자는 매우 중요한 역할을 합니다. 신문, 잡지, 과학기술서적들, 문학작품들이 다 문자로 씌여집니다. 문자가 없이는 과학과 문화를 배울수도 없으며 발전시킬수도 없습니다.》(《김일성저작집》 18권, 15페지)

문자는 과학과 문화를 발전시키는데서 참으로 중요한 역할을 한다.

문자가 없이는 과학과 문화를 배울수도 없고 발전시킬수도 없을뿐만아니라 인간자체가 자기의 사상과 의사를 표시할수도 없고 전달할수도 없으며 자기의 생활에서 제기되는 문제를 기록할수도 없고 후날에 남길수도 없다.

문자는 원래 인간의 사상과 의사를 표현하는 수단으로서 사회적교제수단인 언어를 적기 위한 일정한 체계의 기호로 생겨났다. 따라서 세계의 수많은 민족들이 각이한 언어를 사용함에 따라 그 언어를 적기 위한 기호로서의 문자 역시 다종다양해졌으며 그 문자사용의 시원년대도 각이하였다.

오늘 우리들은 민족문자로서 정음문자를 사용하고있다.

이 정음문자는 우리 인민이 오랜 력사발전과정에 이룩한 귀중한 창조물의 하나이며 그 문자학적가치로 하여 세계적으로 자랑할만한 민족문화유산의 하나이다.

친애하는 지도자 **김정일**동지께서는 다음과 같이 지적하시였다.

《우리 선조들이 창조한 문화적재부들가운데는 세계문화의 보물고를 풍부히 하는데 기여한 창조물이 적지 않습니다.》

우리 인민은 우수한 민족문자를 가지고 인류의 과학문화발전에 크게 기여해온것으로 하여 높은 민족적 긍지와 자부심을 가지고있다.

우리 인민이 정음문자를 사용한것은 15세기이후이지만 자기의 고유한 문자와 한자에 의한 리두식표기는 이미 고조선시기부터 모색되고 시도되여왔으며 고구려에서 본격적으로 형성, 발전되였고 백제와 신라에서까지 널리 쓰이게 되여 새로운 발전을 이룩하였다.

슬기로운 우리 인민은 한자를 쓰기 이전단계부터 이미 자기의 고유한 문자를 사용해왔다는 문자사용의 유구한 력사를 유물을 통하여 보여주고있다.

그렇기때문에 우리 나라에서 오래전부터 사용하여오던 문자는 이 정음문자외에도 여러 종류가 있었다는것을 알수 있다. 즉 신지글자, 한차, 리두자 등이다.

그러면 우리 나라에서 제일 먼저 쓰인 문자들은 과연 어떤것들이며 그 문자는 대체로 언제부터 씌여졌는가를 찾아보기로 한다.

1. 신지글자

우리 인민이 문자를 사용하기 시작한것은 아주 먼 옛날부터이며 그 문자가 발생하게 된것도 세계의 모든 문자의 발생력사와 마찬가지로 역시 그 당시 근로인민들의 생산활동과정에서 창조된 대중적지혜의 산물이였다. 또한 이것은 문자발생이전시기의 유구한 생활적경험과도 련관되여있다.

문자사용이전의 원시말기 사람들은 나무쪼각에다 금을 그어 하나의 기호로 사용한 경우도 있었으며 경주지방에서 발견된 토기그림과 같이 그림으로 의사를 표시한 례도 있었다.

그리고 함경북도 무산군 범의구석유적에서는 원시말기의 유물로 인정되는 복뿔이 발견되였다.

이 복뿔에서는 짐승의 견갑골에다가 숯불로 지져서 표시한 점이 수십개나 나타나있다. 바로 원시말기 사람들은 이런 방식으로 로동과정에서 자기 생활을 예견하기 위하여 점을 쳤던것이다. 이 복뿔의 점은 고대문자발생의 시원적형태로 볼수 있다.

우리 나라 첫 고대국가인 고조선에서는 자기의 고유한 글자(신지글자)를 가지고있었다.

《평양지》에 의하면 1583년에 법수교밑에 묻혀있는 돌비를 파내여보니 그 비돌에 글자가 새겨져있었는데 그것이 지금의 우리 글자도 아니고 인도의 범자(싼스크리트어)도 아니고 중국의 옛 글자인 전자도 아니여서 누구도 알아볼수 없었다고 하면서 혹 말하기를 단군때에 신지가 썼다는 글자일것이라고 하나 오래되여 그 돌비가 잃어졌다고 하였다.

※ 《신지글자》에 대한 기록은 《녕변지》와 《선조실록》에도 실려있다.

이 기록들을 통해서 볼 때 그때의 사람들에게까지 우리 나라에는 옛날부터 우리 글자로서 《신지글자》라는 고유한 글자가 있었다는 인식이 깊이 남아있었다는것을 알수 있으며 또한 그 글자가 뜻글자인 한자의 전자(글자체의 하나)와도 같지 않고 소리글자인 범자의 모양과도 같지 않다고 한것으로 보아 그 글자가 뜻글자의 류형인지 소리글자의 류형인지 정확히 알수는 없으나 그 글자가 뜻글자의 류형이라기보다는 소리글자의 류형이였다는것을 짐작할수 있게 한다.

이름있는 실학자 리덕무의 《청비록》에서는 10세기 후반기에 나서 11세기초에 호부상서라는 높은 벼슬까지 한 장유가 중국의 강남에 갔을 때에 마침 고려에서 떠내려간 《슬》이라는 악기의 밑바닥에 쓰인 글을 중국사람들은 도무지 읽지 못하는것을 그가 한문으로 옮겨주었다는 이야기를 전하고있는데 이것은 곧 고려에 일정한 조선고유글자가 있었다는것을 말해준다.

오늘까지 전해지고있는 《삼성기》라는 책에서는 《단군때에 신전(신지전자, 신지글자)이 있었다.》고 하였으며 16세기초의 학자 리맥의 《태백일사》(태백유사라고도 한다.)에서는 《단군때에 신지전서(신지전자, 신지글자)가 있었는데 그것을 태백산과 흑룡강, 청구(조선), 구려 등의 지역들에서 널리 썼다.》고 하였다. 또한 17세기의 북애자가 쓴 《규원사화》에는 단군시기에 신지가 사냥을 하다가 사슴발자국을 보고 처음으로 글자를 만들었다고 하였으며 《녕변지》에서는 신지글자 16자를 전하고있다.

이와 같이 《삼성기》와 《태백일사》, 《규원사화》, 《평양지》와 《녕변지》 등 여러 옛 문헌들에서 한결같이 신지글자가 단군조선—고조선에서 쓰인 글자라고 한것이다. 그것은 또한 고조선유적에서 나온 토기의 밑굽에 신지글자와 같거나 비슷한 글자들이 새겨져있기때문이다.

또한 신지글자로부터 훈민정음에 이르기까지의 발전계승관계를 보여주는 자료들도 있다.

특히 8세기의 발해사람 대야발의 《단군고사》와 14세기의 리암의 《단군세기》에 있는 《가림도(加林多, 加林土)에 관한 자료가 그 대표적실례이다.

그 책들에서는 고조선의 3대왕 가륵때에 정음(正音) 38자를 만들게 하였는데 그 이름을 《가림도》라 한다고 하였다.

이 정음 38자는 그 모양이 훈민정음과 너무나도 비슷하여 놀라움을 금할수 없게 한다.

이것은 시초의 신지글자가 이러저러한 과정을 거쳐 가림도글자에 이르고 마침내는 훈민정음에 계승되였다는것을 의심할바없이 보여주고있다.

또한 주목을 끄는것은 일본의 이른바 《신대문자》(神代文字)—《아비루글자》(阿比留文字)와의 관계문제이다.

오랜 옛날부터 대마도(対馬島)에 보존되여온것이라는 《아비루문자》는 가림도 글자에서 갈라져나간것이 명백하다.

일본의 옛 책인 행지의 《훈석언문해》에서 훈민정음(언문)에 대하여 《옛날체와 지금체의 두가지가 있었다. 옛날체는 삼한초(고조선말기)에 만들어 전하는것이고 지금체는 리조 세종때에 옛날체의 글자를 고쳐만든것이다. 끝 지금 그 나라에는 옛날체의 글자는 전해오는것이 없고 다만 지금체의 글자만이 쓰인다. 옛날체의 글자는 지금 일본에서 전해오고있는 〈비인서〉(肥人書, 조선사람의 글자라는 뜻인데 일본에서는 신대글자라고 한다.)라는것이다.》라고 전하고 있다.

이상과 같은 자료들은 고조선시초의 신지글자가 이러저러한 과정을 거쳐 가림도글자에 이르고 그것이 고조선말기 《삼한》초기에 훈민정음의 《옛날체(비인서)》로 발전하였으며 또다시 부단한 변천, 발전 과정을 밟아 훈민정음(지금체)으로 계승완성되였다는것을 거의 의심할바 없이 보여주고있다.

이처럼 우리 선조들이 고조선시기부터 한자나 기타 외국문자와는 다른 자기의 고유한 글자를 사용하였다는것은 우리 민족의 더없는 자랑이며 영예이다.

그러나 고대조선의 고유한 글자에 대한 충분한 자료가 남아있지 않게 된것은 력대의 반동통치계급들의 한자, 한문 숭상의 후과와 관련된다.

만약 우리 민족의 고유한 말의 체계와는 다른 한자가 일찍부터 들어오지 않고 통치자들의 공용어로 사용되지 않았더라면 우리 인민들은 자기가 창조하고 사용해온 이 고대문자를 더욱 발전시켰을 것이며 1444년에 가장 발전된 문자인 훈민정음이 창제되기 이전시기에 있어서 말과 글이 일치하지 않는 그런 서사생활의 애로는 없었을것이다.

2. 한 자

한자 역시 우리 나라 고대문자와 마찬가지로 그 초기에는 상형문자의 형태로 발전하여온 표의문자이다.

이 한자도 우리 나라 서사수단의 하나로서 오랜 기간 씌여왔다.

벌써 기원전 12세기경부터 고대조선지역에 정착하여 살고있던 구려, 부여 등이 주나라와 외교관계를 빈번히 가지고있었다는것을 전하고있다.*

　※ 《상서전》 주판, 제22

이렇게 우리 민족이 다른 종족인 중국 한족과의 빈번한 접촉을 하게 된것은 곧 한자에 대한 연구와 사용을 촉진시키지 않을수 없었다.

왜냐하면 다른 종족간의 교제에서 서사수단인 문자는 언어에 못지 않은 역할을 수행하기때문이다.

그리하여 1세기 후반기에 벌써 조선사람들이 이미 한문으로 된 주요 고전들을 가지고있었다*는 사료를 보아도 고조선후기이래로 한자, 한문에 대한 지식이 깊었다는것을 알수 있게 한다.

　※ 《론형》의 회국편 참조

《삼국사기》의 기록에 의하면 고구려는 건국첫시기에 벌써 《류기(留記)》라는 력사책 100권짜리를 가지고있었다.*

　※ 《삼국사기》 권20, 고구려본기 8 영양왕 11년

7세기초에 와서 태학박사 리문진에 의해 《류기》라는 책을 요약하여 《신집》 5권을 만들었다는 기록이 있다. 그러므로 《류기》라는 책은 우리 나라에서 편사학적으로나 서지학사일반에서도 가장 오랜 책으로 되고있다.

또한 《삼국사기》에는 고구려의 첫시기에 글자를 쓰기 시작하였다는 기사가 있으므로 이 기사를 가지고 고구려건국초기에 문자사용이 처음 시작되지 않았는가 하는 의문이 생길수도 있으나 이것은 고구려가 건국하여 국가공용어로서 한문자를 처음 쓰기 시작하였다는 말이고 그 이전시기 즉 고조선시기에 한문자사용이 없던것을 고구려가 건국초기에 처음 쓰기 시작하였다는 말은 아니라고 보아야 할것이다. 만약 그때 비로소 한문을 쓰기 시작하였다면 그 한문으로 된 100권짜리나 되는 력사책이 문자를 쓰기 시작하자마자 나올수 없었을것이다.

이상의 몇가지 사료를 통하여 고조선후기시기부터 한자, 한문이 쓰이기 시작하였다는것을 알수 있으며 기원 4~5세기경에 와서는 한자, 한문의 서사생활이 대단히 높은 수준에 이르렀다는것을 보여준다. 이것은 남포시 강서구역 덕흥리무덤벽화나 중국 집안에 있는 《광개토왕릉비》에서 충분히 실증되고있다.

이 한자, 한문의 서사어가 광범히 사용된것은 백제나 전기신라의 경우도 다름이 없다.

그러나 우리 나라에서 널리 씌여진 한자는 그것이 처음부터 중국에서 쓰이던 경우와는 달리 우리 나라 독자적인 음운체계(음파운의 체계)와 읽는 법을 가지게 되였다.

이것은 조선 한문이 가지고있는 특징들이다.

례를 들어 중국에서는 《天》의 첫소리를 《ㅌ》, 《地》의 첫소리를 《ㄷ》로 내고있으나 조선 한자음은 구개음화하여 《ㅌ》를 《ㅊ》로, 《ㄷ》를 《ㅈ》로 내고있다.

문자란 음을 떠나서 론하지 못하는만큼 이 점은 우리 나라에서 씌여온 한자가 중국의 한자와 구별되는 중요한 측면이다.

뿐만아니라 한자가 우리 나라에서 오랜 기간 쓰이는 과정에서 많은 새로운 성어를 만들어냈다.

고유명사는 말할것도 없거니와 기타 일반어휘들인 경우에도 우리 나라에서 독자적으로 만들어 쓴것이 적지 않다.

례를 들면 《대갈》은 말발굽에 신기는 철을 말하는데 그것을 《대갈》이라고 부르게 된것은 1107년경 윤관이 녀진족을 물리칠 때 종전부터 말발굽에 신겨오던 췸신대신에 쇠정을 박게 되였다는데로부터 나온 말이다. 다시말하여 췸신대신에 쇠정을 박았다고 하여 이것을 《대갈》이라고 불렀던것이다.

또 천동을 한자의 뜻대로 말하면 《하늘이 움직인다》는 뜻인데 우리 나라에서는 우뢰를 《천동》이라고 하였다.

이런 례들은 수없이 많다. 뿐만아니라 한문문장도 조선어의 어순과 같은 문장들이 점차 쓰이게 되였는데 이것을 리두식문장, 조선식한문이라고 하였다.

이상에서 본바와 같이 우리 나라에서 만들어진 이러한 한자어들은 그것이 곧 우리 나라 고대중세의 고전서사어들에 광범히 씌여졌으며 이로 말미암아 한문으로 기사화된 고전서적들이 서사어적측면에서도 다른 나라의 한문서적들과 구별된다.

3. 리두자와 리두어

일찍부터 한자와 접촉하여 그것을 쓰기 시작한 고조선후기시기의 우리 인민들은 자기의 신지글자를 쓰면서도 한자를 리용하여 우리 말을 적어내는데서 나서는 여러가지 결함들과 애로들을 극복할 방도를 찾기 위하여 오래동안 모색하여왔다. 그러다가 마침내 하나의 표기방식으로 리두를 쓰기 시작하였다.

《리두》란 한자의 음이나 뜻을 빌어 고유한 우리 말을 적어내도록 만든 독특한 서사체계를 말한다.

다시말하면 원래 표의문자였던 한자를 일종의 표음문자로 전환시켜 본래 글자의 뜻과는 관계없이 그 음만을 취하여 쓰기도 하였으며 또는 이와 반대로 본래 한문자의 음과는 관계없이 그 뜻만을 취하여 우리 말로 읽기도 하였고 나아가서는 원래의 한자에는 없는 새로운 글자를 만들어쓰기도 하였다. 이것이 곧 리두이다.

이미 이 리두가 씌여온 관계로 하여 오늘 우리에게는 리두자와 리두어로 적혀있는 금석문과 고문서들과 서적들이 적지 않으며 지어 사람이름, 고장이름, 벼슬이름들까지 리두로 표기된것이 많다.

리두자와 리두어의 실례를 몇가지 들면 다음과 같다.

　　야(倻): 나라이름 가야를 표기할 때 쓰는 자로서 《삼국유사》
　　　　에 씌였다.
　　논답(畓): 신라 진흥왕 순수비의 하나인 창령비에 씌였다.
　　장승생(栍): 《삼국유사》 관동풍악발연수석기에 씌였다.
　　마(㐬): 《고려사》 우왕 3년조에 씌였다.
　　다짐(侤): 《대명률직해》 제1에 씌였다.

리두자가운데는 또 원래부터 써오던 한자를 리용하여 그 음이나 뜻을 달리 만들어 리두로 쓰게 된것들도 적지 않다. 그 실례를 들면 다음과 같다.

　　結: 한자로서는 《맺다》의 뜻이지만 리두로서는 《먹》이라는
　　　　뜻이다.
　　把: 한자로서는 《쥐다》의 뜻이지만 리두로서는 《발》이라는
　　　　뜻이다.
　　柶: 한자로서는 《숟갈》이라는 뜻이지만 리두로서는 《윷》이라
　　　　는 뜻이다.
　　作: 한자로서는 음이 《작》이지만 리두로서는 음이 《질》이다.

리두글자에는 두 글자이상을 합성하여 쓴것들도 있다. 그 실례를 들면 다음과 같다.

　　마지기(斗落)
　　말음(舍音)

이와 같이 리두는 그 문자의 원형이 대부분 한자이지만 매개 글자들이 노는 기능과 활용관계는 원래의 한자와는 엄연히 다른 우

— 19 —

리 서사어로서의 체계를 갖추면서 우리 말을 표기하는 서사수단으로 씌였다.

그리하여 이것은 고구려, 백제, 신라에서 널리 보급되였으며 문건과 서적에 광범히 씌여졌다.

《삼국유사》에 수록되여 오늘까지 전하는 신라 향가의 례도 바로 이 리두서사어로써 씌여진것이다.

제2절. 고대시기 필사도서

고조선은 생산력발전수준이 높고 통치체제가 째인 발전된 노예소유자국가였을뿐아니라 넓은 령토를 차지한 강대한 나라였다.*

* 《조선전사》 2권, 과학백과사전종합출판사, 1991년판, 128폐지.

고조선에 대한 연, 진, 한 나라들의 침략은 그칠새 없었으나 그때마다 용감히 싸워 물리쳤다.

이러한 고조선국가는 생산력의 발전과 함께 점차 높은 문화를 소유하게 되였다.

그러나 이 시기 이룩된 문화유물 특히는 문자에 의하여 기록된 도서들은 여러차례 전란과정을 겪어서 오늘까지 그대로 전하는것이 없다. 하지만 다른 일련의 사료들에 의하여 이미 이 시기에도 적지 않게 필사한 도서들이 있었다는것을 인정할수 있게 한다.

우리 나라 고조선시기에 최초의 성문법으로서 작성되였던 《범금 8조》는 당시 국가권력을 장악하고있던 노예소유자들이 노예를 비롯한 근로인민들을 억압착취하기 위한 수단으로 삼기 위하여 발포한것인데 이때까지 인쇄하는 도구가 없고 그 방법도 모르는 조건에서 대중에게 공시하는것을 필사로 하였으리라는것은 짐작하기 어렵지 않다.

이 8개조의 법전중 오늘까지 전하여오는것은 3개조뿐이다.

이러한 법전은 그뒤 국가권력의 강화에 따라 더욱 구체화되였으며 기원전 4세기경에 이르러서는 60여조목으로 확대되였다. 이런 법전문건들의 확대는 필연코 다른 문건들의 확대도 가져오지 않을수 없었으며 따라서 필사도서들이 점점 더 많아졌을것은 의심할바 없다.

고조선국가의 권력이 확장됨에 따라 외국과의 교류도 더욱 빈번하여졌으며 이런 계기를 통하여 구려, 부여는 물론이고 조선반도 쪽에 위치한 진국에서까지 한나라에 보내는 국서를 작성하였다는 사실이 알려져있다. 국서는 대외관계를 발전시키기 위한 외교문서로서 자기 나라의 주권을 국제적으로 선전하며 린국과의 사이에 문화를 교류함에 있어서 중요한 역할을 하는만큼 필사로써 작성하였으리라는것은 더 말할 필요도 없다.

이와 함께 고대조선의 각 나라는 자기 나라의 주권을 신성화하기 위하여 건국설화들을 비롯한 구전전설을 서사화하며 또한 그들의 통치경험과 교훈들을 체계화하는 이른바 일련의 년대기적인 도서들도 만들게 되였다.

《삼국유사》, 《고려사》, 《리조실록》 자료에 의하면 고조선시기에 당시 사람들의 미신적견해와 비결집으로서 《신지비사》라는 책이 있었다는 기록을 놓고보아도 이를 잘 알수 있다.

또한 고구려건국초기에 100권이나 되는 《류기》를 편찬하였다는 《삼국사기》의 자료만 보더라도 그이전 고조선시기에 편찬되였던 도서들이 있었기때문에 그를 근거로 해서 이러한 책을 만들었다는것을 잘 알수 있다.

여기에서 권이란 물론 후기의 서적들에서 보는 권과 동일한것은 아니였지만 그 내용이 100권이나 되였다는 사실은 결코 어느 한두사람에 의하여 아무런 유산의 재부가 없이 일조일석에 이룩된것으로는 간주할수 없다. 따라서 이는 우리 나라 고대국가로부터 물려받은 각종 자료들을 종합한 방대한 총서였으리라고 인정된다.

력사도서뿐만아니라 문예작품들도 이미 고조선시기부터 나오게 되였다.

이러한 례는 《공후인》에서도 찾아볼수 있다.

이 《공후인》은 일찍부터 외국에까지 전파되여 기원 3세기에 진 나라사람 최표의 책으로 알려진 《고금주》에 수록되였다.

또한 기원전 3세기이전 고조선에는 박사라는 벼슬이 있었는데 그 후기의 례로 미루어보아 이들이 천문, 력서를 비롯한 과학기술 자료들도 작성하였을것이라고 본다.*

* 《삼국지》 위서 동이전 권30, 한전
  《전한서》 권19, 백관 팔경표 7

이상에서 본바와 같이 고조선시기는 문화수준이 비교적 높았고 필사도서들이 적지 않게 연구편찬되고 보급되여 그후 삼국시기의 새로운 봉건적문화를 개화발전시킬수 있는 밑천으로 되였다.

제 2 장. 삼국시기 출판문화

제1절. 서사수단의 발전

사람의 의식과 사상을 표기하여 이를 사료로 남기자면 문자이외에 여러가지 서사수단이 요구된다.

우리 나라 중세에 있어서 주요한 서사수단은 종이와 붓, 먹과 벼루였다.

예로부터 일러오던 《문방사구》(네가지 문방구)가 바로 이것이다.

그러나 이 문방사구는 역시 서사생활의 첫날부터 갖추어져있은 것은 아니다. 이는 장기간의 서사과정을 통해서 매 시기의 사회적 수요와 또는 해당 시기의 기술발전 특히 수공업의 발전수준에 상응하여 부단히 개량되고 교체되였다.

문자사용이전시기는 말할것도 없거니와 문자사용초기에만 하여도 종이는 물론 없었으며 먹과 붓도 분화되지 않았다. 그러므로 그때 사람들은 숯검댕이, 흑석, 주토 등 자연먹으로 나무쪼각이나 돌비에다가 글자를 그리였다.

장기간의 경험에 기초하여 보다 더 섬세한 선과 획이 요구되였을 때 비로소 붓과 먹이 나뉘여지고 따라서 먹을 갈기 위한 벼루도 필요하게 되였다. 이리하여 우리 나라에서 발전한 먹과 채색은 그 력사의 유구성과 기술의 정교성으로 하여 세인을 놀라게 하였다.

먹은 원래 자연먹으로부터 사람이 생산하는것으로 발전하였다. 우리 나라에서 고대로부터 널리 사용되던 송연먹은 소나무의 그을음으로 만들어진것인데 그 빛이 진하고 광채가 선명할뿐만아니라 수천년을 지나도 먹빛이 흐려지지 않는 특성을 가지고있다.

지금까지 남아있는 먹글씨의 유물들 례컨대 4세기중엽의것으로 알려진 안악무덤(3호)의 서쪽 감실벽면에 있는 먹으로 쓴 글씨와 그보다 반세기후의것으로 추정되는 집안현 모두루무덤의 앞방벽면에 씌여진 먹으로 쓴 글씨등 자료들이 이를 말하여준다.

우리 나라 삼국시기 먹생산에서 특히 고구려의 송연먹은 그 품질이 매우 좋은것으로 하여 국외에 수출하는 명산품의 하나로 꼽혀졌다.

당시 고구려에서는 송연먹을 당나라에 해마다 수출하였다. 이는 미록교(아교풀)로 만든것인데 이름은 투미라고 하였던것이다.

이와 같은 먹생산의 유구성과 먹을 제조하는 기술의 우수성은 우리 나라 서예발전에 크게 기여하였다. 뿐만아니라 이는 회화용 먹으로도 사용되여 특히 우리 나라 회화에서 특유한 묵화의 발전을 자극하였다.

회화는 물론 먹만이 아니라 각종 채색이 요구된다.

먹을 만드는 기술의 발전과 함께 우리 나라에서는 채색안료의 생산이 일찍부터 시작되였는데 후기의 출판문화에서 색판인쇄를 발전시킨것은 곧 이에 의거한것이였다.

우리 나라에서 채색안료를 사용한것은 이미 기원전 10세기이전부터이다.
　그것은 우리 나라 고대시기의것으로 인정되는 채색토기의 무늬에 홍색 및 흑색 등을 사용한것으로 알수 있다.
　이러한 채색안료의 제작기술은 고대시기를 거쳐 삼국시대의 초기에 이르러 상당히 높은 수준을 보여주었다.
　기원 3~4세기경의 무덤벽화들 그중에서도 특히 안악무덤(3호)의 벽화에는 다섯가지 원색을 갖춘 아름답고 선명한 색소들이 사용되였다. 특히 이 벽화들은 누구도 그것이 1,500년전의것이라고는 믿기 어려울 정도로 다양한 불변색의 채색들로 그려져있다.
　실로 이 채색들은 인류문화사상에서 보기 드문 특기할만한 그러한 안료제품이였다.
　문방사구중에서 붓 특히 모필(털로 만든 붓)의 사용은 우리 나라 서체발전에서 새로운 기원을 열어놓은 하나의 계기로 되였다.
　예서, 해서, 행서, 초서 등 각종 서체의 특징은 이 모필의 사용과 련관되여 있다.
　일상적인 서사생활에서 모필을 쓰지 않는 오늘의 출판물에서 사용되고있는 대부분의 서체들에도 이 모필서체가 의연히 씌여지고 있다.
　우리 나라의 모필에는 청서, 토끼 등의 각종 털들이 리용되였으나 그중에도 족제비털로 만든 황모필이 가장 유명하였다.
　모필생산의 기원에 대한 구체적인 자료는 전하고있지 않으나 이미 언급한 4세기경의 먹으로 쓴 글씨들이 모두 모필에 의하여 씌여졌으며 안악무덤(3호)벽화에는 오늘의 모필이나 다름없는 붓을 잡고 글을 쓰는 그림이 그려져있는것으로 보아 모필사용력사가 아주 오래다는것을 알수 있다.
　그런데 문방사구중에서도 저작 및 출판문화 발전에 결정적인 기여를 한것은 그 어느것보다도 섬유질 종이이다.
　종이의 생산은 원래 일정하게 발전된 화학적인 기술공정을 요구하는것이였으므로 붓이나 먹보다도 훨씬 후기에 속하였다.
　그러면 서사수단으로서 종이생산이전시기에는 주로 어떤것들이 씌여졌는가?

첫째는 돌 및 쇠붙이 등이였다.

글자가 새겨진 남해의 돌이나 부여 국고에 보관되였던 규찬 등이 그것이며 우리 나라 출토품중에서 글자가 새겨진 놋창끝 등이 그 유물의 하나인것이다.

둘째는 나무쪽, 대쪽과 각종 뼈, 가죽 등이였다.

우리 나라 출토품중에서 이러한 자료들이 발견된것은 희귀하나 이는 종이생산이후시기까지도 병행하여 씌여졌던것이다. 《삼국사기》에 《50개 대쪽에 우리들의 이름을 썼다.》고 한것이나 《증과 패쪽이 198개인데… 모두 침단목으로 만들었다.》고 한것 또는 《패쪽 한개를 잃었기때문에 어금이뼈로 대신 만들었다.》고 한 고전의 기록들은 실로 그 력사가 오래였다는것을 보여주고있다.

셋째는 직물이다.

우리 나라에서 섬유질직물생산은 이미 오랜 력사적시기를 거치면서 발전하여왔다. 《삼국지》 위서에는 고조선인민들이 일찍부터 뽕나무를 심고 누에를 쳐서 명주실을 뽑아 여러가지 고운 비단천을 짰으며 삼을 심어 베천을 짰다는것을 전하고있다.*

※ 《삼국지》 위서동이전 권80, 예전

그리고 진국에서는 1만 5,000필을 한나라에 수출할 정도로 각종 직물이 생산되였다.

종이생산이전에는 많은 저작들이 주로 이런 직물에 씌여졌다.

이외에도 나무껍질, 나무잎을 비롯한 각종 서사자료가 사용되였으나 이것으로써는 문자에 의한 서사생활의 보급과 도서에 대한 사회적수요의 증가를 충족시킬수 없었다.

직물과 같은 섬유제품생산의 오랜 경험을 가진 우리의 선조들은 바로 이러한 수요를 충족시키기 위해서보다 간편하고 쓰기 좋은 새로운 섬유제품을 생산하게 되였는데 이것이 곧 종이였다.

우리 나라 중세기 인민들은 이러한 종이를 만드는 기술에 있어서 아주 능하였다.

오늘까지 남아있는 유적과 유물을 통해서 고찰한바에 의하면 우리 나라에서 제지생산의 기원은 상당히 오랜 옛날이였다는것을 알수 있다.

4세기경에 축성된 안악무덤(3호)에는 그 서쪽 옆방벽화에 왕에게 보고하는 신하가 글줄이 있는 종이장을 들고있는 그림이 있으며 역시 4세기경의것으로 인정되는 평양 대성산 국사봉유적에서 나온 삼으로 만든 종이가 오늘까지도 깨끗한 흰빛을 띠고있는것으로 보아 제지술이 높은 수준에 있었다는것을 알수 있다.

또한 평양 청류벽 북쪽기슭 토성유적지에서 발굴된 종이도 고구려시기의 제품이라는것이 명확하다.

이러한 제반 사료로 보아 우리 나라에서 종이사용은 기원 4세기경에 이미 일반화되였다는것을 실증해준다.

그러나 기술 및 생산 발전이 극히 완만한 고대중세에 있어서 하나의 제품이 처음으로 발명된 시기로부터 그 제품의 사용이 일반화되기까지는 상당히 오랜 력사적시기를 걸치게 되는것이다.

그런 견지에서 볼 때 우리 나라에서의 종이생산의 기원은 이미 언급한 4세기보다는 훨씬 더 앞섰으리라는것은 의심할바 없다.

옛날에 중국사람들은 종이의 질을 론할 때 그 최상품으로는 의례히 우리 나라의 《견지》를 꼽았다고 한다.

《고려지는 솜고치로 만들어 빛은 깁처럼 희고 질기기는 비단과 같으며 글을 쓰면 먹을 잘 받아 좋다. 이것은 중국에서 생산되지 않는 진귀한 품종이다.》*

* 《고반여사》 참조

이처럼 중국사람들이 희귀하게 여기던 《견지》는 곧 우리 나라에서 닥으로 만든 종이였다. 우리 나라는 예로부터 함경도일부를 제외하고는 전국도처에 닥나무가 많이 났는데 《동국여지승람》의 기록에 의하면 닥나무의 특산지로 지정된 군만 하여도 전국내 4개 도에 34개 군이나 되였다.

닥은 원래 종이의 원료로서는 가장 품질이 좋은 식물섬유이다.

종이원료로 쓸 때는 그 겉껍질은 없애고 빛이 흰 속껍질을 벗긴다. 그리고 이것을 재물(재를 우리여낸 물)에 삶아 두드려서 물에 용해시킨 다음 주렴처럼 만든 발로써 한장한장씩 떠내여 말리면 종이가 된다.

닥의 명산지로 알려진 우리 나라에서 세계력사상 처음으로 닥종이를 만드는 기술을 발명한 사실은 인류문화발전에 거대한 기여를 한것이다.

우리 나라에서 초기의 종이제품은 주로 닥종이였으나 기술이 발전하고 경험이 축적되는 과정에 삼, 등넌출, 뽕나무껍질 등 각종 재료를 사용하였으며 그 색갈도 백지뿐만아니라 다양한 색지들로서 발전되였다.

례컨대 뒤날 불상의 배속에서 발견된것으로서 신라 김생이 썼다는 고문서는 청지였고 고려초기 최승로가 말한바와 같이 고대의 경전들은 황지가 많이 사용되였다.*

* 《고려사》 권93, 렬전6 최승로

이중에서 특히 황지는 황벽나무의 물로 염색한것이였는데 황벽나무는 원래 살충제의 하나이다.

종이를 오래 두면 좀이 나기 쉬우므로 이것을 방지하며 도서의 수명을 보장하기 위하여 중세기 제지기술자들은 이러한 가공을 하였던것이다.

우리 나라 종이제품은 삼국시기이후 중요한 수출품의 하나로 되였다.

《북헌야록》에 의하면 《당나라에서는 자기 나라 종이가 충족되지 못해서 외국으로부터 종이를 많이 수입하였다.… 고려(고구려)는 해마다 종이를 보내왔는데 이를 더러는 천지로 사용하였다.》고 하였다.

이렇게 종이제품만 수출된것이 아니라 우리 나라의 제지기술도 멀리 해외에까지 영향을 주었다.

610년 고구려의 유명한 화가 담징은 일본에 건너가서 채색하는 방법과 종이와 먹을 만드는 기술을 배워줌으로써 당시 일본의 문화발전에서 새로운 혁신을 일으키게 하였다.

그리고 동방의 제지기술이 구라파에 보급된것은 담징이 일본에 건너간 시기보다 약 140년 뒤에 고선지가 아라비아로 들어간 사실을 그 계기로 잡는다.

고선지는 원래 고구려의 유민으로서 일찌기 당나라에 들어갔다가 751년에 부하 3만명을 거느리고 아라비아의 달라즈성까지 들어간 사실이 있었다. 이로 말미암아 동서문화가 접촉될수 있는 새로운 계기가 이루어졌으며 동시에 제지기술이 처음으로 아라비야에 전파되였던것이다.*

* 두우 《통전》 권193, 대식조 《신당서》 권135, 고선지전, 《중국인쇄술의 발명과 그 영향》(중문), 인민출판사, 1958년판, 21〜22페지

이렇게 하여 제지기술이 아라비아를 거쳐 아프리카 및 구라파 각지에 보급되기 시작하였었다. 그렇기때문에 아프리카와 구라파 나라들이 종이를 쓰게 된 년대는 우리 나라보다 훨씬 늦다.

례를 들면 이딸리아는 1276년에, 독일은 1391년에, 프랑스는 1189년에, 영국은 1494년에, 화란은 1586년에 이르러 그들이 종전까지 사용하던 지초 및 양가죽을 대신하여 종이를 쓰게 되였고 지어 미국에서는 우리 나라보다 약 1,500년이나 뒤늦게 1690년대에 와서 비로소 종이를 알게 되였다.*

* 《중국인쇄술의 발명과 그 영향》(중문), 인민출판사, 1958년판, 22〜23페지

이와 같이 인류문화발전에 획기적인 기여를 한 제지기술을 발전시켜 전세계에 보급시킨 선구자는 종전에 서구라파학자들이 말하던것처럼 아라비아나 독일 및 이딸리아 사람들이 아니라 바로 우리 나라를 비롯한 동방사람들이였던것이다.

이처럼 중세기의 우리 인민들은 각종 서사수단을 세계 어느 나라보다도 우수한 기술적토대우에서 다채롭게 발전시켰다. 특히 제지기술을 세계 어느 나라보다 훌륭히 발전시킴으로써 세계인쇄문화사상에 커다란 기여를 하였다.

제2절. 금석문의 발전과 탑본

종이생산이전에는 물론이거니와 종이생산이후에 있어서도 필사사료의 류형은 도서만이 아니였다.

서사수단의 발전과 함께 옛날부터 필사사료에는 금문, 석문, 벽서, 벽화 등 각종 류형들이 있었다.

금문은 쇠불이에 양각 또는 음각으로 주물하여 만든것이고 석문은 돌에다 글자를 새긴것이며 벽서와 벽화는 건축물의 벽면에다 글씨를 썼거나 그림을 그려놓은것을 말한다.

이러한 필사사료들은 해당 시기에 있어서는 바로 도서의 기능을 수행하였으며 나아가서 돌, 쇠불이, 무덤의 벽면 등은 수천년을 지나도 쉽게 마멸되지 않는것이여서 사실상 이것은 다른 도서들보다도 더 오랜 수명을 가진다.

오늘 우리 나라에는 7세기이전의 종이도서들이 거의 남아있지 않지만 그러나 석문과 금문 그리고 벽화 및 벽서들이 적지 않게 보존되여 당시 서사생활의 면모를 여실히 보여주고있다.

이러한 금석문들은 대체로 그 시기의 국가적중요행사를 기록한 기념비와 개별적인물들의 략력을 서술한 묘비, 묘지 그리고 종명, 탑명 등과 같은 명기들과 인장, 봉니, 전각, 철전, 석경들인바 그 종류는 실로 다양하다.

이중에서 특히 기념비, 석경을 비롯한 석각들의 발전은 우리 나라 다른 부문 기술보급에도 중요한 영향을 주었다.

1. 석각의 발전과 탑본의 출현

현재 우리 나라에 금문은 전래된것이 그다지 많지 못하나 석문 같은 비교적 풍부한 유물을 가지고있다.

우리 나라에 현존하는 비교적 오랜 석문으로는 414년(고구려 장수왕 2년)에 중국 집안현 대왕촌에 세운 고구려의 광개토왕릉비를 들수 있다.

이것은 네모기둥의 큰 비석인데 44행 1,800여자나 되는 비문을 새긴 우리 나라에서 가장 규모가 큰 석문유물이다.

이 비문은 이름 그대로 광개토왕 당시 고구려인민들의 투쟁에 의하여 개척된 국가의 판도와 국가성립과정에 관한 기사들을 적은 것으로서 우리 나라 5세기이전에 널리 보급된 예서필체로 씌여졌다. 비문은 필획이 힘이 있고 서체가 정중하여 고구려문필가들의 세련된 수법을 남김없이 보여주고있다.

삼국시기 석문으로서는 또한 6세기에 세워진 신라 진흥왕의 순수비를 들수 있다.

진흥왕순수비는 555년에 경기도 북한산 비봉에 세운것, 561년에 경상남도 창녕군에 세운것, 568년에 함경남도 황초령에 세운것, 같은해 함경남도 리원군 마운령에 세운것 등 네개가 현재까지 전해지고있다.

이 비문들은 관명, 지명 등 일련의 리두식표기들이 섞인 한문서사어이다.

비면석각의 새김새가 보다 섬세하고 정교로울뿐아니라 글씨체도 종전의 예서체와는 달리 필획의 선과 점이 다양하게 발전한 해서체로 되여있다. 이로 하여 우리 나라 서체발전에서 해서체가 널리 보급된것은 대체로 6세기이후였다는것을 알수 있다.

또한 우리 나라 금석문은 6세기를 전후하여 그 내용의 측면에서도 일정한 전변이 일어났다. 종전에는 일부 왕들의 통치와 관련한 내용을 기록한 석문들이 주요한것이였다면 그 이후에는 다음과 같은 각종 류형들이 출현하였다.

고구려성벽에서 발견된 성돌석각도 지금까지 알려진것이 4개나 된다. 이는 6세기 고구려의 인민들에 의하여 이룩된 축성공사의 진행과정을 간단히 새긴것이다.

그리고 세나라말기와 그 이후에는 불교가 성행하고 개인저작이 발전됨과 관련하여 사원의 연혁을 기록한 비문과 아울러 승려학자들의 활동을 새긴 탑비들이 금석문중에서 많은 비중을 차지하였다.

백제의 원당비는 백제사람 지적이 원당과 불탑을 세우면서 그의 발원문을 새긴것이며(1948년 부여에서 발견) 전기신라의 삼랑사비는 박거물이 비문을 짓고 요극일이 글씨를 쓴 비로서 삼랑사의 연혁을 기록한것이였다.

5세기초에 고구려로부터 신라에 불교를 전한 사람으로 알려진 아도의 활동을 김용행이 써서 새긴 아도비는 그 비문의 원문만 삼국유사에 수록되여있으며 신라의 학승 의상의 생애와 업적을 새긴 의상비는 경상도 영주군 부석사에 세워졌던것이다.

이와 같이 다양한 석각이 발전하자 그의 경험은 한갖 개별적인 비석조각에만 그치지 않고 나아가서는 수많은 경전도서들까지도 석각으로 제작하는 실례들이 있었는데 이것이 곧 석경이다.

석경이란 해당 시기 보급되던 교육도서 및 불교경전들의 수명을 보장하기 위하여 돌에다 새긴것인데 이름 그대로 돌로 만든 경전이다.

우리 나라에서 석경유물은 오직 신라시기(문무왕시기의것으로 추정하는 견해가 있다.)에 전라도 구례 화엄사 각황전 벽면에 새긴 《화엄경》석각이 뒤날까지 남아서 알려져있다.

이에 대하여 11세기 리한림과 의천은 《화엄사석벽경에 대하여》라고 시를 쓴바 있으며 16세기초의 도서인 《신증동국여지승람》에도 다음과 같은 내용을 전하고있다.

《이 절가운데 한 전당이 있는데 네벽은 흙을 바르지 않고 모두

청석으로 만들었다. 그 석면에는 화엄경을 새겼는데 세월이 오래여
서 벽이 무너지고 글자가 마멸되여 읽어내기 힘들다.〉

여기에서 말하는 전당은 곧 각황전인데 이 각황전 화엄경 석각
유물은 현재 거의다 없어지고 그중 글자를 알아볼수 있는것으로는
11개의 파편만이 전할뿐이다. 그러나 우리는 이를 통하여 그 대체
적인 전모를 짐작할수 있다.

이 석각과 파편에 의하면 해서체로 새겨진 매 글자가 직경
15미리 정도로서 광개토왕릉비문 글자의 8분의 1에 해당한다. 그러
므로 석각문자치고는 비교적 잔글씨에 속하며 매 행은 모두 28자로
균일하고 행간사이에는 3미리 정도의 간격을 두었다. 그리하여 모든
면에서 종이도서에 쓴 필사한것이나 다름없는 체계를 갖추고있다.

이 《화엄경》은 원래 60권으로서 40여만자에 달하는 방대한 도
서이다.

이 석각유물을 원문과 대조하면 55권의 내용까지 나오는것을
보아 당시 이 석각이 《화엄경》전문을 새겼다는것은 의심할바 없다.

이는 우리 나라 옛 비석들중에서 글자가 가장 많은 광개토왕릉
비의 200여배나 되며 그 글자가 차지하는 면적만 하여도 실로 방대
한 조각물이다.

한 공수에 20자를 기준으로 하더라도 20여명의 조각공들이 3년
이상은 걸려야 새겨낼수 있는 작업량이다.

이러한 각종 석각들은 그자체가 일종의 도서의 기능을 수행하
였을뿐아니라 나아가서 이 석각에 의하여 새로운 모사본이 출현하
게 되였으며 이것이 바로 탑본인것이다.

탑본이란 곧 금석문에서 박아낸 일종의 인쇄물이다.

글자가 새겨져있는 금석문의 전면에다 약간의 물기를 친 다음
그우에 종이를 펴고 보드라운 솔이나 비 같은것으로써 지면을 고루
누르면 석면에 새겨진 글자가 그대로 지면에 나타나게 된다.

이렇게 한 뒤에 먹묻히개로써 지면의 두드러진 부분에만 먹
이 묻게 하면 바로 검은 바탕에 흰글자로 나타난 하나의 종이모사
본이 작성되는것이다.

이와 같이 석각으로부터 종이 및 먹에 의하여 모사작업이 진행되였을 때 이는 곧 다름없는 인쇄공정의 하나이다.

일반적으로 인쇄기술의 기원은 처음부터 도서인쇄를 목적으로 하여 제작한 목판판각에서부터 론해야 할것은 사실이지만 그러나 이 목판판각의 기술은 곧 이 탑본작성의 경험과 분리하여 생각할수 없다. 이 점에서 바로 이 탑본의 경험은 인쇄기술발전의 측면에서 볼 때 하나의 연원으로 되는것이다.

현재 우리 나라에 전하는 탑본들중에는 고구려천문도의 탑본이 가장 유명하다.

기원 5～6세기경의것으로 인정되는 고구려천문도의 석각은 그 섬세하고 정교한 기술적측면에 대해서 놀랄만한것이였다. 이에 의하여 박아낸 탑본만은 그 석각유물이 유실된 이후에까지 보존되여와서 1395년에는 그 탑본을 대본으로 하여 고구려의 《천문도》를 돌에다가 다시 새겼던것이다.

이에 대한 다음과 같은 사료가 있다.

《《천문도》를 새긴 원래의 석각은 옛날 평양성에 있었는데 전란으로 인하여 강물에 파묻혀 유실되였다.

세월이 하도 오래여서 그의 인본(곧 탑본을 가리킨다.—필자)도 죄다 없어졌다.

마침 우리 전하(리태조를 가리킴—필자)가 집권하던 초기에 그 인본 한장을 나라에 바치는 사람이 있었다.

전하는 이를 귀중히 여기여 서운관에 지시하여 돌에다가 다시 새기도록 하였다.》

이는 1395년에 중각한 현존 천문도석각에 새겨져있는 권근의 발문이다. 다만 이 시기 서운관에서는 천문도를 다시 새기면서 당시 즉 14세기에 관측하는 성좌의 위치에 맞추기 위하여 일부 중성위치를 변경시킨 례들이 있었으나 기본적으로 옛 천문도의 탑본대로 재생시켰다.

이렇게 다시 새긴 천문도석각에 의하여 새로 박혀진 탑본들은 오늘 적지 않게 전해지고있다. 이것은 실로 세계에서 가장 오랜 천문도의 현존유물로서 그 력사적의의를 상실하지 않을뿐아니라 또한 우리 나라 탑본작성의 유구성을 보여주는 하나의 실례이다.

2. 활자의 모체로서의 인장

인장이란 원래 반문 음각으로 새기는것인데 우리 나라 초기의 인장들은 주로 봉니를 누르는데 사용하였다.

봉니란 구형으로 된 두개의 조그마한 나무속에다 서신을 집어넣고 그것을 동인 노끈의 매듭을 봉한 다음 거기에다 인장을 찍어 서신의 비밀을 보장하는것이였다.

그러나 삼국시기에 이르러 종이생산이 일반화되면서부터 봉니의 사용법이 점차 없어지고 인장은 오직 종이에만 찍게 되였다.

우리 나라에서의 인장사용의 력사는 실로 유구한 고대에 속한다.

《위서》 동이전에는 《지금 부여의 국고에 옥벽규찬 등 유물이 있는데 대대로 전하여 귀중한 보물로 삼고있다. 그 나라 로인들이 이를 조상때부터 물려받은것이라 하는데 그 인장에는 〈예왕지인〉이라는 글자가 새겨져있다.》고 하였다.

또한 《삼국사기》에서도 남해왕 16년(기원 19년)에 《북명사람들이 밭을 갈다가 〈예왕지인〉을 얻어 나라에 바쳤다.》는 사실을 전하고있다.

그리고 평양시 락랑구역 정백동에서 《부조예군》이란 글자를 새긴 인장이 나왔는데 이것은 기원전 2세기말~1세기초의것으로 인정하고있다.

이와 같이 전해오는 유물과 사료에 의하면 인장사용은 벌써 오랜 력사를 가지고있다.

삼국말기부터 인장사용의 범위는 더욱 확대되였는바 675년(문무왕 15년)에 전기신라에서는 동으로 인장을 주조하여 중앙의 각 부서는 물론이고 지방의 주, 군에 이르기까지 그것을 나누어줌으로써 인장사용을 국가적으로 일반화시킨 사실이 있었다.

이와 같이 널리 보급된 인장은 곧 활자의 전신이라는 의미에서 그 의의가 크다.

인장의 새김이 석각과 다른 점은 석각의 글자는 원래 정문으로 새겨져 다른 종이에다 찍을것을 전제로 한것이 아니지만 인장은 처음부터 찍을것을 목적으로 하여 글자도 반문으로 새기게 된 조각들인것이다.

인장은 비록 그 초기에 있어서는 어디까지나 나라이름, 부서나 관직의 이름 등과 개인의 이름정도의 간단한 표식을 중시하기 위한것이였고 그것이 원래 도서인쇄를 위해 고안된것이 아니였으나 그러한 경험의 축적은 곧 앞으로 활판인쇄기술이 발전될수 있는 요인으로 되였다.

제3절. 필사도서, 목판인쇄기술의 발단

1. 필사도서

우리 나라에서 도서들이 출판되기 시작한것은 고조선시기부터이다.

고조선시기에 《신지비사》라는 책이 있었다는것은 이미 고조선시기부터 필사도서들이 보급되고있었다는것을 의미한다.

현존하는 자료에 근거하여 볼 때 필사도서들이 본격적으로 편찬되여 인민들속에 널리 보급된것은 삼국시기부터이다.

고구려, 백제, 신라 등 삼국은 고조선국가의 문화를 계승발전시켜 민족문화의 초석을 확고히 구축하였다.

삼국중에서도 고구려는 고조선, 구려, 부여의 문화를 계승발전시킨 토대우에서 광범한 지역의 소국들을 통합하여 강대한 국가로 출현하였다.

위대한 수령 **김일성**동지께서는 다음과 같이 교시하시였다.

《지난날의 우리 나라 력사에서 우리 민족이 가장 강하였던 시기는 고구려시대였습니다.》(《김일성저작집》 24권, 290페지)

고구려는 외적을 물리치기 위하여 국방력을 부단히 강화하는 한편 그에 상응하게 과학과 문화를 발전시키기 위하여 노력하였다. 과거유산들을 정리보존하기 위하여 력사도서를 비롯한 일련의 도서편찬사업을 대대적으로 진행하였으며 과학과 기술을 보급시킬 목적으로 의학도서들을 비롯하여 적지 않은 과학기술도서를 만들어냈다.

우에서 이미 언급한바와 같이 력사책으로 일찍부터 《류기》 100권을 편찬하였고 600년(고구려 영양왕 11년)에 이르러서는 태학박사 리문진에 의하여 이 《류기》자료를 요약한 《신집》 5권이 편찬되였다.* 이름 그대로 이 《신집》에는 《류기》편찬이후 5~6세기 어간의 새로운 자료들도 수집정리되였을 것이다.

※ 《삼국사기》 권20, 고구려본기8 영양왕 11년

점차로 봉건통치체제가 확립되고 봉건력사가들의 사판이 체계화됨에 따라 그들의 통치리념에 부합되는 새로운 력사도서들이 요구되였고 이러한 요구에 의하여 끝 이 《신집》이 편찬출판되였던것이다.

이밖에도 《고구려고기》 등이 있었다고 전하고있다.

이러한 책들은 고구려의 말기에 외래침략군의 피해를 혹심하게 입어 대부분이 불에 타 없어졌다. 그래서 《삼국사기》, 《삼국유사》를 편찬출판할 때에도 고구려에 관한 책들이 매우 적었다.

이 시기 천문기상에 대한 연구는 농업경리와 직접적인 관계를 가지고 발전하였다.

고구려에서는 벌써 2세기초부터 일식에 대하여 정상적으로 기록하였으며 그 내용도 상당한 정도로 정확성을 보장하고있었다.

고구려에서는 발전된 제철기술에 기초하여 금속가공기술이 대단히 발전하였다.

이 시기 정밀주조술을 가장 잘 보여주는 유물은 경주의 호우무덤에서 나온 청동으로 만든 합이다. 그것은 직경 24cm, 길이 10cm의것으로서 합 몸체의 뚜껑에는 석줄의 띠무늬를 둘렀으며 그릇바닥뒤면에는 《을묘년 국강상 광개토지호태왕호우십》*이라는 한자글자가 새겨져있다.

※ 이 글은 합이 415년(을묘년 장수왕 3년)에 고구려 광개토왕을 제사지내기 위한 그릇으로 만들어졌다는것을 말해주는것이다.(《조선전사》 3권, 과학백과사전종합출판사, 1991년판, 287페지)

고구려에서는 지리학도서들도 작성하였다. 628년에 봉역도를 만들었는데 현재까지 남아있는 평안남도 순천시 룡봉리 및 남포시 강서구역 약수리 무덤벽화의 성곽도들은 이 시기의 지도제작의 면모를 보여준다.

고구려에서는 의학이 발전함으로써 그에 따르는 의학서적도 많이 편찬되였다. 당시의 의학성과를 반영하여 편찬된 《로사방》은 유명한 의료서적으로서 당나라에까지 전파되였다. 그안에 들어있는 처방이 당나라의 의학서적인 《외대비요》 4권에 실려 오늘까지 전하고 있다.*

※ 《조선전사》 3권, 과학백과사전종합출판사, 1991년판, 285~286페지

이처럼 각종 도서들이 필사보급되는 한편 문학분야에서도 일련의 개별적작가들에 의하여 저술활동이 전개되였다.

고조선시기에 있어서는 주로 구전의 형식으로 보급되던 가요, 설화들이 삼국시기에 와서는 점차 서사문학으로 발전하였다.

《동동》을 비롯한 가요들은 바로 그러한 례로 된다.

이전 가요와 함께 한시 및 한문산문에서 다양한 형태들이 갖추어졌다.

기원전 17년에 류리왕이 지었다는 4언고시 《피꼬리노래》는 우리 나라 고전작품에서 처음으로 보이는 한시이며 612년에 을지문덕이 지었다는 5언시 《우중문에게 보내는 글》은 침략자들의 과렴치한 행동을 규탄한 풍자작품들이다.

한문산문으로는 이미 언급한 년대기이외에 정론적성격을 띠는 김후직의 《간렵문》, 성충의 《옥중상서》들과 전기류형인 광개토왕의 비문을 비롯한 비문, 지문들이 이루어져 우리 나라 문예부문의 자료를 축성하는데 기여하였다.

이 시기 필사도서로서 가장 많이 보급된것은 무엇보다도 교육도서이다.

고구려에서는 327년에 중앙에는 최고학부로서 태학이 설립되고 각 지방에는 경당이 설치되였다.

경당이 설치된데 대하여 《구당서》렬전에서는 다음과 같이 전하고 있다.

《풍속이 서적을 애중히 여기였다. 지어 민간의 려염집에서도 각각 거리에 큰집을 지어놓고 경당이라고 하였다. 젊은이들이 결혼하기전에 밤낮으로 여기서 글을 읽고 활쏘기를 련습하였다.》*

* 《구당서》 권199, 상 렬전 제149 동이 고려조

고구려에는 교육도서로서 《오경》, 《사기》, 《한서》, 《삼국지》, 《춘추》, 《옥편》, 《자통》, 《자림》, 《문선》 등이 있었다.

고구려의 교육도서는 유학에 관한 경서가 그 중요한 자리를 차지하고있었는데 이는 당시의 교육제도와 관련된다.

이 시기의 교육제도는 철저하게 봉건귀족들을 중심으로 한것이였으며 봉건군주에 절대복종해야 한다는 왕도정치를 설교하고 반동적인 봉건사상을 주입시키려는것이였다. 이러한 내용에 기초하여 중앙에서 지방에 이르기까지 유학도서들이 광범히 보급되였다.

이러한 도서들은 원래 한문서사어로 씌여진 고전들이였으나 이것이 일단 교육도서로 리용된 이후에는 자음, 새김, 독법 등을 우리 나라의 언어실정에 맞게 전변시켜 학습하였다. 또한 이러한 도서들은 그 대부분이 봉건적인 륜리관으로 관통된 내용임으로 하여 봉건정권의 직접적인 장려에 의해 필사배포되였다.

이 시기에 있어서 유학경서와 아울러 광범히 필사보급된 또하나의 도서는 불교경전이다.

유학경서는 국내의 교육망을 통해서 보급되였다면 불교경전들은 주로 사원계통에 의하여 전파되였다.

삼국시기이후 통치계급들은 인민들속에 굴복과 순종의 사상을 설교하기 위하여 불교의 종교리론을 리용하였는데 물론 불교경전이 개별적으로 우리 나라에서 연구된것은 3세기경이지만 봉건국가의 비호하에 불교가 공식적으로 고구려에 전파된것은 4세기 후반기 였다.

기록에 의하면 372년에 진나라왕 부견이 사신과 중 순도를 시켜 부처와 불경을 보내왔고 374년에는 다시 중 아도를 보내여왔다. 375년에는 초문사를 짓고 거기에다 순도를 두었으며 또 이불란사를 지어 아도를 두었다. 이때부터 고구려에 불교가 전파되기 시작하였다. 그후 392년에 와서 고국양왕은 전국에 명령을 내리여 불교를 믿게 하였다.

기록에 의하면 도랑은 고구려의 중으로서 불교경전을 많이 연구하였고 그가 쓴 책으로는 《중톤소》가 있었다.*

* 《대승현론》 권1

그리고 현유는 당나라를 거처 동인도에까지 들어가 경전을 연구한 대표적인 학승이였다.

이런 경전도서들은 수많은 사자승들의 손에 의하여 필사되여 각지 사찰에 보급되였다.

고구려에서 불교를 중시하고 경전도서들을 얼마나 귀중히 여기였는가 하는것은 금자경을 통해서도 찾아볼수 있다.

그 유물로서는 1965년 1월에 평양시 대성산성유적에서 발굴된 금자경이다.

이 금자경은 내면의 길이 32cm, 너비 10cm, 높이 14cm가량 되는 돌함속에 있었다.

원래 여러권을 넣어두었던것이였는데 오랜 기간에 그 책의 원형이 파손되여 현재까지 책의 형태를 갖추고있는것은 두권 정도이다.

이 금자경은 얇은 백색종이에 순 금으로 글자를 쓴 불교경전인데 제1책은 행간이 1.75cm, 제2책은 1.25cm 가량 되며 아래우는 다같이 금으로 란을 쳤다.

특히 제2책은 첫째 장에 금으로 섬세한 그림을 그렸고 곤색비단으로 장정한 표지에도 역시 금으로 다양한 무늬를 그렸다.

이 금자경은 판심의 어미가 없는것으로 보아 접는 장정으로 된것임이 분명하다.

이 금자경은 고구려의 성벽속에서 발견되였는데 오랜 기간 전해오는 과정에 종이는 적지 않게 파손되였으나 금으로 씌여진 글자만은 보기에도 눈부실 정도로 휘황찬란한 빛을 나타내고있다.

이 금자경은 실로 오늘 전세계적으로 남아있는 가장 오랜 필사사료의 유물중에서 극히 희귀한 문화재로 우리 나라 당시 도서장정의 발전과 제지기술의 수준을 과시하는 하나의 표본이다.

또한 유학이나 불교와는 달리 도교의 서적들도 일정하게 보급되였다.

도교가 고구려에 처음 들어온것은 보장왕때였다.*

* 《삼국사기》권2, 고구려본기9 보장왕 2년 3월

도교서적은 삼국중에서도 고구려에서 가장 성행하였다.

고구려에는 624년에 로자의 《도덕경》이 들어와서 고구려사람들 속에서 연구되였고 643년에는 당시의 대신으로 있었던 연개소문이 불교사원을 개편하여 이를 도관으로 만든 실례까지 있었다.

이와 같이 고구려의 말기에는 불교경전에 못지 않게 도교서적들이 배포되였다.

고구려에는 또한 옛날부터 전해오던 《신지비사》라는 책이 있었다.

이 《신지비사》는 단군의 시기에 신지라는 사람이 쓴 책이라고 한다.

이 책은 고구려사람으로 소문인 대영홍이 서문을 쓰고 주해까지 내였다는 《삼국유사》자료에 근거하여 볼 때 비교적 그 연원이 오랜 책이였다.

《신지비사》는 그 이름이 보여주는바와 같이 고대사람들의 미신적견해와 관련되는 비결집으로서 후기에 내려오면서 각종 도참설과 음양풍수설로 윤색되여 주로 민간에 널리 전파되던 책이였다.

즉 《고려사》, 《리조실록》 등에 인용된 《신지비사》의 내용들을 통하여서도 잘 알수 있다.

백제도 기원전 3세기 봉건소국을 세웠다가 기원전 1세기말엽에 봉건국가로 발전하였으며 고대로부터 내려오는 유구한 문화전통을 계승하여 출판문화를 높은 수준에서 발전시킨 삼국중의 하나이다.

《주서》와 《통전》 등의 기록에 의하여 백제에는 천문, 력학, 의학 등을 비롯한 각종 서적이 보급되여있었음을 알수 있고 또 일본에 처음으로 문자와 서적을 전한 왕인과 천문, 지리서적을 일본에 전한 관륵 등도 모두 백제사람이라는것을 생각할 때 서적보급사업이 매우 높은 수준이였다는것을 짐작할수 있다. 백제는 서적의 국내수요를 충족시켰을뿐만아니라 이렇게 멀리 국외에까지도 수출하였던것이다.*

※ 《주서》 권49, 렬전 제41 이역 상 백제조, 《일본서기》 권10, 웅신, 권22, 추고 10년조

백제에서 력사편찬사업은 고구려의 《류기》보다는 뒤이지만 《신집》보다는 훨씬 앞선 시기인 346～375년경에 박사 고흥에 의하여 《서기》가 편찬되였다.

《서기》의 뒤를 이어 고구려의 《신집》을 련상하는 백제의 《신찬》이 저술되였을뿐아니라 그뒤에 편찬된것으로 인정되는 《백제기》, 《백제본기》 등 각종 서적들이 있었다.

그리고 그후에 일본에서 편찬된 책가운데 인용된 백제책으로 《백제신찬》, 《백제왕본기》 등이 있다. 이러한 책들은 《삼국사기》와 《삼국유사》를 쓸 때 리용되였다.

백제에서도 천문기상의 연구를 농업경리와 직접 련관시켜 진행

하였는데 이는 특히 백제의 강토가 충청도, 전라도의 평야지대를 차지하고있음으로 하여 농업에 주력하였기때문이다.

백제에는 일관부라는 천문관측을 담당한 국가기관이 있어서 천문관측을 정상적으로 진행하였다.

력서보급은 일찍부터 하였다는 기록이 있다.

백제에서는 매해마다 정기적으로 력서를 편찬하였다.

백제사람들은 《백제지리지》와 지도책인 《도적》 등을 편찬하였으며 의학에 대해서도 약부라는 전문기관을 두고 발전시키면서 《백제신집》이라는 생약학서적을 편찬한바 있었다. 이 책은 오랜 경험과 지식을 종합체계화한 책이라는데서 그 의의를 가진다.

백제의 교육제도도 고구려와 비슷하였으며 이 시기 보급된 교육도서로는 유학서적들이 첫자리를 차지하였다.

백제에서도 유학경서와 함께 필사보급된 도서는 불교경전이였다.

백제는 고구려와는 달리 주로 소승계통의 불교사조들이 연구되고 퍼졌다.

백제의 불교학자 겸익은 529년에 인도에 가서 5년간 률종불학을 연구하고 돌아와서 백제의 중 28명과 함께 률종불경 72권을 번역하였는데 이때에 불교학자들인 담욱과 혜인이 《4분률소》 30권을 써서 널리 퍼뜨리였다.*

* 《미륵불광사사적》 참조

삼국가운데서 비교적 늦게 경주지방을 중심으로 성립된 신라봉건국가는 1세기초중엽부터 7세기중엽까지 즉 전기신라시기에 있어서 먼저 발전한 고구려의 문화와 기술을 받아들이면서 자체의 출판문화를 발전시키기 위하여 부단히 노력하였다.

전기신라에서 력사편찬사업은 고구려, 백제보다 좀 뒤늦게 545년에 와서 국가적으로 진행되였다.

이찬 이사부가 왕에게 글을 올린데 의하면 대아찬 거칠부를 책임자로 하고 널리 국내의 문필가들을 모아 집체적으로 나라의 력사책인 국사를 편찬하게 하였다.*

   ※ 《삼국사기》 권4, 신라본기4 진흥왕 6년 7월

   이외에도 신라에는 《신라고기》, 《신라고전》, 《신라별기》 등이 있었다.
   그러나 이런 책들이 《삼국사기》, 《삼국유사》를 편찬할 때까지는 인용되였으나 그후 전쟁으로 인하여 없어지고말았다.
   이 시기 력사서적들중에는 이상과 같이 봉건국가기구에 의하여 이른바 그 정사가 편찬되는 한편 각 지방에서 일련의 향토사 또는 수다한 사원들에서 해당 사원의 연혁사들이 편찬되였다. 이런 기록들은 삼국시기의 사료가 많이 남아있지 못한 조건에서 일정하게 참고로 되였다.
   이러한 책들은 주로 지방인민들의 생활형편과 해당 지방의 전설, 민속 등이 수록됨으로 하여 이른바 그 정사와는 달리 해당 계급사회의 리면에 깔려있는 사회적진실이 소박하게나마 반영된 측면이 없지 않았다.
   물론 종교적색채로 윤색된 사원의 연혁사들이 바로 인민사적인 립장에서 씌여진것은 아니지만 그러나 이러한 야사들의 출현은 우리 나라 야사발전에서 일정한 의의를 가진다.
   전기신라봉건통치자들은 국가권력을 강화하기 위하여 력사편찬사업에 못지 않게 봉건국가의 법전편찬사업을 진행하였다.
   504년에 신라통치자들은 상복법을 제정하여 가부장적인 봉건륜리를 공고화시켰고 654년에 이르러서는 종전의 률령을 재검토하여 새로 《리방부격》 60여종을 편찬하였다.*

   ※ 《삼국사기》 권4, 신라본기5 태종무렬왕 원년 5월

   이와 아울러 봉건국가는 국내의 토지와 인구수를 정확하게 장악하기 위하여 중앙 및 지방 행정기구를 통해서 각종 장적을 작성하였다.

장적(藏籍)은 지역별 토지, 인구 또는 해당 지방의 특산물생산 정형에 관하여 기록한 통계문건의 일종이다. 현재까지 전하고있는 신라장적은 비록 그 내용이 단편적이긴 하나 해당 시기의 생산관계 및 사회현실을 보여주는 중요한 자료이다.

전기신라는 과학기술을 발전시키는데서 기상학과 천문학에 많은 힘을 기울였다.

7세기 전반기에 벌써 세계에서 이름있는 천문대인 첨성대를 건설하여 기상학과 천문학 발전에 크게 이바지하였다.

따라서 이를 관측하는 수학이 발전하였고 수학도서들도 보급되였다.

전기신라에서도 고구려, 백제와 마찬가지로 구전의 형식으로 보급되던 가요, 설화들이 점차 서사문학으로 발전하였다.

7세기초에 융천사와 같은 가요작가들에 의하여 《혜성가》를 비롯한 향가들이 창작되였으며 이 향가들은 《삼국유사》에 실려서 지금까지 전하고있다.

6~7세기경에 신라에는 수다한 작가들이 출현하였다.

야장쟁이의 딸과 결혼하여 가난하게 살던 강수는 문학을 전공하여 나중에는 신라의 대학자로 알려져 당시의 외교문서를 도맡아 작성하였고 강수를 전후하여 제문, 수진, 량도, 풍훈, 골번 등이 당시의 대표적인 작가로서 글쓰는 일을 진행하였다.

음악예술부문에서는 기악의 발전과 아울러 우륵, 백결선생, 옥보고를 비롯한 악학전문가들에 의하여 다채로운 악곡들이 창작되여 악보를 비롯한 우리 나라 음악도서들의 내용을 풍부화시켰다.

전기신라에서 불교의 경전연구 및 편찬사업은 백제보다 훨씬 더 성황을 이루었다.

신라봉건국가는 528년에 불교를 정식으로 받아들인 이후 불교를 봉건왕권을 보호하고 강화하는 좋은 수단으로 삼고 적극 장려하였다. 지어 국왕과 왕비자신이 중이 되여 절간을 대대적으로 건설하게 되였다.*

* 《삼국사기》 권4, 신라본기4 진흥왕 37년

534년에는 누구나 다 중으로 될수 있다는것을 공포하였고 551년에는 국통을 비롯한 여러가지의 중벼슬들이 설정되였다. 이것은 불교가 국교로서의 지위를 확고히 차지하게 되였다는것을 의미한것이며 이렇게 적극 장려하고 내세우는바람에 진골귀족들가운데서도 중이 되는 현상이 자주 나타났다. 뿐만아니라 인도려행을 목적으로 하는 이른바 구법승의 대렬이 신라에서 점차 늘어났다.

620년대에 신라의 아리야 발마는 빠미르고원을 넘어 인도 각 지역을 순회하다가 나란타사에서 행각을 멈추었고 같은 시기 혜엽, 혜륜, 현격, 현조 등도 인도까지 가서 경전필사사업을 진행하였다.

혜엽은 주로 나란타사에서 인도의 본래 경전과 당나라에서 번역되였던 한문경전들을 대조하면서 경전고정을 진행하였는데 그가 필사한 책들은 그 이후시기까지 상기사원에 보관되여있었다고 한다.

혜륜은 또한 범어에 능통하여 인도의 산다사에서 당시 조선, 중국 및 각지에서 모여든 승려들을 위하여 경전강의를 도맡아하였고 현격, 현조는 서인도 대각사에서 경전연구 및 필사사업을 계속하였다.

그리하여 신라에서는 565년에 승려 명관이 《석씨경론》 2,700여권을 친나라로부터 가지고 왔으며 643년에는 또 자장이 불교경전인 삼장 400여함을 당나라로부터 가지고 와서 경상도 통도사에 보관하였다.

자장은 귀국후에 신라 불교계의 중심인물이 되였다.

전기신라시기에 대표적인 유식종불교학자는 원측이였다. 그는 싼스크리트어(범어. 인도글자)를 잘 알아서 대장경번역사업을 진행하였으며 《혜심밀경소》를 비롯한 수십권의 책을 썼다.

전기신라에서도 이러한 경전들은 역시 사자승들의 손에 의하여 필사되여 각지 사찰에 보급되였다.

그리고 당시 불경필사는 먹으로 썼을뿐만아니라 금으로 글자를 쓴 금자불경까지 출현하였고 또한 적지 않은 사찰들에서는 도서관의 일종인 경루를 따로 지어 경전들을 불보(불경을 《보물》로 말함)의 하나로서 귀중히 보관하였다.

특히 이러한 책들중에서 자장 및 원측의 저서 5종은 11세기의 출판활동가인 의천에 의하여 그의 편작인 속장경에 수록간행되였다.

유학이나 불교와는 다른 도교의 서적들도 일정하게 보급되였다.

이것이 삼국시기에 이르러서는 불교와의 대차적관계에서 이러저러한 경로를 밟아 들어오게 되였다.

백제에서는 4세기경에, 신라는 보다 좀 후기에 로자의 《도덕경》이 배포된적이 있었다.*

    * 《삼국사기》 권24, 백제본기2
       《삼국사기》 권9, 신라본기9 4월

이상에서 본바와 같이 우리 나라 삼국시기는 사회과학, 자연과학 전반에 걸쳐 해당 부문의 전문가들을 속출하면서 다양한 도서들을 필사보급하였다.

고대조선시기와는 달리 이때에는 민간학풍이 섰으며 따라서 개인저서들이 본격적으로 출현하기 시작한것으로 특징지어진다.

민간학풍의 수립, 개인저서의 출현, 유교, 불교, 도교 사상의 전파, 이는 실로 봉건국가형성이후에 출판문화가 발전할수 있는 하나의 중요한 조건으로 되였다.

그리하여 우리 나라는 먼 옛날부터 《고전도서가 많은 나라》로 불리우게 되였다.

고대중국의 서적인 《수서》의 기록에 의하면 《조선사람들이 경서와 학술을 좋아하여 숭상하며 글과 력사를 사랑하고 즐기니 …옛날 어진 사람의 유풍이 아니고서야 어찌 이렇게까지 되겠는가.》라고 하였다.*

    * 《수서》 권81, 렬전 제6

《수서》에서 우리 조선사람들이 학문과 서적을 사랑하고 즐기는 것을 가르쳐 《옛날 어진 사람의 유풍》이 있다고 찬양하였으니 고대조선과 삼국시기에 학문연구와 책을 만들고 그것을 보급하는 사업이 얼마나 높은 수준에 있었기에 이웃나라에서까지 이런 찬사를 보냈겠는가.

그러나 이 방대한 력사자료들과 귀중한 도서들이 7세기말에 당나라군사의 침입으로 말미암아 전쟁으로 불타버렸으며 후기신라말년의 내란에 의하여 이 시기의 력사자료들과 서적들이 많은 손실을 당하게 되였다.

만약 이런 피해가 없었더라면 우리 나라는 고대조선과 삼국시기의 풍부한 문화유산을 그대로 이어받아서 명실공히 《풍부한 문화유산의 나라》로 더욱 찬란하게 빛을 뿌렸을것이다.

2. 목판인쇄기술의 발단

인류문화발전에서 언제나 새로운 기술의 발단은 선행한 온갖 기술적경험에 기초하고있는것이다.

목판인쇄기술의 발단 역시 고구려를 비롯한 세나라의 탑본제작 및 인장사용의 경험이 오랜 기간 축적되는 과정에 해당 시대의 사회적요구와 기술적발전정도에 상응하여 새롭게 발달된 하나의 기술적비약이였다.

정문이 아니라 반문으로 판이 새겨지고 이에 의하여 탑본식과는 달리 판면에 직접 먹을 묻혀 종이에 찍어내는 방법이 바로 서적인쇄를 목적으로 하는 인쇄기술이였다.

이와 같이 의식적으로 서적인쇄를 위하여 판을 새김에 있어서는 동이나 철로 주물하는것보다는 글자를 손쉽게 새길수 있는 나무를 사용하게 되였으며 따라서 출판인쇄술이 그 주요대상으로 되지 않을수 없었다.

우리 나라는 이 목판판각시원에서 세계적으로 가장 오랜 나라

물중의 하나이다.

이것을 확증해주는 사료로서 우리 나라 옛 력사자료의 하나인 《미륵불광사사적》에는 6세기중엽 백제 성왕(523~554)때의 사실을 다음과 같이 전하고있다.

《담욱, 혜인 두 법사가 불교, 률부의 주소 36권을 만들어 왕에게 바쳤다.

왕은 비담신률서를 써붙여 이를 태요전에 보관시켰다.

왕은 이를 장차 목판에 새겨 널리 보급시키려다가 미처 착수하지 못한채 세상을 떠났다.》*

* 《미륵불광사사적》 참조

이 기사는 목판인쇄가 이때에 처음 시작된것이 아니라 이미전부터 보급되여왔다는것을 실증해주고있는것이다. 그러므로 우리 나라에서는 벌써 6세기경에 목판인쇄기술이 보급되고있었다는것을 알 수 있다.

제 2 편
발해, 후기신라 시기 출판문화

제 1 장. 발해의 출판문화

제1절. 발해문인들의 다양한 저술활동

친애하는 지도자 **김정일**동지께서는 다음과 같이 지적하시였다.
《발해는 고구려를 계승한 나라로서 7세기말부터 10세기초에 이르는 시기에 우리 나라 력사발전에서 커다란 역할을 하였다.》

발해는 우리 나라 력사에서 가장 강대하였던 고구려를 계승한 나라이다.

고구려가 멸망한 뒤에 고구려의 옛 지역 유민들은 당나라 침략자를 몰아내고 나라를 되찾기 위한 투쟁을 줄기차게 벌려 7세기말에 발해를 창건하였다.

발해인민들은 광범한 지역과 훌륭한 문화를 소유하였던 고구려를 계승한 토대우에서 자기의 창조적로동과 지혜로 높은 생산력과 빛나는 문화를 발전시켜 《해동성국》이라고 불리울만큼 그 위용을 떨치였다.

발해는 698년에 건국한 이후 200여년동안 다른 문화의 성과와 마찬가지로 출판문화사업에서도 훌륭한 성과를 이룩하였다.

그러나 장기간 외적의 침략과 봉건통치계급내부의 혼란 및 유민들의 이동으로 말미암아 서적들이 대부분 없어지고 남아서 전하는것이란 거의 없다.

다만 단편적으로 전하는 자료를 가지고 본다 하더라도 《발해국은 부여, 숙신 등 10여국을 통합하였는데 문자와 례악이 있었다.》[*1]

고 한 《고려사》의 기록이나 《발해에는 문자와 서지가 있었다.》*²고
한 《구당서》의 기록,《발해에는 문자와, 백관제도가 있었다.》*³고
한 금나라 력사의 기록들은 발해인민들이 이미 문자를 사용하고있
었으며 그에 기초하여 출판활동도 진행하고있었다는것을 알수 있게
한다.

*¹ 《고려사》 권1, 태조 8년 9월 경자
*² 《구당서》 발해전
*³ 《금사》

그러나 오늘까지 남아있는 발해의 고전유산은 오직 한문 서사
어에 의하여 기록된 일련의 시작품과 국서들뿐이다.
발해사람들은 한문문학에 있어서도 높은 수준에 있었다. 발해
사람들이 당나라 및 일본 등에 사신 또는 유학자로 가서 남겨둔 몇
편의 시작품들이 전하고있는데 그중 몇가지를 소개하면 다음과
같다.
759년에 일본에 부사로 갔던 양태사, 814년과 884년에 각기 대
사로 갔던 왕효렴, 배정 등과 813년경에 당나라에 류학하던 학승
정소는 발해의 대표적인 문필가였다.
이중에서 문적원 소감으로 있던 배정은 발해의 유명한 시인으
로서 그가 일본에 갔을적에 일본사람들은 그를 칠보지재라고 평가
하였을뿐아니라 그가 불과 십여일동안에 지은 시 54편과 기타의 시
5편을 함께 엮어 《홍로증답시》라는 이름으로 하나의 권축을 만들
었다.
이것은 발해시인들이 외국에 가서 남긴 유일한 시집이였다.
또한 당나라에 려행하던 학승 정소는 《신경》 2부와 기타 도서
들을 가지고 본국으로 돌아왔다가 825년에는 일본으로 건너가서 각
종 도서를 전해준 사실이 있었다.
이는 당시 발해사람들에 의하여 진행된 국가들간의 도서거래가
얼마나 활발하였는가를 보여주는 단적인 실례로 된다.
이밖에 발해사람들의 저서로 오늘까지 남아있는것은 주로 일본

에 보낸 외교문건들이다. 지금까지 알려진 기록만 보더라도 발해가 일본으로 사절단을 파견한것이 대체로 34회에 달하는데 21회의 사절단은 105명이 기준이였으나 때로는 그 인원수가 325명이나 되는 례도 있었다. 바로 이 사절단의 래왕과 함께 서, 장 등의 명칭으로 일본에 보낸 23편*의 국서가 현재까지 전해지고있다.

* 무왕의 국서 1편
  문왕의 국서 2편
  강왕의 국서 5편
  선왕의 국서 2편
  왕이진의 국서 3편
  왕건황의 국서 1편
  경왕의 국서 2편
  중대성의 국서 7편

이러한 국서들은 이 시기 신라의 산문들과 마찬가지로 주로 사륙문체로 씌여진 서한문들이다.

이것은 서쪽으로 당나라와 친선을 도모하고 동쪽으로 일본을 견제하면서 엄연히 동방의 강국으로 군림하고있던 시기 발해의 국제적위신이 서한문에 잘 반영되고있다. 이런 서한문들은 다 필사로서 작성되였던것이다.

제2절. 발해의 금석문과 도서의 출판

발해는 금석문이 상당히 발전하였다.
이것은 출토품을 통해서 알수 있다.
《발해대왕》이라는 글자를 새긴 도장을 비롯하여 수많은 동제인장들이 출토되였는데 이것은 아주 정교하였다. 발해의 수도였던 동경성에는 국학비가 있었다.

발해의 금석문중에서 오늘까지 남아있는 대표적인것으로는 780년에 정혜공주의 무덤에 세운 묘비이다. 홀과 같이 생긴 돌에다가 줄칸을 치고서 700여자나 되는 한자를 세련된 해서체로 새겼으며 비면의 주위에는 초롱무늬를 두었고 비문의 웃부분에는 구름무늬를 두었다.

이 무늬들은 고구려의 무덤벽화중에 보이는 장식무늬와도 류사한 점이 있는데 특히 이 비가 보존되여있음으로 하여 발해사람들의 서예와 조각기술의 높은 수준을 알수 있게 한다.

이상 일련의 금석문자료에서 보는바와 같이 이 시기 발해의 금석문에서 이룩한 성과는 실로 고귀한것이다.

발해의 서적편찬과 보급정형은 사료와 유물이 없어진것으로 인하여 구체적으로 알길이 없다.

그러나 전하는 단편적인 자료를 가지고 보더라도 그 성황의 일단을 짐작할수 있다.

발해도 고구려와 같이 유교사상이 상당한 영향력을 가지고있던 관계로 하여 교육도서로서 유교경전들과 기타 서적들이 편찬보급되였다.

발해에서도 최고교육기관으로서 국학이 창설되여있었고 이 국학에서는 주로 유교경전들과 한문학을 교수하는 동시에 력사, 수학, 력법을 비롯한 각종 과목들을 교수하였다.

이 교수에 필요한 도서들이 편찬보급되였는바 발해의 수도였던 동경성에 세워진 국학비비문에는 《동관(동쪽집—필자)에 유생이 가득하였다.》라고 한 기록이 있는것으로 보아 이 시기 교육이 매우 성황을 이루고있었다는것을 짐작할수 있으며 이에 따라 교육도서들이 많이 편찬되였을것이다.

또한 발해에는 도서보급 및 편찬 기관의 하나로서 중앙의 문적원이 창설되여있었다.

문적원에는 감, 소감, 술자랑 등의 관원들이 있었는데 발해의 문필가로 유명한 배정, 배규, 왕구모 등은 문적원의 소감으로, 리승영은 문적원의 술자랑으로서 저술활동을 하였다.

또한 발해에서 도서를 편찬하여 외국에 보급시킨 기록도 전하고 있다.

8세기초에 력서를 편찬하여 일본에 전해줌으로써 일본의 력법발전에 중요한 계기로 되게 하였으며 참사검부, 어구수부, 인생기하부 라는 글을 금자로 병풍에 써서 금자병풍을 만듦으로써 이 시기 당나라 사람들을 놀라게 한바 있었다.*

❋《발해국지》 장편 권18

이상에서 본바와 같이 당시에 해동성국으로 이름난 발해는 자국내에서 많은 도서를 편찬보급하였을뿐아니라 력서를 비롯한 각종 도서들을 외국에까지 수출하였으며 특히 금으로 글자를 써서 병풍을 만든 사실은 이 시기 발해의 제반 문화가 얼마나 찬란하게 개화발전하였는가를 보여주는 하나의 실례로 된다.

제 2 장. 후기신라시기 출판문화

제1절. 목판인쇄기술의 발전

국토통일을 위한 세나라인민들의 투쟁은 당나라침략자들과 사대주의적신라통치배들의 책동으로 말미암아 좌절되였다. 그리하여 7세기중엽이후 대동강류역 이남 지역에서는 후기신라의 력사가 시작되였다.

후기신라의 봉건통치자들은 자기들의 통치리념으로써 불교를 숭상하였고 유교와 도교까지 포함하여 삼교의 교리를 자체의 실정에 맞게 취사선택하였다.

이렇게 불교를 숭상한 결과 국내에서는 많은 학승들이 배출되여 불교 경전편찬 및 저술활동이 그 이전시기에 비해 대성황을 이루었다.

　이러한 력사적조건들은 서적에 대한 사회적수요를 급격히 증가시켰으며 이 수요를 충족시키기 위한 방도로서 인쇄기술의 발전을 촉진시키지 않을수 없었다.

　후기신라에서는 8세기중엽에 목판에 글을 새겨 닥나무로 만든 종이에 인쇄하였는데 그 실물이 오늘까지 전해지고있다.

　바로 경주에서 나타난 인쇄실물은 세계적으로 남아있는 가장 오랜 목판인쇄물이다.

　이 유물은 석가탑속에 있던 목판인쇄물로서 704~751년사이에 인쇄된것으로 추정되는 《무구정광대다라니경》이라는 불경책이다. 우, 아래의 너비가 8cm이고 길이 약 52.5cm의 종이 12장을 이어붙여서 630cm의 길이로 만들고 그것을 둥글게 말아놓은것이다. 이 두루마리형의 장정방식은 방책형의 장정이 나오기전의 제본방식이다.*

　* 《조선전사》 5권, 과학백과사전출판사, 1979년판, 330페지

　당시 불교신자들속에는 전염병이 심하게 돌거나 그밖에 큰 재해가 일어났을 경우에는 불경책을 77~99부 만들어서 탑속에 넣으면 이른바 《부처에 바친 공덕의 혜택》으로 그 재해가 가셔진다고 하는 허황한 관념으로부터 우에서 본바와 같이 석가탑속에 불경을 넣게 된것이다. 그런데 분량이 많은 하나의 책을 처음에는 손으로 옮겨쓰다가 그 품을 덜기 위하여 고심하던 끝에 목판인쇄기술을 도입하게 된것이였다.

　그전에는 일본에 남아있는 근본, 자심인, 삼률, 륙도 등 4종의 다라니목판인쇄물(764~770년경에 탑의 로반밑에 넣은것이라 한다.)을 가장 오랜것으로 인정하였으나 750년경에 인쇄한 유물이 경주 불국사의 석가탑속에서 나옴으로써 이것이 남아있는 인쇄물가운데 세계에서 가장 오랜것으로 되였다.

　일본에 남아있는 그 목판인쇄물자체도 우리 나라 백제사람들의 손에 의하여 이루어진것이다.

그것은 일본에서 그뒤 300년간이나 전혀 인쇄를 진행한 일이 없는 점에서 그렇게 인정할수 있으며 이미전부터 일본땅에 백제소국들이 수많이 존재해있었으며 그들에 의해 백제의 문화가 일본에 전수되였다는 사실에서 확증된다.

또한 우리 나라 목판인쇄기술의 보급정형을 해명함에 있어서 참고로 되는것은 해인사대장경의 유래와 관련되는 각종 기록들이다.

18세기 서유구는 그의 저서 《루판고》의 대장경조목에서 《옛날 신라 애장왕(800~809년)때에 새긴것이라 한다.》고 하였으며 또는 실학파의 한사람인 한치윤도 대장경에 대하여 쓰면서 그의 저서 《해동역사》에서 《옛 기록에는 신라 애장왕 정묘년에 새겼다 한다.》고 강조하였다.

여기서 우리는 신라 애장왕시기에 대장경을 판각하였다고 하는 옛 기록이 있었다는것을 알수 있다.

애장왕시기보다 얼마후인 신라의 문성왕시기에도 대장경을 새겼다는 옛 기록이 전해지고있는데 이는 해인사의 경판중에 있는 《팔만대장경개간인유》라는 책이다.

이 책에는 합천사람 리거인과 관련된 기사가 있다.

이 기사에는 적지 않게 불교의 륜회설과 관련된 허황한 전설이 윤색되여있지만 그러나 우리는 이 자료에서 신라의 문성왕시기에 리거인이 대장경을 개간하였다는 사실만은 류의하지 않을수 없다. (현재 팔만대장경판과 혼동해서는 안된다.)

왜냐하면 이 자료의 내용을 서유구나 한치윤이 전해주는 애장왕시기설과 관련시켜 생각할 때 신라의 애장왕, 문성왕시기, 다시 말해서 8세기말 9세기중엽에 이미 대장경판각을 시도한 옛 기록이 있었다는것을 실증하여주기때문이다.

물론 우리는 하나의 력사적사실을 해명함에 있어서 단순히 부정확한 내용들로 윤색된 자료에만 의거할수 없다.

중요하게는 매개 지기의 사회경제적형편 및 력사적발전단계와 관련하여 그를 구체적으로 고찰하여야 한다.

그러면 우리 나라 8~9세기에 있어서 목판인쇄기술에 의하여 대장경이 처음 개간될수 있는 조건들은 무엇으로 설명되는가?

첫째로 사람들의 의식수준이 발전되고 물질기술적 제조건이 갖추어져있은것이다.

이때에 와서 사람들의 출판인쇄에 대한 관심이 더욱 높아졌을 뿐아니라 일찍부터 종이와 먹 생산이 발전하였고 각종 수공업과 석각 및 인장 기술이 발전되였다. 이것은 대장경을 개간할수 있은 하나의 전제였다고 말할수 있다.

둘째로 도서의 보급 특히는 불교경전에 대한 사회적수요의 장성이다.

6세기이후 명관이 가지고온 2,700여권의 경전과 자장이 구입한 400여함의 장경(藏經)이 국내에 배포되자 이 시기 불교를 장려하는 국가적조치가 취해지고 그 불교경전들은 널리 필사보급되였다. 지어 7~8세기에 이르러서는 원효, 의상을 비롯한 수많은 학승들에 의하여 수백수천여종에 달하는 경전주소도서들이 편찬되였다.

이러한 력사적사실은 해당 시기에 있어서 대장경에 대한 사회적수요가 단순한 필사의 정도에 머물러있게 하지 않았으리라는것도 충분히 짐작할수 있다.

셋째로 도서를 간행한 사실이 있는 합천해인사문제와 13세기에 간행된 대장경문제를 관련시켜 언급할 필요가 있다.

우선 합천해인사의 건축년대문제이다. 《삼국사기》에 의하면 802년에 세운것으로 알려져있으나 이 년대는 증축 혹은 중건한 해에 불과하다.

해인사는 이미 7세기경부터 의상의 10대사찰의 하나로서 국내에 널리 알려진 큰 절간이였으며 특히는 외국사람들도 합천해인사를 해동의 돈황이라고 일렀다.

의상의 전교가 있은 이후에 이미 이 사찰에는 적지 않은 도서 및 문화재들이 보관되였을것이고 11세기에도 이 절에는 많은 서적들이 보관된바 있었다. 또한 14세기의 승려 수암은 바로 이 해인사에서 대장경을 인쇄한 사실도 있었다.

하기에 14세기의 학자 리숭인의 《도은집》에는 《수암문장로가 해인사에서 대장경을 인쇄한데 대하여 장난삼아 드린다.》라는 시가 있어 그때 이미 과거 판목이 있었다는것을 시사해준다.

여기서 문제로 되는 13세기의 8만대장경판은 그것이 처음에는 강화도와 남해도 등지에서 판각되였던것이고 뒤에 이 경판이 해인사로 이관되였는데 그것은 1398년경인만큼 바로 리조초기의 일이다.

이렇게 놓고볼 때 13세기의 대장경판이 이관되기 이전에 이 절에는 이미 오래전부터 내려오던 일부 대장경판이 보관되고있었다는것도 의심할바 없다.

따라서 해인사에 그 이전시기부터 보관되여오던 대장경판목만은 상기 대장경개간기사에서 말해주고있는 8~9세기경에 새긴 대장경판과 관련시켜 생각할수 있는 근거로 된다.

넷째로 그 전후시기의 출판정형과 관련하여 호상 련관속에서 고찰할 필요가 있다.

6세기경에 백제에서 인쇄기술이 보급되고있었다는 력사적사료가 있는만큼 이를 도외시하지 못할뿐만아니라 바로 11세기경에 우리 나라 출판문화는 해당 시기에 세계 어느 나라에서도 류례를 볼수 없을만큼 높은 수준에 있었다는 사실자체를 고려하여야 한다.

전하는 자료에 의하면 고려초기 끝 10세기경에 이미 태백산 부석사에는 3종의 화엄경판목(당시까지 남아있던것이 674매였다고 한다.)이 보관되여있었다고 하니 그 판각년대는 9세기이전일것이다.

또한 고려태조 왕건에 대하여 《우리 태조 신성대왕이 이름난 승려들을 뽑아 불법을 받들게 하고 우수한 경전들을 수집정리하여 자신의 성의를 표시하였다. 이미 목판에 새겨 인쇄출판하였을뿐만아니라 또한 금자, 은자로 써서 후세에 전한것도 있었다.》고 한 리승휴의 글에서 볼수 있는바와 같이 이미 10세기초에는 금자경, 은자경을 붓으로 써서 전했을뿐만아니라 많은 경전을 수집하여 이를 목판에 새겨 출판하였다.*

＊《동안거사문집》권1 참조

　이와 같은 제반 력사적사실은 우리 나라의 불교경전간행사업이 10세기초에 이르러 처음으로 진행된것으로는 결코 볼수 없다.
　대체로 이상과 같이 우리 나라 인쇄기술발전에서 목판인쇄기술의 최초의 발명은 이미 언급한 《미륵불광사사적》의 내용에 의하여 멀리 6세기중엽부터 고찰할수 있는 력사적사료의 근거가 있는 동시에 8～9세기경에 이르러서는 우에서 례증한바와 같이 상당히 많은 경전도서들을 간행하게 된것이라고 확정지을수 있다.
　유구하고 찬란한 우리 나라의 문화전통들가운데서도 특히 이 인쇄기술의 발생발전은 실로 세계문화사에서 선구자적역할을 담당 수행하여왔다.

제2절. 각종 도서의 출판과 보급

1. 기술도서를 비롯한 각종 교육도서 출판과 보급

　7세기 후반기 신라에서는 상대적으로 교육제도가 정비강화되고 교육과 문화가 발전됨에 따라 기술도서를 비롯한 각종 교육도서에 대한 사회적수요가 급속히 높아졌다.
　682년에 창설된 후기신라의 최고교육기관인 국학에는 박사, 조교 등 학자, 전문가들이 배치되여 각종 과목에 관한 교수들이 진행되였고 점차로 기술교육이 강화되면서부터 수학, 의학, 천문학 등에 관한 도서들이 연구보급되였다.
　후기신라의 교육도서로서는 유교경전이 큰 비중을 차지하였다.
　이 시기 국학내의 일반교육부문에서는 《주역》, 《상서》, 《모시》, 《례기》, 《춘추좌씨전》, 《론어》, 《효경》 등 유학경서들과 문학

총서인 《문선》과 력사서적인 《사기》, 《한서》, 《후한서》와 기타 한문도서들이 교과목으로 선정되였기때문에 이런 책들을 구입편찬하는 사업이 대대적으로 진행되였다.

후기신라는 그뒤 이러한 도서를 대상으로 하는 독서출신과라는 일종의 국가시험제도까지 실시하였다.

독서출신과란 곧 국학을 설치한지 100년후인 788년에 제정된것으로서 우의 시험과목도서들을 보면 《춘추좌씨전》 혹은 《문선》, 《례기》 등이였으며 겸하여 《론어》, 《효경》까지 정통한자는 상등으로 합격되였고 《곡례》, 《론어》, 《효경》 등을 정통한자는 중등으로 합격되였으며 《곡례》, 《효경》만 정통한자는 하등으로 평가되였다. 만약 《주역》, 《상서》, 《모시》, 《례기》, 《춘추》의 5경과 《사기》, 《한서》, 《후한서》의 3사와 기타 제자 백가서까지 학습한자에 대해서는 그를 우선적으로 선발하여 높은 자리에 등용하는 제도였다.*

* 《삼국사기》 권38, 지7 직관 상

종전부터 궁전시를 실시하여왔는데 이는 화랑도가 성행하던 시기에 주로 무예기술에 의하여 인재를 선발하던 제도였다.

그러나 이때와서는 이 제도를 폐지하고 독서출신과로 대치한 사실은 신라의 교육제도가 상무적인것으로부터 유교경전을 중시하는 즉 상문적인것으로 전환한것을 의미하며 따라서 무술을 배우는 것을 남자들이 의무로 여기던 고구려의 전통적인 미풍은 점차 약화되게 되였다.

이러한 후기신라국가의 조치에 의해 곧 유학경서와 기타 한문고전들의 광범한 편찬보급을 보게 되였고 이와 함께 반동적인 유교사상이 더욱 널리 전파되게 되였으며 따라서 한문과 유학을 전공하는 학자들이 량적으로 많이 나오게 되였다.

2. 개인저술의 발전과 력사, 문예 도서편찬간행

나라의 기술발전을 촉진시키며 국내의 교육망을 통해서 각종 기술도서와 유교경서가 널리 보급되고있을 때에 문학, 예술 및 력사, 지리에 관한 서적들도 활발히 출판되였다.

이것은 자기 조국의 유구한 력사를 밝히고 우리의 민족문학예술을 보다 더 높은 단계로 발전시키기 위한 투쟁이였으며 이 작품들은 해당 시기의 광범한 인민들의 생활과 지향을 반영한것으로 하여 그 사료적의의는 큰것이다. 7세기 후반기~8세기초에 있어서 이름난 학자이며 교육가로서 출판활동을 한 대표적인 작가는 설총이다.

설총은 불교경전 주소책을 수백여권이나 편찬한 학승 원효의 아들이였으나 그는 원효와는 달리 수많은 자기 제자들과 함께 유학경서를 전공하면서 이를 우리 나라 말의 표기수단인 리두로 토를 달아 새기는 방법을 일반화하여 조선에서의 유교경전과 서사문학을 새로운 발전단계로 들어서게 하였다.

그리고 문예작품창작에서도 특출한 기량을 소유하였다는것은 그의 저서인 《화왕계》를 통해서도 알수 있다.

《삼국사기》에 수록된 《화왕계》는 그의 필력과 이 시기 문화발전에 관한 일련의 면모를 보여주는것으로 하여 문학사적의의를 가지고있다.

《화왕계》는 당시의 국왕을 풍자한 의인체작품으로서 우리 나라의 현존문예작품가운데 가장 오랜것의 하나이다.

이밖에도 설총의 책들로서 12세기까지 알려지고있던 일련의 금석문들이 있었다.

다음으로 집필활동을 많이 한 사람은 김대문이다. 김대문은 설총의 뒤를 이어 활동한 작가로서 704년에 한산주도독으로 있은 일이 있었으나 주로 문필활동으로 많은 책들을 남기였다.

그가 저술한 단행본들중 《화랑세기》, 《고승전》, 《계림잡전》, 《악본》, 《한산기》 등 5종은 12세기까지 전하여 김부식의 《삼국사기》편찬에 중요한 참고자료로 되였다.

이상 책이름들이 보여주는바와 같이 《화랑세기》는 신라시기 화랑들의 략전에 수록되였으며 《고승전》은 신라시기에 이름이 널리 알려진 이른바 고승의 생활과 《업적》을 추려모은것이고 《악본》은 신라시기의 음악 혹은 가요에 관한 책이며 《한산기》는 자신이 도독으로 있던 한산주에 대하여 쓴 책이라고 인정된다.

김대문에 의하여 저술된 이러한 각종 단행본들은 8세기이전의 사료들을 수집정리하였다는 점에서뿐만아니라 우리 나라 력사 및 문학예술에 관한 부문도서발전의 새로운 계기를 열어놓았다는 점에서 큰 의의를 가진다.

김대문의 저작활동이후 우리 나라 도서보급 및 편찬 사업은 다양한 전진을 가져왔다.

여기서 특히 들어야 할것은 수십여개 나라를 도보로 려행하면서 쓴 《왕오천축국전》과 오랜 시기에 걸쳐 구전된 신라가요의 유산들을 종합체계화한 가요집 《삼대목》 그리고 우리 나라 산문문학발전의 새 계기를 열어놓은 《수이전》과 세나라 및 후기신라 시기의 력사를 서술한 각종 《고기》들이다.

《왕오천축국전》은 신라의 승려 혜초가 쓴 려행기이다.

혜초는 8세기초엽에 당나라로 건너갔다가 불교의 발생지인 인도에 가볼것을 결심하고 바다길을 통하여 인도에 들어갔다.

그는 당시의 《오천축국》 즉 다섯개의 천축국인 동천축, 중천축, 남천축, 서천축, 북천축 등을 샅샅이 답사한 다음 서북으로 돌아서 카슈미르, 대소발률, 가다라, 오장, 구위, 람파, 계빈, 사욱, 범인, 토화라 등 여러 나라를 려행하였다.

그리고 다시 서쪽으로 행하여 페르샤(이란), 대식(아라비아), 불림(수리아)까지 이르렀다.

그는 여기서 동쪽으로 돌아 중앙아세아의 각 지역을 답사하고 빠미르고원을 넘어 727년 11월에 안서에 이르렀고 그뒤 신라로 돌아오던 도중 당나라 수도 장안에서 행각을 멈추었다.

혜초는 당시까지 있어보지 못한 먼 거리의 도보려행을 한 려행가였다.

동시에 그는 범어와 한어를 정통한 외국어학자였기때문에 범어 불경을 한문으로 번역하여 도서보급에 기여하였으며 그가 10여년동안 10만여리를 걸으면서 려행의 전과정을 적은 《왕오천축국전》은 이 시기 수십개 나라들의 사회정치제도와 자연지리적조건, 사람들의 경제생활형편과 문화생활, 도덕과 풍습, 종교와 미신 등 모든 면이 빠짐없이 들어있는것으로 하여 8세기의 인도와 그밖의 여러 나라들을 연구하는데 가치있는 자료이다.

물론 혜초는 불교신봉자였기때문에 보고 서술한 부분들이 종교적관점에서 벗어나지 못하였고 따라서 부정확한 부분이 없지 않았다.

하지만 이 책이 세계문화사적으로 볼 때 특수한 자리를 차지하고있는것은 부인할수 없으며 이 시기 신라문필가들의 정력적인 해외활동과 관련하여 이룩된 귀중한 성과의 하나이다.

하기에 이 책이 중국 돈황지방의 한 동굴에서 1910년에 발견되여 세계에 널리 알려졌을 때 학계에 큰 반향을 불러일으킨것은 우연한 일이 아니다.

혜초는 원래 이 책을 3권으로 상세히 썼던것인데 원본은 그후 전하지 않으며 그 원본 3권을 다른 사람이 한권으로 요약한 책만이 1910년 돈황에서 발견되었다.

그러나 이때에 발견된 책도 첫부분과 뒤부분은 헐어 없어지고 오늘까지 전해지고있는것은 원본의 중권으로부터 하권에 걸치는 부분들이며 그것마저도 글자를 알아볼수 없게 된것이 적지 않다.

그러나 이는 현재 우리 나라에서 알려진 단행본으로는 가장 오랜것일뿐만아니라 그 전문이 일기체 산문으로 씌여졌으며 려행과정에 저자자신이 지은 5언고시 5편이 포함되여있어 우리 나라 문학사

연구에도 귀중한 가치를 가지고있다.

다음으로 《삼대목》은 888년에 위홍과 대구 등의 집체적노력에 의하여 편찬된 향가집이다.

이 향가집은 당시까지 창작된 향가작품들을 수집하여 편찬한 시집 으로서 우리 나라 최초의 국어시가선집인 동시에 종합시선집이다.

9세기에 이르러 우리 민족가요인 향가의 종합시선집이 편찬되 였다는 사실은 오랜 력사를 가지고 내려오던 향가문학의 발전정형 을 보여주는것이다.

《삼대목》은 비록 오늘까지 전하여지지 않으나 13세기에 수록된 신라 향가들과 관련시켜 고찰할 때 이 책은 해당 시기에 많은 학자 들이 저술한 한문서사어로 써놓은 도서와는 그 의의가 다르다. 왜 냐하면 《삼대목》은 신라의 향가를 리두서사어에 의하여 그대로 표 기한 우리 말 도서이기때문이다.

이와 같이 《삼대목》은 리두로 씌여진 가요집으로서의 특성을 가졌다. 이와는 달리 한문산문으로 편찬된 전기들과 일화, 패설들 을 내용으로 하는 문학작품들이 후기신라시기에 와서 많이 나온것 은 역시 하나의 특징을 이루고있다. 그런 작품으로서 대표적인것은 《수이전》이다.

저자가 명확치 않은 《수이전》은 지금까지 전하는 몇편의 자료 들이 보여주는바와 같이 김대문의 《고승전》이나 《화랑세기》와는 다 르게 인물과 사건들을 취급하면서도 주로는 수이적이고 전기적인 전설, 민담들을 소재로 하여 집필한 일종의 설화집인것이다.

《수이전》은 고려시기에도 편찬된것이 몇 종류 있었으나 《대동운 부군옥》 및 《동국문헌비고》에서 그 저자를 최치원이라고 한바와 같 이 이는 이미 신라시기부터 쓰기 시작하였던것이다.

후기신라시기에 편찬된 이 《수이전》은 13세기까지 전하여오다 가 일연의 《삼국유사》에서 《원광법사전》 한편만이 인용되여 현재까 지 전해지고있다.

이 《수이전》류형은 그 이후 리조시기에 이르기까지 우리 나라 출판물과 필사본들중에서도 비교적 인민성이 풍부한 서적으로서 씌여진 패설, 총화, 한화, 극담, 만필, 야담, 야사 등 실로 다종다양한 패설서적의 원류로 되였으며 또한 이는 우리 나라 소설문학발전을 촉진시킴에 있어서 적지 않은 기여를 하였다.

그리고 삼국시기부터 중요한 국가적사업의 하나로서 편찬되던 력사책들은 후기신라시기에 와서도 이를 담당한 사관 혹은 개별적인 력사가들에 의하여 력대적으로 집필보충되였다.

이러한 사료들은 각종 《고기》라는 이름으로 불리워지고있다. 《삼국유사》에는 《고기》라는 이름으로 인용된 책만 하여도 7개소나 되며 《삼국사기》에는 《해동고기》, 《삼한고기》 등 각종 이름의 《고기》의 자료들이 많이 인용되고있다.

물론 이러한 《고기》들에서 인용한 자료들은 인용할 때 일정한 수정과 보충이 가해졌으리라고 짐작되지만 그러나 그 원사료만은 고려이전시기에 편찬된것임은 틀림이 없다.

이와 같이 신라시기에는 력대적으로 편찬되였던 원사료로서의 《고기》가 있었으며 또한 각종 개별사료들이 전하여져있었으므로 이미 11세기전에 《해동삼국사》가 편찬될수 있었으며 그뒤에 《삼국사기》, 《삼국유사》 등이 집필될수 있었다.

후기신라작가들의 문필활동은 그 마지막시기인 9세기에 이르러 더욱 발전하였다.

이 시기 대표적인 학자들로서는 최승우, 최언위, 박인범, 김운경, 김수훈, 원걸, 왕거인, 최치원 등을 들수 있다.

이중에서 최승우는 사륙문 5권을 집필하였는데 이것이 바로 《호본집》이다.

《호본집》은 최치원의 문집들과 함께 우리 나라 도서발전력사에서 처음으로 나타나는 문집류형이였다는데서 의의가 있다.

이 《집》이라고 불리워지던 문집류형은 그 이후 리조말기에 이르기까지 우리 나라 중세기 전기간을 통해서 도서출판물중에서도 가장 많은 비중을 차지하였다.

또한 시호를 문영이라고 부르던 최언위는 당시 신라에서 서서원(이는 발해의 문적원과도 같이 일련의 도서를 취급하는 기관이라고 인정된다. —필자주)의 학사로 있으면서 도서 정리 및 보급을 위하여 적지 않은 활동을 하였다.

최언위를 비롯한 박인범, 김문경, 김수훈, 원걸, 왕거인 등의 도서들은 몇편의 시작품들만이 15세기에 편찬된 《동문선》에 수록간행되였을뿐이고 그들의 문집의 이름은 알려지지 않고있다.

후기신라의 대표적인 문필활동가로서 국내외에 알려진 작가는 최치원이다.

그는 문학, 력사 등 다방면에 걸쳐 방대한 집필활동을 하였는데 그 작품과 문집들을 들면 다음과 같다.

《사시금체부》 5백수, 1권

《오언 칠언 금체시》 1백수, 1권

《잡시부》 30수, 1권

《중산복궤집》 1부, 5권

《계원필경집》 1부, 20권 4책

《사륙집》 1권

《제왕년대력》 30권

이중에서 《계원필경집》까지의 5종은 그가 외국류학시기에 집필한것들로서 28살 때 귀국하여 봉건정부에 바친것이였다.

18세기 홍석주가 쓴 《계원필경집》서문에 의하면 그 《중산복궤집》도 리조시기까지 전해진듯하나 이는 확실하지 않고 다만 《계원필경집》만은 그 이후 수많은 판을 거듭하여 지금까지 전하고있다.

현재는 1774년에 홍석주의 가장본을 가지고 서유구의 주선으로 호남 포정사에서 간행한것이 널리 보급되고있다.

《계원필경집》은 시 60편을 포함하여 사륙문체로 씌여진 서한문과 잡문들로 되여있는데 그중에는 안남지방을 비롯한 먼 대륙의 풍토, 지리를 소개한 《보안남록이도기》와 《라성도기》 등 비교적 긴 산문들이 있다.

이는 이미 언급한 《왕오천축국전》과 함께 우리 나라에서 현존한 도서들중에 그 저작년대가 가장 오랜것으로 하여 의의가 크며 그 내용에서도 최치원의 세련된 필치를 보여주는 작품들이다.

그러나 최치원의 책들중에서 가장 중요한것은 그가 귀국후에 쓴것으로 인정되는 시문집 30권이다.

이 시문집중에서 삼국 및 후기신라, 발해에 관한 일련의 력사 사료를 취급한 서한문 1편은 《삼국사기》에 인용되고있으며 기타 시 산문들도 《동문선》, 《동국여지승람》, 《대동운부군옥》 등에 일부 수록간행되였지만 그 전문은 유실된지 오래다.

최치원의 집필활동은 매우 다양하였다. 그가 쓴 책들중에서 《쌍계사진감선사대공탑비》의 비문 및 《성주사랑혜화상백월보광탑비》의 비문은 지금까지 금석문으로서 남아있으며 또한 《현수전》, 《부석존자전》 등은 의천의 총록에도 수록되여있다.

1092년에 간행되여 현재까지 전하는 그의 책 《법장화상전》 1권은 바로 우의 현수전인것이다.

최치원이 집필한 책들가운데서 당시 농민폭동군인 황소의 투쟁을 평정하기 위한 격문을 지배계급의 립장에서 써준것이라든가 허황한 불교교리를 내용으로 하는 중들의 전기작품들은 계급적 및 사상적 제약성이 있지만 그가 청년시절에 다른 나라에 가서 쓴 《비오는 가을밤》, 《강남녀》와 귀국후에 쓴 《소박한 생각》, 《붓길가는대로》 등 일련의 시작품들과 《두 녀자의 무덤》을 비롯한 산문작품들과 수다한 정론들에서는 그의 애국적감정과 당대 사회의 불합리성에 대한 비판정신이 표현되고있다.

그리하여 《계원필경집》을 비롯한 최치원의 저서들은 일정한 의의를 가지고있다.

《계원필경집》(20권 4책)은 목판본과 주자본이 전해지고있다.

1권부터 19권은 그가 당나라에 있을 때 지은것이며 20권은 귀국후에 창작한것이다.

이와 같이 문인들의 출판활동은 나라의 경제, 문화가 발전함에 따라 더 적극적으로 진행되고있었으나 그 보존사업은 이러저러한 동란으로 하여 오늘까지 전해지지 못하고있는것들이 많다.

3. 주소학의 보급발전과 경전주소의 편찬간행

　　삼국이후 유교, 도교, 불교 경전들이 광범히 보급되고 이에 대한 연구가 점차로 심화됨에 따라 학계에서는 각종 경전의 내용을 해석하기 위한 주소학이 발전하였다.

　　주소학은 원래 매개 경전들의 어구 및 문장을 정확히 리해할 목적으로 해당 경전에 주소를 다는 학문이였다.

　　그러나 이런 주소학의 발전은 그를 기초로 하여 많은 새로운 연구성과들을 가져오게 하였다.

　　그것은 첫째로 경전에 대한 사료적고증과 그 사료의 개괄적인 내용의 분석평가를 위주로 하는 서지학의 발전을 촉진시켰으며 둘째로 해당 경전해석을 통해서 제기되는 문제와 관련하여 각종 류파의 철학리론적인 견해들의 발전을 자극하였다.

　　이리하여 후기신라시기에 와서 주소학은 그 이전시기보다 더욱 보급발전하였으며 따라서 각종 경전의 주소 편찬사업이 대대적으로 진행되였다.

　　물론 후기신라이전에도 이미 언급한바와 같이 고구려에서는 소문인 대영홍이 《신지비사》를 주석하였고 학승 승랑은 《주대반열반경》 72권을 주석하였다.*

* 《속고승전》 참조

　　백제에서도 불교학자 겸의에 의하여 당시 이름난 중 28명과 함께 률부 72권을 번역하였으며 이때 담욱, 혜인 두 법사는 률소 36권을 집필하였다.

　　또한 그 이전시기에 국학을 비롯한 국가교육기관을 통하여 보급되던 유학경서들에 대한 주소작업도 적지 않게 진행되였다.

　　이미 언급한바와 같이 설총이 리두로써 유학경전인 구경을 해

— 67 —

석하였다는 사실은 바로 이를 실증하여주는것이다.

그러나 주소학이 가장 성행한것은 7세기이후 후기신라시기 였다.

이 시기는 주로 불교경전과 관련되는 도서들이였다.

이는 당시에 불교가 사회적으로 광범히 류포된 사실과도 관련 되지만 주요하게는 7세기이후 신라에서 원효, 의상, 의적, 경흥, 태현, 원측, 연기, 둔륜 등 수많은 학승들이 배출되여 종전의 경전 들을 전면적으로 재검토하고 자기의 리론적체계를 세워 발전시키기 위하여 노력하는 과정에 이룩된 산물이라고 볼수 있다.

그러나 이 시기 불교학파중에서 자기의 리론체계를 세우려는 진보적인 계층이라고 하더라도 불교교리자체의 관념론적인 본질에 는 변화가 없었으며 또 있을수도 없었다.

7세기중엽 신라에서 불교의 교종교리를 연구하여 널리 알려진 대표적인 사람은 원효(617∼687)이다.

원효는 당시에 맹목적으로 신봉하던 구속적이며 형식적인 불교 의 계률을 타파하고 독특한 신라불교의 종지를 세웠다. 그것이 이 른바 《해동종》이다.

그는 노비출신인 승려 혜공과 당시 학승으로 이름난 랑지와 상 종하면서 전생애를 오로지 경전주소에 바쳤는바 그가 집필한 각종 도서들은 99부 240여권에 달한다.

방대한 그의 도서들이 적지 않게 산일되고말았지만 11세기까지 보존되여 의천의 《속장경》에 수록간행된것으로서 지금 남아있는것 은 20부 23권이다.

이중에서 《금강삼매경론》 6권의 간기에는 《갑진(1244년) 8월 초닷새날 우바새 정안이 쓴다.》고 한것으로 보아 이는 11세기 의천 에 의하여 간행된것이 다시 13세기 대장도감분사에서 재판된것임을 알수 있다.

그리고 이밖에 《금강삼매경론》서문, 《영각본업경소》서문, 《화 엄경소》서문, 《해심밀경소》서문, 《열반경종요》서문, 《화법경종요》 서문 6편은 15세기에 편찬된 《동문선》에도 수록되였다.

이러한 도서들에서 그가 주장하는 철학적내용은 주관적관념론으로 일관되고있으나 그의 저서들은 국내의 범위를 벗어나서 송, 거란, 일본 등지에도 광범히 류포되였다.

원효와 거의 같은 시대의 인물인 의상(624~702) 역시 해동화엄종을 처음 만든 사람으로서 이 시기 학계에 널리 알려졌다.

의상은 특히 후대교양에 정력을 기울였기때문에 그 종의 교리를 이어받은 불교류파들이 전국각지에 퍼지게 되였다.

지통을 비롯한 의상의 10대제자 오진, 표훈, 진정, 진장, 도융, 량원, 상원, 능인, 의적 등은 부석사, 해인사, 옥천사, 화엄사, 범어사 등 전국 10대사찰을 본산으로 삼고 경전주소를 비롯한 집필편찬사업을 활발히 진행하였다.

의상자신의 이름으로 집필된 법계도 1권,《아미타경의》1권,《입법계품초기》1권,《십문관법》1권 등도 의천의《속장경》에 수록간행되였지만 그의 학설은 제자들에게 이어져 그 제자들의 손에서 씌여진것이 더 많은데《속장경총록》에 수록된것만 보더라도 의적이 쓴것이 8종, 지통이 쓴것이 1종, 오진이 쓴것이 1종이다.

이상의것들은 의상의 제자들에 의하여 집필된 주소책들중 일부에 지나지 않는다. 그것은 의상의 제자 표훈(표원으로도 썼다.)이 집필한《화엄문의 요결문답》4권이 현재까지 전해지고있으나 의천의 총록에는 수록되지 않는것을 보아서도 알수 있다.

또한 이 시기 의상 및 그 제자들의 집필정형에 대하여 11세기 의천은 다음과 같은 사실을 지적하고있다.

《상고하건대 승사〈의상전〉에는〈혹은 붓을 들고 천에다 쓰기도 하며 혹은 연을 쥐고 책상에 적기도 하여 결집처럼 초하고 재연같이 엮었다.〉이리하여 의상의 문하에서는 그 제자의 이름을 따라 책 제목을 정하기도 하였으니〈도신장〉같은것이 바로 그것이요 혹은 지방의 이름을 따라 책 제목을 정하기도 하였으니〈추혈문답〉같은것이 바로 그것이다.…》

우리는 이 자료를 통하여 이 시기 의상을 비롯한 학승들이 도서편찬사업을 얼마나 활발히 진행하였는가를 알수 있다.

원효, 의상의 뒤를 이어 많은 책들을 남긴 대표적인 학승으로는 경흥과 태현을 들수 있다.

경흥은 신문왕시기에 국사로 있던 학승이다.

그는 주로 삼랑사에 머물러있으면서 많은 책들을 남겼다.

《삼국유사》에서 일연은 경흥에 대하여 《모든 교리를 정통하니 명망이 한때에 높았다.》고 평가하였고 《총록》의 주해에서 의천은 《경흥은 신라사람인데 그 책들이 방대하였다.》고 지적하였다.

경흥의 책들은 11세기 《속장경》에 포함된것만 13종 89권에 달한다.

태현이 쓴 책들중 《유식론학기》 8권은 현재까지 남아있으나 11세기 의천의 《총록》에는 이 8권만은 제외되고 《고적기》를 비롯한 기타 40여종 도서들의 이름이 실려있다.

이밖에도 효소왕시기의 이름난 중인 원측과 의상의 제자계렬의 가귀 및 신라 흥륜사의 승려로 알려진 도륜과 화엄사에 영정이 남아있던 연기 등을 비롯하여 수많은 학승들이 쓴 책들은 단편적으로나마 후세에 알려지고있다.

이밖에도 승장이 쓴 《범망경술기》 1권과 순경이 쓴 《법화경료간》 1권 및 명정이 쓴 《화엄해인삼매론》 1권 등이 있다.

또한 의천의 《총록》에는 수록되지 않았으나 현재까지 전하는것들도 있다.

예하면 현등이 쓴 책인 《화엄일승성불묘의》 1권과 불가사가 쓴 《대비로자나경공양차제법소》 2권 등이다.

이렇듯 우리 나라 7~9세기 기간은 불교경전과 관련되는 주소책 편찬의 전성기로서 특징지어지고있다.

이러한 방대한 책들은 그 대다수가 종교적이며 관념론적인 내용으로 윤색된 불교책이기는 하지만 매개 저자들의 구체적인 사회계급적처지와 관련하여 당시로서는 일정하게 진보적인 측면도 있으며 또는 소여사회의 사회적모순을 반영하여 씌여진 자료들도 없지 않았다.

이 시기의 경전주소책들만은 아직 인쇄기술이 광범히 보급되지 못했던 실정과 관련하여 주로는 필사형태로 점차 보급되여왔었다.

때문에 이 시기 집필편찬된 책들은 매개 사원들에 집결되여있는 사자승들에 의하여 필사보급되였다.

이 시기의 경전필사사업은 멀리 해외에서도 진행되였는바 그 실례로 일생을 경전필사에 바친 7세기말의 승려 승전은 당나라에서 27권을 필사하여 본국에로 가져왔으며 650년대에 중인도까지 들어가서 각 지역을 순회하던 대범은 당시 인도에서 류포하던 경전도서들을 필사하여 연구하고 본국에로 들여온바 있었다.

경전연구를 위한 이러한 해외려행과 수백수천권에 달하는 주소책의 편찬 및 필사 등은 이 시기 주소학의 높은 발전을 보여주는것이다.

제3절. 신라말기의 《뇌명서》와 《격문》

인류사회의 발전력사는 자주성을 옹호하고 실현하기 위한 인민대중의 투쟁의 력사이다.

친애하는 지도자 김정일동지께서는 다음과 같이 지적하시였다.

《인류사회의 오랜 력사를 통하여 사람들은 사회적예속과 자연의 구속에서 자신을 해방하기 위한 투쟁을 끊임없이 벌려왔습니다. 사회와 자연을 개조하고 인간을 개조하는 모든 투쟁은 다 인민대중의 자주성을 옹호하고 실현하기 위한 투쟁입니다.》(《주체사상에 대하여》, 20페지)

인민대중이 자주성을 옹호하고 실현하기 위한 투쟁에서 선차적으로 나서는 문제는 사회정치적으로 자주성을 실현하는것이다. 그것은 인류사회가 적대계급들로 분렬된 이후 무엇보다도 피착취계급이 계급적 및 민족적 예속에서 벗어나 자주적인 생활을 누리기 위해서는 그렇게 할수 있는 사회정치적조건을 마련하여야 하기때문이다.

그러기에 피착취근로대중은 외래침략자들과 봉건통치배들을 반대하고 사회정치적자주성을 실현하기 위한 투쟁을 끊임없이 벌려왔다.

우리 나라 삼국시기에도 농민들의 반봉건투쟁과 반침략투쟁이 일정하게 전개되였고 따라서 이 투쟁의 무기로서 《닉명서》, 《격문》등 선전물이 적지 않았으리라고 짐작되지만 당시 봉건통치배들의 탄압과 책들의 인멸로 인하여 고구려, 백제의것은 전하는 자료가 없고 단지 후기신라시기의것만 현재까지 일부 전하고있다. 그러나 이 자료들을 통하여서도 그 약간의 면모를 볼수 있다.

원래 《닉명서》란 작성자의 이름을 밝히지 않는 글이라는데서 나온 말로서 이는 인민들이 적아의 력량관계를 고려하여 아직은 통치배들과의 정면충돌을 선포하기 이전에 사용하던 소극적인 투쟁형태의 하나였던것이다.

《닉명서》는 바로 근대의 삐라와 같이 투서의 방식으로 거리에 살포하거나 벽서의 형식으로 담벽에 붙이기도 하였다.

《격문》은 통치배들이나 외래침략자들의 죄악을 저주규탄하면서 인민들을 애국적인 투쟁에로 불러일으킨것이였다.

대중적봉기의 정세가 조성되였을 때나 외적의 침략을 당하였을 때 군중들에게 배포하는 호소문인 《격문》은 초안에 근거하여 몇통 혹은 몇십통씩 필사하여 이를 광범히 배포하였다. 그 배포에서 무엇보다도 신속성을 보장하는것이 중요하였다.

때문에 그 이름조차도 《비격》 또는 《우격》이라고 하였다.

물론 《격문》들중에는 봉건통치배들이 인민들의 대중적투쟁을 탄압하기 위하여 작성한 반동적인것들도 있었으며 《닉명서》 역시 지배계급내부에서의 권력쟁탈을 위하여 음모적인 방법으로 씌여진것들도 있었다.

우리 나라 9세기 후반기는 신라봉건정권의 마지막시기였다.

이 시기는 전국적범위에서 농민폭동의 불길이 타오르던 치렬한 계급투쟁의 시기로 특징지어진다.

8세기말 9세기초에 들어서면서 후기신라의 봉건통치자들과 귀족들은 권력다툼과 부화방탕한 생활을 일삼으면서 점점 쇠퇴해지는 국력을 인민들에 대한 착취의 강화와 억압으로 보강하려고 하였다.

그리하여 이를 반대하는 농민폭동이 사방에서 일어나게 되였다.

게다가 887년부터 진성녀왕이 통치한지 몇해동안에 그 모순은 점점 더 심화되여 9세기 후반기부터는 전국적범위에서 일대 농민전쟁이 벌어지게 되였다.

바로 이러한 시기인 888년에 인민들이 그들의 소행을 증오하여 이름을 밝히지 않은 《다라니 은어》를 만들어 길바닥에 던져둔 사건이 생겼다.

그 《다라니 은어》의 내용은 다음과 같다.

《다라니》는 불교에서 사용하는 주문 《남무망국 찰리나제 판니판니 소판니 우우삼아간 부이 사바하》(《삼국유사》 권2 기이 진성녀대왕)

이에 대하여 당시 사람들은 《찰리나제》는 녀왕을 두고 한 말이고 《판니판니 소판니》는 소판(세번째 벼슬등급)에 있던 두 대신을 가리키는것이며 《우우삼아간》은 세사람의 아간(여섯번째 벼슬등급)이며 《부이》는 부호부인(진성녀왕의 유모)을 두고 한 말이라고 해석하였다.

《남무》는 승려들이 념불할 때 쓰는 말로서 《바란다》는 뜻이고 《사바하》는 《물러가라》는 말이다.

이는 당시의 인민들이 《바라건대 나라를 망쳐먹는 녀왕과 두 소판, 세아간, 부호부인은 물러가라》는 내용을 은어로 써서 거리에 살포한 《닉명서》였다.

이러한 인민들의 서면공격에 당황한 통치배들은 당시의 진보적인 작가 왕거인을 혐의자로 몰아 체포투옥하는 등 갖은 탄압을 다 하였다.

이 《다라니 은어》는 우리 나라 력사사료에서 가장 오랜 투쟁의 무기로서의 선전물이며 필사사료였다.

이와 함께 이 시기 전국각지에서 일어나는 농민군들의 력량을 조직동원하기 위한 각종의 《격문》들도 지역별 또는 부대별로 작성 배포되였다.

889년에 상주에서 원종, 애노들을 지휘자로 하는 폭동군이 일어난것을 위시하여 그후 죽주에서 기훤, 원주에서 량길 등을 각각 지휘자로 하는 폭동군들이 꼬리를 물고 일어났다.

견훤은 신라 서남북의 광범한 지역에서 붉은바지를 입고 활동하던 적고군의 세력을 통합시킴으로써 신라봉건정권을 위협하는 큰 력량으로 되였다.

이 시기 견훤의 아래에는 격문작성을 비롯한 문필활동을 담당한 《호본집》의 저자 최승우가 배속되여있었다.

최승우는 이 시기 대표적인 작가이다. 그가 작성한 《격문》들중에서 927년 견훤의 이름으로 고려태조 왕건에게 보낸 《격문》 한편은 지금까지 전해지고있다.

《…백성을 도탄에 빠뜨리고 나라를 망하게 할 징조인지라 내 먼저 선봉에 나서서 채찍을 휘저으며 호을로 정의로운 창날을 휘날렸나니… 기약하는바는 평양성의 다락에 활을 걸고 대동강의 물을 말에 먹이려는것이로다.》

이 《격문》은 주로 왕건과 승부를 다투려는 내용을 사륙문체로 쓴것이며 선동성과 호소성이 강한것으로 하여 잘 알려져있다. 그후 대부분의 《격문》들도 사륙문체로 씌여졌다.

견훤과 같은 시기에 북부지역에서 농민군의 력량을 집결시킨 궁예는 그아래에 송함홍, 백탁, 허원 등의 문필가들을 배속시켰으며 뒤날 궁예가 세운 태봉국의 정권안에는 도서 관리 및 출판을 담당한 금서성과 외국어학습과 통역관계를 맡아보는 사대 등의 기관을 설치하고 출판문화를 발전시켜나갔다.

제4절. 도서장정의 발전과 서체의 다양성

1. 도서장정의 발전

  종이생산의 발전과 인쇄기술의 발명, 개인저작의 출현과 경전도서의 보급 등 여러 조건들은 도서장정의 발전에도 커다란 자극을 주었다.

  종이생산이전에는 돌이 아니면 주로 천에다 글을 썼고 글을 쓴 천이 지내 길면 이를 말아서 두루마리형식으로 만들었다. 이러한 방식은 종이생산이후에도 존속되였다. 그래서 천두루마리와 종이두루마리가 이 시기의 유일한 도서장정형식으로 보급되였다.

  그러나 종이제품은 천과는 달라서 두루마리로 만들려면 매 장마다 두끝을 붙여서 천처럼 만들어야 하였다.

  이리하여 한쪽끝에는 둥근 나무로 만든 축을 달고 다른 한쪽에는 종이나 천 혹은 나무쪽을 붙여서 다루기에 편리하도록 만들어 펼쳐본 다음에는 축으로부터 말아서 보관하도록 하였다.

  이것이 이른바 권이였다.

  7세기말 원효가 각승경을 쓸 때 그의 제자 대안법사가 옆에서 종이를 붙였다는 사실이나 고려초기의 학자 최승로의 말이 《옛날 경전들에는 모두 황지를 사용하였으며 또는 전단목으로서 축을 만들었다.》*고 한것이 이를 잘 말하여준다.

  * 《고려사》 권93, 렬전6 최승로

  그러나 축은 다만 전단목으로 만든것이 아니라 상아, 대모, 옥돌 등 고급제품을 사용한것도 적지 않았다.

  또한 그것을 보관할 때에 각종 다른 권축들과의 혼합을 피하기 위하여 5권 내지 10권씩을 따로 묶어 싸개를 씌웠는데 그 싸개를

《질》이라고 불렀다.

오늘도 책 한벌을 《한질》이라고 하는것은 바로 여기서 나온 말이다.

두루마리류형의 장정은 매우 오랜 시기부터 존속되여 11세기에 간행된 속장경의 일부도 역시 권축으로 된것이 있다. 그 축의 길이는 모두 30cm 기준이며 아래우는 란을 쳤는데 그 광곽*이 세로는 25.5cm 가량 되나 가로는 일정하지 않다.

* 광곽은 본문의 둘레에 있는 줄을 말한다.

한 행은 19~20자이며 행과 행사이는 2cm 정도로 띄웠다.

그러나 이 두루마리는 이 사료와 저 사료를 대조하는 경우에 하나의 두루마리내에서도 전후 문맥들을 대조함에 있어서 모두 두루마리를 한꺼번에 해놓지 않으면 안되는 등 사용과정에 적지 않는 불편을 느끼게 되였다.

사람들은 이 불편을 제거하기 위하여 도서장정에서 접는 경절장, 나비장정, 매는 장정 등 각종 새로운 방식들을 고안해냈다.

접는 장정은 두루마리장정방식에서 한걸음 발전한것으로서 종전처럼 두루마리형으로 마는것이 아니라 이를 병풍접듯이 접어서 읽을 때는 펴고 다 읽고나서는 접어두는 방식이였다. 이렇게 접어 만드는 도서장정이 시작되면서부터 도서는 비로소 권축으로부터 네모진 방책책장이 생기게 되였다. 7세기 후반기에 의상이 《연을 쥐고 책장에다 적기도 하였다.》*고 한 그 책장이 바로 이를 말해주는 것이다.

* 《신편계종교장총록》 참조

나비장정은 접는장정과는 달리 매 책장을 련결시켜 접는것이 아니라 매 장의 판심을 안으로 접고 그 뒤등은 다음장의 뒤등에다 붙여 나비날개처럼 만드는 장정방식이였다.

이러한 장정형식도 오랜 기간 존속되여 현재 우리 나라 고전도서들중에는 주로 서첩, 지도첩 등인 경우에 이 나비장정으로 만들어져있다.

그러나 접는장정이나 나비장정들은 오랜 기간 사용하는 과정에 그 접어진 모들이 닳아서 떨어지기 쉬웠고 이것이 떨어지기만 하면 한권의 책이 각 장으로 나누어져 흩어질수 있었다.

이를 방지하기 위하여 보다 발전시킨것이 바로 매는 장정이다.

매는 장정은 선장이라고도 하는데 이는 책장의 판심을 겉으로 접어 매 장을 차례대로 포갠 다음 책의 뒤쪽에다 구멍을 뚫고 실로 꿰매는 장정방식인데 현재까지 전하는 우리 나라 고전책들은 거의 전부가 이 형식으로 만들어졌다.

이 매는 장정에서 책의 뒤쪽에 뚫는 구멍을 침안이라고도 일러왔는데 우리 나라의 도서들에는 그 침안을 옛날부터 다섯개씩 뚫는 기준이 정해져있다.

일반적으로 4~6개씩 침안을 뚫는 중국의 도서장정형식에 대비하면 이것은 또한 우리 나라 도서장정이 가지는 특징의 하나로 된다.

동시에 이 매는 장정의 도서들에는 다른 장정들에서 볼수 없는 다양한 특징들이 나타나고있다.

그 실례의 하나로서는 무엇보다도먼저 판심의 새김수법을 들어야 한다.

판심은 매 판의 한가운데 있는 행간을 의미하는데 매는 장정에서는 절반으로 꺾어 접게 되여있다. 때문에 예로부터 이 판심에는 도서의 원문을 쓰지 않고 그대신에 책이름이나 매 장의 장수를 표시하는 수자와 해당 판목의 조각을 담당하는 각수들의 이름자를 새겼다.

또한 그 판심의 아래우에는 일반적으로 고기꼬리모양과도 비슷한 이른바 어미를 새기는것이였다.

이 어미의 새김수법도 도서장정의 발전에 따라 다양한 력사적 변천과정을 걸어왔었다.

예컨대 고려이전시기의 도서들에는 주로 검정(흑)어미를 새겼다면 리조시기에 이르러서는 일반적으로 흰어미를 새겼고 특히 흰어미들에는 각종 꽃무늬를 아로새김으로써 도서장정의 기술적정교성을 보여주었다.

어미의 상하에 있는 공간은 백구라 하고 거기에 검은칠한것은 흑구라고 한다.

이러한 판심새김의 각종 형태들은 곧 우리 나라 고본(옛날에 찍은)도서들의 판각년대를 고정함에 있어서 하나의 표징으로 된다.

때문에 이 측면에서도 그 의의는 자못 큰것이다.

매는 장정의 기원은 구체적으로 알려져있지 않으나 11세기의 속장경들중에는 판심과 아울러 그 판심아래에 장수의 수자를 새긴 것이 있다. 이러한 형태는 주로 매는 장정시기에 나타난것이다. 따라서 우리 나라 도서장정발전에서 매는 장정형식이 나오게 된것은 11세기이전으로 올라가 고찰할수 있다.

나비장정이나 매는 장정은 종전의 두루마리보다 더 많은 분량을 한책으로 꺾을수 있었다.

권으로 부르던 두루마리가 책으로 전환되면서는 일반적으로 두권 혹은 서너권을 한책으로 합치게 되였다.

최치원의 《계원필경집》20권은 이 시기 도서장정에서 그 매 권의 분량이 어느 정도였는가를 보여주는 중요한 자료이다.

《계원필경집》20권은 매 권의 글자수가 5천자 내지 6천자 가량 되는바 이를 이후시기의 기준량인 10행 20자형으로 계산하면 대체로 매 권이 25~30페지의 분량이였다는것을 알수 있다. 바로 이 25~30페지를 단위로 하는 분량이 곧 두루마리장정시기의 하나의 권이였던것이다.

옛날책의 장정형식에 대하여 말한다면 물론 시대의 변천에 따라 조금씩 달라져서 그 규격이 일정하지 않지만 대체로 전지 8절로부터 12절까지의 크기로 된것이 보통이고 책 부피는 그리 두껍지 않다. 책장종이는 량쪽겉면만 글자를 찍어 가운데를 접고 이것을 한장으로 하며 이 매 장단위로 장수를 기입한다. 그러므로 100페지의 책은 50장으로 되며 종이의 가운데를 접기때문에 접은 종이의 리면에는 글자가 없다. 이 몇장을 포개놓은것을 한권이라고 하는데 한권은 꼭 몇장이 되여야 한다는 규정된 량은 없으며 한권이 반드시 한책으로 되는것은 아니다. 한책가운데 여러권이 들어있는것이 상례이며 이런 경우에 장수는 매 권에 따라 따로 기입되여있다.

본문의 둘레에 있는 줄을 광곽이라고 하는데 옛날책에는 광곽이 있는것이 보통이지만 불경에는 없는것이 많다.

광곽의 줄은 굵은선과 가는선이 있는것을 《쌍변 또는 쌍란》이라 하고 한선이 있는것을 《단변 또는 단란》이라고 한다.

광곽의 웃쪽은 서미《란상 혹은 상란》이라고 하고 광곽의 아래쪽은 란각이라고 한다.

줄간은 10~12가 보통이고 글줄과 글줄사이에는 가느다란 선으로써 구획을 만든다.

한줄에 들어가는 글자수는 책의 성격에 따라 일정하지 않으나 20자로부터 30여자까지가 보통이다.

2. 8~9세기 서체의 변천과 다양성

도서를 비롯한 필사사료의 발전에서 그 장정형식도 중요하지만 이에 못지 않게 내용에 담겨진 서체는 해당 도서의 미적가치를 평가하는데서 하나의 척도로 되였다.

친애하는 지도자 김정일동지께서는 다음과 같이 지적하시였다.

《서예는 우리 나라를 비롯한 동양나라들에서 오래전부터 발전하여온 독특한 형식의 예술이다.》(《미술론》, 160페지)

우리 나라는 옛날부터 글씨를 중요한 예술로 간주하였고 력대의 문필가들은 바로 그 글씨공부에 많은 정력을 기울였다.

글씨에는 이미 언급한바와 같이 전자, 예서, 해서, 행서, 초서 등 다양한 서체들이 있다.

이러한 서체는 매 시대를 따라 변천하였으며 또한 그 매개 필사물 및 인쇄물의 류형에 따라 각이한 특징을 가지고있다. 다시말해서 행서, 초서 등은 주로 필기체로 씌였다면 인쇄출판물인 경우에는 해서체가 일반적으로 널리 씌여졌다.

후기신라시기에 와서 보다 다양한 서체로 씌여진 각종 도서들이 보급되였을것이나 일련의 금석문 이외에는 남아있는 유물이 극히 적다.

종이에 씌여진 필사사료의 유물로서는 오직 8세기경의것으로 인정되는 《신라장적》의 잔본과 그보다 좀 후기의것으로 인정되는 금자경의 잔본이 남아있다.

《신라장적》의 잔본은 근년에 일본의 정창원에 있는 불경책의 배지속에서 나타난것인데 종이에 먹으로 써서 필사한 고문서의 하나이다.

이는 당시 청주부근의 사해점촌과 살하지촌 및 그밖의 2개 촌의 토지, 호구수를 등록한 문건으로써 현존 잔본은 전 65행이며 매 행은 24자 내외로 필사되여있다.

주해, 참고로 되는 자료들은 작은 글자로 쓰되 두줄로 나누었으며 삭제한 부분에는 동그라미를 치고 매 구절마다 사이를 띄여쓴것이 그 특징이다.

장적, 잔본은 우리 나라 현존 종이에 쓴 먹글로서 유물들중 년대가 가장 오랜것인데 글씨는 극히 정밀하고 세련되여 이 시기에 류행되던 필기서체로서의 행서의 면모를 잘 보여준다.

금자경은 이름 그대로 금으로 글자를 쓴 불교경전인데 이 시기 서체발전의 새로운 특색을 보여주고있다.

사료상의 자료에 의하면 이미 고구려문필가들도 금으로 책, 병풍에 글을 쓴적이 있었으며 《신라의 말기에는 경전과 불상에 모두 금, 은을 사용하였다.》*고 한 10세기 최승로의 말과 같이 신라시기에도 많은 금자경이 씌여졌던것이다.

※ 《고려사》 권93, 렬전6 최승로

이 시기 서예가로 내외에 널리 알려진 사람은 김생이다.

《김생은 부모가 미천하여 가계를 알수 없으나 성덕왕 10년에 출생한 사람이다. 어려서부터 글씨를 잘 썼는데 평생에 다른 학문은 공부하지 않고 나이 80이 넘도록 붓을 놓지 않고 글씨를 써서 예서와 행서, 초서에 모두 신묘한 필법을 소유하였다.》*

※ 《삼국사기》 권48, 렬전8 김생

김생이 일생동안 써놓은 필사사료들이 얼마나 많았던가는 그가 세상을 떠난지 백년뒤에 이룩된 집자비만 보더라도 넉넉히 짐작할수 있다.

이 집자비는 현재까지 남아있는 백월서운탑비이다.

백월서운이란 신라말기의 승려 랑공대사의 탑호인데 최인곤이 비문을 짓고 단목이 9세기초에 김생의 글씨 유적중에서 그 비문에 해당하는 글자를 오려모아서 비문전문을 편성하였던것이다.

김생이 직접 쓴 필적은 모두 흩어지고 없어졌지만 이 비문만은 그뒤 10세기중엽에 돌에 새겨져 오늘까지 그의 비범한 글씨의 일면을 엿볼수 있게 한다.

김생이후 8~9세기의 신라에서는 서예가 더욱 발전하였다.

김원, 김언경, 최치원, 최인연 등 수다한 명필가들이 속출하였고 서체의 측면에서도 해서, 행서, 예서, 전자 등 다양한 형식들이 씌여졌음으로 하여 이 시기 도서장정의 예술적내용을 더욱 풍부화시켰다.

비록 종이도서는 없어졌지만 이 시기 명필가들의 글씨는 수다한 금석문에 의하여 오늘까지 전해지고있다.

그 대표적인것을 들면 다음과 같다.

보조선사탑비는 김영이 비문을 짓고 김원과 김언경이 글씨를 쓴것을 유명한 조각기술자 현창이 884년에 새겨 전라도 보림사에 세운것이다.

이 금석문의 첫 행은 김원이 쓴 해서이며 그다음 행부터 김언경이 쓴 행서인데 그 글씨와 새김의 정교함이 이 시기 문필력과 조각기술을 남김없이 과시하고있다.

다음 진감선사탑비는 최치원이 비문을 짓고 글씨까지 쓴것을 환영이 새겨 887년에 경상남도 쌍계사에 세운것이다.

이름난 문필가였던 최치원의 세련된 해서체글씨는 오직 이 비를 통하여 후세에까지 전하고있다.

이밖에도 백월보광합비, 진경대사탑비 등 금석문자료들이 전해지고있다.

이상 일런의 금석문자료에서 보는바와 같이 이 시기 우리 나라 필사사료들이 이룩한 예술적, 기술적 우수성은 실로 귀중한것이였다.

현창, 환영, 성림 등에 의하여 이룩된 석각기술은 곧 그것이 목판인쇄에 도입되여 이 시기에 출판하던 경전판목의 조각기술을 더 한층 발전시켰으며 또한 김생, 최인연, 최치원 등에 의하여 발전된 해서체로서의 금석문글씨는 곧 우리 나라 중세기출판물에서 력대적으로 씌여지던 인쇄체로서의 전형을 확립하여놓았다.

특히 그 글씨들은 다양한 선과 행간배치를 통하여 높은 기교를 보여줌으로써 우리 나라 력대의 고전도서들이 단순한 하나의 문자기록으로 그치지 않고 그 도서자체를 훌륭한 예술적창조물로 되게 하였다.

제 3 편
고려시기 출판문화

제1장. 고려전반기 출판문화

제1절. 고려초기 출판기구의 정비

1. 문방구의 발전

　10세기초에 국토를 통일하고 조선반도에서 첫 통일국가로 성립된 고려왕조는 자기의 정권을 강화할 목적으로부터 한편으로는 지방에 할거하고있는 봉건세력을 포섭하는 정책을 취하면서 다른편으로는 생산을 앙양시키며 인민들을 착취하기 위한 일련의 기만적인 대책도 취하였다.

　본질적으로 같은 봉건적착취제도인만큼 인민들이 무권리와 빈궁 속에서 벗어날수는 없었지만 당시 인민들로 말하면 후삼국으로 분렬되였던 고통을 극심하게 당하여온것으로 이 비참한 처지에서 나라가 통일되고 상대적인 안정기에 들어서게 되자 자기의 창조적로동과 애국적열의로 물질적부를 생산하고 문화를 발전시키기 위한 투쟁에 적극 나서게 되였다.

　고려통치자들은 또한 고구려를 이어받았다는 민족적명분을 내세우면서 발해유민들을 근 10여만명이나 받아들이는 사업도 진행하였다.

　이리하여 국력이 강화되고 생산이 초기에는 일정하게 장성하게 되였으며 각종 수공업들이 다양하게 발전하였다.

중앙에는 장야서, 도염서, 중상서 등이 설치되여 관영수공업이 발전하였고 지방에는 그 특산물의 품종에 따라 금소, 은소, 동소, 철소, 자기소, 지소, 묵소 등으로 불리워지는 전문적인 민간수공업기지들이 형성되였다.

특히 그가운데서도 동, 철을 생산하는 제철수공업의 발전과 종이, 먹을 비롯한 문방구생산의 발전은 이 시기 출판문화발전에 커다란 자극을 주었다.

고려봉건국가는 종이생산을 위하여 종이원료로 되는 닥나무를 심도록 적극 장려하였으며 등넌출, 뽕나무 껍질 등도 종이원료로 사용하였다.

※ 1145년(인종 23년)에 뽕나무, 닥나무를 장려하는 지시를 전국에 내린바 있다.

그리하여 백지, 백추지, 금분지, 황지, 청지, 청자지, 아청지, 취지 등 다양한 종이가 대량적으로 생산되게 되였다. 이미 고구려때부터 발전하여온 제지기술은 이 시기에 와서 더욱더 발전되여 다른 나라 사람들로부터 《천하 제일품》이라는 높은 평가를 받았다.

이런 평가는 그 당시 사람들뿐아니라 근대사람들에게서도 받은바 있다.

※ 1894년에 프랑스의 빠리에서 출판된 책인 《조선서지학》에서는 고려종이를 비롯한 조선종이의 우수성에 대하여 구체적으로 썼다.

고려의 먹생산도 전례없이 발전하였다. 전국각지에 설치된 묵(먹)소들중에서도 맹산, 순천, 녕변 등지의 제품이 유명하였다.

13세기의 학자 리인로는 《파한집》에서 자신이 맹산 공암촌 묵소에서 먹을 만든 경험을 다음과 같이 썼다.

《내가 맹산원으로 있을 때 도독부로부터 먹 5,000자루를 만들어 바치라는 지시를 받았다. 즉시 공암촌에 내려가서 백성들을 소집하여 송연(소나무태운 그을음) 100섬을 장만케 하고 우수한 먹제조공들을 동원하여 이를 직접 감독하였더니 달포만에 원만히 이루어졌다.》

이와 같이 공암촌의 먹제조소에서만도 한달에 5,000자루의 먹을 생산하였으니 이 시기 전국적범위에서 생산된 먹의 수량이 얼마나 많았던가 하는것을 능히 짐작할수 있게 한다.

고려시기의 붓은 크기에 따라 대필, 중필, 세필로 구분하였고 원료에 따라 황모필, 양수필, 서수필 등으로 구분하여 실로 그 종류가 다종다양하였다. 이중에서도 황모필은 그 품질이 좋아 송나라 사람들이 고려의 명산으로 특히 진귀하게 여겼다. 그들이 진귀하게 여긴 성성모필, 랑미필 등은 모두 이 황모필을 두고 한 말이다.

이러한 문방구생산은 국내의 수요를 충족시켰을뿐만아니라 해마다 막대한 제품이 국외로도 수출되였다.

례컨대 1038년에 거란이 고려 종이와 먹을 받았다는 기사와 1080년에 송나라가 종이 2,000매, 먹 400자루를 인수하여간 사실, 1221년에 몽골사신이 룡단먹 1,000자루, 붓 200자루, 종이 10,000장을 청구한 사실 등이 이를 잘 말하여주고있다.

국가간의 거래 이외에도 이 시기 개별적인 외국상인들을 통하여 수출된 상품중에서 바로 그 문방구제품이 중요한 비중을 차지하였다.

실로 고려의 대외무역은 건국초기부터 활발하였다. 개경에는 일시에 외국상인들을 수백명씩 수용할수 있는 객관들이 설치되였으며 11세기만 하여도 송나라, 일본, 거란 등 각국의 상인들 무려 10,100여명이나 고려를 방문하였다. 특히 이중에는 아라비야상인이 3차에 걸쳐 200여명이나 상품교환을 위해 왔었다.

이러한 상인들을 통해 국외로 수출된 고려의 종이와 필먹들은 외국시장에서 높은 평가를 받았으며 지어 일부 나라에서는 《고려종이》에 대한 모조제품이 나오기까지 하였다.

송나라 작가 소동파는 《장력강》이라고 새긴 인문이 있는 고려 먹을 얻어 천금같이 귀중히 여기면서 리정규가 일찌기 우리 나라 먹을 만드는 기술을 중국에 보급시켜 만든 먹보다 낫다고 평가하였다. 그리고 그는 자신이 고려의 송연을 구입하여 먹을 만들기까지 하면서 《진귀한 원료는 악랑(고려를 가리킨다.—필자)에서 구해온다.》고 하였다.

이와 같이 송나라는 물론 일본, 윁남, 류꾸 등에서도 《귀국의 필먹이 천하에 제일이다.》라고 찬양하면서 상인을 보내서 자주 무역해갔다.

또한 원나라 원개는 고려종이 한장을 선물로 받아 7년동안이나 소중히 보관하여두었다가 당시의 이름난 화가 왕숙명을 만난 다음에야 그 종이에 그림을 그리게 하고 그자신도 다음과 같은 시를 지었다고 한다.

빛갈은 눈결인양 희기도 하다
광채는 가을 호수처럼 맑구나
상자에 두고두고 7년동안에
안해는 비단보다 귀하게 여겼네

이와 같은 사실들은 고려시기의 문방구제품이 질적으로나 량적으로나 세계에서 우수하였다는것을 보여주는 단적인 실례이다. 이는 곧 이 시기 고려에서 출판문화가 급격히 발전할수 있는 요인으로 되였다.

2. 출판기구의 정비

고려시기 서적출판을 담당한 출판기관은 크게 중앙출판기관과 지방출판기관 및 사원출판기관 등 세 체계로 구분된다.

1) 중앙출판기관

고려왕조는 그 성립이후 통치기구를 정비하면서 도서관리 및 출판기관으로서 《비서성》을 설치하였다.

이는 원래 궁예집권시기에 금서성의 후신으로서 고려초기에 《내서성》이라고 부르던것을 995년에 《비서성》으로 그 이름을 고쳤다.

《비서성》은 고려말기에 《비서감》, 《전교서》, 《전교시》 등으로 명칭을 달리한 때가 있었으나 이는 동일한 기관이였다.

《비서성》안에는 초기에 비서감, 비서승, 교서랑, 정자 등의 관리가 있었으나 11세기에 이르러 도서출판의 규모가 더욱 커짐에 따라 최고책임자로서는 정3품관인 판사가 배치되고 실무일군인 교감 등도 증가됨으로써 기구가 현저히 확장되였다.

《고려사》에 의하면 《비서성》의 초기임무는 국가문서와 유학경서를 비롯한 각종 도서, 문서들을 보관관리하며 일련의 국가문서를 편찬하는 부서였으나 실지로는 이상의 임무와 함께 전국적인 출판사업을 담당조직하는 중앙지도기관이였다.

이것은 1101년 한림원의 제의에 의하여 《비서성》으로 하여금 책을 판에 새겨 배포하도록 하라고 한것이라든가, 1192년에 《비서성》이 각종 도서를 출판하기 위하여 대본을 주와 현에 나누어 새기게 한 사실이라든가, 11세기 속장경판각시에 비서성인원이 직접 참가한 실례들을 통해서 그렇게 볼수 있다.*

* 《고려사》 권20, 명종 22년 4월

뿐만아니라 《비서성》안에는 도서 및 판목을 보관하는 《비서각》이 설치되였으며 인쇄사업도 직접 수행하였다.

비서각은 일명 《비각》이라고도 하였는데 전국각지에서 출판되는 도서들을 보관하는 가장 큰 중앙도서관의 기능을 수행하였으며 동시에 많은 판목들을 비치하여두고 비서성이 직접 출판하는 도서인쇄작업을 담당수행하였다.

물론 이 시기 개경에서 도서인쇄출판사업을 진행한것은 비서각 뿐만 아니였다.

비서각은 《비서성》안에 설치된 기관이라면 그와는 달리 《비서성》산하기관의 하나로서 《서적점》이 있었다.

서적점의 설치년대는 명확치 않으나 11세기에 이미 록사, 권무기사, 기관, 서자 등의 직제를 가지고있는 기관이였다.

이 서적점은 그뒤 서적원으로 개칭되면서 령, 승 등의 관리를 두고 금속활자에 의한 활판인쇄를 담당한바 있었다.*

* 《고려사》 권77, 백관 2 제사, 도감과 각색, 서적점

또한 1101년에는 국왕이 《〈비서성〉에는 문적이 쌓이고쌓여 훼손될 형편이다.》*라고 하면서 도서출판기관을 확장하기 위하여 국자감안에 새로운 서적포를 설치하고 거기에 판목을 옮겨 널리 인쇄배포할 조치를 취하도록 하였다.

* 《고려사》 권12, 숙종 6년 3월 경오

이밖에도 당시의 개경에는 서적소를 비롯한 각종 도서관들과 개별장서시설들이 많았다. 그 대표적인것만을 들면 다음과 같다.

서적소는 국왕 인종이 12세기초에 장서시설을 더 늘이기 위하여 수창궁옆에 있던 정태보의 저택을 도서관으로 개편한것이다. 여기서는 력대적으로 선비출신 관리들이 학문연구와 아울러 국왕의 자문에 응하는 임무를 수행하였다.

문덕전은 고려초기부터 있던 어용도서관으로서 옛날부터 전해오던 력대의 중요도서들을 보관하고있었다.

청연각과 보문각은 12세기초 예종때에 왕궁의 부근에 세운 건물로서 각기 학사(벼슬이름)들이 배치되여있었다. 청연각에는 유학경서를 비롯한 각종 도서들을 비치하였는데 당시 학자들의 학문연구 및 도서편찬 기관으로 삼았으며 보문각에는 외국과의 외교문서 및 기타 서화들을 보관하였다. 1290년에 합단군의 침입으로 보문각의 장서를 강화도로 옮겨간 사실이 있다. 그리고 청연각과 비슷한 림천각도 있었는데 여기에도 수만권의 장서가 있었다고 한다.

천장각은 1117년에 새로 설치한 문서보관처로 종전부터 있던 연영전과 아울러 력대 귀족들의 도서열람처로 사용되였다.

이상 각종 시설들은 주로 도서열람과 도서편찬을 위한 국가기관으로서 이 시기 출판문화의 발전과 떼여놓을수 없는 관계를 가지고있었다.

2) 지방출판기관

중세기의 출판문화를 발전시키는데서 지방출판기관들이 중요한 역할을 놀았다.

고려초엽이후 평양, 정주, 충주, 남원, 경주 등지를 비롯한 국내의 중요지구들에서는 지방장관의 관할하에 출판사업들이 조직되였다. 이중에도 경주와 평양은 그 대표적인 지구로 알려져있었다.

고려왕조는 창건 첫날부터 평양에 국방시설과 아울러 문화시설을 건설하기에 주력하였으며 왕건의 집정시기에도 개경에 있던 불교경전의 부본을 작성하여 이곳에 비치하는 조치를 취하였을뿐아니라 990년에는 국왕 성종이 다음과 같은 지시를 내린바 있다.

《우리 나라가 창건될 때는 바로 신라가 멸망한 뒤로서 옛 서적들은 전부 불에 타고 고귀한 도서들이 모두 진흙탕속에 묻혀버렸다. 때문에 여러 왕대에 걸쳐 없어진 책들을 베껴넣고 빠진 사실들은 보충하였다.

내가 왕위에 오른 뒤로부터 더욱 유학을 숭상하여 종전부터 하던 문화사업을 계속하고 결질, 락질들을 보수하여왔으므로 2만여권에 달하는 지난 시기의 도서들이 린대에 필사되여있고 30수레나 되는 옛사람의 서적이 호관에 보관되여있다. 그러나 4부의 도서를 더 수집하여 량경(개경과 평양)의 장서를 풍부히 하고자 한다. …해당 관원들에게 지시하여 서경에 수서원을 설치하고 여러 학도들로 하여금 력사적사적들을 필사하여 보관하도록 할것이다.》*

* 《고려사》 권3, 성종 9년 12월

이리하여 평양에 설치된 수서원은 우에서 지적된 자료에서와 같이 도서보관 및 학술연구기관의 기능을 수행하였을것이지만 그러나 이 시기 장서기관은 곧 출판기관의 역할을 동시에 수행한 력사적사실을 고려할 때 평양에서 진행된 각종 도서들의 인쇄출판은 바로 이 수서원이 담당하였으리라는것은 의심할바 없다.

경주는 우리 나라에서 출판문화의 력사가 오랜 지방도시의 하나이다.

경주는 신라의 문화를 비교적 완전히 보유하고있던 옛 도시로서 고려초기부터 방대한 도서들을 출판하였을뿐만아니라 중세기 전 기간을 통해서 《삼국사기》, 《삼국유사》를 비롯한 중요도서들이 주로 경주판본으로 간행되였던것이다.

이 시기 평양, 경주를 비롯한 많은 지방출판기관들에는 각기 교감 및 필사를 위한 전문가들과 각자장, 인출장 등의 기술집단들이 망라되여있었으며 그 출판사업은 주로 군현의 소재지들에서 진행되였다. 이 시기 지방출판기관들은 1192년에 《비서령 판사 최선이 서연의 여러 선비들을 모아 〈증속자치통감〉을 교감하여 이를 여러 주와 현에 나누어주고 판각하도록 하였다.》*고 한 사실로서도 명백히 알수 있다.

* 《고려사》 권20, 명종 22년 4월 계사

우에서 본바와 같이 중앙에서 부과하는 출판과제들을 수행하는 경우도 많았지만 지방에서 제기되는 교육도서 및 개인저서들을 출판하는 사업도 적지 않게 진행하였다.

3) 사원출판기관

고려시기 사원에서 경전간행은 대규모적으로 진행되였다.

고려에서는 태조 왕건을 비롯한 력대의 통치자들이 경전간행을 직접 국가적인 사업으로 조직진행하였을뿐아니라 이 사업을 사원을 통해 진행하기도 하였다. 이와 관련하여 고려의 중앙 및 지방의 비교적 우수한 사원에는 인쇄시설과 함께 사자승 및 판각기술자들이 집결되여있었다.

특히 11세기말의 흥왕사의 교장도감, 13세기 강화도 선원사의 대장도감 등은 해당 시기의 사원출판기관들중에서도 중앙본부의 역할을 수행하였으며 따라서 각지의 주요사원들은 이에 망라되여 있었다.

그리하여 고려시기의 사원출판기관은 하나의 전국적인 체계를 형성하였으며 출판력량에 있어서도 《비서성》산하 국가기관의 수준을 현저히 릉가하였다.

사원출판시설이 이처럼 대규모적으로 발전하게 된것은 물론 이 시기 불교를 극력 장려한데도 기인되겠지만 이에 못지 않게 판각사업보장에 유리한 사원의 특성과도 관련된다. 그것은 사원이 전국의 큰산을 차지하고있었던 관계로 재래식목판인쇄에서 애로로 제기되는 목재를 손쉽게 충족시킬수 있었기때문이다.

그러므로 고려봉건국가는 사원출판기관을 적지 않게 리용하였다. 고려시기의 출판물중에서 불교경전뿐아니라 의학도서 및 개인문집을 비롯한 중요도서들이 이 사원을 통해서 많이 출판된것도 바로 이때문이였다.

제2절. 고려전반기 각종 도서들의 출판

1. 교육도서

8~9세기 전후시기부터 불교경전간행을 중심으로 하여 발전보급되던 목판인쇄기술은 10~11세기에 들어서자 전국적인 범위에서 일반화되였으며 그 출판도서들의 종류도 불교경전의 범위를 벗어나 유교경전과 한서, 당서를 비롯한 각종 력사부류의 서적들과 과거응시에 필요한 도서들과 례서, 시집들이 많이 편찬간행되였다.

이미 언급한바와 같이 고려봉건왕조는 그 초기부터 국가기구내에 출판부서를 설치하고 전국각지 출판력량을 동원하여 당시 제기되는 교육도서를 비롯한 각종 도서들의 간행을 체계적으로 조직하였다.

1040년 이후 약 20년간에 관판(관청책판)으로 출판된 도서들만 보아도 그 이름이 후세에 알려진것이 무려 수십종류에 달한다.

그의 실례를 들면 다음과 같다.

1042년 2월에 경주에서 동경 부류수 최호와 판판 라지열과 사록 윤렴, 장서기 정공간 등이 상부의 지시에 의하여 《전한서》, 《후한서》 및 《당서》를 출판하여 바쳤다.*¹

1045년 4월에는 비서성에서 새로 간행된 《례기정의》 70벌, 《모시정의》 40벌을 왕에게 바치자 왕은 그중 한벌은 어서각에 비치하고 나머지는 문관들에게 나누어주었다.*²

1058년 9월에는 충주에서 《(황제) 팔십일난경》, 《천옥집》, 《상한론》, 《본초괄요》, 《소아소씨병원》, 《소아약증병원》, 《십팔론》, 《장중경오장론》 99판을 새로 판에 새겨 바치므로 이를 비서각에 보관하였다.*³

1059년 2월에 평양에서 안서도호부사 도관 원외랑 이선정 등이 《주후방》 73판, 《의옥집》 11판, 《천옥집》 10판을 새겨 바치므로 이를 비서각에 보관하였다.*⁴

1059년 2월에 지경산부사 전중 내급사 리성미가 새로 새긴 《수서》 680판을 바치므로 이를 비서각에 보관하였다.*⁵

1059년 4월에 남원에서 지남원부사 시례부원외랑 리정공이 새로 새긴 《삼례도》 54판, 《손경자서》 92판을 바치므로 이를 비서각에 보관하였다.*⁶

＊¹ 《고려사》 권6, 정종 8년 2월 기해
＊² 《고려사》 권6, 정종 11년 4월 기유
＊³ 《고려사》 권8, 문종 12년 9월 기사
＊⁴ 《고려사》 권8, 문종 13년 2월 갑술
＊⁵ 《고려사》 권8, 문종 13년 2월 갑술
＊⁶ 《고려사》 권8, 문종 13년 4월 경진

이와 같이 거의 같은 시기에 **경주, 충주, 평양, 경산, 남원** 등 각 지역에서 부문별로 도서를 출판하였고 나아가서 이를 중앙에 바쳤다는 사실은 그 이전시기부터 계통적으로 또는 조직적으로 **출판사업**이 진행되였다는것을 알수 있다.

 고려봉건정부의 이러한 출판조직사업은 그 이후에도 력대적으로 계속되였다.

 이상 고려초기의 관판출판물들을 부문별로 구분하면 유학경서, 의학도서, 력사도서 등으로 나누어지는데 그중에서도 의학도서는 가장 다양한 내용을 가지며 《삼례도》의 출판은 인쇄기술의 우수성으로 하여 그 발전에 새로운 의의를 가진다. 총체적으로 이 시기 간행된 도서들이 가지는 의의는 다음과 같은것들이다.

 첫째로 이 시기 간행된 의학도서들은 한갖 림상의학에 관한것뿐아니라 《본초괄요》를 비롯한 약학도서들도 포괄하고있으며 특히 소아과부문의 림상경험축적에 의하여 편찬된 《소아소씨병원》, 《소아약증병원》들의 간행은 우리 나라 이 부문 의학발전에 중요한 기여를 하였다.

 우리 나라 의학도서보급은 삼국시기이후 유구한 전통을 가지고 발전하여왔는데 특히 987년경에 와서 고려봉건정부는 의료시설을 확충하기 위하여 의학박사를 개경에뿐아니라 각 지방의 12목에도 두어 의료교육을 강화하였다.*

 * 《고려사》 권3, 성종 6년 8월

 이러한 국가적조치는 이 시기의 출판조직에 직접적인 영향을 주었는바 당시 관판도서들중에서 의학도서들이 중요한 자리를 차지한것은 결코 우연한 사실이 아니다.

 둘째로 이 시기 출판된 유학경서들은 《례기정의》, 《모시정의》 등 정의본이였다는 점에서 특징이 있다. 이는 14세기이후에 우리 나라에서 간행된 이른바 집주본과는 내용을 달리한것으로서 주로 관념론적인 성리학설로 윤색된 후기의 그것과는 엄격히 구별되는것이다.

 특히 소박한 유물론적인 내용을 담고있는 《손경자서》 즉 《순자》의 간행은 이 시기 지배적사상인 불교관념론철학을 반대하는 투쟁에서 새로운 리론적무기로 되였다.

셋째로 고려초엽은 바로 삼국시기이후 전해오던 우리 나라 사료들을 수집정리하는 시기였다.

그렇기때문에 우리 나라의 고전사료는 물론 나아가서 력대적으로 외교관계가 있던 외국의 사료들까지도 수집간행하게 되였다.

이 시기 간행된 《량한서》는 바로 《한서》와 《후한서》들인데 각기 120권씩으로 나누어진 방대한 책들이다.

이 책들의 글자수는 무려 230여만자에 달한다.

고려시기에 널리 보급된 9행 18자 판형을 기준으로 하여 계산하면 1만 4,000여페지에 해당된다.

그리고 《당서》는 《구당서》와 《신당서》 두 종류가 있었으나 《신당서》는 그 편찬년대가 1040년인만큼 1042년에 우리 나라에서 간행된것은 《구당서》일것이다. 그런데 이것도 역시 200권에 달하는 방대한 책이다.

《수서》는 총 85권인데 이 시기 새긴 680판이 그 전부였다면 한권을 8판으로 나누어 새겼다는것을 의미한다.

《증속자치통감》은 1084년에 송나라 사마광이 편찬한 《자치통감》을 증속한것이라면 총 294권, 2만여페지나 되는 《자치통감》의 분량보다도 더 많은 도서였을것이다.

이상 5종의 력사도서들은 총 800여권의 도서인데 이를 《수서》처럼 매 권을 8개판 정도로 나누어 새겼다고 친다면 그 판목만 하여도 6,500여매에 가까운 방대한 판각공사가 수행된것을 의미한다.

넷째로 《삼례도》란 원래 6종이 있었지만 이 시기 우리 나라에서 간행된것은 10세기 송나라 섭숭의가 20권으로 나누어 편찬한것을 대본으로 한것이라고 인정된다.

이는 교례, 묘례, 제례 등 당시 봉건왕들이 가장 중요시하던 의식행사를 그림으로 그려 설명한 책이다.

이 《삼례도》의 출판은 곧 판화인쇄를 위주로 한 새로운 형식인것이다. 일반도서의 판각에는 글씨를 쓰는 필사원들이 요구되였다면 판화인쇄를 위해서는 그림을 그리는 화공이 요구되였으며 그 조각에 있어서도 보다 더 세심한 기술이 필요하였다.

이러한 판화제작은 물론 기타 도서들에도 삽화형식이 도입되였지만 무려 20권에 달하는 도판인쇄물로서의 전문도서를 출판하게 된것은 이 《삼례도》가 처음인것이다.

그런데 이상에서 언급된 몇가지 실례만으로는 이 시기 출판된 관판도서의 전모를 다 개괄한것이라고 볼수 없다.

고려는 그 초기부터 개경에 국자감, 사문학을 설치하는 등 교육제도를 정비확장하였으며 특히 958년에 과거제도를 실시함으로써 매개 부문 도서에 대한 사회적수요가 급속히 증가되였다.

이 시기 과거응시때에 반드시 읽어야 할 책들만 보아도 다음과 같다.

    명경업에서; 《상서》, 《주역》, 《모시》, 《례기》, 《주례》, 《의례》, 《좌전》, 《공양전》, 《곡량전》

    명법업에서; 《률》, 《령》

    명산업에서; 《구장》, 《철술》, 《삼개》, 《사가》

    명서업에서; 《설문》

    의업에서; 《소문경》, 《갑을경》, 《본초경》, 《명단경》, 《맥경》, 《침경》, 《난경》, 《구경》

    주금업에서; 《맥경》, 《유연자방》, 《창저론》, 《명당경》, 《침경》, 《본초경》

    지리업에서; 《신집지리경》, 《류씨서》, 《지리결경》, 《경위령》, 《지경경》, 《구시결》, 《태장경》, 《가결》, 《소씨서》

    하론업에서; 《효경》, 《곡례》, 《률》

또한 고려는 그 초기부터 국가적시책으로써 외국의 도서들을 대량 구입하였는바 1027년에는 송나라 광남사람 리문통으로부터 각종 도서 597권을 구입하였고 1085년에는 《문원영화》를, 1093년에는 《책부원구》를, 1098년에는 《개보정례》를, 1099년에는 《자치통감》을 구입하였다. 1101년에는 오연총이 《태평어람》 1,000권을 구입한 다음 1192년에 송나라 상인이 다시 《태평어람》을 가지고 오자

백금 60근을 주고 사들이였다. 12세기에 윤보는 《태평광기》를 정리하여 시 100수를 발취하였다는 사실로 보아 《태평광기》도 이미 12세기이전에 보급되였다는것을 짐작할수 있다.

이밖에도 로자, 장자를 비롯한 제자의 서적과 《한문공집》, 《류하동집》, 《리백시집》, 《두보시집》, 《백락천시집》 등 외국작가들의 문집들도 보급되고있었다.

물론 이러한 도서들은 적지 않게 필사형태로 보급되였으므로 그전부가 이 시기의 관판도서로 출판되지 않았을수도 있지만 그러나 명경업에 지정된 구경을 비롯한 주요도서들은 대부분 판에 새겨 그 판목이 비서각에 보관되고있었다는것이다. 때문에 1056년 8월에 서경류수는 다음과 같이 제기하였다.

《서경에서는 진사과, 명경과 등 과거시험에 응시할 사람들이 대부분 사본으로 된 서적으로 글을 배우고있기때문에 내용의 오착이 많으니 비서각에 보관되여있는 〈구경〉, 〈한서〉, 〈진서〉, 〈당서〉, 〈론어〉, 〈효경〉, 〈제자〉, 〈사기〉 및 여러 학자들의 문집과 의서, 복서, 지리, 률력, 산수 등에 관한 도서들을 나누어주어 여러 학원에 비치하도록 할것입니다.》*

＊《고려사》 권7, 문종10년 8월 무진

당시 국왕은 이에 대하여 《이를 각기 한벌씩 인쇄하여 보내여주라》고 지시했던것이다.

《고려사》의 이 기록은 이미 1056년 이전의 개경의 비각에는 구경, 제자를 위시한 수많은 도서들과 그 판목들이 보관되여있었으며 이에 의한 인쇄간행사업이 수시로 진행되였다는 사실을 말해준다. 원래 목판인쇄는 그 판목이 영구적으로 보관되는 조건하에서 언제나 수시로 인쇄할수 있었다.

고려시기의 이 관판도서출판의 급진적인 발전은 바로 이 시기 도서보급에서 새로운 전환을 일으켰다.

당시 개경의 국자감, 사문학 등에는 중앙과 각 지방에서 사공, 향공의 형식으로 모여든 학생수가 6,000여명이나 되였다. 빈공의 이름으로 와있던 외국류학생의 수도 적지 않았다.

특히 이 시기 교육문화에서 중요한 의의를 가지는것은 민간학풍의 새로운 발전이였다.

이것은 11세기 락성, 대중, 성명, 경업, 조도, 솔성, 진덕, 대화, 대빙 등 9재에서 《구경삼사》를 과목으로 하여 양성된 최충의 책 공도를 비롯하여 남산도, 서원도, 문충공도, 량신공도, 정교공도, 충평공도, 정헌공도, 서시랑도, 구산도 등 10여개의 사회적학술연구집단이 형성됨으로써 우리 나라의 민간교육 및 민간학풍의 새로운 길을 열어놓았다.

이는 바로 이 시기 출판기술에 의한 도서의 대량적인 보급과 불가분리의 관계를 가지고있었기때문에 교육도서출판사업이 더욱 왕성하게 되였다.

2. 력사도서

고려봉건정권이 수립된 이후 력사편찬사업은 주로 세가지 방향에서 진행되였는데 그 첫째는 사초를 기록하는것이고 둘째는 실록편찬사업이였으며 셋째는 세나라시기의 력사를 비롯한 통사를 저술하는것이였다.

사초기록이란 원래 정부안에 배치되여있는 사관들에 의하여 일기형식으로 기록된것이다.

이에 대하여 고려말기의 사관 최견은 다음과 같이 제기한바 있다.

《사관의 책임이란 임금의 언행, 정사와 백관의 시비, 득실을 모두 사실대로 기록하여 후세에 보여주어 교훈으로 되게 하는것입니다. … 그러므로 본조에서는 예문관, 춘추관을 두어 문필력이 우수하고 행동에서 모범이 되는자 8명을 선발하여 사한의 책임을 지우고 또한 겸임관을 두어 지도하게 하였습니다.

바라건대 앞으로는 사관 8명이 그 직무를 같이 책임지고 각기

사초 2벌을 작성하였다가 임기가 끝나면 한벌(책 한조)은 력사말은 관청에 바치게 하고 한벌은 자기 집에 간직하게 하여 후일의 참고로 되게 할것입니다.

겸임관은 수찬이하의 사람들로 배치하되 이들도 각기 듣고 본 것을 가지고 사초를 작성하여 력사말은 관청에 바치게 할것이며 또한 본 력사말은 관청에서는 중앙 및 지방의 각처 관청들에 통첩을 보내여 그 매개 부문에서 진행되는 일을 일일이 본것을 력사말은 관청에 보고하게 하여 력사기록의 자료로 되게 할것입니다.*〉

  ＊《고려사》 권137, 창왕1년조

이것은 물론 1308년에 예문춘추관을 설치한 이후의 사초기록에 대한것이지만 그러나 고려초기에도 그 예문춘추관의 전신인 사관이 설치되여 감수국사, 수국사 등의 겸임관과 직사관 등의 전임사관도 배치되여있었다. 그렇기때문에 사초기록사업은 벌써 고려초기부터 진행되였으리라는것은 의심할바 없다.

뿐만아니라 이 사초나 다름없는 사료적가치를 가지는 각종 일기들도 작성되였으니 이는 12세기초에 예종이 지난날의 사실을 규명하기 위하여 자문일기(궁중일기)를 참고로 하였다는 사실에서도 알수 있다.*

  ＊《삼국유사》 권3, 사회과학원출판사, 1964년판, 361페지

그런데 이 봉건사관들에 의하여 기록된 사초들은 그 사초의 내용에 있어서 어디까지나 봉건왕조를 중심으로 한 통치계급의 력사기록이였다는것은 봉건사회의 전기간을 통하여 다를것이 없었다.

다음 실록이란 종전부터 기록되여온 사초를 정리편찬한 일기체 편년사이다.

사초기록은 언제나 수행되는 정상적인 사업이였다면 실록편찬은 한 왕대 또는 몇 왕대가 끝난 다음에 특별히 편찬집단을 구성하여 시기적으로 진행하는 사업이였다.

고려 력대 실록편찬정형에 대하여 고려말기의 예문관 정언인 리

침은 다음과 같이 말하였다.

《본조에서 삼국을 통일한 이후로 사관이 붓대를 쉬우지 않고 사초를 기록하였다가 왕대가 바뀐 다음에야 그를 정리편찬하였다. 그러나 그 기사내용은 다만 음청관계에 관한 일기정도에 지나지 않았다. …이를 진실한 기록 곧 실록이라 하나 시비가 뒤섞이여 잘못된것이 적지 않다.》*

※ 《고려사》 권117, 렬전30 리첨

이와 같은 정형에서 실록편찬사업은 고려초기부터 국가적인 사업으로 진행되였으며 력사편찬의 한 형식으로 실록체란것이 나타났던것이다.

《고려사》의 《고려세계》에는 당시 정당문학 수국사의 벼슬을 지내던 황주량이 고려 첫 왕대의 실록인 《태조실록》을 편찬하였다는 기록을 다음과 같이 전하고있다.

《《태조실록》은 바로 정당문학 수국사인 황주량이 편찬한것이다. 주량은 태조의 후손인 현종때 벼슬한 사람으로서 태조때의 일에 대하여 듣고 본것과 그를 추종한데 대한것을 사실에 근거하여 썼다.》*

※ 《고려사》 권1, (고려세계)

그리고 《고려사》 렬전에 있는 《황주량의 전기에는 거란의 침입에 의하여 수도의 서적이 다 불타버리게 되자 주량은 당시 국왕의 지시를 받들고 자료를 수집하여 태조로부터 목종까지의 7대왕의 실록 36권을 편찬하여 바쳤다.》는 기록이 있다.*

※ 《고려사》 권95, 렬전8 황주량

이 사료들을 통하여 건국초기부터 실록편찬사업이 진행되였다는것을 알수 있으며 편찬사업에는 황주량이 많은 노력을 하였다는것을 짐작할수 있다.

이렇게 시작된 《고려실록》편찬사업은 그후에도 계속되였다는것을 다음의 사료를 통하여 확증하게 된다.
　　《고려사》에 의하면 인종2년 3월에 상서우복야로 있던 리덕우가 죽었는데 그가 일찌기 《숙종실록》을 편찬한것으로 해서 그 공로로 호부시랑을 임명받았다고 하였다.*

　　※ 《고려사》 권15, 인종2년 3월 기사

　　또 《고려사》에는 인종원년에 《예종실록》을 편찬하라고 지시하고 보문각 학사 박승중, 한림학사 정극영, 보문각 대제 김부식을 편수관으로 임명하였다*고 하였다.

　　※ 《고려사》 권15, 인종원년 9월 을해

　　또 《고려사》 렬전에 있는 김부식전에는 《인종실록》을 편찬하라는 지시도 받았다는 기록이 있는것으로 보아 당시 력사가, 문장가로 이름이 있던 김부식은 《예종실록》과 《인종실록》 두 실록을 편찬하였다는것을 알수 있다.
　　이렇게 실록편찬사업은 초기뿐만아니라 중기에도 계속되였던것이다.
　　물론 이 실록들은 리첨이 지적한것처럼 사실을 외곡하여 기록한것이 있었을뿐만아니라 어디까지나 이는 봉건왕가의 리익을 옹호하기 위하여 편찬된것만큼 력사적사실을 수식윤색하여놓은것도 많았다.
　　그러나 이렇게 자료를 수집정리하여 편찬한 《고려실록》은 그이후 《고려사》편찬의 귀중한 자료로 되였으며 특히 황주량에 의하여 편찬된 고려태조의 실록은 우리 나라 실록편찬의 시초로 되였던것이다.
　　또한 이 시기에는 고려왕조의 실록편찬과 함께 삼국이전시기의 사료정리사업도 광범하게 진행되였다.
　　1050년대에 박인량이 편찬한 《고금록》 10권은 뒤날까지 국가의 비부에 보관되여있었다. 그리고 1080년대에 김관 주지사에 의하여 씌여진 《가락국기》는 그 함축된 내용이 뒤날 일연의 《삼국유사》에 수록간행되였다.

우리 나라 고대의 전설신화를 비롯하여 가락국의 력대의 왕대까지 기록한 이 《가락국기》의 축략본은 우리 나라 현존 력사도서중에서 그 년대가 비교적 오랜것으로 하여 특이한 고전적의의를 가지고 있다.

그러나 고려초기에 편찬된 력사도서중에서 가장 큰 의의를 가지는것은 《해동삼국사》이다.

이 책은 저작년대가 알려져있지 않으나 11세기 의천이 그의 저서 《대각국사문집》에서 《해동삼국사》의 자료를 인용하고있는것으로 보아 이는 11세기이전에 편찬된것임은 틀림없다.*

* 《대각국사문집》 권17, 8장

《해동삼국사》는 그 이전시기부터 전해오던 각종 《고기》의 자료들을 종합정리한것으로서 우리 나라 고대 및 삼국 시기의 제반 사실들을 가장 풍부히 반영하여준 력사책이였다.

13세기 리규보가 말한 《구삼국사》가 바로 그것이다.

《해동삼국사》는 그 뒤 유실되고말았으나 그중 동명왕본기 한편만은 《동국리상국집》에 주해로 인용되여 13세기에 간행되였고 또한 15세기의 《세종실록지리지》에도 수록간행되여 《가락국기》와 함께 우리 나라 옛 사료의 면모를 보여주고있다.

고려시기의 력사편찬사업은 12세기에 들어서면서 더욱 활발히 진행되였다.

1116년에 홍관은 예종의 지시에 의하여 종전에 편찬된 《편년통재》의 속편으로서 고대조선이후의 사료를 정리하여 《세기》를 편찬하였으며 또한 같은 시기에 리덕우에 의하여 《숙종실록》이 편찬되였다.

다음으로 인종이 즉위하던 해인 1123년에 《예종 17년간의 업적은 마땅히 사책에 기록하여 후세에 전해야 할것이니… 실록 편수관을 배치하자》*고 한 평장사 한안인의 제의에 의하여 보문각 학사 박 승중과 한림학사 정극영과 보문각 대제 김부식 등이 《예종실록》을 편찬하였다.

　　※ 《고려사》 권97, 렬전10 한안인

　　김부식은 또 인종의 지시하에 《구삼국사》사료들을 재정리하고 참고하여 1145년에 《삼국사기》 50권을 편찬하였다. 이것이 바로 오늘까지 전하고있는 《삼국사기》이다.

　　이 책의 편찬간행에는 김부식의 책임하에 보문각성원들인 김충효, 김영온, 최산보 등과 국학의 성원인 박동계, 리황중, 기타 당시의 대표적인 문필가들인 정습명, 리온문, 허홍재, 서안정, 최우보 등이 참가하였다.

　　이 책은 신라, 고구려, 백제의 사료들을 본기, 년표, 지, 렬전 등으로 분류편찬함으로써 우리 나라에서 기전체력사편찬의 전형을 보여주었다.

　　이 책의 편집차례는 신라본기 1권—12권, 고구려본기 13권—22권, 백제본기 23권—28권, 년표 29권—31권, 지 32권—40권, 렬전 41권—50권으로 되여있다.

　　특히 이 책에는 《해동고기》, 《삼한고기》, 《신라고기》, 《신라고사》 등 각종 《고기》들과 최치원의 저서인 《제왕년대력》, 김대문의 저작인 《화랑세기》, 《계림잡전》, 《고승전》 등은 물론이고 지어는 《한서》를 비롯한 외국도서도 포함하여 그때까지 전하던 각종 사료들을 널리 인용하고있는것으로 하여 우리 나라 옛 도서들의 면모를 후세에 전해주고있는 점에서 그 사료적가치가 크다.

　　그리고 이 책은 오늘 삼국시기이전의 책이 하나도 전하고있지 않는 조건에서 이 시기의 력사를 연구하는데서 당시 편찬자들의 의도와는 관계없이 세나라시기 력사를 연구하는데 기본사료로 되고있다.

　　그러나 이 책에는 당시 봉건력사가들의 제한된 사관으로 말미암아 부족점들이 적지 않다.

그것은 무엇보다도 봉건유교의 왕조 《정통》사상과 그릇된 사관에 의하여 력사적사실과는 맞지 않게 외곡서술한것이 있으며 세나라가운데서 가장 뒤늦게 선 신라의 력사를 먼저 서술하고 신라왕조를 중심으로 전반의 내용을 전개한것이다. 다음으로는 편찬자자신들의 계급적제한성과 편협한 주관으로 말미암아 인민들의 투쟁력사를 도외시한것이다. 그리고 편찬자자신의 사대주의사상에 의하여 다른 나라 력사책의 자료들을 무비판적으로 인용하였으며 신라봉건통치배들의 사대외교를 긍정적으로 본 내용들이 적지 않은 점이다.

비록 이 책은 이런 제한성과 부족점들을 가지고있지만 삼국시기의 정사책으로서 그 시기 정치, 경제, 문화를 비롯한 력사전반을 후세에 알려주는데 있어서 일정한 기여를 하였다.

김부식은 또한 그의 말년시기(1147~1150)에 《인종실록》의 편찬을 완성하였다.

김부식의 이후에는 김관의가 수많은 개인장서들을 널리 수집하여 이 시기까지의 고려왕실력사를 년대순으로 편찬하고 이를 《편년통록》이라고 하였다.

이 《편년통록》은 그뒤 14세기 민지에 의하여 집필된 《편년강목》의 기초자료로 되였다.

이와 같이 10~12세기 기간 편년체 및 기전체의 력사도서들이 국가적규모에서 다양하게 편찬된것은 이 시기 방대한 규모로 진행된 고려대장경의 간행과 함께 우리 나라 출판문화를 새롭게 발전시킨 하나의 계기로 되였다.

3. 문예도서

고려초기 대표적인 문필활동가로서 그 이름이 널리 알려진 사람은 최승로와 박인량이다.

최승로는 고려봉건정권이 창건된 초기부터 활동한 문필가로서 저술한것이 적지 않았으나 지금까지 전하는것으로는 그가 당시 정부에 제출한 28조의 상소문이 《고려사》에 수록되여있을뿐이며 그의 문예작품인 시고와 잡저는 단행본으로 묶어져 13세기까지 전하고 있었다.

고려 시문학의 기초를 닦아놓은 사람은 박인량이며 그의 문필활동은 실로 다채로웠다.

박인량의 시집은 그와 동시대사람인 김근의 작품과 함께 중국에서 간행보급되여 고려 시인들의 우수한 기량을 해외에 과시하였다.

박인량은 《고금록》을 비롯하여 각종의 력사 및 문예 도서들을 편찬하였는데 그중에서도 중요한 의의를 가지는것은 《수이전》의 편찬이였다.

《수이전》의 전문은 오늘까지 전하지 않으나 그가운데 있는 《아도전》 한편은 1215년 각훈의 저작인 《해동고승전》에 수록되여있다.

또한 고려시기에 편찬된 《수이전》의 류형은 박인량의것뿐이 아니였다.

《삼국유사》의 《원광의서방류학》편에 의하면 《원광법사전기가 고본 《수이전》에 실려있다.》[1]고 씌여있으며 이 전기들은 우리 나라 사람 김척명이 항간의 이야기를 윤색하여 《신라이전》을 지었다[2]고 하였으니 이것도 역시 《수이전》의 부류이라는것을 짐작할수 있다.

[1],[2] 《삼국유사》 권4, 사회과학원출판사, 1964년판, 432, 439페지

그런데 이 책의 편찬년대는 기록된것이 없으나 그 자료가 각훈의 《해동고승전》에 인용되였다는것으로 보아 대체로 12세기이전에 씌여진것으로 인정할수 있다.

이와 같이 12세기이전에 이미 다양하게 편찬되였던 《수이전》들은 그 원전이 오늘까지 전해지지 않지만 그 일부 자료들은 15세기의 도서들인 《삼국사절요》에 2편, 《태평통재》에 2편, 16세기의 책인 《대동운부군옥》에 6편 등 10여편이 수록되여 전한다.

기타 《제왕운기》, 《동국여지승람》 등에도 《수이전》의 자료들이

참고로 리용되였는데 이러한 도서들에 인용된 자료들은 그 내용에 의하여 대체로 박인량의 《수이전》이 아니면 김척명의 《신라이전》에서 나온것이라고 본다.

이러한 《수이전》류형의 발전은 우리 나라 소설문학의 발전을 촉진시켰다. 바로 그 《태평통재》에 수록된 쌍녀분 한편은 거의 소설형식에 접근된 작품이다.

고려초기의 책들중 서사어의 측면에서 일반적인 한문책과 다른것은 1075년에 혁련정이 쓴 《균여전》이며 그 내용에서 이채를 띠고있는것은 강감찬이 서술한 《락도교거집》과 《구선집》이다.

《균여전》은 신라말(917년)에 나서 고려초(973년)에 죽은 균여의 략전이다. 여기에는 균여가 리두서사어로 지은 향가 11편과 균여와 동시대사람인 최행귀가 균여의 향가를 번역한 한시 11편이 들어 있다.

균여는 원래 고려초기에 대표적인 학승이였는데 그가 남긴 책들을 보면 다음과 같다.

《수현방궤기》 14권, 《공목장기》 8권, 《오십요문답》 4권, 《수현기석》 28권, 《교분기석》 7권, 《지귀장기》 2권, 《삼보장기》 2권, 《법계도기》 2권, 《십구장기》 1권, 《입법계품초기》 1권

이와 같이 경전관계 책들을 남긴 학승으로서의 균여는 또한 이 시기의 대표적인 향가작가로서 활동하였던것이다.

그가 창작한 향가는 모두 리두로 표기되였는데 이것이 한시로 번역되여 송나라에까지 보급되였고 송나라 조정에서는 이 균여의 향가내용에 감복된 나머지 일부러 사신까지 파견하여 균여를 방문케 하였다는 이야기가 전한다.

《균여전》의 간행년대는 밝혀져있지 않으나 해인사 대장경판본 안에 포함되여있는것으로 보아 의천의 속장경간행시기나 혹은 그 직후에 새겨진것으로 인정할수 있다.

의천자신이 300여권의 경전도서들을 우리 말로 새긴바도 있었지만 11~12세기에 간행된 문예도서들중에서는 바로 이 균여향가와 같이 리두서사어로 씌여진 책들이 적지 않았다. 그리고 《락도교

거집》과 《구선집》은 아직 그 내용이 알려진것은 없으나 이는 강감찬이 말년에 시골에 은퇴하여있으면서 자기 생활을 묘사한 문예작품으로 보인다.

이 시기 문집부문에서는 속장경출판가로 알려진 의천의 《대각국사문집》 외에 20권에 달하는 김부식의 문집이 있었다.

종전까지만 하여도 주로 도식적인 사륙문체가 지배적이였다면 김부식의 문집에서 비로소 낡은 형식을 깨뜨리고 새롭게 산문문체를 발전시켰다.

바로 이 점에서 김부식의 문집은 우리 나라 출판물의 문체발전에서 일정한 의의를 가진다.

그러나 그의 문집 20권은 오늘까지 전해지지 않고 다만 그 시문의 일부분만이 《동인지문》, 《동문선》 등에 수록간행되였다.

또 김부식과 같은 시기의 우수한 시인으로 활동한 정지상의 시작품들은 그가 반대파의 음모로 말미암아 불행한 최후를 마쳤기때문에 수집간행되지 못하였고 다만 민간에 류포되고있던 일련의 시편들만이 《파한집》, 《보한집》, 《동인시화》의 자료로서 인용되고 있다.

그리고 《남도집》의 저자 최유청은 일찌기 《리한림집주》와 《류문사실》을 편찬간행함으로써 이 시기 문예도서의 보급을 더 한층 촉진시켰다.

다음으로 이 시기 예술부문의 도서보급에서 중요한것은 음악관계 유산이다.

고려의 음악은 우리 나라 민족음악을 새롭게 발전시켰으며 향악, 아악 등 각 부문의 악학체계를 확립하였다. 이 시기 음악관계 도서들은 그뒤 리조시기까지도 전해내려가 우리 나라 음악발전의 토대로 되였다.

따라서 이 시기의 악장 및 악보, 악기도 편찬에서 많은 새로운 것들이 출현하였다.

고려는 세나라이후 전해오던 우리 말 악장들을 수집하여 향악(속악이라고도 함)악보를 편찬하였다. 《고려사》의 자료에 의하면

이 향악악보에는 고구려, 백제, 신라의것이 15편, 고려시기의것이 9편이상이나 수록되여있었던것이다.*

　＊ 《고려사》 권71, 과학원출판사, 1958년판, 464페지

이 시기 향악악장들은 주로 리두서사어로 씌여졌는데 일찌기 비파의 밑바닥에 씌여져 중국에까지 알려졌던 《한송정곡》도 리두로 씌여진것이라고 인정된다.*

　＊ 《고려사》 권71, 과학원출판사, 1958년판, 467페지

이와 같은 리두악장의 정리과정에는 그 내용을 한시형식으로 번역한 이른바 《악부시》의 새로운 출현을 보게 되였다.

10세기 장연우가 번역한 시인 《한송정곡》을 시초로 하여 그 이후 수많은 악부시들이 저작되였으며 나아가서는 단행본으로서의 악부시집들도 편찬되였다. 이는 우리 나라 중세기의 문예도서들중에서 새로운 형식의 하나로서 의의가 있는것이다.

아악은 향악과는 달리 주로 봉건궁중에서 연주하던 음악이였다. 12세기초 예종은 새로 구실 등가 악장을 편찬하는 한편 국외에서 새로 수집한 곡보 10책과 지결도 20책 등도 참고로 비치하였다.

아악에 대한 이러한 다방면적인 연구는 그 이후 15세기 아악 정리의 기초로 되였다.

이 시기 보급되던 악기도는 그 내용과 출판여부를 알수 없으나 14세기 정도전이 《그림에 의거하여 악기를 만들었다.》*고 한것으로 보아 우리 나라 악기도의 편찬경험은 오래였다는것을 보여준다.

　＊ 《고려사》 권119, 렬전32 정도전

이상과 같은 예술도서들의 편찬보급은 음악무용을 비롯한 우리 나라 예술발전에서 현저한 전진을 가져오게 하였다.

4. 천문력서 및 지도

고려시기에 편찬보급된 도서들중에서 큰 의의를 가지는것은 천문력서이다.

고려는 삼국시기와 마찬가지로 천문관측 및 력서편찬기관인 사천대(뒤에는 관후서, 서문관으로 불렀다.)를 설치하여 력대적으로 천문관측기록을 작성하였다.

이 시기 천문관측기록에는 일식, 월식과 오성(수성, 화성, 금성, 목성, 토성)의 동태를 기록하였는데 그중에서 태양의 흑점을 발견하고 이를 체계적으로 기록한 사실은 세계천문학상에서 큰 의의를 가진다.

이렇게 태양의 흑점을 관측기록하기 시작한것은 1151년부터인데 이는 서구라파에서 17세기에 이르러 비로소 갈릴레오가 태양흑점을 발견한 사실에 대비하면 실로 5세기나 앞서는 경탄할만한 사실이다.

고려시기의 관측기록자료들은 15세기 《고려사》에 수록간행되여 지금까지 전하는바 그중 몇가지 예를 들면 471년간에 일식기록이 132회이며 1151~1387년 기간에 태양흑점을 관측기록한것이 37회나 된다.

이러한 내용들은 세계천문학발전력사에서 우리 나라 천문학이 달성한 성과를 훌륭하게 보여주는것이다.

이 천문관측경험에 의하여 각종 력서들이 편찬되였다. 고려초기에 경위도를 기준으로 하여 다시 천체를 관측하고 이 관측계수에 의하여 과학적이며 구체적인 력서를 새로 편찬하였다.

례컨대 1052년에는 다섯 종류의 새 력서를 편찬하였는데 그것은 다음과 같다.

　　　　김성택이 편찬한 《십정력》
　　　　리인현이 편찬한 《칠요력》

　　　　한위행이 편찬한 《현행력》
　　　　량원호가 편찬한 《둔갑력》
　　　　김정이 편찬한 《태일력》
　　이처럼 다양하게 편찬한 우리 나라 력서들은 하나의 정기적인 출판물로서 해마다 간행되여 국내에 배포되였을뿐아니라 1030년에는 이웃나라인 철리국(연해주)과 녀진에서까지 우리 나라의 력서를 구입해갔다.
　　력서편찬과 아울러 각종 지도들도 다양하게 작성되였다.
　　11세기경의 고려에는 국가지도로서 5도 량계도가 있었으며 12세기에는 이 시기 학자 운보가 현장의 《서역기》에 근거하여 인도의 력사지도인 《오천축국도》를 편찬하였다.
　　특히 이 시기 도화분야에서 가장 일반화된것은 인물화상이였다.
　　이러한 화상그림의 발전은 곧 수많은 불교경전 및 기타 문집들의 삽화로 도입되여 우리 나라 출판물내용에서 다양성을 보장하였을뿐만아니라 한편으로는 판화의 발전을 더욱 자극하였다.

5. 대농민폭동시기의 《격문》, 《벽서》

　　고려는 11세기에 3차에 걸치는 거란침략군을 격퇴한 이후 외적과의 전투는 한동안 안정기를 걷게 되였다.
　　그러나 봉건통치배들의 무제한한 착취와 특히 계속되는 무인정권의 횡포로 말미암아 당시 국내인민들의 생활은 여지없이 비참해졌다. 따라서 봉건통치제도를 반대하는 인민들의 투쟁기세는 점차로 원의 불길처럼 일어나 전국적범위의 농민폭동으로 확대되였다. 이 시기 그 투쟁실례를 큰것만 들더라도 1176년에 공주에서 망이, 망소이 등이 전개한 농민군의 투쟁, 1177년 서북지방 농민군투쟁(이들은 투쟁근거지를 묘향산으로 이동하였다.), 1178년 서북지방의 농민군이 곡산, 수안 등지를 점거한 투쟁, 1182년 죽동농민군의 전주습격투쟁, 1190년 경주농민군 투쟁, 1193년 청도 운문산농민군의 두령 김사미, 성주 초전농민군의 두령 효심 등의 대대적인 투쟁, 1200년 진주농민군 투쟁 등이다.(이런 투쟁들은 물론 그후에도 때때로 전개되였다.)

이렇게 몇십년동안 련속 치렬한 투쟁을 전개하는 시기에 계급투쟁의 무기로서 《격문》, 《벽서》, 《참요》 등 필사선전물은 군중들의 기세를 조직동원함에 있어서 커다란 역할을 놀았다. 그러나 당시 통치자들의 탄압으로 말미암아 전하는것은 적다. 기록에 전하는 몇가지를 들면 다음과 같은것들이 있다.

바로 12세기 후반기 농민폭동이 일어나기 전야인 인종통치년간 (1147~1170)에 어느 한 지방의 역참 담벽에는 다음과 같은 《벽서》가 나붙었다.

진종일 볕에 타며 밭갈이하였건만
한알의 낟알도 차례질것 없네
뒤바꾸어 우리네도 저 묘당에 앉았던들
천섬, 만섬 쌓아두고 배불리 먹을것을

이는 착취에 신음하던 농민들의 울분을 반영한 노래이다. 이 시기 전국각지에는 이러한 벽서들이 수없이 나붙었으며 나중에는 이를 수집편성한 단행본 《풍요선》까지 나오게 되였다.

《풍요선》의 출현은 우리 나라 문예도서의 발전에서 새로운 의의를 가진다. 《풍요선》은 그 이후 통치배들의 탄압으로 말미암아 온전하게 전해질수는 없었으나 인민대중의 념원을 반영한 이러한 서적만이 우리 나라 중세기 인민문학발전의 귀중한 밑천으로 되였다.

1170년 무인정변당시에는 개경거리에 다음과 같은 참요가 떠돌았다.

보현사가 어디메냐
한칼에 다 죽여라

이는 곧 지배계급내부의 피비린내나는 권력쟁탈전을 풍자한것이였다면 좀 후기의것인 《낫갈아 삽 베러 가세》라는 참요는 비참한 생활고에 허덕이는 인민들을 투쟁에로 불러일으키는 전투적인 내용이였다.

호디나무 가지 꺾어서 한 드레박
느티나무 가지 꺾어서 한 드레박
가세 가세 멀리 가세
저산 너머로 멀리 가세
서리오기전에 낫 갈아 삼베러 가세

이러한 참요들은 당시는 구전가요로 불렀던것이지만 후세사람들에 의하여 수집필사되였고 15세기에 와서 《고려사》에 수록간행되였다.

1176년에는 충청도 공주 명학소의 농민 망이와 망소이를 지휘자로 하는 농민군들이 봉기를 일으켜 당시 봉건정권과 장기적인 항쟁을 전개하였다.

이 과정에 망이는 다음과 같은 격문을 작성하여 봉건정부에 들이댔다.

《… 드디여 관군을 동원하여 농민을 토벌하며 우리들의 부모처자를 체포구금하니 그 의도는 과연 어디에 있는가?
차라리 칼날아래에서 싸우다 죽을지언정 너희들에게 항복하여 노예로는 되지 않을것이다.
기어코 서울까지 쳐들어가고야말줄 알아라.》*

* 《고려사절요》 권9, 명종 6년

이 시기는 서북농민군, 남도농민군 등 각처에서 농민폭동군이 조직되여 가렬한 전투를 계속하였는데 그 과정에 수많은 《선언서》, 《호소문》, 《항의문》 등이 작성되였으나 현재까지 전하는것은 오직 이 망이의 《격문》뿐이다.

망이의 이 《격문》은 무기를 들고 투쟁에 궐기한 농민들의 앞장에 서서 봉건통치배들과의 최후의 결전을 선언하는 전투적인 필사사료로서 우리 나라 필사사료력사에서 중요한 의의를 가지고있다.

고려봉건통치기간에는 농민군뿐만아니라 지주, 량반들에게 예속되여 갖은 멸시와 천대 속에서 신음하던 노비들의 투쟁도 치렬하게 진행되였다.

1198년에 개경 노비들은 만적을 지휘자로 생존의 권리를 옹호하고 압박을 반대하기 위하여 투쟁에 일떠섰다. 만적과 미조이를 비롯한 6명은 개경뒤산에 공사노비 수백명을 소집하여 다음과 같은 공약을 채택하였다.

《나라에서 경인년과 계사년이후는 고관대작이 적지 않게 천인들속에서 나왔으나 공후장상이 어찌 씨가 있단 말인가?

때가 오면 누구나 다 할수 있다.

우리들이 어째서 피땀을 흘리면서 상전들의 매만 맞고 산단 말이냐?》

《우리들이 흥국사행랑쪽에서부터 구정에 이르기까지 일시에 동원되여 구호를 웨치면 궁내에 있던 우리 노비군들도 반드시 호응할것이다.

궁내의 노비들은 궁안에서 통치배들을 무찌르고 우리들은 온 서울에서 벌떼처럼 궐기하여 먼저 최충헌을 처단하고 각기 상전을 죽인 다음 천인들의 명부를 불태워버려 이 나라에 천인이라는 신분을 없애버리자.》*

* 《고려사》 권129, 렬전42, 반역3 최충헌

이렇게 선언한 노비군들은 《T》자형으로 오린 누런종이 수천장을 각기 나누어가지고 이를 폭동군의 표식으로 삼았다.

이 노비군의 폭동계획은 끝까지 관철되지 못했지만 그들이 선언한 공약은 바로 망이부대의 《격문》이나 다름없는 의의를 가진다.

인민대중의 투쟁이 고조되던 시기에 투쟁력량을 조직동원하기 위하여 작성되는 이러한 글들은 중세기 우리 나라 진보적출판물의 하나로 되였던것이다.

제3절. 대장경의 간행

고려 전기간 대규모적으로 출판된 도서가운데는 불교경전이 한 자리를 차지한다.

우리 나라에서의 불교경전간행은 이미 고려이전시기부터 시작되여 오랜 력사적시기를 거쳐왔을뿐아니라 고려왕조가 창건된 첫시기에 있어서도 이 사업은 무엇보다 선차적으로 진행되였다.

10세기초에 왕건은 《이제 다행히 병화가 멎었으니 사원학풍을 발전시켜야 되겠다.》고 하면서 각종 경전들을 수집하여 개경 및 평양에 비치하고 다시 이를 판목에 새겨 널리 보급시켰다.

또한 이 시기 금, 은으로 많은 경전을 필사하면서 개경에 설치된 사경원에서 때로는 수백명에 달하는 사자승들이 모여 화엄경, 련화경 등 각종 금자경들을 썼다는 사실이 널리 알려져있다.

그리고 946년에 정종은 량곡 7만섬을 사원에 제공하면서 각 사원에 불경명보, 광학보 등을 조직함으로써 경전연구 및 간행보급사업을 계속 강화하였다.

이 시기 고려는 이웃나라와의 무역에서도 도서거래를 가장 중요시하였는바 960년에는 《천태론소》를 비롯한 우리 나라에 있던 경전도서들을 송나라에 보내주었는가 하면 991년에는 사신 한언공이 송나라로부터 대장경 2,500여권(481상자)을 구입한바도 있었다.

이러한 고려의 시책들은 그 이후 력대적으로 경전간행을 위한 사원출판사업의 대성황을 이룩하게 하였다.

물론 이와 같은 불교경전을 수집하여 간행하는 사업을 진행하게 된것은 봉건통치배들이 자기들의 계급적리익을 옹호하자는데 기본의도가 있었다는것은 두말할것도 없다.

그럼에도 불구하고 이 경전도서를 간행함에 있어서 갖은 노력과 정력을 다 바친 사람들은 다름아닌 근로인민들이였다.

자기 수중에 정권을 장악하지 못한 중세기 근로인민들은 당시의 출판조직자들의 강요에 의하여 바로 이러한 수많은 종교도서들을 간행하지 않을수 없었다.

바로 이런 도서들을 출판하는 과정에 이룩한 근로인민들의 고귀한 기술적경험은 우리 나라 인쇄기술발전을 촉진시키는데 새로운 기여를 하게 되였다.

1. 초조판 대장경의 간행

초조판 대장경의 간행경위에 대하여 리규보는 《대장각판 군신기고문》에서 다음과 같이 쓰고있다.

《현종 2년에 거란이 수많은 병력을 동원하여 우리 나라를 침습하게 되자 현종은 남으로 피난까지 하였다. 그러나 거란침략군은 개경을 강점하고 물러나려 하지 않았다.

이러한 시기에 왕은 여러 신하들과 더불어 최상의 성의를 발휘하여 대장경판을 새겨 완성할것을 결의하였다.》*

* 《동국리상국집》 권25

이 글을 통해서도 초조판 대장경을 간행하게 된 동기와 목적을 대체로 짐작할수 있지만 그 기본의도는 외적의 침입을 물리치는데 있어서 인민의 힘에 의거하려는것보다 부처의 힘을 빌어 물리치자는 허황한 미신적인 망상에서 나온것이였다.

이 시기는 거란침략군을 격퇴하기 위한 가렬한 전투가 진행되던 때이다.

이미 993년 성종 12년에 청천강이북지역까지 기여들다가 패배당한 거란침략자들은 의연히 침략의 야망을 버리지 않고 1010년 겨울에 40여만의 대군으로 제2차 침입을 감행하였다. 침략자들은 략탈만행을 감행하면서 그이듬해 정월에는 개경을 강점하였다.

개경의 전도성은 불에 탔으며 대대로 보관되여오던 귀중한 문화재들이 대부분 재더미로 되고말았다.

자기 나라의 수도를 적의 강점으로부터 탈환하며 원쑤들을 조국강토로부터 몰아내기 위하여 한결같이 일떠선 인민들은 양규, 김숙홍 부대와 더불어 용감히 싸웠다.

당시 홍화진전투와 적후방을 차단하는 각지 인민들의 애국적 투쟁에 의하여 거란침략군은 우리 나라에서 완전히 격퇴당하였다.

이러한 력사적사실을 통하여 외래침략자들을 물리치고 나라를 지킨것은 바로 근로인민대중이라는것을 보여주었으며 우리 인민의 애국적충성심과 용감성은 비할바없이 높아 절대로 꺾을수 없다는것을 보여주었다.

그럼에도 불구하고 고려봉건통치자들은 적의 침략을 물리치는데 있어서 적지 않게 《부처의 힘으로 외적을 몰아낼수 있다.》고 믿으면서 불경총서인 대장경판각사업을 조직진행하였던것이다.

이 시기 고려인민들은 거란침략자들을 반대하는 간고한 전쟁을 하면서도 봉건통치배들의 강요에 의하여 대장경판각과 같은 힘겨운 부역에 동원되지 않으면 안되였다.

고려시기의 출판물가운데서 이 불교경전이 계속 대규모적으로 간행된것은 바로 이때문이다.

1011년 고려정부는 각지 사원에 있는 출판관계자들을 동원하여 판각사업을 진행하였다. 이때 최사위는 대장경판각사업을 진행하는 현장에 나가 책임적으로 지도하였으며 수많은 조각공, 사자승, 인쇄공들이 판각 및 인쇄의 기술공정을 담당하였다.*

* 《현화사 비음기》

이 판각사업이 시작된후 약 10년동안에 《반야경》 600권을 비롯하여 《화엄경》 세 종류와 《금강명경》, 《묘법 련화경》 등 방대한 경전 판목들을 새겼다.

1021년에 경전판각공사가 일단락 짓자 이를 모두 개경 현화사에 집결시키고 이어서 이곳에다 반야경보를 설치하였다.

이 반야경보는 당시 국가의 지시에 판목을 《영원히 두고 인쇄하여 전국에 보급시키라》고* 한 방향에 의하여 곧 경전간행을 위한 하나의 인쇄출판기관으로 조직된것이였다.

☼ 《현화사 비음기》

11세기 의천은 이 시기에 간행된 경전에 대하여 《5천축의 중요 장경들을 새겼다.》고 하였다. 여기서 말하는 축은 곧 권이나 같은 것이다. 도서장정에서 매는 방책 제도가 일반화되기전에는 주로 한 권을 하나의 권축으로 말았다. 의천의 이 말은 현종년간에 이미 5,000권에 달하는 경전을 모두 간행하였다는것을 의미한다.

대장경이란 원래 불교경전 총서라는 의미로서 우리 나라와 송나라 및 거란 등에 대장경이 있었으나 그 내용이 각이하게 증가되고 보충되여 종류와 분량은 일정하지 않았다.

이러한 실정을 참작한 고려에서는 그 어느 나라 대장경보다도 완벽한 대장경을 갖추기 위하여 그 이후에도 현종년간의 판본을 보충완성하는 사업에 노력을 기울였다.

1063년에 거란에서 대장경을 보내왔고 1083년에는 송나라에서 대장경을 받아 개국사에 두었다.*

☼ 《고려사》 권8, 문종 17년 3월 병오
《고려사》 권9, 문종 37년 3월 기축

그리고 대장경의 판각 및 출판 사업도 다음 왕대(문종때에) 이르기까지 계속하였다.

1051년에 개경 진관사에서 《화엄경》과 《반야경》을 새로 완성하였다는 《고려사》의 기록이나 문종때에 《대장경》을 새겨 그 판목을 해인사에 보관하였다는 해인사 비석의 기사는 이 시기 대장경출판 정형을 보여주는 하나의 실례이다.*

☼ 《고려사》 권7, 문종 5년 정월 계해
《조선금속총람》 하권, 해인사 복고사적비

이 시기의 경전간행에 대하여 의천은 《문고(문종)가 10만종의 경전을 판각하였다.》라고 하였는데 이 말은 문종년간에 10만편의 경전을 간행하였다는것을 의미한것이다.

실로 1011년부터 1083년까지의 기간에는 당시 중국의 대장경목록인 지승이 편찬한 《개원석교록》과 원조가 편찬한 《속개원석교록》에 수록된 경률론은 물론이고 기타 일부 송나라에서 새로 번역된 경전들까지 포함한 총 6,000여권을 하나도 빠짐없이 모조리 판에 새겨 출판하였다.*

＊《대각국사문집》 14권

이미 언급한바와 같이 8～9세기이후 여러차례에 걸쳐 불교경전을 간행하였으나 그는 일부분에 국한되였고 완성된 《대장경》을 출판한것은 바로 11세기에 이르러 한것이므로 이를 력사상에서는 제1차 대장경 또는 초조판 대장경이라고 불러왔다.

고려의 이 초조판 대장경은 13세기 몽골침략자들에 의하여 불타버린 관계로 현재 우리 나라에는 그 초조판으로 찍은 대장경의 잔본조차 전하지 않는다.

그러나 일본에 그 판본의 일부가 전해지고있으며 현존《팔만대장경》이 초판본을 토대로 하여 조판된것만큼 1011～1029년 사이에 판각된 그 경전들과 그 이후 보충완성된 대장경의 면모를 구체적으로 알수 있게 한다.

※ 현재 일본 도꾜 남선사에 초조판 대장경판본의 일부가 있다.

2. 속장경의 간행

고려시기 속장경의 간행은 문종의 아들 우세승통인 의천을 비롯한 불교승려들과 당시 사원들에 소속되여있던 인쇄전문가들에 의하여 수행되였다.

의천(1055～1101)은 본래 왕자출신이였으므로 계급적제한성은 있었으나 어릴적부터 오직 학문에 정력을 기울여 당시의 문필가로 되였을뿐아니라 특히 력사 사료와 유산을 수집간행하는데 전생애를 바쳤다.

의천은 속장경을 편찬하기 위한 첫단계 사업으로 고전유산들을 수집하는일부터 시작하였는데 이 사업에서 중요하게는 우리 나라의 옛날 사료들과 학자들이 저술한 도서들을 가장 소중히 여기고 그를 광범히 수집하였다.

의천이 전국적으로 도서수집사업을 진행하는 과정에 1091년 봄 우리 나라 남부지방을 답사하면서 사원 및 민간에 널려있는 도서들을 수집한것만 하여도 무려 4,000여권이나 되였는바 이는 당시 우리 나라 고전도서 정리사업에서 전례없는 큰 성과였던것이다.*

* 《조선금속총람》 상권, 령통사 대각국사비문

또한 의천자신이 1085년에 직접 송나라에 가서 근 14개월간 있으면서 수집한 도서들과 귀국시에는 송나라 국왕으로부터 선물받은 각종 경전도서들 3,000여권이나 가지고 돌아왔다.

의천의 도서수집사업은 여기에 머물지 않았다.

그는 다시 료나라에 사람을 보내여 6,900여권의 경전을 구입하는 한편 일본과 서역(중국 서쪽지역)의 고창국 등지에도 서신으로 련락하여 수많은 도서들을 수입보충하였다.*

* 《대각국사문집》 권8, 권9, 권14, 《대각국사집》외집 묘갈명, 《고려사》
  권90, 대각국사

의천은 그가 중국에서 귀국한지 5년만인 1090년에 도서목록을 작성하였는데 그것이 4,769권의 도서명이 수록된 《신편제종교장총록》 3권이다. 의천은 그 총록 서문에서 다음과 같이 썼다.

《내 일찌기 생각하건대 경론들은 비록 갖추어졌으나 장소를 루락시켜서는 안될 일이라… 력사 사료들과 유적들을 널리 찾아 수집할 목적으로 잠시도 쉼이 없이 이 일을 계속한지 우금 20여년이나 되였다. 현재까지 내가 수집한 신구도서들과 각 류파의 장소들은 나 개인의 장소로만 둘수 없어 차례를 정하여 목록을 작성한다. 이 다음에도 새로 수집되는것이 있으면 계속 추가하여 기록할것이다. 다행히 이 사료들이 편집정리되여 삼장원정과 함께 후세에 전한다면 나의 념원이 이룩되는것이다.》

이와 같이 의천이 그 목록에 수록한것은 경론원전보다도 그 이후 여러 학자들에 의하여 책들을 만들게 된 장소들을 위주로 하였다. (장소—章疏)

이 장소들중에는 원효이후 우리 나라 학자 18명의 도서 총 138부를 비롯하여 거란사람들이 쓴 12명분 29부와 의천과 직접 친교가 있던 송나라 승려들의 도서 9명분 49부가 포괄되여있다.

특히 그 138부에 달하는 우리 나라 도서들은 의천이 그 목록에서 《해동유본현행록》이라고 밝힌바와 같이 당시 류행되던 도서로서 그중에는 신라말기의 작가 최치원이 쓴 책을 비롯한 일련의 전기작품들과 의상의 제자 도신이 쓴 책인 《일승문답》을 비롯한 적지 않은 리두서사어로 기록된 책들이 있었다.

이런 점에서 이 총록에 수록된 책들은 우리 나라 어학 및 문학을 연구하는데서도 중요한 의의를 가지는것이였다.

의천은 총록이 완성된 이후에도 도서수집사업을 계속하면서 흥왕사에다 교장도감을 설치하고 도서 교감 및 출판사업에 착수하였다.

흥왕사는 원래 개경 교외에 있던 절로서 1056년에 착공하여 12년만에 준공한 대건축물이였다.

그 절은 총 2천 8백여간이나 되며 상시로 거주하는 승려들이 1,000여명에 달하였는데 이를 보더라도 당시 교장도감의 규모가 얼마나 방대하였던가를 상상하기 어렵지 않다.

이 시기 교장도감에서 도서교감 및 판각공사를 위하여 동원된 인원들로서 그 이름과 소속사원 및 부서명들이 후세에까지 알려진것이 적지 않다.

각지 사찰의 승려들과 비성성 및 사경원에 소속된 전문가들이 광범히 망라되여 당시 우리 나라에 있던 경전들중에서 각종 이본들을 대조하면서 그중 잘못된것은 고치고 빠진것은 보충하여 그 어느 나라의것보다도 가장 내용이 정확한 초고를 만든 다음에야 이를 필사 및 판각 인쇄공정에 넘겼다.

그리하여 약 10년 어간에 총록에 수록된 경전들뿐만아니라 기타 수많은 도서들을 간행하였는데 이를 현종, 문종 시기에 간행된 초조(처음 만든)고려대장경에 대비하여 속장경(혹은 신조대장경이라고 한다.)이라고 구분하여 부른다.

이 속장경은 그 판목 및 판본의 일부가 오늘까지 전한다.

특히 그 판목은 현재까지 남아있는 세계의 판목중에서 가장 오랜것의 하나로서 의의가 크며 그 판본도 또한 우리 나라에서 가장 오랜 목판본의 하나임으로 하여 귀중한것이다. 이는 모두 세계인쇄문화발전에서 거대한 역할을 수행한 고려인민들의 우수한 인쇄기술을 남김없이 과시하고있다. 그 판본들중에서 일부 원각본과 증수본을 보면 다음의 표와 같다.

번호	도 서 명	저자 및 역자	현존 권수	출판년대	비 고
1	법장화상전	최치원	1	1092	
2	대승아비달마잡집론소	현 범	2	1093	1461년 증수본
3	화엄수소연의초	증 관	20	1094~1096	
4	정원신석화엄경소	〃	10	1095	
5	묘법련화경찬술	혜 정	2	〃	증수본
6	금강반야경	라 집	1	〃	
7	금강반야경락소	지 엄	1	〃	
8	화엄경담현결택	선 연	6	1096	
9	지지론의기	혜 원	5	1097	
10	금강반야경소개현초	공 철	3	1098	증수본
11	대반열반경소	법 본	2	1099	증수본
12	묘법련화경관세음 보살보문품삼 현운찬	사 호	1	〃	증수본

번호	도 서 명	저자및 역자	현존 권수	출판년대	비 고
13	석마하연론찬연소	법 오	5	1099	
14	석마하연연론 통현초	지 복	4	〃	

계 60권

이 서적들은 그 초기에 대부분 권축본인 두루마리로 장정하였던것인데 그중 《화엄경수소연의초》 제4권을 보면 장각이 25.5cm이며 매 행은 19~20자이고 행간은 2cm 가량이다.

마지막에 《四十二》라는 판목번호가 있으니 이를 보아 이 권은 42판이였다는것을 알수 있다.

특히 그 앞판에는 《화엄초사하사십일》이라는 글자가 있는데 이는 곧 후기의 방책본도서에서 나타나는 판심과도 류사하다. 따라서 그 일부는 1461년에 방책본으로 다시 증수되여 전라도 송광사에 보관되고있었다.

또한 일련의 책들에는 마지막에 간기들이 적혀있는바 《대반 열반경소》 제9권의 례를 들면 다음과 같다.

《해동전교사문—의천이 교감한다.

수창 5년 기묘에 고려국 대흥왕사에서 선지를 받들고 새긴다. 장사랑 사제승동정 신 장모는 글씨를 쓴다.》

이 시기 속장경판각은 물론 흥왕사에서만 진행된것은 아니였고 실로 전국의 유명한 사원들이 의천의 지도하에 움직였는바 전라도 금산사의 속장경 개판이 그 실례의 하나이다.

의천의 친우였던 광우승통 소현은 의천의 위임에 의하여 금산사에서 광교원이라는 출판기관을 설치하고 1088년에 《아미타경 통찬》을 판각완료한데 뒤이어 《법화형찬》, 《유식술기》 등 장소 32부 353권을 판각출판하였다.

또한 이 시기 간행된 도서들은 의천의 총록에 수록된것만이 아니고 그외에도 적지 않은 도서들이 새로 수집출판되였다.

바로 의천이 우리 나라 남부지방을 답사하면서 4,000여권의 고본(옛 판본)들을 수집한것이 그 총록을 완성한 다음해의 일이였을뿐아니라 현재까지 전하는 판본들도 총록이외의것이 적지 않다는것은 이를 실증하여준다.

원효의 《유심안락도》 1권, 태현의 《성유식론학기》 8권, 견등의 《화엄일승성불묘의》 1권, 표원의 《화엄문의요결문답》 4권과 불가사이의 《대비로자나경 공양차례법소》 2권 등이 그것이다. 또한 《룡감수경》을 비롯하여 16명의 저서 총 43부에 달하는 거란의 도서들도 총록에는 수록되지 않았지만 이 시기 간행물로 인정된다.

특히 이 《룡감수경》은 거란 행균의 저서인 한자자전의 일종으로서 글자수가 총 18만 9,600여자이며 그 올림자에는 속자, 정자의 구분이 있고 옛 글자들도 아울러 올리였다.

또한 이 책은 큰 글자와 잔 글자가 배합되여 이 시기 출판물들 중에서는 비교적 기술적다양성을 보여주는 새로운 판형이다.

《룡감수경》은 그 이후에도 라주를 비롯한 국내출판기관에서 수차례에 걸쳐 판이 거듭 새겨졌는데 현재까지도 고려판본으로 인정되는 수종의 잔본이 남아있고(유점사 소장본 1책, 송광사 소장본 1책) 또한 기타 속장경들과 함께 외국으로도 수출되여 룡곡대학 소장본 8권 7책이 지금까지 일본에 전하고있다. 일본에 수출된 이 판본은 황색, 담황색, 담홍색 등 다양한 색종이를 사용하였으며 매 판 란외에 해당 각자공인 김말, 고산, 고말종, 우인수, 백중근, 최금동, 김복중, 홍보천 등 24명의 이름이 새겨져있다.

또한 의천은 이러한 출판사업을 진행하는 과정에 수많은 개별 도서들을 발취수집하여 자기자신의 손으로 《원종문류》와 《석원사림》 등 새로운 총서들을 편성하였다.

《원종문류》는 총 22권으로서 의천이 력대선배들의 리론적인 책들중에서 가장 정수라고 인정되는것을 뽑아 묶은 책인데 현재 남아있는 3권 내용만 보더라도 다음과 같다.

원효의 저서

《기신론서》

　최치원의 저서

《지엄존좌 진찬》
《보은 사회 원문》
《화엄사회 원문》
《불국사 아미타불 화상찬》
《해동 화엄초조 기신원문》

　박인량의 저서

《부석존자찬 병서》

《원종문류》는 당시 의천의 지도하에 홍왕사 사문, 치수, 도린, 경직 등 17명의 전문가들이 교열사정하여 선종 년간(1084~1094)에 간행하였다.

판형은 1면이 9행 20자로써 후기의 활판본이나 다름없는 정간본이며 서체와 인쇄기술에서도 고려시기 출판물의 최고수준을 보여주고있다.

《석원사림》은 의천이 수많은 옛 도서들중에서 문장이 가장 우수한것을 내용별로 분류하여 묶은 총 250권의 방대한 총서이다.

이는 의천의 말년의 편작으로서 락진, 각순 등이 거듭 교열하여 숙종년간에 간행한것이다.

이 책은 1101~1122년에 인쇄한것인데 이 책의 인쇄를 혹은 목판본으로 혹은 목활자판본으로 보는 두가지 견해가 있으나 겹친 글자가 있는것으로 보아 활자본으로 보는것이 정확하다.

그리고 그 판형은 1면의 행수가 《원종문류》보다는 1행이 더 많은것이 특징이며 현존 5권의 판본에 의하면 판각기술적측면에서 《원종문류》만큼은 정밀하지 못한 점이 있다.

이 시기에도 의천의 출판활동은 다만 국내에서만 진행된것이 아니라 그가 송나라에 갔을 때 항주 혜인원에서 출판시설을 갖추고 그와 동행한 담진, 락진, 혜선, 도린 등 11명과 함께 중국의 각종 경전을 7,300여권이나 간행하였던것이다.*

※ 《대각국사문집》 외집9

그가 귀국한 뒤에도 복건사람 서진은 의천의 위임에 의하여 《협주 화엄경》을 비롯한 각종 도서들을 계속 판에 새겨 그 판목까지 고려에로 보내왔던것이다.

이와 같이 고려시기의 출판활동은 국외에서도 대대적으로 진행되였는바 당시 외국에 나가 그 나라의 인쇄기술을 발전시키면서 출판활동에 종사한 사람은 의천과 담진 등이 그 대표적인물이였다.

또한 의천은 도서수집과 출판보급을 광범히 진행하는 과정에 자기자신도 많은 저술을 남기였다.

그가 일생동안 창작한 시, 산문은 무려 수천편에 달하였으며 또한 한문도서들을 우리 말로 새긴것들이 《고승전》 10여부를 비롯하여 《화엄경》 180권, 《열반경》 36권 등 300여권이나 된다.

그가 번역한 번역도서들은 지금까지 발견된것이 없으나 죽은후에 남아있던 유고를 정리하여 묶은 《대각국사문집》 20권과 기타 관계도서들을 따로 엮은 외집 13권이 의천의 제자들에 의해서 목판으로 간행되여 그 판본의 일부가 현재까지 전하여지고있다.

이 《대각국사문집》은 우리 나라의 현존하는 도서들중에서 편찬간행년대로 보아서는 최치원의 《계원필경집》 다음에 가지만 그 판본의 측면에서는 년대가 가장 오랜 희귀본의 하나로 남아있다.

판형은 1편이 8행 17~18자이고 판각은 가로가 15cm, 세로가 22cm, 흑구를 새긴 판심이 있는것으로서 고려판본의 정형을 보여주고있다.

의천을 비롯한 이 시기 교장편찬자들이 간행한 책을 력사에서는 고려의 초조판 대장경에 대비하여 고려의 신조판대장경(속장경)이라고 불러왔다.

※ 《교장》이란 말은 《신편제종교장총록》의 《교장》에서 유래된것으로서

그 내용에는 《개원석교록》에 들어있지 않는 불경서적들을 총괄적으로 이르는 말이다.

의천은 《신평제종교장총록》에 들어있는 도서들의 원문을 모두 판목에 새겨 출판하였는바 이를 속장경이라고 하였다.

《속장경》이란 말은 대장경의 속편이라는 뜻이다. 따라서 《교장》과 속장경은 같은 말이긴 하지만 불교의 전통적인 《3장》에 《교장》이라는 새로운 장을 첨부한 의미로 볼 때는 다른 측면도 있다.

의천을 비롯한 이 시기 경전편찬자들은 5~6천종에 가까운 책들을 새로 수집하여 판각함으로써 현종이후 이미 새겨진 경판들과 아울러 무려 1만여권이나 되는 대장경과 속장경조각의 완성을 보게 하였던것이다.

대장경이라면 한문으로 씌여진것만 하여도 중국, 거란, 금나라, 일본 등 세계적으로 6~7종이 있으나 그것은 대체로 5,000~6,000여권에 지나지 않는것이다.

오직 이 시기 의천을 비롯한 고려의 출판활동가들이 각 장경을 종합하여 다른 나라의것보다 약 2배에 달하는 질적으로 정교롭고 량적으로 풍부한 불교경전의 대총서 판각을 완성하였다는 이 사실은 당시 우리 나라의 출판문화가 세계적으로 아주 우수하였다는것을 보여주는 하나의 실례로 된다.

제4절. 고려판본의 기술적우수성과 대외적영향

우리 나라는 삼국이후 고전적인 도서들이 많은 나라로 널리 알려졌다.

그러나 이미 언급한바와 같이 고구려말기에 침입한 당나라 군사는 평양성에다 고구려의 고전적인 도서들을 모아놓고 불태워버린 바가 있었으며 또한 후기신라말기에 견훤이 전주에 쌓아두었던 삼국시기의 고전적인 도서들을 그의 패망과 함께 모조리 불태워버렸기때문에 삼국시기까지의 귀중한 도서들이 대부분 없어졌다.

뿐만아니라 11세기초 침략자 거란군이 개경을 강점하였을 때에도 수많은 고전유산들이 전화에 휩싸여 불타없어졌다.

이와 같이 우리 나라의 옛 유산들이 일찍부터 막대한 손실을 당하였지만 우리 선조들은 11세기를 계기로 도서수집 및 출판 사업을 다시 국제적범위에서 대규모적으로 진행하였다.

그리하여 이 시기 고려는 실로 세계 어느 나라에도 보기 드문 고전적인 도서들이 풍부한 나라로서 자기의 영예를 남김없이 과시하였다.

당시 외국사람들이 우리 나라를 가리켜 《삼한 옛나라는 본래부터 례절이 높은 나라》, 《고려는 예로부터 군사의 나라》라고 하면서 언제나 찬사를 아끼지 않던 사실들은 바로 이러한 우리 나라의 우수한 문화전통과 관련되여있는것이다.

12세기의 송나라 사신 서긍은 고려를 견학한후 다음과 같이 감탄하였다.

《우로 조정관리들은 거둥이 엄전하고 문필이 능란하거니와 아래로 도시의 거리나 시골구석에 이르기까지 경관서사가 즐비하다. 젊은이들이 혼인지내기전에는 서로 모여 스승에게서 배우고 자라나면 벗을 따라 학습한다.》*¹

《림천각에 장서가 수만권이요 청연각에 경, 사, 자, 집 4부 서적 등을 가득 채워 모든 도서들이 완비되여있다. …아 훌륭하다.》*²

*¹, *² 《고려도경》

또한 이 시기 고려의 장서들은 그 종류가 많았을뿐아니라 다른 나라에서는 볼수 없는 희귀본들이 많았다.

정력적인 고려의 출판활동가들에 의하여 세밀하고 다방면적인 교감작업으로 간행한 도서였기때문에 그 도서의 내용에서도 이여의 나라들의 도서에 비하여 가장 완벽을 기한 정간본이였다는 점에서 더욱 높은 평가를 받았다.

당시 고려는 풍부한 장서의 나라로서 그 명성이 해외에 알려지자 력대적으로 각국 사신 및 상인들은 우리 나라에 도서를 청구하여왔다. 그리하여 고려는 중국, 일본, 거란 등을 대상으로 하는 도서수출국으로서 대외무역이 가장 활발하였다.

일찌기 959년에는 《별서효경》 1권, 《월왕효경신의》 8권, 《황령효경》 1권, 《효경자웅도》 3권 등을 후주에 보낸 일이 있었는데* 이는 그뒤의 중국도서목록에도 잘 보이지 않는 희귀본이였던것이며 또한 《론어》도 이본이 있었는바 이것이 이른바 고려본 《론어》 였다.

* 《고려사》 권2, 광종10년

이와 같은 사정은 우리 나라에 고대조선 및 삼국시기부터 내려오던 고전도서들의 축적이 많았으며 그 력사가 오랬다는것을 의미한다.

때문에 송나라의 국왕도 우리 나라 도서들에는 진본이 많다는 것을 듣고 1091년에 우리 나라 사신 리자의에게 《비록 권질이 모자라는것들이 있더라도 꼭 그것을 베껴서 보내주기 바란다.》*고 하면서 희귀한 도서 129종 5,100여권에 달하는 도서청구목록을 보내왔다.

* 《고려사》 권10, 선종8년 6월 병오

이해는 바로 의천이 우리 나라 남부지역을 답사하면서 4,000여권의 고전도서를 수집하던 시기였다.

이와 같이 이때는 우리 나라 력사상에서 전례없는 도서정비작업이 진행되고있던 시기라는것을 고려할 때 송나라의 요구는 있을 만한것이였다.

송나라 국왕이 보낸 도서청구목록중에서 대표적인것만 들면 다음과 같다.

① 경서부류에는 《백편상서》를 비롯하여 20여종

② 력사부문에서는 《어환위략》을 비롯하여 10여종
③ 문예부문에서는 《사령운집》 20권을 비롯하여 10여종
④ 전기부류에서는 《양양기구전》 5권을 비롯하여 5종
⑤ 어학 및 문자학 부문에서는 《고옥편》 30권을 비롯하여 8종
⑥ 음악부문에서는 《관현지》 4권을 비롯하여 5종
⑦ 병서부류에서는 《병서접요》 7권을 비롯하여 수종
⑧ 천문부문에서는 《대연력》을 비롯하여 5종
⑨ 지리부문에서는 《여지지》 30권을 비롯하여 5종
⑩ 의약학부문에서는 《황제침경》 9권을 비롯하여 10여종
⑪ 보첩부류에서는 《세본》 4권을 비롯하여 3종
⑫ 총서류에서는 《류문》 370권을 비롯하여 40여종*

* 《고려사》 권10, 선종8년 6월 병오

이처럼 다양한 도서목록들중에는 우리 나라에 관한 책인 《고려지》 7권, 《고려풍속기》 1권 등도 들어있었다.

고려통치자들은 그이듬해인 1092년에 상기도서들을 보내주었는데 128종에 근 5,000권이나 되였다.*

* 《조선전사》 6권, 과학백과사전출판사, 1979년판, 401페지

송나라 비서성에서는 《고려에서 보내온 도서들이 희귀본이 많다. 이것들은 관각에 없는것들이다.》고 하였다.

이러한 사실들은 이 시기 우리 나라에서 출판된 희귀도서들이 국외에 대량적으로 수출되였다는것을 증명한다.

특히 당시의 송나라국왕은 《두벌씩 따로 써서 태청각, 천각에 비치하라.》고 지시하면서 고려에서 보낸 도서들을 무엇보다 귀중히 여겼는데 이것은 이 시기 우리 나라에서 출판된 도서들이 종이의 품질에서나 인쇄 및 장정의 기술적측면에서 매우 발전하였다는 사실과도 관련된다.

고려의 도서수출은 의천의 속장경간행을 계기로 하여 더욱 활

발하여졌다. 《대각국사문집》의 자료에 의하면 의천의 생존시에 《원종문류》를 비롯한 고려장경들이 송나라로 수출되였으며 《료사》의 자료에 의하면 1093년에 고려의 대장경이 거란으로 수출되였다.

고려의 경전은 일본으로도 수출되였다. 1097년에 승려 원각이 의천에게 청원하여 당시 전라도 금산사에서 소현의 주간하에 새긴 《아미타경》 등 13부를 가져간바 있었고 1105년에는 일본왕이 사신을 보내여 대장경을 청구한바 있었다.

이렇게 각국으로 수출된 고려의 대장경들은 해당 나라들에서 귀중한 대본으로 리용되여 거듭 판을 새기게 되였는바 이처럼 고려의 출판물들은 중국, 일본을 비롯한 일련의 나라들의 출판문화발전에 중요한 영향을 주었다.

특히 일본은 우리 나라에서 구입한 도서들을 국보로 간주하였으며 일본장서가들은 고려판본을 가지는것을 유일한 영예로 여겼는바 의천의 속장경의 초간본인 《화엄경수소연의초》 40권과 《신편제종교장총록》의 사본 등은 현재까지 일본에서 전하고있다.

또한 일본은 우리 나라에서만 아니라 송나라에서 복각된 고려 대장경들을 수입하여간 실례들도 많았다. 이처럼 이 시기 고려의 출판물들은 중국을 통하여 다시 제3국으로 전환된것도 적지 않았다.

이 시기 고려의 판본이 국외에 수출되여 얼마나 높은 평가를 받았으며 출판문화에 어떠한 영향을 주었는가에 대해서는 다음 몇가지 사실로도 넉넉히 짐작할수 있다.

1138년 송나라에서 고려 속장경판본중의 하나이던 《원각경대소석의초》를 구입하여 이를 다시 새기면서 그 책머리에 이렇게 썼다.

《이 책이 … 다른 나라(고려를 가리킨다.—필자)에서는 비록 출판되였으나 중국에서는 간행되지 못했다. 그 사본들이 더러 전했으나 베끼는 과정에 오자가 적지 않게 생겼다. 이제 고려의 판본을 얻게 되여 사본도 참고는 했지만 주로 판본에 의거하여 새겼다.》*

* 《원각경대소석의초》, 권머리 범례

송나라에서는 부정확한 사본밖에 없었으나 오직 고려에서 간행한 좋은 판본이 있었으므로 이를 대본으로 다시 정간본을 간행할수 있었다.

1141년 항주 혜인원에서 《화엄지귀》를 간행하던 경우도 역시 마찬가지거니와 또한 최치원의 저서인 《법장화상전》을 1149년에 송나라에서 간행하면서도 그 책끝에 다음과 같은 발문을 썼다.

《시강 최공(최치원을 가리킨다.―필자)의 저작인 현수 국사전이 전하는것이 별로 없었다. 두루 수집하여 얻어보기는 했으나 전사과정에 착오가 많아 고증할수가 없었다. 드디어 고려의 선본을 얻어 출판에 회부하여 널리 류포한다.》

이처럼 고려의 희귀본들은 력대적으로 해외에 수출되였을뿐만아니라 그 판본의 질에 있어서도 소여시기 다른 나라의것보다는 높은 정밀성을 보장하고있었다. 때문에 청나라의 장서가 손종첨도 그의 저서 《장서기요》에서 《외국에서 간행한 서적들로서는 고려판본이 가장 우수하다. 오경, 사서, 의학, 약학에 관한 도서들이 모두 고대의 원본에 의거하였다. 중국에서 간행된것들은 자구들이 빠지거나 책장수가 모자라는것이 대부분이였지만 오직 고려만은 마침내 완전한 선본을 소유하고있었다.》*고 고려판본의 우수성에 대하여 정당하게 평가하지 않을수 없었다.

* 《중국인쇄술의 발명과 그 영향》 인민출판사, 1958년판, 131페지

11~12세기 서구라파의 출판문화는 동방에 비하여 낮은 수준에 있었다. 세계적으로 앞선 동방의 출판문화에서도 고려는 그 어느 나라보다도 우수한 선진국으로 인정받았다. 바로 이러한 전통과 토대가 있었기때문에 세계에서 처음으로 금속활자를 발명할수 있었고 세계출판인쇄문화발전에 거대한 기여를 하게 되였다.

제5절. 출판인쇄기술의 발전과 금속활자의 발명

1. 활판인쇄기술의 발전

　인쇄기술발전에서 활판인쇄기술의 발명은 출판문화분야에서 거대한 기술적혁명이였으며 현대인쇄기술의 시원을 열어놓았다.
　활판인쇄란 목판의 판각과정과는 달리 이미 준비된 활자에 의하여 인판을 만드는것이였으며 그 활자의 모체는 곧 인장이였다.
　우리 나라에서 인장의 기원은 유구한 고대에 속하였으며 그 인장사용원리와 석각경험이 배합되여 목판인쇄기술을 발전시켰다는것은 이미 언급하였다.
　고려인민들은 이러한 기술적경험에 토대하여 목판의 판각대신에 인장을 대량적으로 만들어 이를 서적인쇄에 적용하는 새로운 방법 즉 활판인쇄기술을 창안하여 도입함으로써 세계인류문화발전에 크게 기여하였다.
　이와 같이 우리 나라에서 출판인쇄기술에 대한 새로운 발명은 그 이전에 진행되던 목판인쇄공정을 개선하는 하나의 혁신으로 되였다.
　목판인쇄는 책을 필사하는데 비하여 더 진보적이기는 하나 원래 인쇄대상으로 되는 서적의 글자수와 동일한 분량을 목판에다가 새겨야 하므로 로력과 판목이 많이 들게 되였다.
　특히 11세기에 관판 및 사판을 비롯한 방대한 각종 판목을 새기는 과정에는 수많은 각자와 로력이 소요되였을뿐아니라 이루 헤아릴수 없는 많은 판재가 요구되였다.
　슬기롭고 근면한 고려의 인쇄기술자들은 바로 이렇게 힘들고 어려운 작업대상과의 투쟁속에서 이를 능히 기술적으로 개조하여 새로운 혁신을 일으켰던것이다.

고려시기에 사용한 활자로는 목활자와 금속활자 두가지가 기본이였는데(포활자, 자활자도 있었다고 한다.) 목활자는 금속활자보다 먼저 발명되였으므로 금속활자가 창조되기 이전에는 활판인쇄에서 목활자만 사용되였다.

목활자만드는 법은 판목에 글자를 새기는것이 아니라 황양목(도장나무)인재로 글자를 하나씩 따로 새겼으며 이 활자를 현대식으로 조판하여 인쇄하였다.

때문에 비록 목활자이긴 하지만 인쇄기술의 발전측면에서 볼 때 목판인쇄보다는 그 인쇄속도에 있어서나 자재 및 로력 절약에 있어서 새로운 거대한 발명이였다.

우리 나라에서 활자에 의한 활판인쇄기술이 대체로 언제부터 시작되였는가 하는 기원문제는 자료적고증에 의하여 대체로 11세기말이나 12세기초에 시작되였다고 볼수 있으며 12세기중엽에 이르러서는 활판인쇄가 완전히 일반화되였다고 인정된다.

이 근거에 대하여서는 현재까지 전하고있는 《삼국사기》의 판본과 그 인쇄형태로서 확증할수 있다.

이미 언급한바와 같이 《삼국사기》는 1145년에 편찬완성되였고 그 직후에 간행되여 국내외에 배포되였다.

《삼국사기》는 그뒤 1394년에 경주부사 김거두 등에 의해서 종전의 인본을 대본으로 하여 다시 간행되였고 1512년에 또한 경주부사 리계복에 의해서 3차로 간행되여 현재까지 전하여지고있다.

이 두차례에 걸쳐 새긴 경주판본은 모두 목판본인데 개판과정에 일부 글자들을 수정은 하였지만 초판의 면목을 적지 않게 보존하고있다.

현존 16세기 판본에서만 보더라도 다음과 같은 례들을 볼수 있다.(그중 몇가지만 든다.)

津光(15권 7장 전면 6행)
律城(50권 16장 전면 9행)

우에서 《津》이나 《律》은 고려태조의 이름자 《建》의 마지막획을 줄인자이다.

正皇帝 (30권 39장 전면 1행)
正烈王 (46권 4장 후면 4행)

여기서 《正》는 고려 혜종의 이름자 《武》의 마지막획을 줄인자이다.

楚明王 (25권 13장 전면 1행)

여기서 《明》은 고려 광종의 이름자 《昭》를 피하여 대신 쓴자이다.

眞鈔 (5권 19장 후면 3행)

여기서 《鈔》은 고려 덕종의 이름자 《欽》의 마지막획을 줄인자이다.

之僤 (25권 7장 후면)
金部渾 (47권 1장 전면 7행)
渾州 (50권 15장 후면 7행)

여기서 《僤》과 《渾》은 모두 고려 선종의 이름자 《運》의 마지막획을 줄인자이다.

우에서 보는것처럼 고려왕들의 이름자를 피하여 그 마지막획을 줄이는 방식으로 인쇄한 사실은 고려판본에만 나타나는 현상이다.

이와 같이 고려판본의 면모를 보유하고있는 이 현존 《삼국사기》의 판본은 바로 그것이 12세기 초판당시에 활판으로 간행되였다는 사실을 보여주고있다는 점에서 큰 의의를 가진다.

그것을 다음과 같은 사실로써 론증할수 있다.

현존 《삼국사기》 판본의 9권 11장 후면(신라본기 9, 혜공왕 12년조)에는 《講》과 《號》의 글자가 뒤바뀌여진것이 있는데 이러한 오식은 오직 활판인쇄인 경우에 한해서 있을수 있는 일이다. 목판인쇄에서는 원래 이러한 착오를 찾아보기 힘들다.

이것만으로도 《삼국사기》의 초판을 활판인쇄로 보는것은 결코 무리가 아니다.

또한 《삼국사기》판본에는 활자를 다루는 경우에 있을수 있는 오자로 인정되는것들이 적지 않다.

《干》이 《于》로 된 례(3권 1장 전면 6행과 5권 18장 후면 3행과 6권 10장 전면 9행 등)

《于》가 《干》으로 된 례(6권 5장 후면 9행)

《圖》가 《國》으로 된 례(18권 8장 후면 6행)

《齒》가 《鹵》로 된 례(25권 8장 전면 9행)

《末》이 《永》으로 된 례(5권 12장 전면 1행)

《訃》가 《計》으로 된 례(16권 1장 전면 5행)

《忘》이 《志》로 된 례(8권 1장 후면 6행)

《曰》이 《白》으로 된 례(10권 21장 전면 3행)

이는 필사 및 판각 과정에는 있기 어려운 오자들이다.

한자를 초보적으로만 알고있어도 《曰》을 《白》으로 쓸리 없으며 《于》를 새기는 과정에 《干》으로 될수 있을지언정 《干》은 필사나 판각을 막론하고 《于》로 될수 없는것이다.

뿐만아니라 현재까지 전하는 《삼국사기》의 다른 판본에는 상기 례문(신라본기 9, 혜공왕 12년조)에서 《幸》이 거꾸로 찍혀진 례가 있다는 사실이 알려졌다.

리조시기의 활판본인 《로걸대》 하권 25장 후면 9행 《官尺》의 례에서 보다싶이 글자가 거꾸로 오식되는 현상은 오직 활판본에서만이 있는 일이다.

이상과 같은 몇가지 자료에 의하여 12세기 후반기에 간행된 《삼국사기》의 초판본은 그것이 바로 목활자나 금속활자로 찍어낸 활판본이였음을 인정할수 있다. 왜냐하면 《삼국사기》의 재판 및 3판본이 모두 목판본인 이상 그 판본들에서 보여주고있는 활판인쇄의 흔적은 그것이 바로 초판본에서 물려받은것으로 볼수밖에는 없기때문이다.

그런데 《삼국사기》는 총 50권 20여만자에 달하는 방대한 책이다. 이러한 방대한 책이 활판으로 인쇄되였다는 사실은 이 시기 우리 나라 활판인쇄가 상당히 발전된 설비를 갖추고있었다는것을 의미한다. 왜냐하면 그만큼 많은 활자를 만들자면 목활자라 하더라도 많은 시일을 요하기때문이다.

 따라서 활판인쇄술의 발명기원은 그보다 훨씬 이전시기 곧 11세기말이나 혹은 12세기초로 올라가서 고찰하지 않을수·없다.

2. 금속활자의 발명

 활판인쇄술의 발전과 더불어 활자의 질을 개선하기 위한 투쟁과정에 우리 나라 인쇄기술자들은 드디여 세계에서 처음으로 금속활자 특히 동활자를 발명사용하게 되였다.

 금속활자의 주조는 목활자에 대비하면 상당히 발전된 기술적설비와 자재를 요구한다.

 15세기 성현은 《용재총화》에서 금속활자를 주조하는 방법에 대하여 다음과 같이 썼다.

 《먼저 황양목에다 글자를 새긴다.

 바다가의 고운 진흙을 인판에 고르게 깔고 목각활자를 진흙에다 찍으면 음각으로 된 글자가 나타난다.

 이리하여 두 인판을 마주세워놓고 그 한쪽 구멍에다 동을 녹여부으면 쇠물이 음각으로 새겨진 자리에 들어가 하나하나 활자가 만들어진다.》

 이 사료의 기록을 보면 옛날 금속활자를 만드는 방법도 그 주형의 제작과 자형의 정리 등 그 매개 공정들이 현대의 활자주조과정이나 비슷한 복잡하고도 정밀한 기술적공정을 거쳐서 만들어졌다는것을 알수 있으며 이 방법은 그 이전시기 즉 고려시기의 활자주조에서도 적용된 방법이였을것이다. 바로 그렇기때문에 인쇄기술발전과정에서 금속활자의 발명은 무엇보다도 가장 큰 의의를 가진다.

우리 나라에서 금속활자를 사용하여 출판한 책으로 가장 오랜 것으로는 《신서상정례문》(50권)이며 이와 함께 《고문진보대전》과 《남명천화상송증도가》란 책이 있다.

《신서상정례문》(《상정고금례》라고도 한다.)은 1123～1146년경에 쓴 책인데 1234～1241년간에 금속활자로 28부를 찍었다.

이에 대하여 당시의 작가인 리규보는 최이를 대신하여 그 서적의 발문에 다음과 같이 쓰고있다.

《인종때 왕은 평장사 최윤의 등 17명에게 지시하여 과거의례의 력사적발전과정을 참작하면서 이로부터 취사선택하여 50권의 책을 편찬하게 하였는데 이것이 〈상정례문〉이였다.… 이 책이 해를 거듭하는 과정에 책장도 떨어지고 글자도 희미하여져서 참고하기 곤난하였다.

나의 선친(최충헌을 가리킨다.―필자)이 이 책을 수보하여 두 벌을 작성한 다음 한벌은 례부에 비치하고 한벌은 본가에 두었는바 이는 실로 예견성있는 일이였다.

그뒤 천도할 때 례관이 당황하여 이 책을 미처 가져오지 못하였으므로 거의 없어질번하였으나 다행히 본가에 두었던 한벌이 남아있게 되였다.

… 드디여 주자로서 28벌을 인쇄하여 여러 부서에 나누어주어 보관하도록 하였다.》*

※ 《동국리상국집》 11권

고려통치자들은 집권 첫날부터 봉건적통치질서와 규범을 확립하기 위하여 의례에 관한 책을 편찬하는데 특별한 관심을 돌렸다.

특히 거란침략을 당한후 많은 책들이 소실되자 그들은 례의상정소를 설치하고 그의 자료수집 및 정리 사업을 진행하였다. 결과 최윤의, 최균 등의 편찬집단에 의하여 50권에 달하는 《상정례문》이 편찬완성되였다.

이 책은 그 이름자체에서 보는것처럼 주요 의례에 관한것인바 례를 들면 우로는 국왕의 복식, 의장으로부터 아래로는 백관들의 행동절차에 이르기까지 서술되지 않은것이 없어 실로 12세기에 편찬된 서적들중 《삼국사기》에 대등할만한 방대한 분량이였다. 이 책은 봉건법전의 성격을 가지고있는것으로 하여 그들이 가장 중요시하던 책의 하나였다. 그런것만큼 고려봉건통치자들은 편찬직후에도 물론 목판본 혹은 목활자본으로 간행하였을것이지만 우에서 본바와 같이 그 책이 헐게 되자 13세기 최충헌집정시기에 와서 이를 다시 수정보충하게 하고 책이름을 《신서》라는 두 글자를 더 붙여 《신서상정례문》이라고 하였던것이다.

고려인민들은 몽골침략자들을 반대하는 장기간의 전쟁과정에서 도서와 출판시설을 원쑤들의 발굽이 미치지 않는곳으로 옮겨가면서 간고한 조건을 무릅쓰고 금속활자로 이 방대한 서적 28부를 출판하였다.

《신서상정례문》의 간행년대는 명기되여있지 않으나 그 발문제목에 《진양공을 대신하여》라고 하는 말이 있는것을 가지고 미루어 보면 최이가 진양공으로 책봉된 해가 1234년이며 발문의 집필자 리규보의 사망년대가 1241년인만큼 이 8년어간에 간행된것임은 자명한 일이다.

이 시기로 말하면 전국적으로 출판인쇄시설이 정비강화되여 《팔만대장경》뿐만아니라 문예서적, 기술서적 등 다양한 도서들을 대규모적으로 출판하던 때이다.

바로 이러한 시기에 목판판각과 아울러 활판인쇄를 더욱 보급시켜 우리 나라 출판문화발전에서 새로운 면모를 나타내게 한것은 결코 우연한 사실이 아니다.

이 시기 금속활자가 발명될수 있은 요인은 다음과 같다.

첫째로, 나무판인쇄와 나무활자로 찍은 활판인쇄기술의 오랜 경험과 발전된 토대가 있었기때문이다.

사실상 금속활자의 주조는 목활자의 선행경험과 높은 기술이 없이는 절대로 불가능한것이다.

둘째로, 야금술과 주조기술이 대단히 높았기때문이다. 그런 실례는 이 시기 동을 주원료로 하는 주전사업이 발전하여 1097년에

주전도감을 설치하고 주전사업을 적극 진행한데서 확증된다.*

* 《고려사》 권11, 숙종6년 4월 병진

셋째로, 우리 인민들의 서적출판에 대한 열의와 노력이 그 시기 어느 나라 인민들보다 특별히 높았기때문이다.

이 사실은 바로 당시를 전후하여 진행된 대장경판각사업에서 찾아볼수 있다.

당시 서적에 대한 사회적수요가 증대됨에 따라 목활자로서 이를 충족시킬수 없었다.

왜냐하면 목활자는 자획이 마멸되기 쉬워서 출판의 량과 질을 보장할수 없기때문이다.

여기에서 고려인민들은 사용하기 간편하고 정교하며 견고한 활자를 주조하기 위해 노력하게 되였다.

이 시기 금속활자를 사용하여 출판한 서적은 《신서상정례문》뿐만아니라 《남명천화상송증도가》와 1170년에 인쇄된것으로 인정되는 《고문진보대전》이 있다.

《증도가》란 원래 선문의 승려들이 많이 읽던 경전인데 1239년에 당시의 집권자 최이가 대장경판각을 진행하면서 이미 류포되고 있던 주자본 《남명천화상송증도가》를 대본으로 하여 다시 목판에 새겼다.

그러면서 이 발문에 《장공인들을 모집하여 주자본에 의해서 다시 새긴다.》라고 쓴것이 있다.

최이가 이 발문을 쓴 해가 기해년인데 이 기해년은 1239년으로서 당시 국가적으로 《팔만대장경》판각을 개시한지 3년째 되던 해이다. 이 시기 그 대본으로 수집한 도서들중에는 바로 증도가와 같이 이미 그 이전에 간행된 주자본이 있어서 이와 같이 재차 출판하게 되였으니 이전의 주자본 간행년대는 훨씬 그 이전시기로 보아야 할것이다.

그러면 금속활자가 처음 발명된 시기는 어느때인가?

대체로 11세기말 12세기초로 볼수 있다.

그 근거는 첫째로 《신서상정례문》을 주자본으로 인쇄하였다고 한 년대는 리규보의 글을 통하여 1234~1241년사이라는것을 알수 있지만 그러나 50권이나 되는 방대한 책을 28부나 인쇄하자면 활자가 적어도 10만자이상은 되여야 한다.

※ 원래 한문책인쇄에서는 활자한자만 하여도 1만 5,000여자인만큼 원문과 주해를 위하여 최하 두호씩은 있어야 하며 그중에서도 특히 많이 쓰이는 3~4천종의 활자는 각기 수십자이상 되여야 비로소 조판이 가능한것이다. 이렇게 본다면 대체로 10만자이상은 되였으리라고 본다.

이때가 고려봉건통치기관들이 강화도에 들어가 있던 전쟁시기인만큼 금속활자를 이 전쟁마당에서 한꺼번에 그렇게 많이 만들수 있었으리라고는 볼수 없다.

그러므로 금속활자의 처음 주조는 이미 그 이전시기 몇십년전일것이며 오랜 축적과정을 통하여 이렇게 많은 활자를 마련하였으리라고 보는것이 조금도 무리가 아니다.

그 근거의 둘째로는 《고려사》백관지에 의하면 금속활자로 인쇄출판하는 사업을 서적점에서 전문적으로 맡아보았다고 하는데 이 기관은 이미 1047~1083년간에 설치되여있었.*

* 《고려사》 권77, 백관2 제사도감각색

이런 기관을 100여년전에 설치하여놓고 100여년후인 1230년에 와서 처음 주자를 하였다고 볼수는 없다. 그런것만큼 주자사업은 서적점이 설치되던 11세기말부터이라고 보는것이 타당하다.

그 근거의 셋째로는 13세기 이전부터 금속활자로 인쇄한 서적들이 있었다는 사실들을 전하고있기때문이다. 이미 언급한 《남명천화상송증도가》의 《증도》라는것도 그런 례의 하나이며 1170년에 출판된 책인 《고문진보대전》도 금속활자로 인쇄된것으로 보이는 일부

자료들이 있기때문이다.*

* 《조선전사》 6권, 과학백과사전출판사, 1979년판, 400페지

이상에서 지적한 몇가지 근거로 하여 우리 나라에서 금속활자가 처음 발명된 시기는 대체로 11세기말 12세기초라고 인정되는것이다.

이때에 금속활자로 인쇄한 책이 오늘까지 유물로 남아있는것이 적고 또 활자인쇄기술에 대해서도 전해지는것이 없으므로 당시의 금속활자와 그 인쇄기술의 발전면모를 구체적으로 알수는 없다.

그러나 1358년에 고려왕궁이 있었던 개성 만월대 신봉문자리로부터 서쪽으로 약 300m 떨어진곳에서 발견된 고려금속활자는 이 시기의 인쇄기술의 면모를 짐작할수 있게 한다.

이 금속활자의 높이는 8mm이고 《이마전》자를 새긴 면의 크기는 가로세로가 각각 10mm이며 그 주성분은 동, 주석, 연이고 부성분으로 규소, 철, 알루미니움 등이 들어있다.* 이것을 통하여 이 시기의 활자주조기술이 얼마나 높은 수준에 있었는가 하는것을 짐작할수 있다.

* 《조선전사》 7권, 과학백과사전출판사, 1979년판, 308페지

이 시기 금속활자로 인쇄한 책으로서 지금까지 남아있는것은 1317~1324년에 인쇄된 《공자가어》와 1377년에 청주의 흥덕사에서 인쇄한 《백운화상초록불조직지심체절요》가 있다.

《공자가어》는 지금 영국의 런던박물관에 보관되여있으며 《백운화상초록불조직지심체절요》는 1972년에 프랑스 빠리에서 《책의 력사》 종합전람회가 있었는데 이 전람회장에 이 책이 전시되였었다.*

* 《중국 인쇄술의 발명과 그의 서점》 참조, 《로동신문》 1986. 1. 19

공로별 발급건수

번호	공　　로　　별	1등(명)	2등(명)	계(명)
1	홍왕토적공	16	12	28
2	부지피난공	6	4	10
3	건의집병정난공	1		1
4	신축호종공	72	49	121
5	청병보좌공	6	3	9
6	수복경성공	53	53	106
7	격주홍적공	24	40	64
	계	178	161	339

서 리조봉건국가가 리성계의 집권을 적극 협력한 그에게 원종공신이라는 칭호와 함께 수여한것이다.

현재까지 전하고있는 이 록권을 보면 한노개와 함께 원종공신으로서 록권을 수여한 대상자의 이름 220명이나 적혀있는데 이는 곧 이 시기 발행한 《록권》부수가 220여부나 되였다는것을 의미한다.

이 《록권》은 다섯 축을 련이어 광곽이 가로 268.5cm, 세로 25cm 가량 되는 한폭의 권축이다.

록권의 권축차례는 다음과 같다.

록권의 권축 차례와 규격표

폭별	광곽 가로	광곽 세로	행수	행의 자수	판별	비고
제1폭	61 cm	25.0cm	42	19～23	활판	
제2폭	60 〃	〃	41	19～23	〃	
제3폭	62.7〃	〃	43	18～23	〃	
제4폭	41.3〃	〃	29	19～23	〃	
제5폭	43.5〃	〃	27	기준없음	목판	

이 시기 활판인쇄기술이 다양하게 발전함에 따라 서적인쇄가 여러가지 형태로 광범하게 진행되였다. 금속활자를 만들어 찍었는가 하면 목활자로 인쇄하는것도 병행하였으며 중앙에서 국사기관을 두어 진행한것만이 아니라 지방사찰에서도 활자를 제작하여 사용하였고 목판판각인쇄도 계속하였다.

《고려사》백관지 2에 《공양왕4년(1392)에 서적원을 설치하고 주자를 관리하면서 서적을 인쇄하였는데 령과 승이 배치되여있었다.》고 한것이나 《백운화상초록불조직지심체절요》의 간기에 1377년에 청주 흥덕사에서 주자를 사용하여 이 도서를 간행하였다*는 사실들이 이를 잘 말하여준다.

* 《고려사》권77, 백관2, 제사, 도감과 각색 서적점
  《조선서지학》참조

이와 같이 활판인쇄경험이 국내에 널리 보급되면서 그 출판물의 종류도 다만 서적에만 국한되지 않았다.

이 시기 서적인쇄이외의 활판간행물로는 《공신록권》을 대표적인 례로 들수 있다.

《공신록권》이란 나라의 보위와 당시의 봉건정권옹호에 특수한 《공로》를 세운 이른바 《공신》들에게 그 《공로》를 표창하는 문건으로서 봉건국가가 발행하는 일종의 증권이다.

1019년 거란침략자들을 격퇴한 양규와 김숙흥에게 공신의 칭호를 수여함과 함께 록권을 발급한 사실을 계기로 하여 고려봉건국가는 력대로 수십차례 걸쳐 공신록권을 발행한바 있었다.

여기에 그 실례의 하나로서 1362년에 침략자 홍두군을 격퇴하고 그 전투공훈을 표창한것을 보면 한해동안에 발급한 록권이 무려 339건에 달하는바 그 공로별 발급건수는 다음페지의 표와 같다.

우리 나라에서는 이 공신록권을 일찍부터 활판으로 인쇄하였는데 현재까지 전하는 한노개의 공신록권과 기타 종류의 록권이 그 유물로 전하고있다.

《한노개공신록권》은 1395년 9월에 공신도감에서 발행한것으로

폭을 런이은 짬에는 《리조의 인》이라는 4각형 주묵 계인을 찍었고 인쇄종이는 백색 닥종이이며 《록권》의 첫 네폭은 활판으로 인쇄되였으나 관직명을 쓴 끝 한폭만은 목판에 의하여 인쇄되였다. 이는 옛날부터 관직명인 경우에는 글자수가 수십자에 달하더라도 반드시 한줄에 다 써야 하므로 본문의 한자규격과 맞출수 없는 사정과도 관련되여있다. 이 록권에서 첫 네폭을 활판본(목활자판본)으로 감정하였는데 그 근거는 다음과 같다.

첫째로, 일부 글자들의 위치가 비뚤어져있는 점인데 이는 조판과정에 정밀성이 보장되지 못한탓으로 나타나는 오직 활판본에서만 볼수 있는 현상이다.

둘째로, 인쇄지면에 나타난 먹빛이 일정하게 고르지 못하여 진한곳과 희미한곳이 있는 점이다. 이는 활자의 고저관계로 균일한 압력을 받지 못한데 기인된다.

셋째로, 판본의 글줄에는 두 글자사이가 겹친 경우를 서너군데 볼수 있는데 이는 목활자배렬시에 해당 활자의 한쪽 측면을 칼로 깎아서 맞춘것임을 의미한다. 첫째와 둘째 경우는 금속활자나 목활자판본에 공통적으로 있는 현상이지만 셋째 경우만은 목활자판본에만 있는 현상이다.

다음 또하나의 특징은 그 마지막 폭의 끝에 축이 달린 점이다. 속장경을 비롯하여 일반적으로 축은 가운데나 끝이 동일한 크기로 되여있으나 이 축만은 가운데 부분의 직경이 3cm라면 량쪽끝의 종이를 말지 않은 부분만은 직경이 6cm나 된다.

이는 권축의 폭을 보호함에서나 또는 미관상에서 극히 의의가 있는 제품인바 우리 조상들의 권축장정에서 창조한 지혜와 기술적인 정교성을 보여주는 하나의 표본이다.

이와 같이 《공신록권》에 대한 몇가지 사실을 보아 정확히 활판본이라고 규정할수 있다.

그리하여 이 《록권》은 현재 우리 나라에서 보유하고있는 활자판본들중 그 년대가 가장 오랜것의 하나로서 가치가 있다.

3. 금속활자발명의 세계사적의의

위대한 수령 **김일성**동지께서는 다음과 같이 교시하시였다.
《**고려사람들은 세계에서 처음으로 금속활자를 발명하여 출판업을 크게 발전시키고 색과 문양, 모양이 특출하여 세상사람들이 보물처럼 여기는 고려자기를 만들어내여 우리 나라의 명성을 온 세상에 떨쳤습니다.**》(《**김일성**저작집》1권, 232페지)

고려사람들은 세계에서 처음으로 금속활자를 발명하여 우리 나라의 명성을 온 세상에 떨치였다.

그러면 세계인쇄문화사상에서 우리 나라 금속활자가 어떤 위치를 차지하고있으며 우리 나라에서 발명된 금속활자 주조기술이 세계인쇄문화발전에 미친 영향은 무엇인가?

세계에서 활판인쇄기술의 전통이 매우 오랜 나라로서는 중국이며 그다음으로 독일과 일본을 들수 있다. 그런데 사실상 이 나라들에서의 금속활자사용의 기원은 우리 나라에 대비하면 3～5세기나 뒤떨어지고있는것이다.

중국에서는 이미 11세기중엽인 송나라 경력년간(1041～1048)에 필승이라는 사람이 발명한 《교니활자》를 처음 인쇄에 도입한 사실이 있었다.*

* 《몽계필담》 권18

그러나 이 필승의 교니활자는 진흙으로 구워만든 활자로서 자획이 정확치 못하며 또 파손되기가 쉬울뿐아니라 여러가지 미비한 점이 있었기때문에 실용적가치를 가진것으로는 되지 못하였다. 따라서 이것은 그후 새로운 발전을 가져오지 못하고말았다.

중국에서는 원나라 초기(13세기말)에 석활자를 사용한바 있었는데 중국의 인쇄기술자 왕정의 기록에는 이것도 먹을 잘 받지 않

아서 인쇄가 깨끗하지 못하였기때문에 널리 보급되지 못하였다고
하였다.*

* 《중국인쇄술의 발명과 그 영향》 인민출판사, 1958년판, 91페지

중국에서 금속활자가 본격적으로 널리 보급되기 시작한것은 강
소지방의 화수가 동활자를 사용한 이후부터였으니 이는 15세기말
16세기초에 해당하는 시기로서* 우리 나라의 동활자사용시기에 비
하면 약 3세기이후의 일이다.

* 《중국인쇄술의 발명과 그 영향》 인민출판사, 1958년판, 88～91페지

다음으로 구라파에서의 활자사용력사를 보면 이미 잘 알려진바
와 같이 1450년대에 독일의 구텐베르그가 발명한 금속활자를 그 시
원으로 잡으며 1423년에 화란에서 코스타가 금속활자를 인쇄한 사
실도 그와 같은 시기이다.

그러나 구텐베르그가 발명한 연활자의 인쇄물인 이른바 42행
의 성경은 우리 나라에서 1436년에 연활자로 찍은 《사정전훈의자치
통감》보다도 약 20년 뒤의 일일뿐아니라 12세기의 동활자에 대비하
면 역시 3세기나 뒤떨어지는것이다.

하기에 15세기의 학자 김종직은 금속활자시초는 우리 나라라고
하였고 16세기 학자 리수광도 《금속활자는 우리 나라에서 처음 만
든것이다.》라고 하였다.

그러면 3세기나 앞서는 우리 나라의 금속활자와 독일에서 만들
어진 구텐베르그의 금속활자와의 호상관계는 어떠하였는가?

이에 대해서는 우선 당시의 우리 나라 대외무역정형과 동서문
화의 교류관계를 고찰할 필요가 있다.

실로 11세기이후의 고려는 동방에서 문화와 생산이 발전된 나
라로 일러오면서 당시 동서의 무역과 문화를 교류하는데서 하나의
중요한 위치에 놓여있었다.

이미 언급한바와 같이 8세기에 고구려의 유민 고선지의 아라비

야원정으로 말미암아 동서문화의 교류에 일정한 련계가 지어진 이후 점차 아라비야상인들의 래왕이 동방에 빈번하게 되였으며 고려초기에 이르러서는 그것이 더욱 활발하여졌다.

례컨대 1024년의 한해만 보더라도 열라자 등 아라비야(대식국) 상인들이 무려 100여명이나 방물(지방토산물)을 교환하기 위하여 고려의 개경에 드나들었으며 958년에는 후주에서 비단 수십필을 가지고 고려동을 무역해간 실례가 있었다.*

* 《고려사》 권5, 현종15년 9월 을미
　《고려사》 권2, 광종9년 5월

이와 같이 이 시기 우리 나라 대외무역은 상당히 활발하여졌는데 그중에서도 특히 고려의 금, 은, 동 제품과 종이는 외국상인들이 가장 귀중히 여기는 상품이였다.

이런데로부터 일찌기 동방의 종이가 아라비야를 통해서 서구라파에 전파되듯이 우리 나라의 금속활자와 그 인쇄술도 아라비야상인들과의 무역편을 통해서 서구라파에까지 보급될 가능성이 충분히 있었던것이다.

물론 이 시기에 우리 나라의 문화가 서구라파에까지 전파될수 있는 경위는 비단 이것뿐이 아니였다.

례를 들면 13~14세기이후 중국의 항주일대에는 프랑스의 승려인 루바리그, 이딸리아사람 마카파라, 아데리 등 적지 않은 서구라파의 승려, 상인들이 체류하고있으면서 동방의 문화를 서구에 소개한 일이 있었으니 이런 기회를 통해 우리 나라의 금속활자와 그 제조술이 서구라파에 전파될수 있었을것이다.

그렇기때문에 우리 나라 인쇄문화가 서구라파에 영향을 준 사실에 대해서는 바로 서구라파의 부르죠아학자들자신도 자기의 저서들에서 인정한바 있다.*

* 허드쏜은 그의 저서 《구라파와 중국》에서 독일의 활자기술은 조선의 그것과 련관이 있는바 독일의 항주 상인을 통해서 매개된것이라고 하였다.

카타는 그의 저서 《중국인쇄술의 발명과 그의 서점》에서 동방의 제지술 및 인쇄술이 세계인쇄문화발전의 기원이라고 인정하였다.

우리 나라의 금속활자가 일본에 준 영향에 대해서는 력사적인 기록의 자료뿐만아니라 그 실물까지도 남아있다.(이 부분에 대해서는 뒤의 4편을 참조할것이다.)

이와 같이 우리 나라에서 처음으로 발명사용한 금속활자는 그 제지술과 함께 일본, 중국은 물론이고 멀리 서구라파에까지 영향을 줌으로써 세계출판문화발전에서 선구자적인 역할을 훌륭히 수행하였다.

※ 이에 대하여 한가지만 례를 든다면 중국사람 장수민은 그의 저서에서 다음과 같이 썼다.

《조선은 인쇄력사상에서 특출한 성과를 이룩하였는바 그것은 최초로 대량적인 금속활자를 주조한데 있다. 이것은 조선의 근로인민이 세계문화에 기여한 위대한 공로이다.

… 조선은 다만 동활자만 세계에서 맨먼저 만들었을뿐이 아니다.

또한 연활자도 제일 먼저 발명사용하였는데 이것은 중국이나 구라파에 대비하여 훨씬 앞선다.

이는 실로 조선인민의 영예이며 자랑이다.》(《중국인쇄술의 발명과 그 영향》인민출판사, 1958년판, 115페지)

뿐만아니라 우리 나라 중세기 전기간에 걸쳐 발명사용한 **활자**가 그 종류가 많기로서도 세계에서 그 류례를 찾아보기 힘들다.

동활자를 비롯하여 목활자, 자활자, 포활자, 연활자, 철활자 등 무려 78종류에 달한다. 동활자, 연활자를 세계에서 가장 먼저 발명사용하였다는 점과 아울러 이렇듯 다종다양한 활자를 창안제작했다는 점에서도 우리 인민의 슬기로운 지혜와 비상한 창조적**노력**을 과시하고있으며 인류문화의 보물고를 풍부히 한것으로 하여 세계사적의의는 더 큰것이다.

제2장. 고려후반기 출판문화

제1절. 문예도서의 출판

1. 개인문집간행

　12세기 후반기에 전국적범위에서 전개된 농민폭동은 이 시기 고려봉건통치체제를 여지없이 뒤흔들어놓았으며 또한 무신집권이후 지방으로 은퇴한 문인학자들도 암암리에 무신통치배들의 전제를 반대하였다.
　1196년 리의민일파를 타도하고 봉건정부의 실권을 장악한 최충헌은 이 시기 문무간의 갈등을 완화시키기 위하여 그 대책의 하나로서 실시한것이 문인등용정책이였고 그의 대를 이은 최이 역시 이 시기 문인학자들을 광범히 포섭하는 동시에 국내의 사료들을 수집정리하여 이를 출판배포하는 사업을 적극적으로 추진시켰다.
　이와 함께 11～12세기에 비약적으로 발전한 서적출판과 그의 광범한 보급은 이 시기 민간학풍의 발전에 새로운 국면을 열어주었으며 또한 삼국이후 지배적사상으로 인정되여오던 불교를 반대하는 민간유학자들의 배불기풍은 점차 강화되여 유학사상을 기초로 하는 저술활동을 다양하게 전개하였다.
　이러한 제반 조건으로 말미암아 13세기이후 14세기까지의 서적출판에서는 문인학자들의 개인문집간행이 전례없는 대성황을 이루게 되였다.
　이런 개인문집은 대체로 시문과 론설을 위주로 하고있기때문에 다 문예서적에 속하며 문예서적이 이렇게 대량적으로 편찬간행된것은 출판문화력사에서 하나의 시대적특징으로 되였다.

1) 13세기에 간행된 개인문집

　김부식, 정지상의 뒤를 이어 이 시기에 대표적인 문필가로 활동한 사람들로서는 리인로를 비롯하여 림춘, 오덕전, 황보항, 조통, 리담지, 함훈 등 이른바 《해좌칠현》이 있었으며 또는 이들을 전후하여 백분화, 진화, 김극기, 리규보, 최자 등 당대에 이름난 작가들을 배출하였다.
　이들의 문집으로서 그 이름이 후세에 알려지고있는것은 다음과 같다.
　백분화의 시문집 2권인 《남양시집》과 해동기로회 성원들과 리인로의 저서들을 모아엮은 시문집인 《쌍명재집》, 리규보의 시문집 53권 14책인 《동국리상국집》, 최자의 시문집 10권인 《동산집》과 평론수필집 3권인 《보한집》, 리인로의 시문집 20권인 《은대집》과 평론수필집 3권인 《파한집》, 김극기의 시문집 135권인 《김거사집》, 림춘의 시문집 6권인 《서하선생집》, 김구의 시문집인 《지포집》들을 들수 있다.
　이 문집들중에서 강화도 천도(1232년) 이전에 선참으로 간행된 것은 《쌍명재집》과 《은대집》, 《김거사집》이다.
　《쌍명재집》은 편집자 리인로가 당시 최당, 최선, 장자목, 리준창, 백광, 고영중, 리세장, 현덕수, 조통 등 9명으로 구성된 이른바 《해동기로회》의 생활정형을 서술한 시, 산문들을 묶은 책으로서 최당의 친척 홍사윤에 의하여 간행되였다.
　홍사윤은 이 시기 대표적인 출판활동가이다.
　그는 홍왕사의 관리자로 임명되여 의천의 시기부터 설치된 교장도감의 출판시설을 통하여 많은 도서들을 간행하였다.
　의천의 시기에 설치된 교장도감은 이 시기에 이르러 교장당이라고 불렀는데 이 교장당에서는 《쌍명재집》뿐만아니라 리인로의 시문집인 《은대집》 20권도 홍사윤의 주간하에 목판으로 간행되였다.
　《쌍명재집》, 《은대집》이 간행될 당시 각지의 출판기관들이 련합하여 빠른 시일안에 간행한것은 《김거사집》 135권이다.

《김거사집》의 저자 김극기는 청년시기에 주로 농촌에서 창작활동을 한 전원시인이였고 말년에는 한림원에 등용되여 문필활동을 한 작가였다.

최이가 집권하여 우리 나라 고전저서들을 대규모적으로 수집출판할 당시에 그 첫째 대상으로 선정된것이 바로 이 《김거사집》이였다.

그 서문에는 사료수집 및 출판 정형에 대하여 다음과 같이 쓰고 있다.

《청하 최공 우(최이의 딴 이름-필자)는 인재를 몹시 애호하였다.

당세에 초야에 숨어있던 작가들이며 시골구석에서 파묻혀 이름없이 살던 인재들이 많이 등용되였다. …

또한 선대부터 문장으로 이름을 남겼으나 불우하게 살다가 죽은 학자들에 대해서는 비록 그 쪼각글, 마디말이더라도 죄다 수집하여 간행함으로써 이를 후세에 전하려고 하였다.

선생의 유고가 맨먼저 수집되여 고시, 률시, 사륙문, 잡문 등 모두 135권이였는데 선생이 평소에 손수 써놓은 초고였다.

여러 고을에 나누어주어 인쇄공들로 하여금 판에 새기게 한것은 속한 시일에 완성하기 위해서였다.》

이 서문을 쓴 유승단이 죽은 해가 1232년인만큼 《김거사집》이 간행된것은 물론 강화도로 수도를 옮기기 이전의 일이다.

《김거사집》은 그 책의 분량에서 고려시기는 물론이고 우리 나라 중세기 전기간을 통해서도 비교적 많은 축에 속하는 방대한 서적이므로 이를 간행함에 있어서는 각 지방의 출판기관까지 동원하지 않으면 안되였다.

《김거사집》의 목판은 그뒤 15세기까지도 일부가 교서관에 보관되여있었으나 지금은 《동문선》 및 기타 도서들에 수록된 시 300여수 외에는 전하는것이 없다.

《김거사집》을 간행한 이후 또하나 큰 의의를 가지는 출판은 《동국리상국집》의 간행이였다.

《동국리상국집》은 고려의 문호 리규보의 시문집으로서 저자가 죽은 해(1241년)에 그 아들 리함에 의하여 편집출판되였고 이를 다시 수정보충하여 1251년 대장경판각이 완료되던 해에 남해의 대장도감분사에서 재간하였다.

《동국리상국집》은 전집이 41권이고 후집이 12권, 모두 53권이다.

그 서문에서 《이름은 국외에까지 떨쳤고 문장은 우리 나라에서 독보이다.》라고 리수가 평가한바와 같이 저자의 필력도 우수하였거니와 그의 시문집중에는 당시의 통치배들의 비행과 인민을 억압착취하는 내용을 비판하는 긍정적인 작품들이 많으며 산문 또한 이 시기 력사와 문학, 출판문화에 관한 귀중한 자료들을 서술하고있는것이 적지 않다. 전자의 경우는 《군수 몇놈이 뢰물을 받다가 죄를 받았다는 말을 듣고》, 《농민을 대신하여 읊노라》를 비롯한 일련의 작품들을 그 례로 들수 있으며 후자의 경우는 《동명왕편》의 머리글과 주해 《300운시》에 인용된 《신라국기》 등이다.

《동국리상국집》은 이상과 같은 진보적인 측면이 있는 반면에 저자의 계급적 및 시대적 제약성으로 말미암아 유교사대주의와 봉건적인 충군사상, 불교관념론적인 견해를 나타낸 작품들도 적지 않게 들어있다.

물론 이 시기에 출판된 문예도서로는 이상의것에 국한되지 않는다.

백분화의 저작인 《남양시집》은 고종시기에 간행되여 그 목판이 해인사에 보관되여있었고 리인로의 서문이 붙은 림춘의 시문집인 《서하선생집》 6권도 당시에는 널리 보급되였었다.

《서하선생집》은 그뒤 청도군 운문사의 불탑속에 넣어두었던것이 17세기에 발견되였는데 성호 리익이 이에 대한 독후감을 쓴바가 있었다.*

＊《성호새설류선》 사회과학출판사, 1966년판, 434페지

우리 나라 문예서적에 대한 출판이 이 시기에 이렇게 활발히 전개됨과 동시에 일련의 외국의 문예서적들도 간행되였다.

례컨대 1236년에 송나라의 작가 소식의 문집간행이 그 대표적인 실례이다.

《동파문집》은 이미 상주에서 간행한 구판본이 있었던것이나 몽골침략자들에 의하여 판목이 소실된것을 당시 완산(전주)군수 최지가 재간을 시도하여 방대한 판각을 단시일에 완성하였던것이다.

2) 14세기에 간행된 개인문집

14세기에 이르러 개인문집의 편찬간행은 새로운 면모를 보이면서 발전하였다.

삼국이후 성행하던 불교가 점차 쇠퇴기에 들어서게 되자 이를 대신하여 등장한 유학연구학풍이 하나의 사회적조류로 되였다.

따라서 유학계렬에 속하는 문인들의 개인문집이 대량적으로 나왔다.

14세기에 편찬된 개인문집중에서 그 이름이 후세에 알려진것이 적지 않다. 그중 대표적인것만 들면 다음과 같다.

리승휴의 시문집인 《동안거사집》(1359년 진주에서 목판본으로 간행), 민지의 시문집인 《묵헌선생문집》, 최해의 시문집인 《농은집》, 《졸고천백》 2권(1351년에 진주에서 목판본으로 간행), 정포의 시문집인 《설곡집》(1376년 안동에서 목판으로 간행), 안축의 시문집인 《근재집》(아들 쌍청과 증손 별서와 현손 웅재의 유고를 첨부하여 1630년에 제주도에서 안경문이 간행), 안축의 시문집인 《관동와주》(1331년에 초간하고 1364년에 청주에서 정량생이 재간하였으며 1445년에 안숭선이 3간하였다.), 리곡의 시문집인 《가정집》(1364년에 20권으로 초간하고 1422년에 금산에서 재간하였으며 1635년에 대

구에서 20권으로 3간하였다.), 설손의 시문집인 《근사재일고》 (14세기에 진주에서 간행), 리제현의 시문집인 《익재란고》(1363년 에 초간하고 1431년 원주에서 재간하였으며 1600년에 경주에서 3간 하였다. 그리고 1693년 경주에서 4간하였다.) 등이다.

그리고 이외에도 리존오의 시문집인 《석탄집》 4권, 청추의 시 문집인 《원재집》, 리달충의 시문집인 《제정집》 4권, 리집의 시문 집인 《둔촌집》 4권, 정몽주의 시문집인 《포은집》 7권, 리숭인의 시문집인 《도은집》 5권, 리색의 시문집인 《목은집》 55권(15세기 초간하고 1626년 재간하였다.), 정총의 시문집인 《복재집》, 정도전 의 시문집인 《삼봉집》 14권을 들수 있다.

이상에서 보는것처럼 당시 시문집들이 그모두가 편찬즉시로 간행된것은 아니지만 해당 서문들에 의하면 대부분이 14세기중엽 내 지 그 말기에 출판된것들이며 《졸고천백》, 《동안거사집》, 《설곡집》 을 비롯하여 현재까지 판본이 전하는것들도 있다.

이 시문집의 현존판본들중에서 년대가 가장 오랜것은 《졸고천 백》 2권 2책이다.

《졸고천백》은 졸옹 최해의 산문문집으로서 1354년 8월에 진주 에서 목판으로 출판하였는데 그 2권책 끝에는 일곱줄로 된 간기가 새겨져있다.

이 《졸고천백》을 통해서 고려의 판본에 대한 몇가지 특징을 볼 수 있다.

우선 이 간기에는 《삼국사기》나 대장경판본들에서처럼 출판관 계자들의 직위와 이름을 구체적으로 기록하였을뿐만아니라 그 기록 방식에서 매개 인원들의 직위에 따라 왼쪽으로부터 오른쪽에로의 순 서를 취하였다.(중세기 고전서적들은 오른쪽에서부터 왼쪽으로 나가면서 쓰는것이 보편적인 현상이다.)

이 점은 주로 고려판본들에서 많이 보이는 특징의 하나이다.

《삼국사기》나 《제왕운기》의 간기에서처럼 최고책임자를 한가 운데줄에다 쓰고 량쪽옆으로 머리자를 한두자씩 낮추면서 직위순서 에 따라 쓴 례도 있기는 하지만 일반적으로는 왼쪽에서 시작하여 머리자를 낮추면서 쓰는것이였다.

바로 이 《졸고천백》의 간기가 그 전형적인 례이다.

이 간기를 보면 당시의 경상도 안렴사 곽충수, 진주목사 최룡생, 판각 리신걸 등의 주간하에 사록 김을진이 교감작업을 맡아보았으며 정련, 행명, 사원, 고청렬 등의 각수들이 목판을 새겼다는것이 알려져있다.

더우기 이 간기에 직접공정을 담당한 기술자들이 새겨져있는 사실은 특기할만한 자료일뿐더러 바로 이 각수들은 각자가 담당 조각한 판목마다에 자신의 이름자를 새겨놓았다.

총 2권 2책에 1, 2권이 각기 18장으로서 모두 36장이며 매 면이 9행이고 매 행은 19~20자 기준으로 필치와 조각기술이 극히 세련된 정간본이다.

판형은 광곽이 세로가 28cm, 가로가 16.5cm이며 책의 크기는 세로가 33cm, 가로가 20.5cm로서 고려시기의 문집판본중에서는 비교적 큰축에 속한다.

표지는 약간 붉은빛을 띤 누런종이에다가 련꽃무늬로 장식하였는데 고려시기 도서장정의 기술적정교성을 보여주는 귀중한 유산이다.

이 《졸고천백》의 판본에서는 다른 고려판본과도 마찬가지로 피휘(避諱—피하고 숨긴다는 뜻)의 규정에 의하여 쓴 감획자와 기타 반자, 속자 등이 다양하게 씌여져있다.

《졸고천백》의 편집체제는 저자의 작품들을 년대순으로 편성한것인데 1320년에 쓴 《해동후기로회서》를 필두로 하여 1339년에 쓴 《최어사 위대인 경팔십서》에 이르기까지 서문, 기문, 전기, 서한문 및 기타 총 41편의 다양한 저서가 수록되여있다.

그중에서 《해동후기로회서》, 《동인지문서》, 《김문정공묘지》 등은 이 시기 우리 나라 문예도서의 편찬정형을 보여주는 중요한 자료들이며 특히 그의 자서전과 같은 내용을 담은 《예산은자전》은 기타 작품들과 함께 《동문선》, 《고려사》 등에 거듭 인용되여 후세에 널리 알려지고있다. 그리하여 이 책은 우리 나라의 유구한 인쇄문

— 154 —

화의 력사를 고찰할수 있다는 점에서 가치있는 민족유산의 하나로 된다.

특히 《졸고천백》은 그뒤 일본에까지 수출되여 일본문예학자들의 필독문헌으로서 높은 존경을 받았는바 오늘도 그 원간본 한벌이 일본에서 전하고있다.

《동안거사문집》은 《제왕운기》를 편찬하여 그를 자기 생전에 간행한 리승휴의 문집으로서 그의 아들 연종에 의하여 편집되여 1359년에 목판으로 간행되였다.

판형에서 광곽의 세로는 19.5cm, 가로는 15cm이며 한면은 10행 18자 기준이다.

약간 흘려쓴 서체인데 고려왕의 이름자를 피하여 글자를 변경시켜 쓴것이나 백구 판심에 상, 중, 하의 검은 어미를 새긴것 등은 고려판본의 특징을 보여주고있다. 그러므로 이 책은 고려시기 출판인쇄문화의 면모를 생동하게 보여주고있는것으로 하여 일정한 가치를 가지고있다.

《설곡집》은 정포의 아들 정추가 편집한것인데 1376년에 안동부사 리방한의 위임에 의하여 승려 핑찬이 새겼다.

이는 2권(1권 19장, 2권 17장) 한책으로 매 면이 11행 19자이며 광곽이 세로는 18.5cm, 가로는 13cm이다.

백구 판심에 상하의 검은 어미가 새겨져있는바 《동안거사문집》에 대비하면 일정한 차이가 있으나 백구에 검은 어미라는 점에서 고려판본의 공통성을 보여주고있다.

이러한 문집류형의 출판물들은 그 대부분이 당시의 초간에만 그치지 않고 력대를 내려오면서 판을 거듭 새겼는바 안축의 《관동와주》, 리곡의 《가정집》, 리제현의 《익재란고》 등이 그 대표적인 실례들이다.

《관동와주》는 안축이 관동의 강릉도 존무사로 있던 1329~1330년간에 쓴 작품들을 수록한 문예도서인데 그가 개경으로 돌아온 이듬해에 친우 최해의 발문을 붙여 간행한것이 초간이였고 그뒤 1363년에 조카 정량생에 의하여 청주에서 재간되였고 다시 1445년에 현손 안숭선이 보충한 제3판을 간행하여 현재까지 전한다.

이처럼 판이 거듭되는 과정에 그 판형도 일정한 변천을 가져왔는바 현존 제3판의 판형은 광곽이 세로는 23.4cm, 가로는 16.3cm이며 매 면은 10행 20자인데 이는 리조시기에 가장 널리 보급되던 기준판이다.

그러나 고려시기에 일반적으로 류행되던 판형에 대비하면 광곽이 보다 커졌을뿐만아니라 행간도 고려시기의 기준판형으로 볼수 있는 《9행×18자》보다는 약간 늘어났다.

리곡의 《가정집》 20권은 그가 사망한지 13년 뒤인 1394년에 아들 리색과 금산군수였던 사위 박상충의 노력에 의하여 금산에서 초판이 간행되였으나 그 판목이 전란에 의하여 타버렸기때문에 1422년에 강원도 관찰사 류사눌에 의하여 강릉에서 다시 목판으로 간행되였다.

그러나 이 판목 역시 임진조국전쟁당시 불타없어졌기때문에 그 후손인 경상도 관찰사 리기조가 그 판본을 얻어 1635년에 대구에서 간행한바 있었고 또 1662년에 전주부윤 리태연이 20권의 전질을 발견하여 이를 전주에서 목각본으로 새겼다. 현존 20권의 《가정집》은 바로 리태연이 새긴 제4판을 대본으로 한것이다.

14세기에 간행된 시문집들중에서 가장 높이 평가되고있는것은 리제현의 《익재집》의 《익재란고》이다.

《익재집》은 《익재란고》(10권)와 《력옹패설》(4권), 《효행록》(1권)으로 이루어져있다.

리제현(1287~1367년)은 14세기 우리 나라가 도달한 문학의 높이를 국제적으로 과시한 이름있는 작가이다.

그는 악부, 사, 패설 등 다양한 문체를 발전시켰는데 이것으로 말미암아 우리 나라 문집의 문체는 더욱 다양하고 풍부하게 되였다.

뿐만아니라 이 책은 그 내용에 있어서 당시로서는 긍정적이고 진보적인 작품들을 수록하고있다.

례를 들면 저자가 중국의 여러 지방으로 래왕하면서 지은 시

《백구에서》를 비롯한 여러 작품들에는 원나라침략자들에 대한 고려 인민들의 반침략투쟁기세와 시인자신의 애국적감정이 표현되여있으며 《사리화》를 비롯한 악부시가들에는 당시 인민들의 사상감정과 지향, 생활세태가 예술적으로 잘 형상되여있다.

그리고 가혹한 수탈만을 일삼는 봉건통치자들에 대한 증오와 함께 비참한 인민생활에 대한 일정한 동정이 반영되여있는 작품들도 수록되여있다. 《전라도 안렴사로 가는 전록생을 바래우며》를 비롯한 일련의 작품들은 바로 그러한 대표적인것이다.

이 책은 이러한 특징과 내용을 담고있는것으로 하여 저자의 계급적처지와 시대적제제한성으로부터 오는 부족점들을 가지고있음에도 불구하고 문학사적가치를 가지고있다.

이 책의 출판관계를 보면 《익재란고》의 초간본은 저자의 생전인 1363년에 아들 리창로에 의하여 간행되였고 죽은 뒤에 더 보충되여 《습유》라는 표제로 1432년에 원주에서 재간되였다.

그리고 그뒤에 다시 경주에서 목판으로 새긴바 있었다.

그러나 이 목판들은 모두 임진조국전쟁때 소각되였으므로 1600년에 경주에서 부윤 리시발이 다시 새기게 하였다.

그러나 그 판목이 역시 마멸된 관계로 1693년에 경주부윤 허요수가 제5차로 목판을 새기도록 하였다.

그리하여 현재까지 각종 판형으로 출판된것까지 합치면 《익재란고》의 간행은 실로 10여차에 달한다. 우리 나라 개인시문집들중에서 가장 많이 간행된 책으로는 《익재집》의 《익재란고》를 첫째로 들어야 할것이다. 이 책은 이렇게 가장 많은 판을 거듭하면서 출판된 관계로 국내는 물론 일본, 중국에까지 널리 보급되였다.

이러한 시문집들의 대량적인 간행은 그 시기 우리 나라 문학발전 및 사회적학풍수립에 적지 않은 영향을 주었다.

이렇게 시문집으로 된 서적들이 이 시기에 와서 대량적으로 편찬간행되게 된것은 우리 나라 출판물력사에서 하나의 새로운 경향이라고 볼수 있다.

따라서 이런 시문집들이 그 어느것이나 례외없이 시대적 및 계급적 제한성을 가지고있었음에도 불구하고 그 시기 우리 나라 문학 발전 및 문인들의 집필활동을 고무하는데 일정한 기여를 하였다.

원래 시문집은 다만 순수한 문예작품만이 아니라 해당 저자가 쓴 각종 과학적인 론설들과 평론들, 미학사상과 철학적인 견해들도 수록하고있어 그 포괄된 내용으로 보아 일종의 총서류형이라고 말할수 있다.

특히 현재까지 남아있는 시문집으로서 그런 류형의 서적들은 이미 우에서 언급한 《동국리상국집》과 함께 《목은집》, 《삼봉집》을 대표적으로 들수 있다.

《목은집》과 《삼봉집》들에는 14세기 후반기의 출판문화를 반영한 각종 자료들과 정치, 경제, 력사, 문학에 관한 다양한 자료들이 수록되여있다.

《목은집》의 저자 리색은 바로 고려말기의 유교학문을 체계화한 대표적인 유학자인 동시에 이 시기 개인문집의 출판을 위하여 활동한 중심인물이였다. 그가 일생동안 선배들의 유고를 교열한것은 무려 수백권에 달하였을뿐아니라 그 출판과 관련되는 매개 시문집들의 서문 및 발문을 쓴것도 적지 않다.

리색의 개인문집인 《목은집》은 모두 55권으로서 그 대부분은 서문, 발문과 시와 편지이고 그밖에 론설문, 기행문 등으로 편찬되여있다.

《목은집》에는 당시 대토지소유자들의 토지독점과 그로부터 산생되는 여러가지 문란한 현상을 반대하는 글들이 실려있으며 농민들의 비참한 처지를 동정하는 글들도 수록되여있다.

또한 이 책에는 당시 지배적사상으로 되여있으면서 많은 피해를 끼치고있던 불교에 대하여 불철저하게나마 반대하는 글들도 실려있다.

그러나 이 책을 관통하고있는 사상은 봉건적인 륜리를 존중하는데 기본을 두고있으며 세계의 시원을 《천리》로 보는 주자학적인 객관적관념론으로 일관되여있다.

이 책에 담겨져있는 저자의 이러한 계급적 및 사상적 제약성은 이 책을 통하여 그후 학자들에게 주자학을 전파시키는 일정한 작용을 놀았다.

《삼봉집》은 고려말과 리조초에 걸쳐 활동한 봉건적인 개혁파 량반들의 사상리론적대변자이며 정치가인 정도전의 개인문집이다.

《삼봉집》에는 저자자신이 유교적립장에서 당시 그 누구보다도 불교를 철저히 배척한것으로 하여 배불사상과 그 리론으로 일관되여 있는것이 이 책의 특색을 이루고있다.

이 책에 수록되여있는 《불씨잡변》이나 《심기리편》 등은 바로 그러한 대표적론설들인바 이는 그 시기 철학사상발전을 연구하는데 중요한 자료들이다.

또한 이 책에 수록되여있는 《경제문감》이나 《조선경국전》은 고려말 리조초의 법제연구와 사회정치생활연구에 참고로 될 자료들을 폭넓게 반영하고있는것으로 하여 일정한 가치를 가지고있으며 그후에 하륜 등이 《경국대전》을 비롯한 리조봉건국가의 기본법전편찬에 적지 않은 영향을 주었다.

뿐만아니라 저자는 금속활자의 주조보급을 적극 주장하면서 서적포를 설치하게 되는것과 관련하여 그 서문에서 《대체로 선비들이 배우려는 마음이 있다 하더라도 책을 얻어보지 못하면 어떻게 할수 있는가?》고 한탄하면서 서적포를 설치하고 책을 인쇄함으로써 학문에 뜻있는자로 하여금 모두 책을 읽게 하자고 하였다.*

* 《증보문헌비고》 권242, 예문고

이것으로 보아 그가 출판사업에 깊은 관심을 돌리고있었다는것을 알수 있다.

《삼봉집》은 이상과 같은 긍정적인 측면이 있는 반면에 부족점도 가지고있다.

그것은 저자의 계급적 및 시대적 제한성으로 하여 이 문집의 전편에 봉건유교사상이 흐르고있는것이며 큰 나라에 대한 사대주의적폐도와 새로 출현한 리씨왕조를 가장 리상적인 제도로 신성화한 것이다.

이 시기 출판문화발전에서 이러한 문집류형의 전례는 그뒤 리왕조에 이어져 더욱 확대되였다.

2. 력대 작품선집의 출판

13~14세기에 들어와서 편찬간행된 서적으로 새로운 의의를 가지는것은 삼국이후 많은 문인들의 작품을 평가하고 일화를 수록한 평론수필집을 처음 만든것이며 다른 하나는 력대 문예작품들을 추려 엮은 작품선집이 출현한것이다.

전자의 례로는 《파한집》, 《보한집》을 들수 있고 후자의 례로는 《동국문감》, 《동인지문》, 《선수집》 등을 들수 있다.

리인로의 저작으로는 《쌍명재집》과 《은대집》이 있지만 그보다 더 의의를 가지는것은 《파한집》이다.

《파한집》은 우리 나라 출판물의 내용에서 새로운것으로 하여 의의를 가진다.

저자자신이 이 책을 내는 목적에 대하여 《최학사고운이 앞에서 창시하고 박참정, 인량이 뒤를 이었으며 유명한 학자들과 시쓰는 학승(중)들도 시를 공부하여 그 명성이 외국에까지 널리 알려진 사람이 대대로 많았다. 우리들이 이를 수록하여 뒤날에 전하지 않는다면 인멸되고말것이 아닌가?》라고 말한바와 같이 《파한집》에는 삼국이후 많은 문인들, 작품에 대한 평가와 기타 일화들을 수록하고있는것으로 하여 문예리론을 발전시키고 인민성이 있는 일화들을 수록한데 그 의의가 있으며 평론수필집을 단행본으로 우리 나라에서 처음 출판하였다는데서도 그 서지적가치가 있다.

《파한집》은 편찬후 인차 간행되지 못한채로 있다가 1260년에 경상도 기장에서 그의 아들 리세황의 노력에 의하여 《은대집》 속집 4권과 함께 간행되였다.

《보한집》은 그 이름을 《속파한집》이라고도 한바와 같이 이는 리인로의 《파한집》을 보충한 속집이다.

이것은 우리 나라 평론수필류형으로서 예술적산문발전의 새로운 단계를 보여주었을뿐만아니라 이 시기 문학이 도달한 모든 성과들을 리론적으로 총화함으로써 중세기 문학을 발전시키는데 중요한 기여를 하였다.

여기서 《보한집》 서문의 일부를 인용하면 다음과 같다.

《본조에서 문학을 숭상하였다.

문인재사들이 대대로 배출하여 문풍을 일변시켰다.…

이 시기에는 왕융, 조익, 서희, 김책 등이 재주로서 뛰여난 사람들이였다.

경종시기로부터 현종시기에 이르는 기간에는 리몽유, 류방헌이 산문대가로서 이름을 내였고 정배걸, 고응은 사부에 능하였으며 문헌공 최충이 사학을 일으켜 교육에 힘쓰니 이로부터 학풍을 일국에 떨치였다.

문종년간에 이르러서는 문화가 찬란히 빛났는데 당시에 총재 최유선은 정치가로서 저술도 우수하였으며 평장사 리정공, 최석과 참정문정 리령간, 정유산과 학사 김행경, 로탄 등이 어깨를 겯고 나아가니 나라 또한 편안하였다.

그뒤 박인량, 최사제…김부식, 리인로, 리규보, 김극기, 림춘 등 쟁쟁한 명사들이 대를 이어 속출하니 나라의 문화가 활짝 꽃피였고 시와 산문이 이에 이르러 전성기를 이루었다.

그러나 예로부터 현대에 이르기까지 수많은 명인들중에서 시문집이 전하는것은 다만 수십명에 불과할뿐 그 나머지의 우수한 작품들은 모두 인멸되여 찾을길이 없다.

학사 리인로가 약간 수집론평하여 저작을 내니 그것이 곧 〈파한집〉이다.

진양공이 그 내용이 풍부하지 못하다고 하여 나에게 속집을 낼 것을 부탁하므로 내자신이 기억을 더듬어 근체시 약간편을 모았을 뿐이다.

지어는 승려나 녀류들의 작품에 대해서도 그 한두가지 이야기거리로 될만한것은 그 시는 비록 놀라운것이 아니더라도 아울러 수록하였다.

모두 합쳐 세권인데 출판할 기회를 얻지 못하였더니 시중 상주국 최공이 그 아버지의 뜻을 이어 이를 간행할것을 요청하므로 삼가 정서하여드린다.〉*

* 《보한집》서문

최자가 《보한집》을 출판에 넘기면서 그 서문에 쓴바와 같이 10~13세기만 하여도 무려 80여명이나 되는 이름난 문필활동가들이 있었지만 그 문집들이 전하는것이란 아주 많지 못하였다.

바로 이 점을 안타깝게 여겨 당시까지 전하던 구전시구들과 시화(시에 대한 이야기), 일화들까지 수록한것이 《파한집》, 《보한집》이였던것이다.

《보한집》은 1254년에 간행하였다.

《동국문감》은 김태현이 편찬한것인데 그는 14세기초에 활동한 이름있는 학자인만큼 잘 편찬하였으리라고 추측되나 전하지 않아서 자세히 알수 없으며 그 간행여부도 명확치 않다.

《동인지문》의 편찬자 최해는 해당 시기 이름난 문필활동가였다. 당시 최해는 《동인지문》을 편찬하면서 그 의도와 경위를 다음과 같이 썼다.

《대대로 도덕과 의리를 귀중히 여기고… 인재가 날로 배출하여 창작된 문예작품들을 모두 높이 평가할만한것들이다.

그런데 풍속이 순박하여 집집마다 손으로 쓴 사본들은 많으나 판에 새겨 출판한것은 비교적 적으니 오래갈수록 유실될뿐이요, 널리 보급되지 못하였다.… 때문에 총서를 편찬할 필요성을 느끼게 되였다.…

우선 나의 서재에 있는 문집들에서 뽑아내고 내가 가지지 못한 것들은 널리 남의 책들을 빌려서 추려 모아 그 차이나는것들은 교감하였다.

신라 최고운으로부터 시작하여 충렬왕시기에까지 무릇 이름난 작가들의 저작을 널리 포괄하였다.

그중 시가 약간편인데 이는 오칠이라 하였고 산문이 약간편인데 이는 천백이라 하였으며 변려문이 약간편인데 이는 사륙이라 하였다.

이를 통털어 《동인지문》이라고 제목을 붙였다.

이 책은 원래 전쟁으로 불타고 남은것을 거두어엮은것이므로 감히 집대성한것이라고 말할수 없는것이지만 그러나 우리 나라 문예작품들의 체계를 보려면 이를 두고 달리 구할수는 없을것이다.》*

＊ 《동인지문》서문

바로 이와 같이 그는 외래침략자들의 만행에 대한 불타는 적개심과 더불어 타고 남은 고귀한 민족유산들을 다년간 수집발굴하여 그중에서 가장 우수한 작품들을 시, 산문, 사륙문별로 추려모아 25권의 력대 작품선집을 편찬하였다.

《동인지문》은 《동국문감》에 대비하면 분량상으로 적은 축이였으나 선발기준이 특히 정밀하여 리색은 다음과 같이 평가하였다.

《고금에 저술을 남긴 사람이 많지만 우리 나라 삼한이후로 홀로 쾌헌 문정공이 걸출하였고 그의 문인 계림 최졸옹이 다음이다. 수집한 분량이 많기로는 쾌헌을 꼽을수 있으나 그 선발의 정밀성에 있어서는 졸옹을 일컫는다.》

13세기의 《파한집》과 《보한집》은 그 이전시기의 문학유산들을 리론적으로 총화한것이라면 이 《동국문감》과 《동인지문》은 종전의 문학유산전반에 걸쳐 이를 자료적으로 총화한것인바 이러한 총서의 출현은 곧 그 이후시기의 문학발전을 크게 자극하였다.

《동국문감》에 대해서는 그 간행여부를 자세히 알수 없으나 《동인지문》만은 편찬자가 사망한지 15년만에 간행되였다.

현존 《동인지문》의 간기에는 1355년에 복주(지금의 안동)에서 당시의 안렴사 안승원과 권농사 최재의 주간하에 사륙 김군제의 교감을 거쳐 판판으로 간행되였다는것이 명기되여있다.

《동인지문》판본은 그뒤 전질이 전하지 못하나 현재까지 남아 있는 원간본의 3책의 권수와 장정형식은 다음과 같다.
제1책 《동문사륙》 4권 21장, 5권 26장, 6권 25장
백구 흑어미
광곽 : 26cm×17cm
제2책 《동문사륙》 7권 25장, 8권 27장, 9권 24장
흑구 백어미
광곽 : 27cm×17cm
제3책 《동문사륙》 10권 24장, 11권 24장, 12권 16장
백구 흑어미
광곽 : 24cm×16cm

1권은 대략 25장을 기준으로 엮었는데 이를테면 그 25권을 출판하기 위해서는 대체로 620여판의 판목이 들었던것이다.

《동인지문》의 판형은 매 면이 9행이고 글자수는 18~20여자로서 균일하지 못하며 또한 매 판의 광곽 역시 약간의 차이가 있고 판심의 새김형태도 다양하여 제1, 3책은 백구, 상하 흑어미에 책명과 장수를 양각으로 새겼다.

제2책은 흑구 백어미에 책명과 장수를 음각(오목새김)으로 새긴 다음 특히 장수의 수자아래에 등의 글자들을 역시 음각으로 새겼다.

그중에는 바로 최해의 산문문집인 《졸고천백》에 새겨져있는 각수(글자를 새기는 사람)의 이름자들과 같은 글자들이 있다.

《동인지문》보다 한해 앞서서 진주에서 새긴 《졸고천백》의 각수는 그 간기(간행한 기록)에 의하여 정연, 고청렬 등이였다는것은 이미 언급하였다.

《동인지문》의 각수 이름자와 같은 글자가 새겨져있는것은 《졸고천백》을 진주에서 새길 때에 참가한 그 각수들이 바로 이듬해에 안동에서 다시 《동인지문》을 새길 때 참가했다는것을 말한다.

우에서 보는바와 같이 이 시기 우리 나라 출판기술자들은 완전히 하나의 직업적전문가로 고정되여 각 지방으로 이동하면서 매 시

기에 제기되는 출판과제를 완수하기 위하여 복무하였던것임을 알수 있다.

《동인지문》 현존 3책은 실로 세계적으로 희귀한 고판본(옛 판각의 책)으로서 이에 사용된 종이는 류례없이 얇은 백지이고 다만 겉표지만은 극히 두터운 종이로 장정되였는데 이는 그 시기 제지기술의 다양성을 보여주는 희귀한 유물이다.

특히 이 책표지속에는 13세기판으로 인정되는 고려대장경인쇄지가 6매나 발견되였는데 이것 또한 고려대장경 원간본의 유물로서 그 의의는 자못 크다.

《선수집》은 14세기말의 작가 김구용이 편찬하였다.

김구용은 목은 리색이 말한바와 같이 우리 나라 수백권의 고전들을 수집하여 력사전고를 중심으로 하는 《주관륙익》을 편찬하는 한편 문예작품들을 추려 엮어 《선수집》이라는 작품선집을 편성하였다.

《선수집》은 그 제목자체가 말해주듯이 해당 시기까지 우리 나라 문예유산들중에서 가장 높이 평가되는 이른바 정수적인 작품들을 모은것이다.

이와 같이 작품선집들의 계속적인 편찬은 종전의 문학유산들을 종합정리하였다는 점에서만 의의가 있는것이 아니라 그 수많은 작품들을 분석평가하고 이를 분류선발하는 과정에 필연적으로 문예평론의 리론적발전을 가져왔다.

물론 이들의 작품선발기준은 그 편찬자자신의 계급적 및 미학적 제약성과 관련하여 작품에 반영된 인민성과 사상성을 중요시할 대신에 주로 수사적수법과 관련되는 형식적인 측면에만 치우친 결함들이 없지 않았다.

그러나 이와 같은 문화적축적은 끝 그뒤 15세기에 이르러 145권에 달하는 방대한 《동문선》이 편찬간행될수 있는 기초로 되였던것이다.

제2절. 력사, 어학 및 기술 도서의 출판

1. 력사도서

《삼국사기》가 간행된지 약 한세기가 지난 뒤 우리 나라 력사책들 중에서 또하나의 중요한 의의를 가지는 《삼국유사》가 편찬되였다.

《삼국유사》는 봉건정부의 지시에 의하여 편찬된 《삼국사기》와는 달리 학승 일연(1206~1289년)에 의하여 씌여진 개인저서이다.

저자 일연(본성명은 김견명)은 평민가정에서 출생하여 9살에 승려로 되였으나 불교경전뿐만아니라 각종 고전들을 널리 연구하였고 일생동안 1백여권의 저술을 남긴 문필가였다.

이에 대하여 비명에는 다음과 같이 쓰고있다.

《사(일연을 가리킴)의 저술에는 어록 2권, 〈계송잡지〉 3권 등이 있고 그가 편성한것으로는 〈중편조동오위〉 2권, 〈조도〉 2권, 〈대장수지록〉 2권, 〈제승법수〉 7권, 〈조정사원〉 39권, 〈선문점송〉 30권 등 100여권이 있어 세상에 보급되였다.》*

* 전각사 보각 국존 비명

일연의 많은 도서들중에서 오늘까지 전하는것은 오직 《삼국유사》뿐이며 이 책은 《삼국사기》와 함께 우리 나라에서 가장 오랜 력사책이다.

《삼국유사》는 모두 5권으로 편찬되였으며 그것은 왕력, 기이, 흥법, 탑상, 의해, 신주, 감통, 피은, 효선 등 9개 편으로 나누어서 서술하였다. 《삼국유사》는 그 이름이 말해주는바와 같이 기본적으로 삼국에 관한 사료를 대상으로 하여 서술하였지만 그 항목선정에서 구속을 비교적 덜 받는 립장이였던 사정으로 그 첫머리에는 고조선, 부여, 마한, 변한, 진한, 가락 등 삼국 이전시기의 사실들을 기록하고있음으로 하여 우리 나라 력사의 유구성을 밝히는데 일정하게 기여하고있다.

　뿐만아니라 《삼국유사》는 정사인 《삼국사기》가 대상으로 삼지 않고 남겨두었던 자료들을 추려모은 야사라는 사정과 또한 기이편의 머리말에서 보여주는바와 같이 그것이 력사적사실이라면 다 쓴다는 저자의 자료취급에서의 옳은 태도로 하여 단군의 건국일화를 첫 항목으로 해서 140개 항목에 걸쳐 《삼국사기》와 다른 서적에서는 볼수 없는 사실들을 서술하였다. 그리하여 우리 선조들의 경제, 문화, 사상 생활의 일단을 반영한 소박한 력사적사실들과 그리고 신화와 다양한 전설들이 풍부히 실려있어 우리 나라 고대, 중세사 연구에 귀중한 자료를 제공하고있다.

　또한 《삼국유사》에는 리두로 씌여진 14편의 향가와 수많은 우리 나라 지명의 연원을 밝힐수 있는 자료들과 고어연구에 도움이 될수 있는 여러가지 자료들이 많이 실려있어 우리 나라 문학사, 언어발달사, 력사지리 연구에 크게 기여하고있다.

　또한 《삼국유사》에서 인용하고있는 고전도서들은 《고기》, 《가락국기》 등을 비롯하여 무려 70여종이나 되는데 이 도서들은 대부분 오늘까지 전하지 않는것이므로 이 책의 자료적가치는 더욱 높이 평가되고있다.

　《삼국유사》는 이와 같이 사료적가치가 많은 책이지만 이 책에는 제한성도 적지 않다.

　이 책에서 제한성으로 먼저 들어야 할것은 저자가 불교승려였기때문에 이 책의 많은 부분이 불교에 관한 이러저러한 이야기로 엮어져있는 점이다. 이런 제한성으로 하여 저자가 오랜 옛날부터 내려오던 우리 나라의 사화, 전설들을 불교적으로 윤색, 외곡해 놓은것이 적지 않다. 또한 《삼국유사》는 집필자가 력사전문가가 아닌데로부터 초래한 부족점도 있다. 사료정리에서 년대가 틀리고 인용기사가 조잡하게 처리된데가 있다.

　또한 《삼국유사》에서 부족점의 하나는 삼국시기의 력사서술에서 사실과 맞지 않게 신라를 서술한것이다. 이 결함은 사료와 서적의 제약에서도 올수 있는것이지만 저자가 경주지방에서 나서자라 그 일대에서 생애의 대부분을 지냈으므로 그가 보고 듣는데서 일정한 제약을 받게 된데 기인된다고 본다.

이 책은 이와 같은 결함을 가지고있음에도 불구하고 우리 나라의 귀중한 민족고전의 하나이다.

이 책의 출판년대는 명확치 않으나 그 내용에서 고려충렬왕 신사년(1281년 저자가 76살 되던 해)의 기사가 있는것으로 미루어보아 곧 이해부터 저자가 사망한 해(1288년)까지의 기간으로 짐작된다.

그리고 맨처음 간행한 년대도 자세하지 않다.

18세기의 학자 안정복이 그 제사에서 《삼국유사》가 출판된지 거의 500년이 되였다고 추정한바와 같이 이 책이 집필된 직후에 사판 혹은 관판으로 간행되였을것이 틀림없지만 그 고판본은 전하는 것이 없고 오직 1512년 리계복이 《삼국사기》와 함께 경주에서 간행한 목판본이 가장 오랜것으로 남아있다.

《삼국유사》가 편찬되던 시기와 거의 같은해에 력사를 시가체로써 암송하기 쉽게 만든 책인 《제왕운기》가 나왔다.

이 책은 동안거사 리승휴(1224~1300년)가 쓴 책인데 상하 두권으로 나누어져있다.

상권은 7언시의 형식으로 중국력사를 서술하였는데 이것은 고대중국의 전설로 전해오는 반고로부터 녀진인이 세운 금나라에 이르는 시기의 34개 왕조의 력사를 군주를 중심으로 서술하였고 하권 고려편은 5언시의 형식으로 우리 나라 력사를 서술하였는데 특히 고조선과 고구려를 비롯한 삼국시기, 고려시기에 있은 사실들을 내용으로 하고있다. 여기서 단군에 대한 서술을 보면 단군이 통치하는 나라가 조선의 전부와 만주일대를 포괄하는 광범한 지역이라고 주석하고있다. 그러므로 이 책은 그 내용에서는 력사서적이지만 그 형식에서는 시가체로써 쓴 점에서 문예작품이라고도 볼수 있다. 저자자신이 《국사》에 의거하면서 기타 각종의 본기와 《수이전》의 기록들을 참고로 하였다고 서문에서 말하고있는바와 같이 《본기》, 《단군본기》, 《동명본기》 등 현존하지 않은 사료에 근거하여 서술하였으므로 《삼국사기》나 《삼국유사》에 못지 않는 사료적가치를 가지고있으며 특히 그 주석에는 다른 력사서적에서 볼수 없는 중요한 자료들을 인용하고있음으로 하여 고대사연구에 매우 귀중한 사료로 되고있다.

그러나 이 책은 저자자신의 계급적 및 사상적 제약성으로 하여 사대주의적표현들과 국왕을 미화분식한 결함들이 적지 않게 있다.

《제왕운기》는 탈고되자 지제고 윤보가 인차 출판할것을 진양군 서기 정소에게 부탁하였고 정소는 당시 진양목사로 있던 리원의 후제를 첨가하여 이를 1287년에 목판으로 새겼다.

저자의 생전에 판각된 이 책은 직접 그의 교정을 거치게 되였는데 저자는 이 초판의 오자에 대하여 정정하여줄것을 의뢰하였다. 이것은 당시 인쇄물의 교정과정을 보여주는 하나의 좋은 실례이다.

정소는 이 저자의 제기에 의하여 이미 새겨진 판목에다 정정을 가하기는 하였으나 그것이 목판이라는 사정과 관련하여 미처 정정하지 못한 부분도 있었다.

이 책은 초간후 약 37년을 지나서 안극인과 김희의 협력하에 경주에서 재간되였고 또 그뒤 57년만인 1417년에 경상도 관찰사 리지강과 경주부윤 리승간 등에 의하여 당시의 경주 유학 교수관 리지의 가장본을 대본으로 세번째 간행을 하였다.

1930년경에 경상북도 안동에서 《동안거사문집》과 함께 발견된 것이 바로 세번째 간행된 판본이다. 매 면이 9행 18자로 고려시기의 판형을 그대로 보존하고있으며 내용에서도 처음 간행한 판본에서 저자가 지적한 오자들이 정확하게 수정되였으나 다만 빠진 글자로 지적된 《지리기》 3자와 《전조선기》 4자만은 보충되지 못한채로 있다.

이는 곧 처음 간행한 판목을 정정할 당시에 오자만은 손쉽게 고칠수 있었으나 3~4자의 빠진 글자는 첨가한 행간적여유가 없었기때문에 그대로 두었던것이며 재간이나 3간본들은 불완전하게 정정한 초간본을 대본으로 삼은 까닭이라고 생각된다.

이와 같이 개인저작의 력사책이 출판됨과 함께 봉건정부에서 조직하던 실록 및 통사 류형의 편찬사업도 13세기이후부터 다시 활기를 띠기 시작하였다.

12세기말 무신집권시기에는 나라에서 정상적으로 기록보관하던 사초와 실록의 내용도 너무나 터무니없는 외곡과 함부로 만든것들이 많았다.

이에 대하여 《고려사》는 다음과 같은 사실을 전하고있다.

《어떤이가 중방에 제기하기를 《문극겸이 의종살해(무신들에 의하여 살해된 사실—필자)에 대한것을 실지대로 밝혔다. 국왕을 죽였다는것은 천하에 용납되지 못할 큰 역적이므로 마땅히 무관으로 이 사업을 겸임시켜 사실을 그대로 쓰지 못하도록 할것이다.》라고 하였다.…

왕은 무신들의 제기를 거역할수 없었으나 전례가 아닌것을 고려하여 이에 세보(당시 무관인데 종전에는 문관만이 력사편수관으로 될수 있었다.—필자)를 동수국사로 임명하였더니 세보는 제 마음대로 사전을 날조하여 사초를 꾸몄다.

이로 말미암아 의종실록은 자료가 루락되였거나 외곡된것이 많았다.》*

* 《고려사》 권100, 렬전13 최세보

이 자료에서 볼수 있는바와 같이 무신집권후에는 지어 력사편수관까지도 무관관료들이 독점하였으며 실록편찬사업도 《의종실록》처럼 외곡이 많았다.

그뒤 문인들이 등용되면서부터 이러한 사료를 수집정리하는 사업이 하나의 중요한 과제로 되게 되였다.

이리하여 1227년에는 감수국사 최보순, 수찬관 김량경, 임경숙, 유승단, 리규보, 권경중 등을 중심으로 한 실록편찬집단이 구성되여 《명종실록》을 편찬하였다.

1267년에는 감수국사 류경, 수찬관 김구, 허공 등이 신종, 희종, 강종 등의 3대실록을, 1277년에는 류경, 김구 및 원부 등이 《고종실록》을 편찬하였으며 1331년에는 《충경왕실록》을 편찬하였고 1346년에는 리제현, 안축, 리곡, 안진, 리인복 등 력사편찬집단이 편성되여 충렬, 충선, 충숙의 3대실록을 편찬하였다.*

* 《고려사》 권26, 원종8년 10월 임오, 권28, 충렬왕3년 5월 임인, 권36, 충혜왕1년 9월 병신, 권37, 충목왕2년 10월 경신

 이리하여 전후 약 한세기기간에 10대의 실록이 편찬되였는데 이 사업은 고려의 마지막 왕대의것까지도 진행하였다는것을 《리조실록》자료를 통하여 확증할수 있다.
 리조 《태조실록》 14권에는 리성계가 《이미 편찬된 공민왕으로부터 공양왕까지의 실록》을 보려고 하였다는 기록*이 있다. 이 기록은 적어도 리조의 태조 7년까지는 고려의 마지막왕인 공양왕의 실록이 편찬되였다는것을 알수 있게 한다.

* 《태조실록》 권14, 7년 6월 병진

 이렇게 편찬된 실록의 총 권수와 책수에 대해서는 알려져있지 않으나 고종이전의 실록권수만 하여도 185책이나 되였다*는 기록이 있는것으로 보아 전체의 책수가 방대한 량에 달하였으리라는것은 짐작하기 어렵지 않다.

* 《고려사》 권32, 충렬왕33년 11월 병술

 고려의 통치자들은 이렇게 실록을 편찬한 다음에는 그것을 보관하는 사업에 깊은 관심을 돌렸다.
 고려실록이 어느때부터 두벌을 편찬하였는가 하는것은 력사기록에서 아직 정확한 자료를 찾아볼수 없으나 이는 외사고제도(지방사고에 보관하는 제도)가 시작된 때로부터라고 추측된다.
 그리고 보관하는것은 외사고제도가 있었던 초기에는 직접 개경의 춘추관에 보관하였으나 외적의 침입이 잦아지고 국내에서 불의의 사변이 일어나 귀중한 문화재들이 많이 손실을 당하게 되자 실록보관문제가 점차 일정에 오르게 되여 외사고에 보관하는 제도가 나오게 되였다.

외사고제도가 어느때부터 시작되였는가 하는것은 자세히 알수 없으나 《고려사》에 의하면 《고종 14년(1227년) 9월에 〈명종실록〉을 편찬하여 한부는 사관(춘추관)에 비치하고 다른 한부는 해인사에 보관하였다.》*라고 하였다.

＊ 《고려사》 권22, 고종 14년 9월 경진

이 기록으로 미루어보아 이때는 실록을 두벌 만들어 춘추관과 함께 지방사고에 보관하는 제도가 실시되였다는것을 알수 있다.

개경에 보관하고있던 실록은 원나라 침략군이 들어왔을 때 춘추관이 불타게 된것과 관련하여 1275년에 림시로 대궐안의 불당고에 보관하여두었다가 1292년에 강화도 선원사에 옮겨갔으며 1312년에는 다시 개경으로 옮겨왔다.

그후 공민왕시기에 와서 홍두적의 침입으로 말미암아 개경에 있던 실록은 이리저리 흩어지고말았다.

그러나 합천 해인사에 보관되여있던 실록은 14세기중엽이후 왜적의 침입이 잦아지게 되자 그곳도 안전하지 못하다 하여 선산의 득익사로 옮겨갔으나 거기도 안전하지 못하여 충주의 개천사로 옮겼다가 죽산의 칠장사로 옮겨왔었다.

그러나 칠장사 역시 해변에서 가까운곳이므로 왜적의 침입이 우려되여 1390년에 다시 충주 개천사로 옮겨다두었다.

이렇게 많은 곡절을 겪으면서 간신히 보존되여오던 이 한벌의 《고려실록》은 리조초기에 서울 춘추관에 이관되여 《리조실록》과 함께 귀중히 보관되여오다가 1592년 임진조국전쟁때 불타버렸다.

또한 이러한 력사도서편찬과정에는 전대의 실록사료들을 종합 정리하여 하나의 왕조통사를 편찬하는 사업도 동시에 진행되였다.

1214년에 민지와 권부 등이 고려 태조이후 모든 사료의 내용을 요약정리하고 정가신이 개별적으로 편찬한 《춘추금경록》을 참고하여 《세대편년절요》를 제작하였다.

이는 호경왕으로부터 원종에 이르기까지의 력사적사실을 편년체로 엮은 7권의 책이였다.

민지는 계속하여 김관의의 편찬인 《본조편년강목》 42권을 1317년에 완성하였는데 이는 문덕왕으로부터 시작하여 고종시기까지의 력사를 강목체계로 서술한것이다.

그뒤 1346년에 이 《편년강목》은 리제현을 비롯한 실록편찬집단에 의하여 다시 수정보충되였으며 1284년경에 허홍, 한강 등이 저술한 《고금록》은 1357년에 이르러 리인복에 의하여 수정보충되였고 정가신의 저서인 《본조금경록》 역시 1371년에 리인복, 리색 등에 의하여 수정보충되였다.

뿐만아니라 일찌기 1284~1286년간에는 감수국사 원부, 오량우 등이 따로 간략화된 국사를 편찬하여 국외에까지 배포한 일이 있었고 1295년경에는 동수국사 임익과 수찬관 김병 등이 원나라의 사료를 정리하여 원사를 편찬하였다.

고려 전기간을 걸쳐 력대적으로 편찬된 이러한 많은 사료들은 그 보관관리에서도 중첩되는 난관들에 부닥쳤다.

왜냐하면 이 사료보관사업이 외래침략자들과의 치렬한 투쟁속에서 진행하게 되였기때문이였다. 이런 실정에서 고려정부는 그 사료의 일부는 강화도에 또 일부는 남해안 홍선도에 이관하여두었다.

그후 홍선도에 이관하였던 사료는 1269년에 다시 왜구의 침략을 념려하여 전라도 진도로 옮겼다. 1270년 강화도에서 륙지로 나온 이후 고려봉건국가는 중앙에 있던 사료들을 수집정리한바 있었다.

그뒤 1361년에 홍두군의 침습으로 말미암아 개경에 있던 많은 문화재들이 불에 탔으며 실록을 보관하고있던 사고 역시 파손되여 남아있는 자료는 단지 세궤짝 열상자에 불과하였다.

그러나 오직 합천 해인사에 보관되였던 실록을 비롯한 사료들만은 비교적 완비되여있었다. 따라서 이 해인사의 사료보관문제는 특별히 중요시되지 않을수 없었다.

이와 같이 간고한 환경에서도 끝까지 보전하여온 이 고려시기의 방대한 력사사료들은 그뒤 15세기에 서울로 이관되여 《고려사》를 편찬하기 위한 기본자료로 리용되였으며 그뒤 임진조국전쟁이전시기까지는 의연히 국가의 사고에 보관되고있었다.

　　이에 대하여 16세기 지봉 려수광은 다음과 같은 사실을 전하였다.

《내가 내한으로 있을 때 사료를 포쇄하기 위하여 지고의 여러 도서들을 열람하였는데 거기에는 고려시기의 비사들이 수다히 쌓여있었다.

〈해동금경록〉 1권은 바로 리제현이 편찬한것이였는데 미완성된 채로 있었으나 년대기록법은 불만한것이 많았다.

또 정총, 리첨들의 저작인 〈사고〉란것은 바로 가승사초였는데 사실 기록이 아주 상세하고 천재지변이나 당시의 정치관계에 대하여 숨김없이 지적하였으며 또는 그 책머리에 직접 집필자의 성명을 밝혔다.

그 기사수법들이 옛스러워 마음에 들었다.》*

＊《문헌비고》예문고

16세기까지도 전하던 이 사료들이 임진조국전쟁때 강도 왜적에 의하여 《고려실록》과 함께 불타없어지고말았다.

그러나 그 일부 자료들은 현존 《고려사》에 반영되여 뒤날까지 알려지고있다.

2. 어학도서

우리 나라에서의 어학의 발전도 상당히 오랜 력사를 가지고 있다.

특히 7세기이후 각종 경전에 대한 방대한 주소서적의 편찬과 우리 말을 적기 위한 다양한 리두식표기의 발전 및 각종 문자에 대한 문자학적연구 등은 우리 나라 어학발전을 자극하였다.

이리하여 12세기경부터 일연의 조사에 관한 견해(삼국유사원종 흥법), 최해의 한자음과 조선어음의 차이에 대한 규명(예산은자전),

리제현의 6서에 관한 견해(력옹패설서문) 등 일련의 언어학적리론이 발전하였을뿐아니라 특히 과거제도실시이후 작시법과 관련되는 음운학은 상당히 높은 수준에서 연구되였다.

음운학에 관한 서적들은 고려시기에 와서는 우리 나라 한자음운의 특수성을 고려하여 우리 나라 자체로 운서를 편찬하였다.

이에 대해서는 현재까지 전하는 《배자례부운략》 및 《삼운통고》의 례를 들수 있다.

《배자례부운략》이나 《삼운통고》는 모두 한자를 음운별로 분류편찬한 일종의 자전인데 이는 운문을 짓기 위한 참고서로 사용된것이며 그 례부라는 제목자체가 말해주는바와 같이 특히 과거시험용으로 필요했던 책이다.

《배자례부운략》은 그 간기에 의하여 1300년에 간행되였다는것이 알려져있으나 《삼운통고》는 편찬 및 간행 년대가 자세하지 않다.

그러나 우리 나라에서 가장 먼저 편찬된 운서는 《삼운통고》라고 한 《홍재전서》의 자료나 또는 이 책이 일찌기 일본에까지 전파된 사실들로 보아 간행된것도 《배자례부운략》의 간행을 전후하여 된것이라고 짐작된다.

본래 한자음운은 평, 상, 거, 입의 사성으로 구분되지만 우리 나라에서 과거시험에 응시하기 위한 과시를 지으면서 입성만은 운자로 적용하지 않았다.

그렇기때문에 중국과는 달리 평, 상, 거의 《삼운》만은 3단으로 배렬하고 입성은 뒤에다가 참고로 첨부한것이 곧 이 《삼운통고》의 편찬체제이다.

이런 체제로 편찬된 운서는 우리 나라에만 있었다.

이와 같이 독자적인 특징을 가진 이 《삼운통고》의 보급은 그뒤 우리 나라 운서편찬에 많은 영향을 주었다.

리조시기에 저술된 《삼운성고》, 《삼운성휘》, 《화동정음통석운고》 등이 모두 이 《삼운통고》의 체제를 계승한것이였다.

그러나 이 시기 어학부문서적으로 가장 많이 편찬된것은 외국어학습과 관련되는 교육도서였다.

나라의 대외적관계가 그 어느때보다도 활발하던 고려시기는
특히 외국어에 대한 연구 및 그와 관련되는 도서보급에서 새로운
전진을 가져왔다.

이는 이 시기에 한어, 몽골어, 녀진어, 일본어 등 각종 외국어
에 대한 학습을 강화한 국가적대책과 관련되여있다.

1276년 고려는 외국어학습을 위한 전문기관으로서 통문관을
설치하고 궁중안의 학관 즉 비서성, 사관, 한림원, 보문각, 어서
각, 동문원, 식목도감, 영송도감 등 9개 기관에서 대외활동에 참가
하는자들에게 나이 40세까지 모두 한어를 학습시키게 하였다.

뿐만아니라 그뒤에는 사역원을 설치하여 통역관계를 맡아보게
하였고 종전부터 있던 한문도감을 1391년에는 한어도감이라고 부르
면서 한어를 전공하는 교수관을 배치하였다.

한편 고려에서는 특히 13세기이후 몽골어에 조예가 깊은 외국
어전문가들도 많이 있었다.

그중 역어도감으로 있던 정자전과 조인규 등이 그 대표적인 인
물로서 이 시기 외교문서와 통역을 담당하였다.

《고려사》에 의하면 몽골은 원래 위글문자를 쓰다가 팔사파시기
에 처음으로 문자를 만들어썼기때문에 몽골과의 국교관계를 설정한
초기에는 위글문자를 썼으나 그뒤에는 새로 만들어진 몽골문자도
사용하였다고 한다. 또한 1225년에는 동진사람 주한을 개경에 머물
게 하고 소자를 전수하게 하였는데 이로부터 소자 즉 녀진문자에
대한 연구도 진행하였다.*

* 《고려사》 권22, 고종 12년 6월 신묘

이러한데로부터 이 시기 한어를 비롯한 외국어관계 도서들이
적지 않게 보급되였다.

그중에서 오늘까지 남아있는것으로는 《박통사》와 《로걸대》를
들게 된다.

《박통사》와 《로걸대》는 당시의 중국어를 구두어문체로 쓴 책으
로서 그 저술년대는 구체적으로 밝혀져있지 않지만 《로걸대》의 내

용에서 《나는 고려 서울에서 왔다.》라고 한 구절이나 《박통사》의 내용에서 《우리 나라 태조의 성은 왕이요, 이름은 전이다.》라고 한 구절들을 보아 이것은 고려사람들의 손에서 씌여진것임을 의심할 여지가 없다.

대체로 통문관설치시기인 13세기말경이나 아니면 14세기초에 저술된것으로 추정된다.

이는 우리 나라 사람들에 의하여 씌여진 외국어도서들중에서 가장 오랜 도서이며 리조시기에 이르기까지 7, 8회나 거듭 출판한 비교적 널리 보급된 책이다.

13~14세기에 있어서 이와 같은 다양한 어학서적의 보급은 끝 15세기에 이르러 우리 나라의 어학발전의 류례없는 개화기를 열어 놓게 하였다.

3. 기술도서

13~14세기의 출판물중에서 량적으로 비록 많지 못했지만 직접 사회발전에 기여를 한것은 의학, 농학 및 기타 과학기술에 관한 도서들이다.

우리 나라 중세기 전기간을 걸쳐 의약학에 관한 도서의 간행은 언제나 중요시되였다.

일찌기 《본초》, 《천금》, 《두문》, 《성혜》 등 각종 의약서적들이 출판된 일도 있었지만 특히 12세기이후에 와서는 국내산약재에 관한 연구성과와 민간료법에 의한 림상경험에 기초하여 많은 새로운 의약학도서들이 편찬간행되였다.

13세기 최종준이 편찬한 《신집어의촬요방》은 저자가 궁내의 다방에서 다년간 모은 경험방들을 2권으로 나누어 정리하고 다시 기타 중요한 비방들을 첨부한 의학서적이였는데 이는 1226년에 평양에서 관판으로 간행되였다.*

* 《동국리상국집》 3권, 21

　이와 같이 지방출판기관을 통해서 판판으로 의서간행이 진행되였을뿐아니라 사원출판기관에서도 의서간행은 도외시되지 않았다.
　이 시기 《팔만대장경》을 간행하기 위하여 설치된 대장도감에서 《향약구급방》 3권을 출판한것은 그 실례의 하나이다. 《향약구급방》은 이름 그대로 우리 나라에서 생산되는 약재를 기본대상으로 한 것인데 이 책은 초간후에 다시 재간이 요구되여 1417년에는 의흥군 군수 최자하가 당시의 강사 리지강과 합의하여 3개월만에 출판한 일이 있었다.
　특히 이 책에는 240여종의 약초이름이 리두식표기로 되여있으므로 당시의 언어연구에도 귀중한 자료로 된다.
　이러한 향약 및 민간료법에 대한 연구경험에 의하여 그뒤 드디여 30권에 달하는 《향약제생집성방》이 편찬되게 되였다.
　《향약제생집성방》은 당시 김희선이 각 도 의학원에 교수관들을 파견하여 해당 지역에서 쓰이는 약방문과 약초들을 실험해서 보게 한 다음 그 처방들의 정확성을 기하기 위하여 중앙에 있는 약국의 의원들까지 동원하여 다시 검토하였다.
　그리하여 주로 우리 나라에서 쓰이던 독자적인 의약경험들을 수집하여 부문별로 나누어 의학총서를 편찬하였다.
　특히 이 책에는 부록으로 우마의 방이 첨가되였기때문에 수의학 도서로서도 가치가 있었다.. 이 책은 저자 김희선에 의하여 1398년에 판각을 시작하여 그이듬해 완성하였다.
　이외에도 향약의 약방집으로서는 《향약혜민경험방》, 《향약고방》 등이 간행되였다.
　이런 의학서적들은 조선약재연구에 기초하여 이루어진 처방집들이다. 그러므로 조선적인 의학과 약물학의 발전과정을 보여주고 있는 좋은 자료이다.
　그러나 이 책들이 현재까지 전하는것은 없고 오직 1417년판의 《향약구급방》만이 전해지고있다. 이것은 향약연구에서 매우 귀중한 책이다.

이 시기 간행된 농업관계도서로서는 14세기에 출판된 농산집요를 먼저 들수 있다.

《농산집요》는 모두 7권으로 1273년에 편찬한 서적이였는데 전훈, 경간, 파종, 재상, 양잠, 과채, 과실, 죽목, 약초, 자축 10개 부문으로 나누어져있어 농업, 양잠, 목축을 발전시키는데 필요한 서적이였다.

이 서적은 일찌기 14세기 출판활동가로 알려진 행촌 리암이 그의 사위인 우확에게 출판을 부탁한데 의하여 당시의 합천군수 강시와 우확이 이를 함께 간행하였던것이다.*

* 《동문선》 농산집요 서문

특히 강시는 이 책들을 간행하면서 원본의 글자들이 너무 크고 책의 분량이 방대하여 도서보급에 불편한 점이 있는것을 고려하여 다시 이를 잔 글씨로 고쳐 써서 세서본으로 간행하였는데 이는 이 시기 출판기술이 상당한 정밀성을 보장하고있었다는것을 의미한다.

이러한 농학도서들의 보급은 이 시기 수차사용법을 해설하면서 이를 적극적으로 보급시켜 도움이 되게 할것을 주장한 백문보의 건의서와 함께 이 시기 농업발전에 많은 기여를 하였다.

다음으로 최무선에 의하여 편찬된 화약제조술에 관한 책들은 이 시기 저술된 기술도서들중에서 특히 중요한 의의를 가진다.

삼국시기부터 련단술이 발전되였고 12세기 몽골침략군을 격퇴할 당시에 이미 화약과 화약무기를 알고있었다는것이 《고려사》에는 기록되여있으나 그 화약제조술이 국내에 널리 보급되지는 못하였다.

14세기중엽에 와서 최무선은 바로 이 시기 남해안일대에서 계속 준동하는 왜구를 섬멸하기 위해서는 무엇보다도 화약무기가 필요하다는것을 확인하였다.

그리하여 최무선은 자기 집에다 각종 기술적설비를 갖추어놓고 수명의 기술자들과 함께 화약제조술을 련마하는 한편 1377년에는 정부에 건의하여 화통도감을 설치케 하고 화약 및 화약무기를 대량적으로 생산하였다.

이 염초를 실지 만드는데 참가한 사람은 당시 사회의 최하층으로 가장 천대받던 노비들이였다.

이 사실은 최무선이 가동(집에서 부리는 종) 몇사람으로 하여금 이 기술을 배우게 하여 그 시험제작에 성공하였다고 한 《고려사》 133권의 기록에서 확증된다.

서구라파에서도 화약제조술이 알려진것은 14세기중엽이였다.

그러나 최무선과 그의 가동들이 제작사용한 화약제품과 무기에 비하면 따르지 못하는것이였다.

이와 같이 화약제조기술발전에 크게 공헌한 최무선은 그자신이 소유한 고귀한 기술적경험에 기초하여 화약 및 화약무기 제조에 관한 기술도서 한책을 집필하였다.

이 책은 그뒤 널리 출판보급되지 못하였으나 바로 그 아들 최해산에 의하여 15세기의 화약생산을 보다 더 발전시켰던것이다.

우리 나라 군사학에 관한 서적은 이미 그전부터 있었다.

신라때에 대사무오가 편찬하였다는 《무오병법》 15권과 《화령도》라는것이 있었는데 고려시기에 와서는 《김해병서》라는것이 있어서 1036년에는 북로 병마사의 제의에 의하여 이를 각처의 국경요새지에 배포한바 있었다. 하지만 이 시기 최무선이 저술한 기술책과 같은것은 일찌기 없었다.

천문력서의 편찬에서도 종전에는 일반적으로 《선명력법》을 참고로 하였으나 1281년 이후에는 수시력의 계산법을 도입하여 이 두 력법의 우점들을 종합하면서 우리 나라 실정에 맞게 수정편찬하여 국내에 배포하였다.

또 12세기 오윤부는 스스로 천문도를 작성하여 정부에 바친 일이 있었는데 이는 당시 일관들의 참고로 되였다.

그후 1366년에 봉선사에도 천문도가 비치되고있었다는 《고려사》의 기록으로 보아 이 시기 각종 천문도들이 광범히 류포됨을 말해준다.

천문도와 함께 지도의 작성에서도 일정한 발전이 있었다.

14세기의 기술자 라흥유는 우리 나라 지도뿐만아니라 동방 여러 나라의 지도까지 작성하고 여기에 고금력사의 변천과정까지 기입하였다*고 하였으니 이는 곧 우리 나라와 동방 여러 나라에 한한 력사지도의 성격을 가진것이였다.

＊《고려사》권114, 렬전27 라흥유

4. 저화의 간행

13～14세기의 출판문화중에서 또하나의 새로운 형식으로 출판된것은 저화의 인쇄이다.

고려는 996년에 쇠돈을 주조한 이후 《삼한통보》,《동국통보》,《동국중보》,《해동통보》,《해동중보》 등 각종 글자를 새긴 금속화폐를 사용하였고 또한 고려의 지형을 본따서 만든 속칭 활구라는 은병을 화폐로 통용한 례도 있었으나 이러한 화폐사용과정에는 드디여 새형의 화폐인 저화가 출현하게 되였던것이다.

저화를 처음으로 인쇄한 년대는 사료의 인멸로 말미암아 확인할 수 없으나 《고려사》 충렬왕 10년조에는 원나라와의 거래에서 저폐 1,800여점을 리용하였다는 기록이 있다.

여기서 말하는 저폐란 바로 저화인것이다.

이 1,800여점이나 되는 저폐는 일찍부터 고려에서 간행류통하던 저화이다.

이 시기 화폐로서는 저폐와 금속화폐와 함께 추포(굵은삼베)가 적지 않게 사용되고있었다. 그러나 추포는 저화에 비하여 실용가치가 없었다. 때문에 1391년 3월에는 중랑장으로 있던 방사량이 다음과 같이 정부에 건의한바 있었다.

《본조에서 추포를 사용하는 전례는 경주 등지의 몇몇 지방에서부터 시작된것인데 이 추포는 10년도 못가서 못쓰게 되여버립니다. … 바라건대 부서를 설치하여 쇠돈을 만들고 겸하여 저화를 마

련하여 화페로 사용하도록 할것이며 추포사용은 일체 금지할것입니다.〉

이리하여 고려정부는 저화를 대량적으로 간행하는 한편 동년 7월에는 홍복도감을 자섬저화고로 개편하였는데 〈자섬저화고〉란 곧 저화를 찍어 보관하는 기관이였다.

그러나 이러한 저화의 간행은 한때 화페람발의 물의를 일으키게 되여 당시의 시중 심덕부는 저화간행을 페지할데 대하여 제의한바 있었다.

그는 말하기를 〈자섬저화고를 페지하고 이미 인쇄한 지페들을 도로 회수하여 종이로 만들것이며 그 인판도 태워없애도록 할것입니다.〉*라고 하였다.

* 《고려사》 권79, 지33 식화2 화페 공양왕 4년 4월

이 자료에 의하여 고려시기에 저화를 인쇄하던 인판은 곧 불에 태워버릴수 있는 목판이였다는것은 짐작할수 있으나 그 판형과 인문의 내용만은 뒤날까지 전하지 않는다.

제3절. 《팔만대장경》의 판각과 인쇄문화사적의의

1. 신조판 《팔만대장경》의 판각

위대한 수령 **김일성**동지께서는 다음과 같이 교시하시였다.

《〈팔만대장경〉과 목판활자는 우리 나라 인쇄기술의 발전면모를 보여주는 귀중한 국보입니다. 물론 〈팔만대장경〉은 불교를 설교하기 위한 책입니다. 그러나 선조들이 벌써 수백년전에 목판활자를 8만여매나 만들어 수천권에 달하는 방대한 대장경을 훌륭히 출판하였다는 그자체가 우리 나라와 민족의 큰 자랑입니다. 세계에서 처

음으로 금속활자를 발명한것도 우리 조선민족입니다. 우리 민족은 유구한 력사와 찬란한 문화전통을 가진 슬기로운 인민입니다.》(《김일성저작집》 5권, 282페지)

우리 나라 목판활자인쇄에서 하나의 큰 자랑일뿐만아니라 세계출판문화보물고에 일대 기여로 되는 대장경간행사업은 고려시기 전기간에 걸쳐 계속되였다.

이미 언급한바와 같이 11세기 전반기부터 후반기까지 초조판 대장경의 판각을 완수하였고 11세기말에 의천이 속장경을 판각한바 있었으나 1232년에 몽골침략자들에 의하여 경상도 부인사에 간직하여두었던 대장경의 판목들이 불타버리였다.

이로 말미암아 우리 인민의 창조적인 지혜와 노력의 대가로 이루어져서 근 200년간이나 보존되여오던 세계적인 의의를 가지는 문화재가 하루아침에 재가 되고말았다.

이렇게 되자 고려봉건정부는 1236년부터 16년간에 걸쳐 다시금 대장경판목을 새기는 사업을 진행하였는데 이것이 두번째로 판각한 《팔만대장경》이며 이 판목이 바로 오늘까지 전해지고있는것이다.

※ 이때에 판각한 대장경을 《팔만대장경》이라고 한 리유에 대해서는 여러가지 설이 있으나 그 목판매수가 8만여매라는데로부터 《팔만대장경》이라고 불리워온것이다. 력사기록에 의하면 17세기의 책인 《청허당집》, 18세기의 책인 《택리지》에서 해인사에 보관된 대장경판목을 《팔만대장경》이라고 한바 있다.

이것으로 보아 그 이전부터 우리 나라에서는 해인사에 보관되여있는 대장경을 보통 《팔만대장경》이라고 부른것 같다.

이 시기 고려인민들은 몽골침략자들의 야만적인 침략에 항거하여 일신의 목숨을 돌보지 않고 전국각처에서 치렬한 전투를 벌리면서도 한편으로는 전화의 피해를 복구하는 사업을 동시에 진행하였다.

이 시기 고려봉건통치자들은 인민들의 이 투쟁기세에 편승하여 수도를 강화도로 옮기고 몽골침략자들과 장기전을 계획하면서 수없이 파괴된 문화재들중에서도 불타없어진 대장경을 다시 판각하는 사업에 선차적인 관심을 돌리였다.

고려봉건통치자들이 대장경판각에 선차적인 관심을 돌린것은 다음과 같은 몇가지 리유에서였다.

그것은 첫째로, 1차 판각때와 같이 《부처의 힘》을 빌어 몽골침략군을 물리치려는 허황한 관념론에서 나온것이며 둘째로, 불교총서인 대장경을 다시 판각하여 나라의 《주교》로 떠받들어오던 불교를 중단함이 없이 계속 전파장려하려는 정치적목적에서였으며 셋째로, 자기 나라의 귀중한 문화재를 파괴한 몽골침략자들에 대한 증오감과 자기 나라의 문화 유산과 유물을 애호하는 우리 인민들의 전통적인 애국심에 의하여 이런 전란중에서도 온갖 고난을 무릅쓰면서 기어이 완수하려고 한데서 나온것이다.

대장경판각의 이러한 목적은 당시 사람인 리규보가 지은 《대장경을 새기면서 군신들이 결의한 글》에서 명백히 알수 있다.

《심하다. 몽골군의 침략적해독이여 그 잔인포악한 본성은 이루다 말할나위 없구나.

그 어리석고 몽매함이 짐승보다 심하거니 놈들이 어찌 천하사람들이 귀중히 여기는 유물을 안단 말인가.…

아, 세월을 두고 이룩하여놓은 공적이 하루아침에 재로 되고 말았으며 국가의 귀중한 보물이 훼손되고말았다. … 이것을 어찌 참을수 있단 말인가.

이만저만 되는대로 맡겨두어 이렇게 귀중한 국보를 복구하지 않아서는 안될 일이다.

어찌 공사가 거창하고 사업이 힘들다고 하여 판목을 다시 새기는 일을 그만둘수 있겠는가!…

…대장경도 하나이고 목판도 같은 목판인데 어찌 현종때의 거란군만 물러가고 지금의 몽골군은 물러가지 않겠는가.… 부처의 신통한 힘을 빌어 미욱한 몽골군들로 하여금 자취를 감추게 함으로써 그들이 다시는 우리 국토를 밟지 못하여 안팎이 편안케 하여주기를 바란다.》*

※ 《동국리상국집》 권25, 《대장경판을 새기면서 군신들이 결의하는 글》

이리하여 고려봉건정부는 1237년에 강화도 선원사에 대장도감을 설치하고 당시의 집권자인 최이로 하여금 온갖 힘을 다하여 이 사업을 적극 추진하게 하였다.

최이의 사망후에는 그의 대를 이은 최항이 계속하여 이 방대한 판각사업을 종결지었다.

뿐만아니라 당시 남해도에 은퇴하여있던 최이의 인척인 정안도 경비를 마련하여 대장도감의 분사를 남해도에 설치하고 수많은 인쇄기술자들을 집결하여 경판판각사업을 나누어 진행하였다.※

※ 《고려사》 권100, 렬전13 정세유

봉건정부가 강화도와 남해도를 대장경판각의 기지로 선택한것은 첫째로, 몽골침략자들이 해전에 익숙하지 못한 점을 고려하여 침략의 마수가 덜 미칠수 있다고 타산한 관계이며 둘째로, 이 지역은 그때까지 전화의 피해를 덜 입었으므로 판각공사에 소용되는 식량과 경비를 쉽게 수탈할수 있다고 본때문이며 셋째로, 판각용 목재와 물자와 인원을 바다를 통해서 수송하는것이 유리하다고 본데서였다.

이리하여 《팔만대장경》 판각공사는 강화도와 남해도에서 1236년부터 시작하여 1251년까지 16년동안에 완공되였는데 1,539종이고 총권수는 6,793권이며 그 판목수는 8만여매에 달하는 방대한 량이다.※

※ 묘향산 대웅전 소장의 《팔만대장경》 조사자료

1914년에 합천 해인사 경판고(대장경판목을 둔 서고)실사자료에 의하면 이 당시 판목수는 모두 8만 1,240매(그중 121매는 같은 판의 중복)였다고 한다.

이것을 천자문순서로 된 653함에 담아 고려 전기간에는 강화도 선원사에 보관하였었고 리조봉건정부가 수립된후 1398년에 경상남도 합천군 가야산 해인사로 옮겨놓았다.

이것이 바로 제2차로 완성한 《팔만대장경》이다.

그런데 이 시기로 말하면 강화도만 하여도 활판인쇄시설이 《상정례문》 50권을 찍을 정도로 상당히 갖추어져있었고 이미 그 이전 시기부터 발전하던 활판인쇄기술도 널리 보급된 시기였음에도 불구하고 어째서 《팔만대장경》과 같은 방대한 책을 오직 목판판각의 방법으로 출판하려고 하였는가?

그것은 다음과 같은 사정에 기인한것이라고 본다.

첫째로, 목판에 새긴 경판자체를 나라의 문화를 상징하는 《귀중한 보물》로, 전쟁의 승리와 나라의 안전을 담보하는 《법보》로, 불교의 우상물과 같은 신앙의 대상으로 보는 종교적인 관념에서 나온것이다.

그렇기때문에 전화에 경판이 소실된것을 다른 어떤 문화재가 없어진것보다 큰 변고로 여기였으며 이런 관점으로부터 출발하여 봉건통치자들과 승려들은 전란중임에도 불구하고 인민들을 강제로 동원하여 불타없어진 종전의 경판을 다시 판목에 새기게 하였던것이다.

종교적관념이 이렇게 깊었기때문에 지어는 종전에 금속활자로 간행하였던 《남명천화상송증도가》와 같은것도 이때에 와서는 다시 목판에 새겨 판목으로서 완비된 사실이라든가 또는 15세기처럼 활판인쇄가 완전히 지배적인 형태로 보편화되고 발전하였을 때에도 간경도감에서 간행한 불교경전만은 의연히 목판판각을 위주로 한 사실들이 이를 실증하여준다.

둘째로, 목판은 일단 새겨놓으면 임의의 시간에 다시 인쇄할수 있는 유리한 점이 있었던 사정과 관련된다.

목판판각은 판각당시에는 많은 노력과 자재가 소비되지만 일단 목판이 완성된 다음에는 인쇄종이의 보장형편에 따라 수시로 찍어낼수 있으므로 빈번히 조판과 해판 공정을 걸쳐야 하는 활판인쇄보다는 유리한 점이 있다.

이런 목판인쇄의 유리성으로 하여 사실상 우리 나라 중세기 출판조직에서는 목판판각이 의연히 활판인쇄와 오래동안 병행하게 되였던것이다.

이렇게 경판이 판각된후 13세기 후반기부터 14세기말까지 때때로 제기되는데 따라 부분적인 경전 또는 전질로 출판하는 사업이 여러차례 진행되였다.

그리고 국가적으로뿐만아니라 각지 사원들에서도 강화도에 와서 인쇄하여간 사실을 전하고있다.

1310년대에 경상도 진양군 반성 령봉산 룡암사에서는 이미 비치되였던 대장경의 결질을 보충하기 위하여 출판사업을 진행하였다는 기사가 《동문선》의 령봉산 룡암사 중창기에 나오고있으며 또한 려흥군 신륵사 대장각기에는 1380년간의 대장경출판정형에 대하여 다음과 같이 전하고있다.

《무급, 수봉 두 승려가 그 제자 종유와 함께 경신년(1380) 2월부터 자재를 마련하였다.

각암은 순흥에서, 각잠은 안동에서, 각흥은 령해에서, 도혜는 청주에서, 각련은 충주에서, 각운은 평양에서, 범웅은 봉주에서, 지보는 아주에서, 각기 닥을 떠서 종이를 만들고 기름을 풀어 먹을 만들었다.

신유년(1381) 4월부터 경, 률, 론 즉 대장경을 찍어내여 9월에 장정을 끝내였으며 10월에는 각주가 금박으로 책제목을 쓰고 각봉은 황복을 만들었으며 12월에 성공이 함을 마련하였다.

아침저녁 끼니마다 밥을 지어 끝까지 성심성의로 여러 출판일군들의 식사를 보장한 이는 국신리에 있는 늙은 할머니 묘안이였다.》

이외에도 리암과 각진국사가 찍은 대장경은 전라도 장성군 백암사에 보관되여있었으며 리윤송과 그 안해 윤씨가 찍은 한벌은 그의 고향인 고부읍 만일사에 비치되여있었고 또한 광법사기문에 의하면 함경도 길주(함경북도 길주군) 광덕사에 있던 대장경 한벌을 1377년 광법사로 옮긴 사실도 알려지고있다.

이와 같이 14세기경에 이르러서는 거의 전국각지의 큰 절마다에 대장경이 비치되여있을뿐만아니라 지어는 리색과 같은 유학자들도 1377년에 대장경출판을 조직한바 있었기때문에 《온 나라 사람들이 서로 본받아 남먼저 대장경을 찍기 위하여 서두를》 정도까지에 이르렀다.*

* 《고려사》 권115, 렬전28 리색

실로 이 시기 대장경출판이 얼마나 성황을 이루고있었는가 하는것은 최자의 《삼도부》에서도 잘 알수 있다.

《다양한 서적들과 화려한 책함들이 산더미처럼 쌓였으며…사니, 암이니, 재니, 방이니 하는 책방들이 빼곡이 들어서서 몇천몇만군데나 되는지 헤아릴수 없었다.》

이 글은 저자의 과장된 표현이 있기는 하지만 이를 통하여 문헌적인 도서가 많은 나라이며 출판문화의 발생지로서의 우리 나라의 면모를 여실히 보여주고있다.

이리하여 12~13세기에 출판된 대장경은 국내외의 수요를 충족시키는 한편 국외에로도 수출되였다.

이미 1311년에는 원나라에 수출한바 있으며 일본에서도 이 시기에 《화엄경수소연의초》 40권을 비롯하여 의천의 속장경목록인 《교장총록》 사본 등 많은 속장경판본들을 가져갔다.

고려에서 직접 수입해간것도 있고 다른 나라를 통하여 그 나라에서 재판한 속장경을 가져간것도 있다.

※ 《속장경조조기》에 의하면 고려의 속장경이 일본으로 건너간것은 두 갈래였다.

그 하나는 고려에서 직접 가져간것이고 다른 하나는 송나라에서 복각된 속장경의 일부를 가져간것이다.

송나라에서 가져간 판본가운데서 《원각경대소연의초》, 《화엄지귀》, 《법장화상전》, 《화엄잡곡목》, 《원각경대소초과》, 《정원화엄경소》, 《금강반야경략소》 등이 현재 일본에 전하고있다 한다.

일본이 고려말기부터 리조봉건정부가 성립된후 중종시기까지 근 200년간 대장경을 요구하였거나 수입해간 회수는 약 89회에 달한다.

이렇게 《팔만대장경》의 판각이 완성된 다음에도 미처 진행하지 못한 부분적인 책들은 계속 간행되였다.

특히 속장경의 중간사업이 그후 제주도에서 간행되였다는것을 다음의 자료에 의하여 알수 있다.

순천 송광사에 남아있는 《금강명경문구소》도 속장경의 하나인데 그 간기에는 다음과 같이 씌여있다.

《원정 2년 병신(1296년)에 고려국 제주 묘련사에서 선지를 받들고 새긴다.

폭포사 주지 선사 안립이 주간하였다.》

뿐만아니라 의천이 활동한 이후에 대를 이어 편찬된 고려학승들의 문집들도 각처 사원들에서 계속 간행하였다.

원묘국사의 편찬인 《선문절요》의 출판은 최자의 서문에 의하여 13세기에 출판되였다는것을 알수 있고 혜륵의 저서인 《보제존자어록》은 그 제자 각간과 각변에 의하여 14세기에 간행되였다는것을 리색의 서문에 의하여 알수 있다.

이 13~14세기 기간에 고려학승들에 의하여 저술된 경전주소서 및 어록들은 그 수가 적지 않았다.

그중 대표적인것만 몇가지 들면 다음과 같다.

리장용의 저서 《화엄추동기 보유》, 《선가종파도》, 각훈의 저서 《해동고승전》 2권, 지눌의 저서 《결사문》 1권, 《법어가송》 1권, 《상당록》 1권, 혼구의 저서 《보감국사어록》 2권, 《중편지송사원》 30권, 《가송잡저》 2권, 지공의 저서 《서천제납부타존재게송》, 원감국사의 저서 《원감국사어록》, 태고의 저서 《태고어록》, 이중에서 특히 사료적가치를 가지는것은 1215년에 각훈에 의하여 편찬된 《해동고승전》이다.

《해동고승전》은 신라시기에 편찬된 《고승전》을 이어 삼국이후의 수많은 고승들의 략전을 수록한것인데 그 간행여부는 알려져있지 않으나 사본으로 전하던 잔본 1, 2권이 근대에 발견되였다.

이 잔본의 내용에만 의하더라도 《삼국유사》나 《삼국사기》에는 반영되지 않은 자료들이 많은데 수록된 18명의 전기들중에는 7, 8세기에 인도에까지 려행한 구법승들의 전기가 8편이나 포함되여 있다.

2. 신조판 《팔만대장경》의 인쇄 문화사적의의

《팔만대장경》은 고려인민들의 창조적로동과 투쟁에 의하여 이루어진 고귀한 인쇄문화의 유산으로서 국내와 국외를 막론하고 매우 큰 의의를 가진다.

그 의의는 첫째로, 우리 나라 목판인쇄기술의 우수성을 보여준데 있다.

일반적으로 목판인쇄기술의 우수성을 규정하는 주요척도는 목판의 견고성과 정교성이다.

이러한 척도에서 볼 때 《팔만대장경》은 그 점을 구비하고있다.

그 견고성에 대하여 말한다면 고려기술자들은 목판의 재료로서 가장 결이 곱고 단단한 박달나무와 자작나무를 가지고 일정한 기간 바다물에 절이여가지고 해빛에 말리웠다.

이것은 나무의 균을 살균시키는 방법인 동시에 목판을 오랜 기간 보존하여도 트지 않게 하기 위한 대책이였다.

이렇게 한 다음 그 판목에다가 량면에 22행 14자 기준으로 글자를 새겼는데 매 판이 세로는 24cm, 가로는 75cm, 두께는 2.4cm에서 3.6cm 정도이며 모든 판은 옻칠을 먹여 수천년이 지나도 부식하거나 좀이 치지 않게 하였다.

또 매 판마다 량쪽가에 베개목을 덧붙인 다음 이를 견고히 하기 위하여 원판목과 잠사이에 금속판으로 만든 거물장을 박았다.

또 정교성에 대하여 말한다면 목판판면의 수평면을 정밀히 보장하고있음으로 하여 찍은 매개 글자가 압력을 균등하게 받게 되며 따라서 판본의 매개 글자가 한 글자처럼 선명하게 찍히게 되니 인쇄물의 문화성이 잘 보장된다. 뿐만아니라 그 정교성은 목판의 글자새김이 극히 정교하고 섬세한데서도 찾아볼수 있다.

모두 16만여의 판면에 새긴 글자수는 대략 5천여만자에 달하나 매 글자의 글씨는 한결같이 정교하고 섬세하며 그 글씨를 생동하게 새긴 솜씨는 어느모로 보나 흠잡을데가 없는 하나의 훌륭한 예술적 조각품을 련상시킨다.

둘째로, 이 경판은 유구성을 지니고있는데서 큰 의의를 가진다.

700여년을 경과해온 오늘까지도 그 판본이 한장의 훼손도 없이 옛모습을 그대로 보존하고있으니 고려기술자들의 기술적우수성은 참으로 놀랄만한 일이다.

다른 나라 대장경목판들은 만들어진지 수십년 혹은 가장 오래 보존되였다고 하는것이 200년을 넘지 못하여 판이 이그러지고 활자가 마멸되였기때문에 그것으로 인쇄한 책은 글자가 희미하여 알아볼수 없었다고 한다.

※ 한역대장경으로서 먼저 판각되였던 북송판대장경은 이미 1125년 이전에 인멸되였고 우리 나라의 초조판대장경목판보다 약 20년후에 새겨진 거란대장경도 200년후에는 마멸되여 그것으로 인쇄한 대장경은 알아볼수 없었다고 한다.

바로 그렇기때문에 18세기 서유구도 그의 저서 《루판고》에서 6,558권의 장경목록을 수록하면서 이 경판에 대하여 높이 평가하였으며 《택리지》의 저자 리중환은 《팔만대장경》의 목판에 대하여 《수백년이 지났으나 새로 새긴것 같다.》고 하였던것이다.

실로 이 《팔만대장경》 판목은 현재까지 전하는 판목가운데 가장 오랜것으로서 고려시기 출판문화의 우수성과 유구성을 대변하는 하나의 상징으로 되고있다.

하가에 일본에서 18세기에 여러 나라들의 대장경을 대조하여 그 목록을 작성하면서 고려의 《팔만대장경》에 대하여는 《이 판보다

오랜것은 없다.〉고 평가한바 있다.*

* 《신수대장경》, 2제연산 3대장 목록

셋째로, 이 경판은 그 량의 방대성으로 하여 특별한 의의를 가진다.

이미 언급한바와 같이 이 경판은 천자문순서로 된 함수로 653함, 경전총수로 1,537종, 권수로는 6,793권, 판목수로는 8만 1,240매인데 량면 판각수로 계산하면 16만여장이다.

일반적으로 한면을 새기는데 소모된 로력공수를 계산해 보더라도 16만장을 새기자면 32만 공수가 들었을것이다.

그리고 하나의 판면이 평균 23줄이며 한줄이 14자씩인만큼 이를 합하면 한면에는 모두 322자가 새겨져있는데 이러한 판면이 앞뒤로 16만장이므로 대략 계산하면 새겨진 글자 총수가 5천여만자에 달한다.

이것을 한번만 찍자 해도 옛날 큰 조선지 종이로 15만 5천여매가 들어야 한다.

지금처럼 모든 생산수단이 현대화된 조건에서도 이것은 방대한 량이고 방대한 사업이라고 하지 않을수 없는데 하물며 지금부터 700여년전인 고려시기에 있어서 이것은 상상조차 하기 어려운 거창한 사업이고 방대한 량이다.

또 더구나 몽골침략자들과 싸움을 전개하고있던 전시의 경우에 대단히 어려운 사업이였다.

이것은 확실히 우리 고려인민들의 슬기롭고 통이 큰 기상과 불굴의 민족정신을 보여준 인쇄문화의 대걸작품이며 세계적으로도 그런 방대한 목판본은 찾아보기 힘들다.

넷째로, 이 책은 그 내용의 정확성으로 하여 세계적으로 표준대장경이 되고있는 점에서 그 의의와 가치를 가지고있다.

다 아는바와 같이 대장경은 원래 인도어로 된 원본을 한문으로 번역편찬한것이기때문에 사업이 오랜 기간 매우 복잡한 경로를 겪으면서 진행되였다.

그런만큼 그 과정에 오착이란 헤아릴수 없이 많았었다.

오자, 탈자와 문장이 잘못 번역된것은 말할것도 없고 같은 불경이 다른것처럼, 다른 불경이 같은것처럼 된것이 허다하였으며 저자가 틀린것도 말할수 없이 많았다.

이런 결함이 생기게 된것은 이 《팔만대장경》이 나오기전까지 만들어진 한역대장경들을 심중한 검토없이 번역편찬하였기때문이다.

고려의 《팔만대장경》 편찬자들은 이런 결함을 바로잡기 위하여 편찬에 앞서 사전교정작업을 엄밀히 하였다.

개태사의 중 수거를 책임자로 한 《팔만대장경》 교감자들은 그 이전시기의 여러 불경들에 대한 검토고증사업을 세밀히 진행하였다.

이러한 교감작업의 결과를 종합한것이 바로 《고려국신조대장교정별록》 30권이며 이를 대장경총서에 첨가하여놓았다.

그리고 이 시기 수집간행된 대장경의 목록을 작성해놓은것이 현재까지 전하고있는 《대장목록》 3권이다.

우리는 수기의 이 《교정별록》을 통해서도 《팔만대장경》의 편찬사업이 얼마나 세밀한 선행공정을 거쳐 완성되였으며 각 나라 대장경가운데서도 표준대장경으로서 정확성을 담보하고있는 책인가를 알수 있다.

다섯째로, 이 책은 그 시기까지 우리 나라의 철학사, 어학사, 문학사, 력사 사료관계를 연구하는데 귀중한 자료를 제공하여주고 있는것으로 하여 의의와 가치를 가지고있다.

그러나 이 책은 불교교리를 그 기본내용으로 담고있는 책이며 불교를 설교하기 위한 책이므로 일정한 제한성도 있다고 본다.

그러므로 그 의의를 보면서도 비판적견지에서 보아야 한다.

《팔만대장경》은 우리 인민의 슬기와 재능이 깃든 귀중한 문화유물로서 거대한 출판문화사적가치로 하여 인류문화의 보물고에 크게 기여하고있다.

제4절. 고려말기 주자학의 도입과 유학경서

위대한 수령 **김일성**동지께서는 다음과 같이 교시하시였다.

《우리 민족의 력사를 보면 우리 나라에 불교가 들어온 때도 있었고 유교가 들어온 때도 있었습니다. 한때 불교와 유교는 하나의 사조로서 세계에 널리 퍼졌습니다.》(《김일성저작집》 25권, 25페지)

우리 나라 중세기에 있어서 8, 9세기이후 고려말기에 이르기까지 의연히 지배적인 사상조류로서 사회에 널리 전파된것은 불교사상이였으나 시종일관 이와 병립하면서 봉건통치리념으로 발전하여온것은 유교사상이였다.

따라서 이 기간의 출판물종류에서 불교경전들이 그 중요한 비중을 차지하였지만 유학경서 역시 그에 못지 않게 봉건국가의 교육도서로서 교육시설을 통하여 간행배포되여왔다.

그러나 주자학이 도입되기 이전의 유학은 주로 시와 사장에 치중하였기때문에 유교교리의 전개와 경학의 연구에서는 특별한 전진이 없었다.

그러므로 당시의 유교관계 서적에서는 유교교리와 경학을 새롭게 연구한 서적은 별로 없었고 다만 유교의 기본경전들을 그대로 간행하는데 그쳤으며 그것이 국학에서 교재로 리용되였을뿐이였다.

그러다가 13세기에 들어서면서 유교의 한 사조로서 주자학이 우리 나라에 들어오기 시작하였는데 이것은 당시 고려봉건사회의 대내외적위기를 타개하려는 통치계급내부의 지식분자들에 의하여 진행된것이였다.

주자학이 들어오는데 있어서 선차적으로 진행된것은 유학경전들에 대한 주소사업이였다.

주소서적가운데 한두가지를 든다면 12세기초(예종시기)에 편찬된 《론어신석》과 12세기중엽(인종시기)에 나온 《역해》 등이다.

《론어신석》은 김인존이 론어에 대한 새로운 주석을 가하여 편찬한 서적이며 《역해》는 윤언안이 《주역》에 대하여 자기의 견해를 서술한 서적이다.

이와 같은 유경주소서적의 출현은 유학내용에 대한 연구와 분석이 깊이 진행된다는것을 말해주는것이다.

그러나 이 연구와 분석이 어떤 새로운 비판적인 견해의 발전을 가져온것은 아니였고 유교교리의 테두리안에서 경서의 내용연구를 더욱 심화시킨것에 불과한것이였다.

이리하여 우리 나라의 유학은 13세기에 들어서면서 그 내용연구를 심화시키는 단계로 발전하기 시작하였으며 이는 곧 주자학설이 들어오게 되는 전제로 되였다.

이리하여 이 시기까지 보급되던 《정의본》 유경들보다 성리학적인 철학리론으로 윤색된 유교경전들이 새롭게 보급되기 시작하였다.

성리학이란 인성의 본질 및 리기의 호상관계 등을 연구하는 학문으로서 기본적으로 객관적관념론에 속했으나 이 시기 불교사상과는 호상 량립될수 없는 유교관념론철학이였다.

이 시기 주자학을 도입하고 성리학을 처음으로 제창한 사람은 안향(1243~1306년), 백이정, 우탁(1253~1333년) 등이였다.

이들은 황폐화된 교육기관들을 복구정비함과 동시에 많은 유학서적들을 구입하여 보급시켰다.*

* 《고려사》 권105, 렬전18 안향

특히 우탁은 《정자역전》을 처음 해석하여 학생들에게 강의하였으며 안향의 제자 권부는 성리학에 관한 유학경서들을 출판할데 대하여 봉건정부에 건의한바 있었는데 이로부터 간행된 유학경서들은 성리학으로 윤색된 도서들이 위주로 되여 그후 몇백년동안 봉건국가의 교육도서로 보급되였다.

이러한 유학경서의 보급은 우리 나라 성리학발전에 적지 않은 영향을 주었을뿐만아니라 바로 이 시기까지 지배적사상으로 되여오던 불교에 대해 배척하는 투쟁이 치렬히 벌어지게 되였다.*

* 《고려사》 권109, 렬전22 우탁
  《고려사》 권107, 렬전20 권부

이러한 경향은 다음의 한가지 자료에서도 짐작할수 있다.

불교경전의 하나인 《원각경》을 출판하기 위하여 분주히 서두르고있던 집권자 최항(최이의 아들)에 대하여 국학직강으로 있던 김구는 풍자하는 시를 다음과 같이 읊었다.

온종일 중얼중얼 원각경만 외우누나
차라리 입다물고 고이 삶만 못하리

이 시를 통해서도 불교를 반대하는 사상적경향이 관료들사이에서도 있었다는것을 쉽게 알수 있으며 이런 경향은 점차 커져서 이미 언급한바와 같이 《삼봉집》에서처럼 배불사상이 철저하게 표현되게 되였다.

이와 같이 고려말기에 간행보급된 새로운 유학경서들은 당시 쇠퇴하여가는 불교의 리론을 반대하는 투쟁에서 일정하게 긍정적 역할을 하였으며 앞으로 나타날 유불교체과정을 예고해주는 하나의 력사적계기를 반영한것이였다.

그러나 그후 력사적과정이 보여준바와 같이 불교를 대신하여 리조통치계급의 지배사상으로 등장한 유교와 주자학적성리학은 력사와 도서 발전에서 해독적인 작용을 놀았으며 그를 내용으로 하는 유학경서와 문집들은 진보적이며 애국적인 출판물의 집필출판을 제약하였다.

제 4 편
리조시기 출판문화

제1장. 리조전반기 출판문화

제1절. 출판문화발전을 위한 제반 시책

1. 출판기구의 설치와 출판사업

리조봉건통치자들은 출판기구의 설치와 출판조직사업을 자기의 정권을 강화하기 위한 중요한 사업의 하나로 보고 여기에 일정한 관심을 돌려왔다.

1) 《서적원》의 설치와 출판사업

리성계일파는 왕권을 장악하던 첫해인 1392년에 서적원을 설치하였다.

《고려사》 백관지에 의하면 《공양왕 4년에 서적원을 설치하고 주자사업을 맡아보며 서적을 인쇄하였다.》라고 하였는데 공양왕 4년은 곧 리성계가 즉위하던 해이며 서적원 설치와 그 운영사업은 리성계일파가 정권을 잡은 다음의 일이였다.*

※ 《고려사》 권77, 백관 2 제사도 감각색

정도전은 서적포(서적원과 같은것—필자)서문에 다음과 같이 쓰고있다.

《대체로 선배들이 향학하는 마음을 가지고있을지라도 책을 얻어볼수 없으니 어찌하겠는가.

우리 나라는 책이 적어서 배우는 사람들이 다 책을 많이 읽지 못하는것을 한탄하고있으며 나도 이것을 가슴아프게 여긴지 오래다.

서적포를 두고 금속활자를 주조하여 모든 경, 사, 자, 집과 시문집들, 의학서적, 군사서적, 법전들을 죄다 인쇄하여 배우는 사람들로 하여금 누구나 글을 읽게 함으로써 공부하는 때를 놓치는 한탄이 없도록 하려고 한다.》*

∗ 《증보문헌비고》 권242

이 서문에서 말하는 《배우려고 하는 사람》이란 곧 리성계왕권을 지지할 관리들과 선비들을 념두에 둔것이다.

새로 정권을 잡은 리성계일파로서는 바로 자기 세력을 지지할 사람을 많이 양성하는것이 급선무로 나서지 않을수 없었기때문에 이 서적원을 집권 첫해에 설치하게 된것이다.

이 서적원은 그후 1403년에 주자소가 설치될 때까지 10여년동안 서적인쇄와 활자만드는 일을 담당수행하였으리라고 짐작되나 과연 얼마나 하였는가 하는 자료는 볼수 없다.

《대명률직해》발문에 의하면 법전을 번역하는 사업이 끝나자 서적원으로 하여금 백주지사 서찬이 만든 목활자를 사용하여 100여권을 인쇄하게 하였다*고 하였는데 이해는 바로 1395년이였다.

∗ 《대명률직해》발문

이 자료로 보아 서적원이 서적을 인쇄하는 기관이였다는것을 알수 있으나 1403년에 이를 없애고 주자소를 새로 설치한것은 이 서적원이 큰 역할을 하지 못하였기때문이라고 추측된다.

2) 《주자소》의 설치와 출판사업

주자소는 활자제작 및 출판인쇄 기관으로서 1403년에 새로 설치하였다.*

※ 《태종실록》권5, 3년 2월 경신조

이것은 책에 대한 요구가 점점 높아진 사정과 관련되며 또한 활자를 주조하는 기술도 높여야 할 필요성이 제기되였기때문이였다.

그리하여 이 주자소설치와 함께 우수한 활자를 수십만자나 주조하였다. 여기서는 동활자, 연활자, 철활자 등 여러가지 재질의 활자들을 만들었다.

여기서 만든것이 바로 《계미자》이다.

그러나 주자소의 임무는 활자를 주조한것뿐만아니라 인쇄소와 같이 책을 인쇄도 하였으며 서점과 같이 책을 판매도 하였다.

《태종실록》에 《비로소 주자소에 명령하여 서적을 인쇄해서 팔도록 하였다.》*고 한 기록은 바로 이를 실증하여준다.

※ 《태종실록》권19, 10년 2월 갑진

3) 《교서관》의 설치와 출판사업

이 시기에 출판기구로서 규모가 가장 크고 년대가 가장 오래도록 존속된것은 교서관이다.

이 기구의 설치년대는 주자소처럼 정확히 알수 없으나 《국초에 훈도방에 지었다.》*고 한것으로 보아 건국초기부터 이미 이 기구가 창설되여있었다는것을 알수 있다.

※ 《동국여지승람》권2, 62페지

교서관은 원래 비서감이라고도 불렀고 또 전교서라고도 부른적이 있다. 이렇게 여러가지 명칭으로 고쳐졌으나 그가 수행하는 임무는 달라진것이 없고 오직 인쇄사업을 기본으로 하였다.*

* 《동국여지승람》 권1, 경도

그렇기때문에 리승소의 《교서관기》에도 《명칭은 비록 변경되여 있었으나 임무인즉 오로지 서적을 인쇄하여 중앙과 지방에 배포하는것이다.》*라고 하였다.

* 《동국여지승람》 권2, 62페지

그러나 교서관도 주자소와 같이 책을 인쇄하여 배포하는 사업과 함께 서적판매사업까지 겸하여 진행하였다. 《시내의 물가를 교서관 책값에 의거하였다.》*라고 한것은 이를 말해주는것이다.

* 《연산군일기》 권48, 9년 2월

교서관은 이 시기 국가의 인쇄사업을 전적으로 담당하고있는 관영인쇄소로서 그 기구는 대단히 방대하였다.

그 기구조직을 본다면 내관과 외관으로 되여있었는데 내관은 지금 경복궁 남쪽에 있었고 외관은 훈도방에 있었다.

그 조직규모를 보면 균자장 40명, 인출장 20명, 각자장 14명, 주장 8명, 조각장 8명, 야장 6명, 지장 4명, 목장 2명이였다.

내부의 사업분공도 아주 전문화되여있었는데 야장은 동, 철 등 금속재료를 전문적으로 녹이는것이라면 주장은 활자를 부어만드는것을 전문적으로 하였으며 각자장은 목각활자만 전문적으로 새겼다.

균자장은 조판사업을 전문적으로 하였고 인출장은 인쇄하는것을 전문적으로 하였다. 이외에도 교정을 담당한 창준인이 있었고 활자를 보관하는 수장이 있었다.

이것은 하나의 현대적인 인쇄공장을 련상케 하는바 이와 같이 100여명의 전문기능자들을 두고 인쇄사업을 진행한것은 이 시기 세계 어느 나라에서도 보기 드문 례이다.

구라파에서는 18세기중엽까지만 하여도 인쇄공장의 종업원수가 40명 정도에* 지나지 않았다는 사정을 고려할 때 우리 나라 교서관은 아주 방대한것이였고 발전된 수준이였다.

※ 《조선전사》 8권, 과학백과사전출판사, 1979년판, 298페지

4) 《간경도감》의 설치와 불경의 간행

《간경도감》은 1461년에 설치하였다.

《간경도감》을 설치한 목적에 대하여 《증보문헌비고》 예문고에는 다음과 같은 자료를 전하고있다.

《한명희가 보고하기를 세조가 궁중에 서적이 적은것을 대단히 걱정하여 〈간경도감〉을 설치하고 서적을 인쇄하여 널리 배포하도록 하였으니 이는 거룩한 일이다.》

그러나 세조가 《간경도감》을 설치한 진짜 목적은 여기에 있지 않았다. 그 이름이 보여주는바와 같이 불경을 간행하기 위한 도감(도감은 림시로 조직하는 기구이름이다.)이였으며 이것은 세조의 호불정책의 산물이다.

하기에 《간경도감》은 세조의 불경간행사업을 보장한것외에 다른 서적을 출판한것이란 별로 없다.

그러나 《간경도감》에서 출판한 불경언해본들이 담고있는 언어학자료로 하여 당시 조선어발달을 연구하는데 일정한 가치가 있었다.

5) 기타 림시출판기구

이상에서 취급한 기구들외에도 15~16세기 전기간을 통해 보면 출판을 보장하기 위하여 림시기구들이 적지 않게 설치되였다.

례를 들면 《리조실록》을 편찬하기 위하여 실록청이 따로 조직되였고 의서를 만들기 위하여 의서찬집청이 설치된 일이 있다.

그리고 서적의 성격에 따라 홍문관, 사역원, 내의원 같은데서

도 출판한 일이 있었다.

6) 지방의 출판기관과 출판사업

이 시기 출판기구를 개괄하는데서 지방출판조직들도 례외로 될 수 없다.

지방에서 진행한 출판사업은 두가지로 나누어볼수 있는데 그 하나는 지방 감영, 군, 현을 통하여 진행된 국가출판사업이며 다른 하나는 사찰 및 서원, 개별적인 가문들에서 진행한 민간출판사업이다.

지방관청에서 진행한 국가출판사업은 각 도소재지 또는 큰 군 소재지들에서 진행되였다.

이러한 례는 15세기중엽에 활동한 김안국이 경상감사로 부임하여 많은 출판사업을 진행한 사실에서도 볼수 있으며 1512년에 경주부윤 리계복에 의하여 《삼국사기》, 《삼국유사》가 출판된데서도 알수 있다.

이렇게 출판된 책들에는 대체로 그 책에다 출판한 장소를 써놓았다.

옛날책에 《기영신간》, 《함영개간》이라고 한것은 바로 이것을 말하는것이다.

이로부터 각 지방에서 찍은 책을 토판본이라고 하였는데 《전주토판본》이라고 하는것이 바로 그런 례이다.

사찰에서는 민간출판사업이 광범하게 진행되였는데 이는 주로 불경을 출판하는 사업이였으며 불경아닌 개별적인 서적들도 더리 찍어냈다.

개인이나 또는 문중에서 공동으로 진행한 출판사업은 대체로 자기 스승이나 조상의 문집을 찍어내는것이 상례였다. 사찰에서 인쇄한 서적은 사찰본이라고 불렀으며 개인들이 찍은 서적은 가숙본 혹은 서숙본이라고 하였다.

그러나 15~16세기 출판기구와 출판사업조직정형을 볼 때 민간출판사업보다 국가출판사업이 큰 비중을 차지하고있었으며 따라서 국가적출판기구인 주자소, 교서관 등이 큰 역할을 하였다.

2. 출판자재보장

출판기구를 내오고 출판조직사업을 하는것과 함께 출판자재를 보장하는것은 당시 봉건통치자들의 중요한 관심사의 하나였다.

이 시기 출판자재라고 하면 두가지로 나눌수 있는데 첫째는 종이, 붓, 먹이고 둘째는 활자였다.

우선 종이, 붓, 먹을 생산하기 위하여 취한 대책을 보면 봉건정부는 출판사업의 발전에 따르는 종이수요를 충족시키기 위하여 15세기 전반기에 닥나무와 뽕나무를 심는 사업을 전국적으로 장려하였다.

그리고 종이를 생산하는 전문기구로서 1415년에 서울 서북면 창의문밖에다 조지소를 설치하였다.

조지소로 말하면 관청이라기보다 경공장에 소속된 관영형태의 한 수공업적제지공장이였다.

이 기구의 규모를 보면 생산에 직접 종사하는 사람이 200여명이며 그가운데서 기술자로서 목장 2명, 렴장 8명, 지장 81명 이외의 부속로력으로 노비가 95명이 있었다.

그리고 이를 통제관할하는 관리가 5명이 배치되여있었는데 이에는 총책임자로 종6품 벼슬인 사지 한사람과 그밑에 감독자로 역시 종6품 벼슬인 별제 네사람이 있었다.*

※ 《대전회통》권1, 41페지

이와 같이 대규모적인 제지사업은 중앙에서만 진행된것이 아니라 지방에서도 진행되였다.

당시 외공장(지방에 있는 공장)에는 총 인원 3,511명이 있었는데 지장이 672명이나 되였다.

각 도별로 그 분포상태를 보면 다음과 같다.

도 별	시 기	지 장
경상도	15세기	265명
전라도	〃	218명
충청도	〃	130명
강원도	〃	31명
황해도	〃	38명

《경국대전》 참조

　이 수자는 당시 우리 나라 수공업중에서 제지수공업이 가장 큰 비중을 차지하고있었음을 의미하며 동시에 그것이 가장 발전된 수공업부문중의 하나였다는것을 알수 있게 한다.
　뿐만아니라 종이생산량에 있어서도 지방생산이 큰 비중을 차지하고있었다는것을 알수 있다.
　1424년에 《자치통감》(150권)과 같은 부피가 큰 책을 600부를 인쇄하기 위하여 《30만권(한권은 스무장)》 600만장의 종이가 들었으며 1457년에 대장경을 인쇄하기 위하여 40만 6,200권(812만 4,000장)의 종이가 소비되였는데 이 방대한 종이의 겨의 모두가 지방생산으로 충당했다.*

※《세종실록》권65, 14년 7월 임진
　《세조실록》권8, 2년 6월 임자, 무오

　도표에서 볼수 있는바와 같이 중앙보다 지방에서 생산되는 종이량이 더 많았으며 그중에서도 경상도, 전라도, 충청도가 중요한 생산기지로 되여있었다.

도별 종이배정량

도별	년 대	출 판 물 명	배정된 수량 (한권 20장)
강원도	1434	《자치통감》을 인쇄할 때	33,500권
	1458	《대장경》을 인쇄할 때	45,126권
황해도	1458	《대장경》을 인쇄할 때	51,126권
경상도	1434	《자치통감》을 인쇄할 때	105,000권
	1458	《대장경》을 인쇄할 때	99,004권
전라도	1434	《자치통감》을 인쇄할 때	78,004권
	1458	《대장경》을 인쇄할 때	99,004권
충청도	1434	《자치통감》을 인쇄할 때	33,500권
	1458	《대장경》을 인쇄할 때	51,126권
서울 조지소	1434	《자치통감》을 인쇄할 때	50,000권

《세종실록》 권8, 2년 6월

동시에 이렇게 방대한 국내수요를 충족시키면서 외국에까지 종이를 수출하였다. 실례로 1420년에 후지 3만 5,000장이나 되는 막대한 량을 명나라에 수출하였다.*

* 《세종실록》 권7, 2년 정월 갑자

이렇게 많은 종이를 제조하자니 인민들의 고통은 말할수 없이 컸다. 《성종실록》에 의하면 《성종이 불경을 간행하기 위하여 소요되는 종이를 백성들에게 독촉해서 받아내니 백성들이 살수 없어 파산하는 사람이 많았다.》라고 하였다.

제지기술면에서도 이 시기는 높은 발전수준을 보여주었다.

이전까지도 제지원료로서 닥나무를 주로 사용했다면 이 시기에 와서는 짚, 버드나무, 버들잎, 율무, 솔잎 등 각종 섬유원료를 충분히 연구리용하였다.

이 사실에 대하여 성현의 《용재총화》에서는 다음과 같이 전하고있다.

《세종때 조지소를 설치하여 서적을 인쇄할 제색지를 만들도록 하였다.

그 제품이 한가지만 아니여서 표정지, 류엽지, 류목지, 익이지, 마골지, 순왜지가 있었다.

그 품질이 다 극히 정하고 인쇄한 서적도 또한 훌륭하였다.》

우리 나라의 종이가 고려때부터 우수하게 발전하여 중국, 일본, 류꾸에서까지 높은 평가를 받았다는것은 이미 앞에서 언급하였지만 이 시기에 이르러서는 그 기술이 더욱 발전하였다.

종류도 최소한 20여종에 달하였으며 그 질에 있어서도 질기고 곱고 전 지면이 고르로우면서도 깨끗하기로 유명하였다.

그중에서도 서울 조지소에서 제조한 표지와 전주, 남원 등지에서 생산되는 후지는 그 대표적인것이다.*

※ 《세종실록》 권49, 12년 9월

먹과 붓도 이 시기에 와서 그 생산이 대단히 발전하였다.

조선먹은 원래 그 질이 우수하여 목판, 목활자 인쇄에서뿐아니라 동을 비롯한 금속활자에도 사용하면 광택이 나고 변하지 않는 특징을 가지고있었다.

특히 먹과 붓의 생산은 경공장과 외공장에서 각각 묵장과 필장을 두어 제조케 하였는데 그 품질이 대단히 우수하였다.

먹에 있어서 해주산인 《부용당》과 단양산인 《단산오옥》이 전국적으로 유명하였고 붓은 일찍부터 써오던 족제비꼬리털로 만든 황모필이 가장 좋았다.

당시 먹이 얼마나 생산되였는가 하는것은 1457년에 대장경

50부를 찍기 위하여 각 도에 먹생산을 배정한 사실만 보아도 잘 알 수 있다.

도별 먹 배정량

도 별	품 명	수 량
충청도	먹	875정
전라도	〃	1,750정
경상도	〃	1,750정
강원도	〃	875정
황해도	〃	875정

이 자료는 다만 《대장경》을 인쇄할 때 사용하기 위한 약간의 수량이다.

이것으로 보아 당시 모든 서적을 인쇄할 때 사용한 먹의 총 수량이 얼마나 방대한 량이였겠는가 하는것은 추측하기 어렵지 않다.

다음으로 활자의 원료인 동, 철, 연을 어떻게 보장하였겠는가 하는것은 《계미자》주조당시의 자료 하나만 보아도 그 정형을 능히 짐작할수 있다.

《왕은 당시 나라에 서적이 부족하여 선비들이 널리 볼수 없음을 걱정하고 주자소를 두라고 명령한후 예문관 대제학 리직, 지신사 박석명, 우대언 리응 등을 시켜서 사업에 착수케 하였다.

그리고 내부(궁중의 기관을 말함)의 동, 철을 사용케 하며 또한 높고낮은 관료들에 명령하여 동, 철을 자원하여 바치도록 해서 그 수요를 보장하게 하였다.》*

※ 《동문선》 권103, 권근 발문

이 자료에서 보는바와 같이 동, 철, 연을 확보하는문제는 활자를 주조함에 있어서 선결문제였으며 따라서 이 사업은 당시의 전국가적인 관심사로 되지 않을수 없었다.

그렇기때문에 15세기에 들어서면서 통치자들은 금속활자의 원료보장에서 주로 두가지 방향을 취하였다. 그 하나는 동, 철 생산을 장려하는것이였으며 다른 하나는 이미 있었던 활자를 가지고 다시 부어서 새 활자를 만들도록 한것이였다.

동, 철 생산의 장려는 국가적조치로 진행되였다.

이에 대해서는 《리조실록》에 실려있는 자료들이 잘 말하여주고 있다.

※ 호조가 보고하기를 《동, 철을 일본에서 사들이는것은 영구한 계책이 아닙니다. 그러므로 동이 생산되는 경상도 창원부에서 100근, 황해도 수안(황해북도 수안군), 장연(황해남도 장연군)에서 각각 50근씩을 매년 용해해서 상납하도록 할것입니다.

창원에서 공물로 바치는 강철 400근을 제외하고는 …만약 부역을 꺼려서 동을 사서 충당하려는자가 있으면 고을원들이 죄를 주도록 할것입니다.》라고 하였다.(《세종실록》 권31, 8년 3월)

공조가 보고하기를 《《지금 황해도 봉산(황해북도 봉산군)에서 생산되는 로감석을 가지고 생동과 합해서 분석해보니 중국에서 생산되는 로감석과 다름이 없습니다. 그러므로 로감석이 생산되는곳에 지키는 사람을 두어서 사사로 채굴하는것을 금할것입니다. 만약 사사로 채취하는 사람이 있으면 죄를 줄것입니다.》라고 하니 왕이 그대로 승인하였다.》라고 하였다.(《세종실록》 권20, 5년 6월)

중군총재로 있는 리천이 보고하기를 《동, 철이 나는것은 경상도 한 도뿐만아니라 다른 도에서도 생산됩니다. 공식문건을 보내서 이 내용을 알도록 하고 생산지를 보고하는 사람이 있으면 량인에게는 벼슬을 상으로 주고 천인에게는 물건을 상으로 줄것입니다.》라고 하니 임금이 그대로 승인하였다.》라고 하였다.(《세종실록》 권46, 11년 2월)

이외에도 《세종실록》과 《세조실록》, 《성종실록》 등에는 동, 철, 연 생산과 그 제련법에 대한 기사들이 적지 않게 전하고있다.

그러므로 1425년에 경상도에서만도 동 1,282량과 연 1,658량을 나라에 바쳤던것이다.*

* 《세종실록》 권28, 7년 4월

다른 한편 이미 만들었던 활자를 다시 녹여부어 새 활자를 만들도록 하였다. 주자와 관련된 기사에서 개용, 개주라고 한것은 바로 이를 말하는것이다.

이와 같이 하여 15～16세기 기간에 10여회에 무려 100여만자의 금속활자를 주조할수 있었다.

이는 우리 인민들이 자기 나라 출판문화를 발전시킴에 있어서 기울인 노력이 실로 거대하였다는것을 보여주고있다.

제2절. 인쇄기술의 획기적발전과 금속활자의 대량적주조

1. 금속활자의 대량적주조와 그 기술의 발전

15세기 출판문화발전의 특징은 금속활자의 대량적인 주조와 그 기술의 비약적인 발전이다.

이미 고려시기부터 세계적인 영예를 자랑한 금속활자는 리조봉건사회에 그대로 계승되여 15세기에 들어서면서 획기적인 발전을 가져오게 되였다.

그것은 금속활자들이 여러차례 대량적으로 주조되였다는 사실뿐만아니라 그 활자종류의 다양성, 그 질적비약성에서 설명된다.

15～16세기에 걸쳐 인쇄된 각종 서적들의 질은 고려시기의것보다 훨씬 우수하고 선명하면서 크고 아름다웠다.

이것은 활자의 우수성과 조판기술의 발전을 떼여놓고 생각할수 없다.

1) 15세기 금속활자주조사업

15세기에 금속활자주조사업은 1403년 2월에 주자소설치를 계기로 하여 본격적으로 진행되였다.

그 활자들을 분석하여보면 다음과 같다.

《계미자》는 1403년에 주자소가 설치되면서 처음 만들어진 금속활자이다.

이 활자를 《계미자》라고 하는것은 이해가 바로 계미년이기때문에 그 간지를 리용하여 부른것이다.(이하에 간지를 붙인 활자의 명칭은 다 이와 같은것임)

《계미자》의 주조유래에 대하여 권근은 《동문선》 주자발문에서 다음과 같이 쓰고있다.

《태종 3년 봄 2월에 왕이 신하들에게 말하기를 〈우리 나라가 대륙의 한쪽에 있기때문에 중국서적은 드물게 들어오고 우리가 만든 판각본들은 쉽게 이지러지며 또한 그것으로서는 천하의 서적을 다 간행하기도 어렵다.

구리쇠로서 새 글자를 만들어 서적을 얻는대로 인쇄하여 널리 전한다면 진실로 무궁한 리로움으로 될것이다.〉》*

* 《동문선》 권103, 권근 주자발문

《계미자》주조사업은 리직, 민무질 등의 지도하에 김장간, 류이, 김위민, 박윤영 등이 직접 맡아 진행하였다.

그리하여 《교주시전》 및 《좌씨전》을 활자의 대본으로 삼으면서 그달 19일부터 시작하여 수개월사이에 수십만자의 동체활자를 주조하였다.

이해에 제조한 《계미자》는 청동을 원료로 하여 만들어졌는데 이것은 활자로서 아주 우수한 특징을 가지고있다.

그것은 청동이 용해되였을 때는 류동성이 많으며 응고되였을 때는 수축이 가장 적기때문에 글자의 섬세한 부분까지도 정밀하게 주조되였으며 이와 동시에 질이 아주 견고하여 먹이 잘 말라지는 성질을 가지고있다.

이 《계미자》주조는 우리 나라 출판문화발전에서 매우 중요한 의의를 가진다.

왜냐하면 금속활자주조사업이 11세기말 12세기초에 시작되였지마는 그후 고려왕조의 혼란된 정세로 말미암아 일시 저조상태를 면하지 못하다가 이 《계미자》주조를 계기로 하여 본격적으로 개화되는 시초를 열어놓았기때문이며 다른 한편으로는 이렇게 대규모적인 주조사업은 이 시기 세계적으로 처음되는 일로서 그의 생산속도가 빠르면서 그 질이 높은데 있다.

독일 요한 구텐베르그가 15세기중엽(1452~1454년)에 처음 활자로서 서적을 인쇄하기 시작했다는 년대보다 《계미자》는 약 반세기나 앞섰을뿐아니라 그 규모에서도 그와 대비할수 없을 정도로 방대한것이였다.

이 《계미자》로서 각종 서적을 주자소에서 인쇄하였는데 그 몇가지 대표적인것을 들면 다음과 같다.

1412년 7월에 주자소에서 《십칠사》를 출판하였다.(《태종실록》 권24, 12년 7월 임진)

1415년 12월에 《침구동인도》를 찍어서 서울과 지방에 배포하였다.(《태종실록》 권30, 15년 12월 정축)

1416년 2월에 《승선직지록》 300본을 찍어서 지방에다 배포하였는데 이것은 주자소에서 인쇄한것이다.(《태종실록》 권21, 16년 3월 기미)

또 《동문선》에 있는 권근의 주자발문에는 《이 활자를 주조하여 여러가지 서적을 찍도록 하니 그 수량은 만권에 이를만하다.》고 하였다.

물론 이 만권이라고 한것은 꼭 만권을 찍었다는것이 아니고 대단히 많은 수량을 표시한 말이라고 볼수 있지만 그러나 《계미자》가 주조된 1403년으로부터 《경자자》가 만들어진 1420년까지의 18년 기간에 인쇄된 활자본은 다 이 활자로서 찍었다는것을 생각할 때 그 활자로 출판된 서적이 많았다는것은 짐작하기 어렵지 않다.

이처럼 《계미자》가 력사적의의를 가진 활자이지만 기술적인 면에서는 썩 우수하지 못하였기때문에 다시 《경자자》를 만들게 되였다.

그 리유에 대하여 변계량은 《경자자》 주자발문에서 다음과 같이 쓰고있다.

《그 처음 주조하는데서 (계미자)자양이 완비되지 못하여 인쇄하

는 사람들이 그 성과가 쉽게 이루어지지 못함을 안타깝게 여겼다.》*

❊ 《동문선》 권103

《계미자》가 이런 부족점이 있었기때문에 1420년에 《경자자》를 다시 주조하게 되였다. 이 주조사업에는 당시 우수한 기술자인 리천, 정초, 김익정 등이 참가하여 7개월사이에 완성하였다.

《경자자》도 동활자였지만 자양이 비할바없이 섬세하면서도 극히 정밀하고 규격이 균일하였을뿐만아니라 아름다웠다.*

❊ 《동문선》 권103

이러한 결과 《계미자》의 부족점을 완전히 보충하였으며 조판기술상에서도 새로운 발전을 가져오게 하였다.

《경자자》의 우수성은 《자치통감강목》(갑인자로 찍은 《자치통감강목》과 다른것)과 《문장정종》, 《문선》 등의 세가지 판본을 보아서 능히 알수 있다. 《자치통감강목》—사주단변에 계선이 있고 매 페지는 11행인데 한행이 24자로 되여있다. 주는 쌍행흑구이며 권수는 59권이다.

《문장정종》—1426년에 찍은것인데 사주쌍과로서 계선이 있고 매 페지는 11행이며 매 행은 21자이다. 주는 쌍행흑구이며 권수는 24권이다.

《문선》 역시 세종때 찍은것인데 사주쌍과로서 계선이 있고 매 페지는 11행이며 매 행은 21자이다. 주는 쌍행흑구이며 권수는 60권이다. 원래 이 책들의 권수는 대단히 방대한 량에 달하는데 지금 이 인본은 일부만이 전하고있을뿐이다. 《경자자》로 찍은 서적은 이외에도 적지 않다.

《세종실록》에 의하면 《상정소 도제주 황희 등이 〈경제륙전〉을 새로 만들었을 때 주자소에 지시하여 인쇄하도록 했다.》고 하였다.*

❊ 《세종실록》 권59, 15년 정월

다음으로 우리 나라 금속활자발전력사에서 획기적인 의의를 가진것은 《갑인자》이다. 이 글자는 그의 질과 량에 있어서나 또는 그 생산속도에 있어서 우수한것이였다고 말할수 있다.

《갑인자》를 어떻게 주조하였는가에 대하여 김빈은 주자발문에서 다음과 같이 쓰고있다.

《1434년 7월에 세종이 지중추원사 리천에게 말하기를 …경이 감독하여 만든 주자의 인본(《경자자》활자와 인본을 말함—역자)은 실로 정교하고 좋으나 다만 자체가 너무 가늘고 작아서 보기에 불편한점이 있다.

다시 큰 활자를 본보기로 하여 주자를 하면 더욱 좋겠다.》

이와 같이 《갑인자》는 《경자자》의 자체가 너무 가늘고 작기때문에 큰 활자를 다시 만들어서 보기에 편리하게 하자는데 그 목적이 있었다.

1434년(갑인년)부터 주자를 시작하였는데 이 사업에는 리천의 책임적지도하에 장영실, 정척, 김돈, 김빈, 리순지, 리세형 등 우수한 기술자들이 직접 참가하였다.*

* 《세종실록》 권65, 16년 7월 정축

그리하여 불과 2개월간에 20여만자를 주조하였으며 9월 9일부터는 직접 인쇄하는데 리용하였다.

이 활자는 당시 경연에 보관하고있던 《효순사실》, 《위선음즐》, 《론어》 등 세 책의 글씨체를 본보기로 하여 만들었으며 그리고도 부족한 글자는 리유로 하여금 써서 보충하게 하였다.

갑인자의 기술적우수성은 다만 크게 만드는데만 있은것이 아니다.

그것은 이 시기까지 만들어진 활자에 비해서 새로운 혁신을 가져왔을뿐아니라 그 이후 금속활자발전에도 거대한 영향을 줄만큼 잘 만들어진데 있다.

자체가 크고 아름답고 선명한것이 특징적이며 글씨체도 아주 정교하였다.

이에 대하여 《문헌비고》에서는 지금까지 활자체를 비교하면서 이 활자체가 가장 좋다고 평가하였다.

그 우수한 《갑인자》로 찍은 판본들을 본다면 《분류보주 리태백시》, 《문선》, 《남사》 등을 들수 있다.

《갑인자》는 크기가 가로 세로 약 9mm이며 식자한 계선의 간격은 약 11mm이다.

그리고 다른 기록에 의하면 큰 자는 세로 11.5mm, 가로 14.5mm이며 높이가 6mm라고도 하였다.

이와 같이 《갑인자》의 글자체는 대단히 크고 깨끗할뿐만아니라 활자가 매우 세련되여 인쇄된 서적이 아주 아름답고 선명하였다.

동시에 인쇄하는데 있어서도 종전에 사용하던 활자보다 그 능률이 몇배로 높아지게 되였다.

이런데로부터 《갑인자》는 우리 나라 활자중에서 가장 아름답고 우수한 활자로 높이 평가되고있다.

이 갑인자가 그후 금속활자발전에 준 영향에 대하여서는 다음과 같은 자료가 잘 말하여주고있다.

《세종 갑인에 개주한 활자는 아주 좋고 아름답기때문에 내가 일찌기 계축년에 주자할데 대한 정부의 명령을 받고 《갑인자》를 활자의 본보기로 하였으며 다른 판본들은 취하지 않았다.》*

* 서영보의 《계축록》

다음으로 1436년에 우리 인민들은 세계에서 제일 먼저 연활자인 《병진자》를 주조하였다.

이 연활자는 세조가 수양대군으로 있을 때 쓴 글씨로 만든것인데 이를 《병진자》라고 불렀다. 이 활자가 《사정전 훈의 자치통감강목》을 인쇄한 까닭으로 하여 일명 《사정전 훈의자》라고도 부른다.

《병진자》의 유래에 대하여 《문헌비고》예문고에는 《세종 16년에 리유(세조)에게 지시하여 강목대자를 쓰게 하고 연으로 활자를 만들어 강목을 인쇄하도록 하니 이것이 지금 말하는 《사정전훈의

자치통감강목〉자이다.》라고 하였다.

이 활자본의 원본이 지금 평양에 있는 인민대학습당에 보존되여있는데 그 활자와 인쇄기술은 아주 우수하다.

이 활자는 대소 두 종류인데 대자는 연활자이며 소자는 동활자이다.

연활자는 세조의 글씨로 써서 만든것이며 동활자는 《갑인자》를 그대로 사용한것이다.

큰 글자인 연활자는 매개 글자의 너비와 길이가 모두 3cm이상이나 된다.

이와 같이 우리 인민들이 세계적으로 최초의 연활자를 주조하였는데 주자용으로 가장 합리적인 연을 도입한 이 사실은 세계인쇄기술발전에서 새로운 길을 열어놓은것이며 활자력사에서 또하나의 발명을 의미한다.

현재 세계인쇄공업에 있어서 어느 나라를 막론하고 활자의 재료로서는 기본적으로 바비트를 사용하고있다.

바비트는 연, 주석, 안티몬의 합금인데 주성분이 연으로 되여있다. 그러므로 일명 연합금이라고도 불리운다.

여기서 그 주성분을 이루고있는 연은 다음과 같은 특성을 가지고있다.

첫째로, 녹음온도가 낮은것이며(고순도 연은 녹음온도가 327.4°C) 둘째로, 녹은 상태에서는 점성이 작으므로 류동성이 좋고 따라서 주물성이 좋은것이며 셋째로, 액체에 적시여지는 성질이 좋은데 있다.

그렇기때문에 연활자는 먹이나 잉크가 그 표면에 잘 붙고 따라서 인쇄물의 선명성과 질을 보장할수 있다.

이처럼 연은 활자재료로는 아주 우수한것이다.

우리 인민들이 1430년대에 벌써 연으로 활자를 주조한 이 사실은 세계인쇄기술사에서 맨처음의 일로서 참으로 거대한 창조이며 우리 민족의 자랑이다.

※ 이 활자는 1959년에 독일 라이프찌히 세계인쇄기술전람회에서 금메달

— 215 —

을 받았다.

다음으로 《임신자》는 1452년에 《경자자》를 개주한것이며 《을해자》는 1455년에 《임신자》를 개주한것이다.

이에 대하여 성현은 《용재총화》에서 다음과 같이 쓰고있다.

《임신년에 《경자자》를 개주하기 위하여 안평대군 리용에게 활자체를 쓰도록 한 다음 그 활자를 주조하여 〈임신자〉라고 불렀다.

을해년에 세조가 〈임신자〉를 또 개주하기 위하여 강희안에게 새 활자체를 쓰도록 한 다음 그 활자를 주조하여 〈을해자〉라고 불렀다.》

서거정(1420~1492)의 《필원잡기》와 정원용의 《주자의 시초를 론한다》에서도 이와 비슷한 내용을 전하고있다.

《임신자》는 우리 나라의 명필로 알려져있는 리용의 글씨로 활자의 본보기를 썼는데 아주 정교하고 우수한 활자라는것을 짐작할수 있으나 이 활자 역시 주조한후 불과 2~3년만인 1455년에 이를 개주하여 다시 《을해자》를 만들었기때문에 이 《임신자》로 찍은 책은 별로 전하는것이 없다.

1452년 《임신자》가 주조된 이후 1455년 《을해자》가 나오기까지 3년어간에 진행한 큰 출판사업으로는 《로산군일기》에 실려있는 《고려사》의 인쇄를 들수 있는데 이것을 《임신자》로 찍었는지는 명확치 않다.

《을해자》의 자체는 우리 나라 명필중의 하나인 강희안이 쓴것만큼 역시 아름다웠다.

《을해자》로 찍은 서적은 대단히 많다.

례로써 《춘추호씨전》, 《속회통운부군옥》, 《고려사절요》, 《고려사》, 《삼국사절요》, 정족산본 《세종실록》, 정족산본 《로산군일기》, 정족산본 《세조실록》, 정족산본 《예종실록》, 정족산본 《중종실록》, 《북정록》, 《의방류취》, 《동문선》 등을 들수 있다.

이상에서 본것처럼 이 활자로 찍은 서적의 종류와 출판된 량은 대단히 많다.

례컨대 《춘추호씨전》만 보더라도 30권에 달하며 《속회통운부군옥》은 40권이나 된다. 그리고 이외에도 많은 서적이 있다.

이상과 같은 사실로 보아 《을해자》를 얼마나 많이 주조하였는가 하는것을 집작할수 있다.

《을해자》의 금속성분을 분석한것을 보면 동이 79.45%, 주석이 13.2%, 아연이 2.3%, 연이 1.66%, 망간이 0.48% 나머지는 기타 성분으로 되여있었다.*

* 《조선전사》 8권, 과학백과사전출판사, 1979년판, 297페지

15세기의 출판문화에서 이룩한 이러한 성과에 대해서는 그때 사람들자체가 《백년이래 신기로운 지혜가 발휘되여 구리로 된 글자가 만들어짐으로써 온 누리에 길이 전할 업적을 남기고있는데 이것은 오직 우리 나라의 공로에 속한다.》*라고 긍지높이 자랑하였다.

* 《진간재시집》 발문

다음으로 15세기 활자주조사업에서 국문활자주조는 특별한 의의를 가진다.

한자를 글말로 써오던 우리 나라에서 자기의 우수한 민족문자를 창제하고 그 글자로서 활자를 주조한 사실은 출판문화력사에서 특기할 사변이였다.

그러나 이에 대한 구체적인 기록이 전하지 않으므로 이 활자가 언제부터 처음 주조되였으며 또 얼마나 주조되였는가 하는것을 자세히 알길이 없다.

그러나 1444년에 훈민정음이 창제되고 국문으로 된 출판물이 나오기 시작한 때로부터 국문활자가 주조되였다는것을 다음 자료에 의하여 집작할수 있다.

첫째로, 전하는 자료에 의하면 《맹자언해》와 《금강경삼가해언해》 등을 《을해자》로 찍었다고 하는데 찍은 년대는 몇해후가 될수 있다고 하더라도 그 원문을 찍은 활자가 《을해자》인 이상 그와 같

이 사용한 국문활자도 틀림없이 1455년을 전후하여 만들었을것이다.

1455년은 훈민정음이 창제된 11년후인만큼 훈민정음창제후 곧 국문활자를 만들었다는것은 의심할바 없다.

둘째로, 1449년 황해도 해주(황해남도 해주시)에서 우리 나라 국문활자로 찍은 책인 《석보상절》을 구하였는데 이 책표지의 뒤등에는 다음과 같은 기록이 붙어있었다.

《세종 31년 2월 초4일 가선대부 황해도 관찰출척사 병마도절제사겸 해주목사 신》이라고 하였는데 이 《신》은 신자근이라는 사람인데 《세종실록》에 의하면 1447년 11월에 신자근이 황해도 관찰사로 된 기사가 있고 또 다른 기록에는 1447년 12월에 해주목사를 겸임한 사실을 전하고있다.

이상 자료들을 통하여 보면 신자근이 해주목사로 있을 때 《석보상절》을 국문활자로 인쇄한 사실이 분명하다.

따라서 지방에서까지 국문활자로 인쇄할수 있었다는 사실을 고려할 때 서울에서는 그보다 앞서 국문활자를 대량적으로 주조하였으리라는것을 짐작할수 있다.

그리하여 1481년에는 《분류두공부시언해》를 비롯하여 적지 않은 서적들을 국문활자로 찍었다.

《을해자》를 주조한후 꼭 10년이 되던 해인 1465년에 《을유자》가 주조되였고 《을유자》가 만들어진후 6년째 되던 1471년에 《신묘자》를 만들었다.

《을유자》를 만든 목적은 세조가 당시 자기의 계급적지배를 공고화하기 위한 사상적무기로서 불경을 대량적으로 인쇄하기 위해서였다.

이 사실은《세조 10년에 〈원각경〉을 인쇄하고저 해서 정란종으로 하여금 활자서체를 쓰게 하였다.》*라는 기록으로써도 알수 있으며 그 활자의 실지 간본이 대부분 불경이라는데서도 짐작할수 있다.

* 《문헌찰록》 권10, 정원용 《주자의 시초를 론함》

《을유자》의 간본을 몇가지 들면 다음과 같다.

— 218 —

《구결원각경》, 《금강경계청》, 《보현행원품》, 《관세음보살례문》, 《합책》, 《문한류선대성》 등이 그 대표적인것이다.

이상 렬거한 도서중에서 《문한류선대성》간본 하나만 소개한다.

《문한류선대성》은 원래 163권이나 되는데 성종때 《을유자》로 찍었다.

사주 단변에 계선이 있고 매 페지는 13행이며 매 행은 21자이다.

그러나 글자체가 바르지 못하고 아름답지 못하여 이미 그 당시부터 긍정적인 평가를 받지 못하였다.

김종직의 《갑진자》발문에서 《《을유자》는 그 활자가 단정치 못하여 쓸수 없다.》고 한것은 바로 이를 말한것이다.

《신묘자》는 《문헌비고》에 의하면 《왕형공집》과 《구양공집》의 글자를 대본으로 하여 만들었는데 《경자자》(1420년에 주조한것)보다 작으면서도 더욱 정교하다고 하였다. 이와 같은 내용을 《용재총화》에서도 전하고있다.

이런 사실로 보아 《신묘자》가 매우 정교하였다는것은 의심할바 없다. 그러나 신묘자로써 찍은 판본은 지금까지 전하는것이 없다.

다음으로 《갑진자》 주조는 15~16세기 전기간을 통해볼 때 1434년 《갑인자》주조이후 두번째 큰 주조사업이다.

《갑진자》를 주조함에 있어서 그 경위에 대하여 김종직은 그의 《신주〈갑진자〉발문》에서 다음과 같이 밝히고있다.

《《갑인》, 〈을해자〉가 극히 정교하나 글자의 자체가 좀 커서 인쇄한 책의 부피가 많고 무겁다.

또한 이 활자들은 이미 년대가 오래되여 분산된것이 많다. 그러므로 비록 〈갑인〉, 〈을해자〉를 보충하여 주조한다 하여도 처음것과는 같을수 없다.》

활자서체는 당시 궁중에 보관한 《구양공집》과 《렬녀전》의 글씨를 본보기로 하면서 부족한 글자는 박경보가 써서 보충하였고 이 사업은 상호군 리유인과 도승지 권건의 책임하에 리세경외 수명의 기술자들에 의하여 진행되였다.

　이해 8월 24일부터 활자주조사업을 시작하여 그이듬해인 을사년 3월에 끝냈다.

　주조한 활자는 큰 자와 작은 자 합하여 모두 30여만자나 되는데 서적을 인쇄하니 똑똑하고 바르며 아름다워서 구슬을 꿰놓은것 같다고 하였다.

　이 활자로써 찍은 간본들을 보면 명종때 찍은 《당시품휘》와 명종, 선조 때에 찍은 《춘추좌전》, 《신편고금사문류취》 등을 들수 있다.

　《갑진자》간본은 글자의 모양과 자체가 아주 실용적이며 리상적으로 만들어졌다. 그것은 글자의 크기가 적당한것과 아울러 자양과 서체가 아름다운것으로써도 설명된다.

　《갑인자》는 그처럼 우수하지만 가로 세로가 약 9mm나 되며 식자계선의 간격이 약 11mm나 되는것으로 하여 일반적으로 좀 큰 활자에 속한다.

　그러나 《갑진자》는 가로 세로가 약 4.5mm이며 계선의 간격은 7.5mm를 넘지 않는다.

　이런 점에서 《갑진자》가 오히려 《갑인자》보다 더 리상적이라고 할수 있다.

　이와 같이 《갑진자》는 15세기 활자발전력사에서 《갑인자》와 함께 우수하며 그 의의가 크다.

　다음으로 1493년에 15세기로서는 마지막활자인 《계축자》를 주조하였다.

　《계축자》는 명나라에서 신판으로 발간된 《통감강목》의 글씨를 자체로 해서 활자를 주조하고 이를 《계축자》*라고 하였다.

* 《문헌찰록》 권10

　이 활자로서 간행한 책은 《동국여지승람》, 《신증동국여지승람》, 《자치통감강목》 등이 있다.

2) 16세기 금속활자주조사업

15세기에 왕성하게 진행되던 금속활자주조사업은 16세기에 들어서면서 상대적으로 감소되는 현상을 보여주었다.

그것은 첫째로, 이미 주조한 활자로써 아무리 방대한 서적이라도 출판할수 있었고 이미 출판된 서적이 제한된 수요자들에게 충족될수 있게 된 사정과 관련된다.

《어느 서적이나 인쇄하지 못한것이 없고 어느 사람이나 배우지 못하는 이가 없다.》고 한것과 《경, 사, 자, 집이 없는 집이 없다.》*고 한것은 당시 실정을 잘 말해주는것이다.

※ 김종직의 《갑진자》 발문

물론 이런 말은 당시 봉건통치자들의 문화업적을 찬양하기 위한 과장된 표현이고 또 그 수요자들이란 광범한 인민대중을 말하는 것은 아니였다.

그러나 이것은 15세기 출판문화의 발전된 면모를 추측할수 있는 한가지 례로는 된다.

이렇게 출판문화의 토대가 일정하게 마련된 조건에서 새로운 활자주조가 계속 요구되지 않을수 없었다.

둘째로, 봉건통치계급내부의 모순이 격화된데 있다.

16세기에 들어와서는 나라의 형편이 활자주조에 계속 관심을 돌릴수 있는 물질적힘과 정신적여유를 가지기 어려웠다.

특히 《사화》들이 련이어 발생하는 바람에 문필활동을 하는 지식인들과 학자들이 많이 피해를 당하였다.

이런 사정은 16세기 출판문화발전에 적지 않은 타격으로 되였다. 뿐만아니라 연산군과 같은 폭군의 집정하에서 이미 있던 출판물까지 다 불태우고 다시 출판하고있었으니 출판문화사업은 적지 않게 위축당하지 않을수 없었다.

이로 말미암아 16세기 전반기에 겨우 세번 주자사업이 진행되였을뿐이였다. 그것이 《병자자》, 《기묘자》, 《계유자》이다.

《병자자》는 우리 나라 문화사상에서 일시 수난기였던 연산군통치시기를 지나서 다시 문화사업이 복구되던 때 만들어진것이다.

이 활자도 역시 동활자이다. 그러나 이 활자의 주조경위와 그에 의하여 출판된 서적에 대하여서는 현재까지 전하는것이 없다. 그렇기때문에 어떤 사람은 이 활자를 《기묘자》와 같이 보려는 견해도 있으나 이는 그렇게 볼수 없다. 왜냐하면 《병자자》는 동활자이고 《기묘자》는 놋쇠활자이기때문이다. 1516년에 와서 동활자를 종전과 같이 만든 다음 새로운 시도로서 놋쇠활자를 만든것이다.

1519년에 소격서의 유기와 폐쇄된 사찰에 있는 유기들을 수집하여 놋쇠활자를 만들어내였는데 바로 이것이 《기묘자》이다. 하기에 《기묘자》를 일명 황동자 혹은 놋쇠활자라고도 하였다.

이 시기 출판정형에 대하여 《중종실록》에는 다음과 같이 전하고있다.

《동, 철은 우리 나라에 많이 있습니다.

그러나 교서관에서 찍은 서적들은 활자가 다 마멸되여 그 책을 사서도 읽을수가 없습니다. 지금 비록 서사(지금 서점과 비슷한것 —역자주)를 설치한다 하더라도 서적을 대량적으로 인쇄하지 않고서는 지방사람들에게까지 돌아갈수 없습니다. 주자를 해야만 많이 인쇄할수 있습니다.》*

* 《중종실록》 권35, 14년 7월

이러한 요구로부터 출발하여 당시 봉건정부는 소격서 유기와 지방사찰 유기를 가지고 주자를 하도록 하였다.

이 활자로 찍은 서적을 몇가지 들면 《력대병요》, 《신편대동련주시격》, 《당류선생전》, 《영규률수》, 《문원영화》 등이 있었다.

이상에서 본바와 같이 《기묘자》는 많은 서적을 인쇄함으로써 우리 나라 출판문화발전에 긍정적인 기여를 하였다. 뿐만아니라 《기묘자》는 그 원료를 놋쇠로 만든 점에서 우리 인민들의 활자주조기술을 발전시키기 위한 꾸준한 노력을 볼수 있게 한다.

1573년에 활자개주사업을 하였는데 이때 만든 활자를 《계유자》라고 하였다.

《계유자》는 철활자라는데 그 특징이 있다.

원래 철활자가 동에 비하여 원가는 눅으나 활자를 만들기에는 기술적으로 더 힘이 드는것이다.

그러나 우리 나라에서는 금속활자주조에서 얻은 축적된 기술과 경험에 토대하여 철활자를 만들어냈으니 이는 어느 나라 력사에서도 찾아보기 드문 일이며 우리 나라의 독특한 창안인것이다.

당시 이 활자로 인쇄된 대표적인 서적을 보면 다음과 같다.

《정절선생집》(10권 2책 1583년)과 《허란설헌집》(1권 1책 17세기초) 출판이다.

이 책을 통해서 《계유자》가 《갑인자》를 본보기로 하여 개주한것이지만 《갑인자》에 비하면 글자모양이 지나치게 기교화된것으로서 오히려 본래의것보다 박력이 적은듯하며 원래의 《갑인자》와는 다른 철활자라는것을 알수 있다.

이상에서 본바와 같이 우리 인민들은 11세기말 12세기초 세계에서 최초로 금속활자를 주조한 때로부터 16세기까지 각종 금속들을 리용하여 주자사업을 부단히 발전시켰다.

1436년에 연활자를 만들었고 1519년에는 다시 동과 석의 합금인 놋쇠활자를 주조하였으며 1573년에는 철활자를 개주한것이 바로 그런 실례이다.

이렇게 함으로써 활자의 종류는 한층 더 다양하게 되였으며 활자주조기술도 발전하였다.

3) 활자주조기술

이 시기 동, 연, 철로 글자를 만드는 주조기술이 높이 발전하였다.

성현의 《용재총화》에 의하면 활자를 만드는 방법은 황양목에다 글자를 새긴 다음 바다가의 연한 진흙을 인판우에 펴놓고 거기다 황양목에 새긴 글자로 누르면 그 글자형태로 오목하게 찍혀진다.

이 인판을 두장씩 맞대고 구멍 하나를 내놓은후 그 구멍으로 구리를 녹여부으면 활자가 된다. 이러한 공정에서 나무에 글자를 새기는 사람을 각자장이라 하였고 구리를 부어 활자를 만드는 사람을 주장이라 하였다. 그리고 활자를 각기 분류하여 장속에 보관하는 사람을 수장이라 하였다. 이는 모두 나이 젊은 관청노비들이 하였다.

이러한 방법이 15세기초부터 창안되였으며 그후 계속되였는데 이 방법은 거의나 현대금속주물방법과 별로 다름이 없었다.

당시 활자제작의 기술공정을 표로써 제시하면 다음과 같다.

1) 종자목을 규격목으로 재단 │1, 개흙선택│1, 금속선택
2) 종자목 조각　　　　　　　│2, 개흙세척│2, 금속용해
　　　　　　　종자목과 배합

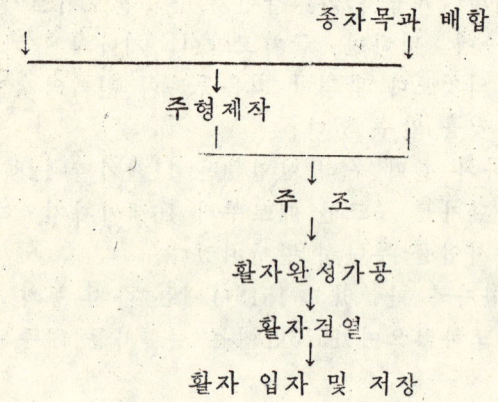

이처럼 활자의 제작공정은 주물에 대한 능숙한 기술과 기능이 안받침되여있다는것을 짐작할수 있다.

이 시기 인쇄물에서 보는바와 같이 인쇄지면에는 모든 활자들이 균일한 압력을 받게끔 활자의 높이를 가공한 사실은 당시 우리 나라 금속가공기술의 정밀성을 보여주는 좋은 실례로 된다. 활자생산속도의 측면에서도 수십만자를 불과 수개월내에 생산했다는것은 당시 수준으로서 놀라운 사실이 아닐수 없다.

《세종실록》에 의하면 이러한 주자기술의 발전을 위하여 일련의 대책들이 취해졌다.

주자하는 장공인들에게 생활상 우대제가 실시되였으며 특히 그 중에 공로가 있는 사람들은 대장, 부대장, 사정, 부사정의 벼슬(이 벼슬은 아주 낮은것—필자)을 주고 그들의 가족에 대해서도 물질적 대우가 적용되였다.*

※ 《세종실록》 권71, 18년 정월

이러한 우대제가 다른 장공인들에게는 물론 없었던것이며 이것도 세종시기에 림시로 취해진 조치였다.

그럼에도 불구하고 이런 제도를 실시한 시책에 대하여 일부 관료들은 시비를 걸었다.

그 리유는 주자장과 같은 천인들에게 관직을 줄수 없다는것이였다.*

※ 《세종실록》 권73, 18년 6월

이런 제도가 어느때 페지되였는가 하는 기록은 찾아볼수 없으나 오래가지 못하였다.

문화를 창조하고 기술을 발전시키는것은 인민대중임에도 불구하고 봉건관료들은 그들을 천대하고 억압함으로써 문화가 더욱더 발전할수 없었던것이다.

그러나 앞에서 본바와 같이 우리 인민들은 오직 자기 민족의 문화발전을 위하여 있는 지혜와 창조적로동을 다 바쳤다.

2. 조판인쇄기술과 도서출판 방법의 발전

이미 오랜 전통을 가지고 발전해오던 조판인쇄기술과 책출판방법도 활자주조사업발전과 보조를 같이하면서 비약적인 전진을 가져왔다.

1403년에 《계미자》가 주조된 이후부터 1420년 《경자자》가 나오기전까지의 기간은 조판방법과 그 기술에서 적지 않은 결함이 있었다. 그것은 《계미자》활자가 곱지 못하고 바르지 못한데도 원인이 있지만 조판기술의 부족에서도 찾아볼수 있다.

이에 대해서는 《용재총화》에서 《처음에는 활자를 늘어놓는 방법을 알지 못하고 인쇄하는 판우에 밀을 끓여 붓고 거기다가 활자를 꽂아 고정시켰다. 밀에 꽂기 편리하게 하기 위하여 〈경자자〉는 꼬리가 모두 송곳처럼 뾰족하였다.》라고 밝히였다.

보는바와 같이 이 방법은 부족점을 가지고있었다. 목판우에 밀을 녹여붓고 그것이 랭각되여 굳어지기전에 활자를 꽂아 고착시켰다. 그다음에 종이를 대고 찍어냈다. 그런데 이렇게 하면 밀은 부드럽고 연한 물질이기때문에 몇장 찍으면 밀이 말라터지고 밀려나가기도 하면서 꽂았던 활자가 움직여서 그대로 다시 사용할수 없게 되였다. 그렇게 되면 또다시 밀을 끓여 부어서 고착시켜야 하기때문에 헛수고가 많아 하루에 많은 량을 인쇄하지 못하였다. 뿐만 아니라 밀은 기름기를 가지고있기때문에 먹을 잘 받지 않았다.

우수한 기술자 리천, 장영실, 남급 등은 이러한 현상을 개선하기 위하여 많은 노력을 기울였다. 그리하여 종래의 밀조판법을 버리고 동판우에 직접 활자를 배렬하여 균자작업을 정밀히 진행한 다음 활자사이에 나무쪼각이나 파지 등을 끼워 고착시켜놓고 인쇄하는 새 방법을 창안하였다.

이와 함께 활자도 동판규격에 알맞게 모양을 개주함으로써 새 방법의 유효성을 나타내도록 하였다.

이에 대하여 《세종실록》은 다음과 같이 전하고있다.

《동판과 활자모양을 고쳐 주조하도록 하였다.

동판과 활자의 규격이 일치하여 납을 녹여 붓지 않아도 활자가 움직이지 않았으며 인쇄된것이 아주 정확하면서 하루에 수백장이나 인쇄할수 있었다.》*

* 《세종실록》 권11, 3년 3월

이와 같은 방법이 대체로 1420년 《경자자》주조이후 도입되였으며 1434년 《갑인자》주조를 계기로 성과적인 실시를 보았다.

이 창안은 당시 조판기술발전에서 일대 혁신적의의를 가진다.

밀을 쓰지 않음으로써 인쇄비용은 절약되고 생산능률은 수십배로 제고되였으며 인쇄는 더욱 선명하고 아름다왔다.

이에 대하여 성현이 한 말을 다음과 같이 전하고있다.

《그뒤에야(《경자자》 주조이후란 말) 비로소 대나무로 빈틈을 채우는 기술을 발명하게 되여 밀을 사용하던 로력과 비용을 덜게 되였다. 여기서 사람의 재간이란 한이 없다는것을 깨달을수 있다.》

한가지 례를 든다면 글자사이를 메꾸기 위해 대나무를 사용하였다는것은 현재 각종 규격의 빈 글자나 사이떠 등을 사용하는 방법과 비슷하다.

이러한 조판법은 그 당시에만 의의를 가진것이 아니라 현재 조판법의 시초를 열어놓았다는데 또한 의의가 있다.

조판기술이 높아지는것과 함께 서적편찬 및 제본술도 대단히 발전하였다.

이 시기 서적편찬에서 중요한 문제는 오자를 없애기 위한것이였다. 이와 관련하여 엄격한 상벌제도까지 실시되고있었다. 그리하여 이 시기 서적은 판본이 선명하고 오자가 없기로 유명하였다.

책출판방법에서 15세기가 다른 시기보다 다른 또하나의 특징은 활자를 대체로 크게 주조한것이다.

그중에도 《사정전훈의자치통감》을 찍은 《병진자》는 그 활자가 너무 커서 12자가 한줄로 되여있다.

제본술의 발전에서도 특히 지적해야 할것은 책의 규격이 크고 장중하게 만들어진것이며 책제본이 정교하여 보기에 훌륭하다는것이 인차 안겨온다.

활자가 크다나니 책모양도 커지게 되여 8절로부터 12절까지의 크기로 된것이 보통이며 그중 가장 큰것이 《리조실록》, 《경상도 지리지》, 《사정전훈의자치통감강목》 등인데 이 《자치통감강목》이 얼마나 큰 책인가 하는데 대해서는 다음의 설명으로 짐작할수 있을것이다.

《사정전훈의자치통감》
책 장정에서 세로 38.5센치메터
가로 22.5센치메터
글자모양은 큰자가 세로 2.1센치메터
가로 2.8센치메터
작은자가 세로 1.2센치메터
가로 1.3센치메터였다.

책의 체제가 큰것에 비하여 그다지 두껍지 않으며 줄칸은 10행 전후이고 한줄의 글자는 12자이다.

이와 같은 큰 책은 봉건시기 전기간을 통해서 그 례를 찾아보기 어렵다. 그러므로 이 책은 우리 나라에서 희귀본이 될뿐아니라 세계적인 범위에서도 희귀본이다. 그렇기때문에 이 책은 그의 판본 및 활자의 우수성으로 하여 독일 라이프찌히전람회에서 금메달을 상으로 받게 된것이다.

3. 목활자와 목판인쇄기술의 발전

이미 고려시기부터 발전된 목판인쇄는 리조시기에도 계속되였다.

물론 이 시기는 금속활자가 인쇄사업의 기본을 이루고있었지만 금속활자만으로는 사회적수요에 따르는 그 방대한 서적을 다 인쇄 할수 없었다.

그러므로 중앙과 지방에서 목판판각과 목각활자가 상당히 성행 하였다.

특히 15~16세기를 걸쳐 각 사찰에서 불교서적을 인쇄한다든가 중앙과 지방 각지 선비들집에서 문집류를 간행한다든가 또는 지방 각 고을에서 복각 혹은 중간하는것들은 대부분 목판이나 목각활자 로 하였다.

이 시기 목각활자에 대하여 말할 때 《대명률직해》인쇄를 먼저 들지 않을수 없다. 《대명률직해》는 1395년에 출판된것인데 리조통치자들이 집권한후 목각활자본으로는 맨처음이다.

또한 《대명률직해》를 인쇄한 같은해인 1395년 윤 9월에 목활자로 찍은 《공신록권》이 현재 인민대학습당에 보관되여있다.

15세기에 들어서면서 목활자는 금속활자의 대량적주조로 말미암아 종전에 비하여 그자리를 양보하지 않을수 없었지만 그러나 목판본은 의연히 큰 비중을 차지하고있었다.

이것은 《신구목판이 교서관 창고에 구름처럼 쌓였다.》*고 한 기사와 그 시기 출판한 출판물들의 출판형편을 통해서도 잘 알수 있다.

※ 《동국여지승람》 권2, 경도 하 교서관

력사도서들을 놓고보더라도 《삼국사기》, 《삼국유사》를 비롯하여 적지 않은 력사도서들이 대부분 목판본들이다.

《삼국사기》는 1394년에 진의귀, 김거두 등이 고려시기 인본을 대본으로 하여 경주부에서 새로 판각을 하여 출판한것이며 1512년경에 와서 1394년 판각이 또 마멸되였기때문에 리계복에 의하여 다시 목판본으로 출판하였다.

현재까지 남아있는 가장 오랜 판본은 리계복이 출판한 이 목판본이다.

1519년후에 활자본으로 출판된적이 있기는 하였지만 16세기까지는 목판본밖에 없었다.

《삼국유사》의 출판경위도 《삼국사기》와 비슷하다.

목판본으로 된 옛 인본이 전해왔으나 이 판본이 마멸되였기때문에 1512년에 리계복이 《삼국사기》와 함께 경주에서 목판으로 중간하였다. 《고려사》 같은것은 활자본으로 출판하였지만 그외의 력사서적은 대부분 목판본으로 출판되였다.

다음으로 이 시기 출판된 어학서적을 통해서도 목판인쇄의 정형을 알수 있다. 《훈민정음》언해본은 1446년에 배포되였는데 배포 당시의 출판본은 목판본이였다.

이 목판은 경상북도 영주군 희방사에 보관되여있었는데 당시의 목판인쇄기술의 우수성을 여실히 보여주고있다.

이 시기 목판인쇄기술의 우수성은 각종 불경언해본들에서도 잘 볼수 있는데 이 많은 불경언해본가운데 《릉엄경》 언해본 하나만 보더라도 그 기술의 우수성을 잘 볼수 있다.

이 언해본은 1462년에 간경도감에서 목판으로 출판한것인데 그 자양이 매우 아름답고 정교하다.

큰 자와 작은 자의 균형이 적절하게 되여있고 글자 하나하나가 바르지 않은것이 없다.

이미 우에서도 언급한바와 같이 봉건통치자들이 불경을 대부분 목판으로 찍은것은 활자가 없어 그런것도 아니며 불경을 신성한것으로 여기는 종교적인 관념에서 나온것이였다.

이 목판을 보관하고있으면 부처가 나라를 보호하여주는데 도움을 준다는 허황한 미신적인 생각을 전통적으로 가지고있었기때문에 《팔만대장경》도 다 목판에 새겨 《국보》로 보관하였었다.

간경도감에서 불경을 언해하고 그를 목판으로 새긴것도 다 이런 관념에서 나온것이였다. 그렇기때문에 이것을 신성한 사업으로 여기고 나라의 귀중한 목재와 인민들의 고혈을 짜내면서 최대의 정성을 다하여 새로 새겼던것이다.

하기에 간경도감에서 찍은 불경언해본들의 서문에는 《판에 새겨 반포한다.》, 《새로 조각하여 인쇄한다.》는 말이 거의 다 기록되여있으며 판각에 성의를 기울인만큼 정교하지 않은것이 없다.

이렇게 국가기관에서 진행한 목판인쇄는 당시의 교서관이나 간경도감뿐만아니라 관상감에서 천문력사를 배포할 때나 사역원에서 외국어관계서적들을 인쇄할 때도 리용하였다.

또한 지방행정기관인 감영과 큰 부, 군들에서 진행한 목판인쇄 사업은 오히려 중앙보다 더 성황을 이루었다.

그중에도 평양, 전주, 대구의 각 감영은 각자공의 수와 기술발전정도에서 서울에 떨어지지 않았으며 함흥, 공주, 해주 감영과 녕변, 경주, 제주 각 고을들도 목판인쇄의 기지로서 이름이 높았다.

이 시기 목판인쇄에서 사찰은 큰 비중을 차지하고있었다.

특히 15세기중엽에 와서 국가적인 방조하에 사찰에서 목판인쇄는 대대적으로 진행되였다.

서울 원각사, 북한산 태고사, 남한산 기원사, 양주군 망월사, 녕변군(지금은 향산군) 보현사, 영주군 희방사, 성주군 쌍계사, 합천 해인사, 봉서사, 순천군(전라남도 순천시) 송광사, 덕산 가야사, 금강산 유점사, 구월산 망엽사 등 많은 사찰들에서 출판사업이 활발히 진행되였는데 이 출판은 다 목판이였다.

어떤 기록에 의하면 당시 사찰 목판수가 2,000여종이나 된다고 하였다. 이것이 어느 정도 정확한가 하는것은 알수 없으나 사찰에서 만든 목판본이 대단히 많다는것은 의심할바 없다.

이러한 사판들에서 내용을 보면 대개 그 서두에 기원하는 글을 써서 첨부하고 불경을 간행하는 시주, 역승, 각자수의 성명들을 순서별로 기록하고있는것이 상례로 되여있다.

이외에도 민간에서 출판한 목판본들이 있기는 하였으나 15~16세기중엽까지 서원이 창설되기 시작하는 과정이였고 향교에서는 출판사업이 별로 진행되지 않았기때문에 큰 성황을 이루지 못하였다.

다음으로 개인문집들의 출판은 대체로 16세기이후였다.

집필은 물론 15~16세기에 한것이 많지만 출판은 여러가지 조건으로 후에 많이 하였다.

그러나 16세기이전에도 출판한것들이 있는데 대표적인 례를 들면 신숙주의 《보한재집》(17권 4책)이 성종때 처음 출판되였다가 인조때 중판되였고 리황의 《퇴계문집》이 1599년에 도산서원에서 판본으로 출판되였다. 이것이 서원에서 문집을 발간한 시초로 된다.

이 시기 목판인쇄기술의 발전은 판화에서도 많이 찾아볼수 있다.

대표적인 판화로써는 《삼례도》, 《삼강행실도》, 《속삼강행실도》, 《류향렬녀전》, 《평양의 봄》 등을 들수 있다.

이 판화들을 통하여 당시 목판인쇄기술의 발전에서 새로운 측면들을 찾아볼수 있게 한다.

4. 주전 및 저화 인쇄기술의 발전

주전 및 저화 인쇄기술은 14～15세기에 와서 더욱 발전하였다.

《고전대감》에 의하면 1394년에 《조선통보》를 주조하였는데 이 돈에는 한자로 《조선통보》라는 네 글자가 새겨져있고 중간에는 4각 구멍이 있다.

이 돈에 새겨진 글자는 그 자양이 아름다울뿐아니라 아주 선명하고 균형이 잘 조화되고있다. 이 주조년대는 리조정권이 수립된 직후인 《계미자》도 만들기전임에도 불구하고 주자기술의 우수성을 잘 보여주고있다.

기록에 나타난 15～16세기의 주전 회수는 5차에 달한다.

15～16세기 주전사업

번호	주전년대	돈의종류	주전내용
1	1394년	조선통보	동으로 주조(소형)
2	1399년	조선통보	〃 (대형)
3	1415년	조선통보	〃 〃
4	1423년	조선통보	〃 〃
5	명종년간	조선통보	〃 〃

이 시기 주전각자기술의 발전은 역시 세종때 와서 가장 높은 수준에 도달하였다.

이 사실에 대하여 《반계수록》에서 류형원은 《일찌기 세종때 만든 물건은 어느것이나 정묘하지 않은것이 없어 중국의 제품수준을 릉가하였다.

지금 돈주조하는것을 마땅히 장영실이 주조한것과 같

이 했으면 아주 우수할것이다.》고 하였다.

15세기 전반기에 만든 《조선통보》가 지금 사진으로 전하고있는데 크기는 작으면서도 각자가 훨씬 더 정교하고 아름답다. 이러한 정교성은 류형원도 말하고있는바와 같이 장영실의 공로와 떼여놓고 생각할수 없다.

16세기에 와서는 저화가 널리 통용됨에 따라 동전주조사업은 진행되지 않았다.

그렇기때문에 일부 동전을 사용하는 경우에는 15세기에 만든 《조선통보》를 그냥 통용하였고 그렇지 않은 경우에는 동전대신에 저화를 인쇄사용하였다. 그리하여 동전을 새로 주조하자는 제기가 여러번 있었다.*

※ 《문헌비고》 권159, 재용고

이 사실은 백사 리항복의 《채은용전편의》에서도 잘 알수 있다.

리항복은 《전폐를 사용함은 심히 편리한것인데 고려때부터 여러번 시행하다가 중도에 폐지하군 하였으니 그 연고를 알수 없다.》고 전제하고 일단 전폐를 통용하게 되면 그 류통에 조금도 장애를 조성하지 말아야 한다고 제기하였다. 이런 제기에 의하여 1603년에 당시 정부는 전폐사용여부를 각 대신들과 론의한 일이 있었는데 이때 우의정 류영경이 나라에 주조한 동전이 많지 못하므로 시행하기 어렵다고 반대하였다. 그리하여 전폐를 사용하자는 주장은 결국 실현되지 못하였다.*

※ 《조선화폐고》, 183페지

이 시기 저화의 사용과 그 인쇄사업은 매우 발전하였다.

《태종실록》과 《세종실록》에 있는 저화와 관계되는 사료를 표로써 몇가지 보기로 한다.

번호	년대	내용
1	1401년	사섬시를 두고 저화를 관리하게 하였다.
2	1402년	사섬시에서 새로 찍은 저화 2,000장을 정부에 바쳤다.
3	태종2년	록봉을 주는데서 저화를 같이 사용하였다.
4	태종2년	의정부에서 저화통용법을 만들어 왕에게 올렸다.
5	태종2년	풍저창의 쌀과 팥과 사재감의 고기를 민간의 저화로 교역하도록 하여 저화의 통용을 원활하게 하였다.
6	1402년	사헌부와 사역원이 서로 글을 올려 저화사용을 그만두자고 청하니 3부가 토의하였다.
7	1403년	사헌부가 저화를 통용할것을 청하니 왕이 그 페해를 말하였다.
8	1410년	저화통용의 법을 복구시켰다. 화폐로 5등도 사용을 금지하고 공사무역에 전부 저화를 사용하게 하였다.
9	1412년	각 도에서 찍어오는 저화가 그 모양이 같지 않고 정하고 추한것이 있으므로 서울에서 한곳에 몰아 만들도록 하였다.
10	1415년	방을 내붙이고 동전을 주조하여 저화와 섞어쓸 것을 인민들에게 알렸다.
11	1420년	국가적으로 사용하는 모든 물건은 그 저화로 매매케 하였다.
12	1422년	저화가 류통되지 못하므로 동전과 포페(베천)를 사용하기로 하고 세 정승들에게 의논해보라고 하였다.

번호	년대	내용
13	1422년	동전 1관을 저화 30장으로 계산하였다.
14	1423년	저화의 가치가 심히 눅게 되였으므로 주전과 저화의 류통을 론의하게 하였다.

　　이렇게 저화는 여러차례 인쇄되였는데 그의 실물이 전하지 않는만큼 무슨 글자를 어떻게 인쇄하였는가를 알길이 없다. 그러나 저화는 종이화폐인것만큼 인쇄하여 사용하였다는것은 의심할바 없다.

　　저화의 형태에 대한 기록을 보면 저화의 종이는 길이가 1척 1촌(1자 1치)이고 너비는 1척(1자)이상이였다.

　　대체로 이 시기 저화는 이와 같은 두 종류를 사용하였는데 그 규격이 맞지 않는것은 통용을 금지하였다.

　　이 시기 주전하는 기관은 사섬시, 제용감을 비롯하여 상평청, 훈련도감 등이였으며 호조가 이 사업을 직접 감독하였다.

　　《경국대전》 리전조에 의하면 사섬시는 저화만드는것을 담당하였고 제용감은 포화만드는 사업을 담당하였다.

　　상평청은 리조초기부터 호조소속기관으로서 주전사업을 기본임무로 삼고 진행하였다. 돈을 《상평통보》라고 부른것은 이 상평청에서 만들었다는 의미이다.

　　16세기이후에는 주전을 중앙기관에서뿐아니라 지방감영들에서도 주조하게 되여 평안감영에서 만든것은 평자전이라 하였고 경상감영에서 만든것은 상자전이라 하였다. 그리고 주전하는곳도 중앙과 지방을 합하여 40여개소나 되였다.

　　이렇게 주전사업과 저화인쇄사업이 전국가적인 사업으로 진행되였기때문에 이 분야의 출판인쇄기술도 획기적으로 발전할수 있었으며 이 인쇄기술의 발전은 역시 도서인쇄기술의 발전과 분리시켜 생각할수 없다.

5. 출판화의 발생발전

우리 나라에서 판화의 력사는 이미 오래전부터 시작되였는데 이미 11세기에 편찬된 《삼례도》에서 볼수 있다. 그리고 대장경에서도 볼수 있다.*

※ 《중국인쇄술의 발명과 그 영향》 인민출판사, 1958년판, 128페지

이런 력사를 가지고있는 판화는 15세기에 와서 그 수법이 현저히 발전하였다.

그것은 《삼강행실도》의 판화가 좋은 례로 된다. 이 판화의 출판년대는 정확히 알수 없으나 대체로 다음 자료에 의하여 1435～1436년경이라고 추측된다. 《세종실록》 16년조에 의하면 국왕은 유신들에게 지시하여 인민들을 봉건유교도덕으로 교양하기 위하여 유교도덕에 의한 고금의 충신효자의 사적을 수집편찬케 하고 이 책이 한문으로 된 사정을 고려하여 인민들이 알기 쉽게 그림까지 함께 붙여 《삼강행실도》라고 이름을 지어 인쇄한후 중앙과 지방에 배포하도록 했다고 하였다.

세종 16년은 바로 1434년인만큼 그 출판은 1～2년후였으리라고 추측된다.

《삼강행실도》 그림에서 볼수 있는바와 같이 조각수법은 아주 우수하며 예술적이다.

이 책을 편집한 사람은 당시 집현전 부제학으로 있던 설순이며 이 판화를 조각한 사람의 이름은 알수 없다.

이 책은 모두 3권인데 옛날 서적가운데서 효자 35명, 렬녀 35명, 충신 35명을 선출하여 그 《모범》적사실을 수집편찬한것이다.

한문으로 기록한 다음 그에 대한 언해를 첨부하였고 그밑에는 해당한 그림을 그려놓았다.

1492년에 출판된 《병장도설》도 그림을 책의 첫머리에 붙여 리해하기 쉽게 함으로써 당시 매우 귀중한 도서로서 간주되였으며 판화로서도 가치가 있다.

이러한 판화들은 16세기에 들어서면서 《속삼강행실도》 등을 통해서 계속 발전하였다.

《속삼강행실도》는 1512년에 편집을 시작하여 1514년에 완성되였으며 그 편집체계는 《삼강행실도》와 같다.

이 책에는 《삼강행실도》에 빠져서 수록되지 않았던 효자 36명, 렬녀 28명, 충신 6명의 내용이 들어있다.

이외에도 《국조오례의》, 《성학십도》, 《감응편도설》, 《상례비요》, 《공부자성적도》, 《렬녀전》을 비롯한 많은 책들에 삽화들이 실려있는데 이 책들은 유교경전, 불교경전, 봉건륜리도덕을 해설한것들과 함께 과학, 기술, 문화, 군사, 문물제도를 해설한것들이다.

이러한 책들의 편찬목적은 다 봉건도덕을 고취하기 위하여 만든것이지만 그에 새겨진 판화와 언해는 인쇄문화와 어학사 연구에 일정한 의의를 가지고있다.

더우기 이 시기 지도의 편찬제작사업은 판화발전력사와 떼여놓고 생각할수 없다.

15세기이후 지도를 제작하여 목판으로 인쇄한것은 1511년에 만든 《천하여지도》를 시초로 삼는다.

이는 당시 홍문관에서 편집하였는데 그 제작방법은 목판에 새기는것이였다.

현대적측량기구가 없는 조건에서 제작한것만큼 정확하지 못한 점도 있으나 목판에 도면을 새기는 인쇄기술의 발전면에서 볼때는 새롭게 기여한것이다.

리조봉건시기에 서적들에 실려있는 삽화들은 표현형식이 평이하고 인민적인 특성을 가지고있으면서도 표현기법에서 높은 예술적수준에 오른 우수한것이 적지 않았다.

당시 저명한 화가들이였던 리상좌가 번역도서 《류향렬녀전》

에 삽화를 그렸으며 김홍도가 《무예도보통지》의 삽화를 그렸다는 기록들을 통하여 알수 있는바와 같이 회화예술로서도 훌륭한 문화적가치를 가지고있는것들이 적지 않았다.

리조시기의 삽화예술은 내용상에서 많은 제약성이 있으나 우리 나라 봉건시대의 회화예술발전의 중요한 측면을 보여주는것으로서 회화의 민족적전통을 연구하고 그 선진적인 경험들을 혁신적으로 발전시키는데서 적지 않은 의의를 가지고있다. 특히 련속화형식의 삽화나 단매불형식으로 되여있는 세화들은 전통적인 민간미술형태로서 귀중한 민족미술유산으로 되여있는것이다.

특히 19세기 전반기 리조판화의 대표적인 작품으로는 당시 평양의 전면모를 굽어본 형식(부감도식)으로 형상한 판화작품 《평양의 봄》이 대표작이다.

그림은 8개의 판목에 새겨서 하나로 무은것인데 판화로서는 매우 큰것이다.(101×356cm)

가까이에는 대동강이 흐르고 거기에 많은 배들이 오르내리는 모습과 평양내성을 비롯하여 수많은 건축물과 규칙적으로 난 거리 그리고 대동강에 정박한 수많은 짐배들과 고기배들, 대동문앞의 나루터 등을 당시 평양의 풍속과 결부시켜 그린것으로 하여 더욱 흥미를 돋군다.

작품은 나무판으로 찍은후 풀색, 분홍색을 비롯하여 여러가지 선명한 색으로 칠하였기때문에 봄날의 정서를 그대로 느끼게 한다. 《평양의 봄》은 우리 나라의 앞선 판화예술을 이어받아 발전한 리조판화의 하나이다.

리조시기 판화들은 이렇게 새로운 길을 개척하면서 상당한 정도로 발전하고있었다.

제3절. 15~16세기 각종 도서의 출판

슬기롭고 근면한 고려인민들의 창조적 지혜와 재능에 의하여 12세기 전반기에 세계최초로 발명된 금속활자는 15~16세기에 이르러 출판문화가 훌륭히 개화발전할수 있는 토대로 되였다.

15~16세기는 우리 나라에서 출판물이 가장 풍부하게 나온 시기여서 우리 출판문화력사상 개화기로 부르고있다.

이렇게 불리우는 리유가 단순히 량적으로 많다는데만 있는것이 아니라 그 내용에 있어서 새로운 특색을 보여주었기때문이다.

그 몇가지 점을 요약하여본다면 첫째로, 1444년(세종 25년) 훈민정음창제와 관련하여 정음문자출판물이 처음으로 편찬발간된 사실이며 둘째로, 이 시기 자연과학의 발전에 상응하여 그와 관련된 과학서적이 대량적으로 출판된 사실이다.

례를 들면 《의방류취》, 《동의보감》과 같은 방대한 의학서적과 《신증동국여지승람》, 《대동운부군옥》, 《칠정산》과 같은 각종 우수한 과학서적이 나온 사실이다.

셋째로, 출판물형식에서도 새로운 특색을 나타낸 사실이다.

례를 들면 《사정전훈의자치통감강목》과 같이 종전에는 보기 드문 큰 활자(보통활자의 두배)로 찍은 큰 책이 나왔을뿐만아니라 《갑인자》, 《병진자》(연활자)와 같은 우수한 금속활자를 주조하여 서적을 인쇄하였기때문에 판본이 선명하고 아름다운면에서 그 이전 시기의 서적보다 새로운 발전을 보여주었다. 이와 함께 《삼강행실도》와 같이 판화를 많이 도입하여 판화조각기술의 발전을 가져온것도 출판물형식에서 하나의 새로운 특색이라고 할수 있다.

뿐만아니라 부피가 큰 도서들이 대량적으로 편찬된것도 하나의 특색을 이루고있다. 《의방류취》와 같이 365권 264책으로 편찬한것과 《리조실록》과 같이 한가지 서적이름으로 방대한 량을 련속 편찬하여 출판한 사실은 우리 출판문화력사에서 확실히 하나의 독특한 형식과 내용을 보여주는것으로서 자랑할만한것이다. 《세종실록》 하나만 례를 들더라도 한 왕대의 력사로서 163권 154책이나 되는 방대한 량이다.

이 시기 편찬출판된 서적들을 분류별로 나누어보기로 한다.

1. 어학도서의 출판

1) 훈민정음의 창제와 여러가지 언해

우리 인민은 고조선시기부터 자기의 고유한 글자인 신지글자를 만들어 사용하면서 그것을 계승발전시켜 1444년에 가장 발전된 문자인 훈민정음을 창제함으로써 문화발전에 크게 기여하였다.

1444년에 창제된 훈민정음은 가장 발전된 민족문자로서 언어생활에서뿐만아니라 출판문화발전에도 거대한 기여를 하였다.

우리 인민들은 오랜 기간 한문글말과 조선어입말간의 불일치를 해결하기 위하여 많은 노력을 경주하여왔다.

그런 노력의 결과로서 삼국시기에 이미 리두를 사용하게 되였고 후기신라시기에 와서 리두는 더욱 완성되여 향찰과 같이 구두어를 가능한데까지 한자로써 서사하는 형태로 발전시켰다.

그러나 향찰로써 글말과 입말간의 불일치를 근본적으로 제거할수 없고 리두글자자체가 어려운 한자에 기초하고있었으므로 우리 말을 쉽게 적어낼수 없었다.

이로 말미암아 일반인민대중은 사실상 문자생활에서 제외되여 있었으며 오직 일부 한문을 아는 특권관료들과 량반들만이 출판물을 독점하게 되였다.

그런데 15세기에 들어서면서 이런 모순을 해결하기 위한 인민들의 요구가 더욱 높아지게 되였고 따라서 표음문자에 대한 연구가 더욱 깊어지게 되였다.

또한 통치계급자체들도 어려운 한문이나 리두만으로써는 국가

관리문서를 제대로 다룰수 없었고 특히는 리조봉건국가의 왕권을 더욱 강화하며 인민들을 봉건적 질서와 규범으로 교양하기 위하여 문자제정의 필요성을 느끼지 않을수 없었다.

례를 들어 1442년에 세종은 《삼강행실도》를 출판하여 봉건적인 유교도덕으로 인민들을 교양하려고 하였으나 이 서적이 한문글말로 되여있기때문에 일반인민들이 읽을수 없었다. 그리하여 사람들이 보고 쉽게 알수 있게 하기 위하여 그림까지 첨부하였다. 이렇게 삽화까지 넣어서 널리 읽히려고 한 그들의 목적을 추측해볼 때 인민들이 쉽게 알수 있는 민족문자를 만들어야겠다는 생각이 절실하였으리라는것은 짐작하기 어렵지 않다.

또한 《농사직설》을 편찬발간하는데서도 이러한 례를 찾아볼수 있다.

당시 봉건국가에서 《농사직설》을 편찬한 목적이 농민들에게 농사기술을 보급시키는데 있었으나 이 책도 역시 어려운 한문으로 씌여져있었기때문에 그 보급에 곤난을 느끼지 않을수 없었다. 그리하여 각 지방의 선비들에게 의무적으로 내용을 인민들에게 알려주라는 지시서까지 내려보냈다.

물론 이와 같은 조치들은 그 어느것이나 다 봉건통치체제를 강화하고 착취를 더 많이 하기 위한 지배계급자신의 리해관계로부터 나온것임은 말할 여지도 없다.

그러나 새 글자를 만들데 대한 인민대중의 지향과 봉건통치배들의 요구는 그 계급적목적에서 서로 달랐음에도 불구하고 다같이 민족문자를 만드는 일을 촉진시키는 요인으로 되였다.

이리하여 봉건지배계급들은 자기들의 계급적리익으로부터 출발하여 민족문자를 만드는것을 중요한 국가적사업의 하나로 내세우고 이 사업을 추진시켰다. 그리하여 마침내 1444년 1월(양력)에 드디여 고유한 민족문자를 만들고 그것을 《훈민정음》이라는 이름으로 세상에 내놓았다.

위대한 수령 **김일성**동지께서는 다음과 같이 교시하시였다.

《이미 삼국시기부터 리두문자를 사용하여오던 우리 인민은 1444

년에 가장 발전된 문자인 훈민정음을 창제함으로써 문화발전에 크게 기여하였습니다.》(《김일성저작집》 1권, 232～233페지)

　　우리 인민은 이미 오랜 시기부터 한자를 리용하여 우리 말을 적는 리두문자를 써오다가 15세기중엽에는 드디여 한자와는 완전히 다른 고유한 민족글자 훈민정음을 만듦으로써 문화발전에 크게 이바지하였다.

　　이는 15세기에 이룩된 문화적성과들중에서 가장 중요한 자리를 차지하고있을뿐아니라 현재까지 거대한 생활력을 발휘하면서 훌륭한 민족문자로 빛을 뿌리고있다.

　　이것은 우리 인민들이 누구나 알수 있는 가장 적합한 표음문자이며 자모문자이면서도 음절적으로 합성해서 사용되는 특성을 가진 우수한 문자이다.

　　이 문자가 제정됨으로써 인민들의 언어생활과 서사생활에서는 획기적인 전변이 일어났을뿐만아니라 출판문화분야에서도 새로운 특징과 질적변혁이 일어났다.

　　그것은 첫째로, 우리 나라 출판물에서 력사상 처음으로 국문출판물이 나온 사실이다.

　　우리 인민이 문자생활을 시작한 때로부터 이 시기까지 오랜 기간 많은 서적을 편찬출판해왔지만 그것이 모두 자기 민족문자가 아닌 한문자로 씌여졌기때문에 인민들은 항상 그 출판물을 리용하는데서 제한성을 면치 못하였으며 커다란 곤난을 겪어왔다.

　　그러나 국문출판물이 나오게 됨으로써 이러한 제한성은 적지 않게 극복되게 되였다.

　　출판문화력사상에서 국문출판물이 지니고있는 거대한 의의는 바로 이 점에 있다.

　　둘째로, 비록 한문으로 씌여진 어학관계출판물이라고 하더라도 그 일부 서적에서는 내용상 변혁을 일으킨 사실이다.

　　《동국정운》을 비롯한 운서류에서 이러한 례를 찾아볼수 있다.

　　이 운서들에는 한자운음의 정확성을 기하기 위하여 정음문자로 그 음을 표시하였다.

이와 같은 사실은 출판물에서 하나의 질적변혁이라고 말하지 않을수 없다.

정음관계서적과 언해류들을 보면 다음과 같다.

1444년에 훈민정음이 창제되여 1446년에 공포된후에 정음으로 기록된 서적들이 대대적으로 나오게 되였다.

정음관계의 서적에서 가장 먼저 들어야 할것은 《훈민정음해례》와 《훈민정음언해》이다.

《훈민정음해례》는 훈민정음을 만드는데 참가한 정린지, 신숙주, 성삼문, 최항, 박팽년, 강희안, 리개, 리선로 등에 의하여 편찬되였는데 여기에는 그들이 이룩한 언어학적 리론, 지식과 함께 훈민정음에 관한 리론실천적문제들이 집약적으로 담겨져있다.

이 책의 이름은 글자의 이름 그대로 되였으므로 글자의 이름과 구별하기 위하여 《해례》라는 말을 덧붙인것이다. 여기에는 훈민정음본문과 정린지의 서문이 첨부되여있으며 제자해, 초성해, 중성해, 종성해, 합자해 등 상세한 해석이 한문으로 가해져있다.

1446년 가을에 이 책을 목판으로 출판하였는데 그 원본이 1940년경에 경상북도 안동군 어느 집에서 발견되여 지금 영인본으로 전하여지고 있다.

《훈민정음언해》는 1446년에 역시 언문청에 망라된 연구집단에 의하여 편찬되였다.

지금까지 남아있는 판본으로는 《월인석보》 제1권의 책머리에 붙어있는 《세종어제훈민정음》희방사본을 비롯하여 네가지 본이 전해지고 있다. 희방사본은 1568년에 판각한것이다.

이 언해본은 원문에 정음글자로 음과 설명을 가한 다음 다시 그것을 순 조선어로 해설하여놓았다.

다음으로 봉건통치자들은 훈민정음을 공적문서들에서는 물론 개인들의 서신들에도 쓰이게 하는 한편 글자의 성능을 시험하여 문학어로서의 권위를 높이게 하며 리왕조의 성립을 찬양하는 《룡비어천가》를 지어 출판하였고 세종자신이 직접 이 정음문자로 시편 《월인천강지곡》을 창작하였다.

이밖에도 《석보상절》은 조선어학사연구에 귀중한 자료로 되고 있다.

물론 이 서적들은 통치자들의 건국을 칭송하며 불교사상을 내용으로 담고있는 점에서 인민적문학작품과는 인연이 없지만 그러나 그속에 서술되여있는 조선고어의 자료는 조선어사연구에 도움을 준다.

이 책들의 출판과정을 보면 다음과 같다.

《룡비어천가》(10권 5책)는 1445년에 권제, 정린지, 안지 등이 봉건국가로부터 지시를 받고 지은 125장으로 된 장편서사시이다.

이 노래는 리성계의 고조인 목종으로부터 태조를 거쳐 태종에 이르는 6대의 《사적》을 신비화한 리조건국송가이다.

이는 훈민정음창제후 세상에 처음으로 발표한 정음도서로서 1447년에 첫번 출판을 보게 되였고 1612년에 재판하였다. 그후에도 1659년과 1765년에 다시 출판되였다.

《월인천강지곡》(1책)은 죽은 소헌왕후의 명복을 빌기 위하여 지은것이며 1449년에 출판되였다.

《석보상절》을 내게 된 동기도 앞에서 언급한것과 같으며 1449년에 《월인천강지곡》과 함께 출판되였다.

《월인석보》는 세조가 왕이 된후에 이미 전기에 출판한 《월인천강지곡》과 《석보상절》을 다시 다듬고 고쳐서 1459년에 합본으로 출판하였다.

원래 이것은 20여권으로 되여있었으나 전해지지 않고 1568년에 재판한 경상북도 영주군 희방사판인 제1, 제2가 남아 있다.

또한 다른 판으로 제7, 제8, 제13, 제14가 남아있으며 제21은 1542년의 경상북도 안동군의 관홍사판과 1569년에 충청남도 론산군의 쌍계사판이 남아있다. 이 쌍계사판은 1459년판과 매수, 자수, 내용 등이 동일하나 정음글자사용은 1495년판에 비해서 간략화되였고 특히 자음의 표기법에서 글자결에 찍은 점들이 많이 생략된 특색을 가지고 있다.

《룡엄경언해》(10권 10책)는 1462년에 출판되였는데 이 판에는 그 당시에 작성된 계양군 증의 상전문이 붙어있다.

이에 의하면 이 언해에는 계양군 증을 비롯하여 성임, 한계희, 로사신, 강희맹 등이 출판사업에 참가하였다고 씌여있다.

이 언해의 원판본은 목판본, 활판본 두가지가 있었다고 추측되나 지금까지 전하여지고있는것은 을해자로 찍은 활자본 제2권뿐이다. 학조의 《심경언해》발문에는 1495년에 다시 50권을 찍었다는 기사가 씌여있다.

《묘법련화경언해》는 따로 《법화경언해》라고도 부르는데 15~16세기에 5차나 출판되였다. 그리고 초판본은 1463년에 목판본으로 출판되였다. 이 초판본의 권1에는 당시 간경도감 제주로 있던 윤사로의 《진묘법련화경전》이 첨부되여있다.

그후 1495년을 계기로 5회나 더 출판되였는데 1523년, 1545년, 1547년, 1764년, 1799년에 출판되였다.

《선종영가집언해》(2권)는 1464년에 초판본이 나왔는데 이것은 간경도감의 목판본이다. 이 판본에는 신미의 발문과 효녕대군 보의 발문이 붙어있다. 그리고 이 언해는 신미가 한것이며 1495년에 가야산 해인사에서, 1520년에는 지리산 장수사에서 각각 재판되였다.

《금강경반야파라밀경언해》(5권, 략칭 금강경)는 1464년에 출판되였는데 이 초판본에는 당시 간경도감 제주로 있던 황수신의 진금강심경전이 붙어있으며 역시 효녕대군 보, 김수온, 로사신의 발문이 첨부되여있다.

이 언해는 한계희를 비롯한 여러 사람이 하였으며 그후 수차 재판되였는데 1482년에 내수사에서 활자로 출판되였고 1495년과 1575년에 원판에 의하여 복각한 일이 있다. 지금까지 1482년 활자본과 1575년 목각본이 전한다.

《반야파라밀다심경언해》(1권, 략칭 심경)는 1464년에 처음 출판되였다. 이 판본에는 한계희의 발문이 첨부되여있는데 그 발문에 의하면 언해번역은 주로 한계희가 하였다. 1495년과 1553년에 다시 출판한바 있다.

《원각경언해》(10권)는 1465년에 첫 출판본이 나왔다. 여기에는 당시 간경도감 도제주로 있던 황수신의 진원강경전이 첨부되여있고 그다음에 당시 이 책을 번역출판하는데 관계된 사람들의 이름이 기록되여있다. 이 언해를 담당진행한 사람은 신미, 한계희 등 이다.

그다음 1575년에 전라도 안심사에서 복각을 하였으며 이와는 다른 활자판본도 전하고있는데 이는 출판년대가 명확치 않다.

이외에도 불경언해본으로 《불설아미타경언해》를 비롯하여 몇개의 서적이 더 있으며 《몽상화상법어략론》을 비롯한, 법어언해와 《목우자수심결》을 비롯한 불교도들의 수양과 관련된 서적언해들이 편찬출판되였다.

그러나 간경도감이 폐지된 이후에는 불경에 대한 새로운 번역편찬사업은 거의 진행되지 않았고 주로 간경도감판을 재판 혹은 복각하는데 그쳤다.

15세기말에 와서 불경언해복각을 가장 대대적으로 한 시기는 1495년이다.

이해에 연산군은 죽은 성종의 명복을 빈다 하여 불경언해재판사업을 대대적으로 진행하였는바 학조의 《심경》발문에 의하면 이해에 번역본 《법화경》, 《릉엄경》 각각 50권, 《금강경》, 《륙조해》, 《심경》, 《영가집》을 각각 60권, 《석보상절》 20권을 인쇄하였으며 또 한자본으로 된 《금강경오가해》 50권과 《륙경합부》 300권을 인쇄하였다고 하였다.

유교경전언해들도 불경언해에 비하여 못지 않게 조선어사연구에 중요한 의의를 가진다.

유교경전언해사업이 실지 진행된것은 16세기초이지만 그 시초는 불경언해보다 더 오랜 력사를 가지고있다.

왜냐하면 유교경전을 읽을 때 이미 구결토를 달아 읽는 사실과 떼여놓고 생각할수 없기때문이다.

리조가 유교를 국가적인 교육교양의 내용으로 삼은 이후 유교경전에 대한 연구사업은 당시 지배계급들에게 있어서 제1차적인것으로 되였다.

그리하여 경서를 쉽게 읽고 리해하기 위한 방법을 강구하게 되였으며 그 결과 구결토를 정서에 다는 문제가 제기되였다.

이 토를 정리한것은 대체 14세기말～15세기초이다.

《세종실록》 10년조에 의하면 세종이 변계량에게 말하기를 《옛날 태종이 권근에게 명령하여 5경토를 만들게 했다.》라고 하였다. 그리고 그 주에다가 《무릇 글 읽을 때 말로써 구두를 떼는것을 사람들이 토라고 말한다.》고 하였다.

그러나 한문원문에 토를 달아 읽는것이 우리 말로 읽기 위한 시초라고는 볼수 있지만 이것이 곧 지금 말하는 언해는 아니며 또 국문이 아닌 리두로서 그렇게 될수도 없었다.

유교경전에 대한 언해사업이 구체적으로 진행된것은 16세기 전반기에 와서 류승조에 의하여 처음 진행되였다.

현재 전해지는 자료에 의하면 유경을 번역할데 대한 사업이 이미 세종시기부터 론의가 많았으나 해결되지 못하여오다가 류승조에 의하여 비로소 진행되였다.

이에 대하여 《연려실기술》은 《경서의 언해가 있게 된것은 류승조로부터 시작되였다.》라고 전하고있다.

그러나 이 언해는 지금 전해지지 않는다.

오늘 전하고있는 유경언해들은 16세기말에 와서 국가적인 사업으로 편찬된것들이다.

1576년에 국가는 다시 률곡 리이에게 지시하여 4서 5경에 대한 언해를 시작하였으나 률곡이 4서만 하고 5경에 대해서는 진행하지 못하였다. 그렇기때문에 이것을 국가에 바치지 못하였다고 한다.

그후 1585년에 봉건정부는 다시 부서를 설치하고 7서언해를 시작하였다. 그리고 1601년에는 교정청을 설치하고 이미 완성된 언해본들을 다시 교정하는 사업을 진행하여 출판하였는데 그 책들은 다음과 같다.

《주역언해》 9권 5책, 《시경언해》 20권 7책, 《서경언해》 5권,

《론어언해》 4권 4책, 《맹자언해》 14권, 《중용언해》 1권, 《대학언해》 1권 1책 이상 7서언해들은 모두 1585년에 시작하여 1601년에 출판하였다.

또한 《례기대문언독》 등이 있는데 그의 출판년대는 아직 전해지지 않고있다.

다음으로 유교경전은 아니지만 한시문을 번역한 언해본들도 우리의 주목을 돌리게 하고있다.(이것은 문학작품이라고 할수 있지만 언해본이므로 편의상 여기서 취급한다.)

이러한 서적으로서 《두시언해》, 《련주시격》, 《황산곡시집》, 《백련초해》 등을 들수 있다.

《성종실록》에 의하면 이 《련주시격》, 《황산곡시집》 번역은 서거정, 로사신 등이 하였다고 하였다. 그러나 《련주시격》과 《황산곡시집》 언해본은 지금 전하여지지 않고 활자본으로 된 1481년판인 《두시언해》 첫 간본의 1부가 전해지고있다.

특히 《두시언해》 첫 간본은 1481년에 출판되였는데 총 25권 19책이며 조신의 서문이 붙어있다.

이 서문에 의하여 당시 정부의 지시로 번역사업이 진행되였다는것과 번역에 참가한 사람들은 조신, 류윤겸 등이라는것을 알수 있다.

이 첫 출판본은 철자법이 정연하며 어휘가 풍부하기때문에 당시의 조선어를 연구하는데 많은 도움을 준다. 그후 1632년에 목판으로 다시 출판한 일이 있다. 그러나 재판본은 초판본보다 많이 달라져있다.

《백련초해》는 1권으로 되였는데 시 7언련구 100종을 모아서 언해를 했기때문에 《백련초해》라고 하였다. 그런데 이 서적은 주해한 사람과 출판년대가 명확치 않은 이본들이 전하여지고있다.

이러한 경서언해와 시집언해는 그 번역수집에 있어서 대체로 동일하다. 제일 먼저 글의 토막이나 단락에다가 한자에 대한 음을 국문으로 매자에 따라 달고 토를 달았으며 번역도 역시 한자에다 국문글자로 음을 달고 구어체로서 번역하였다. 그러나 이와 다른 형태로서 구결토만 국문으로 단것이 있다.

또한 이외에도 교육교양을 목적으로 하여 편찬된 언해류들이 적지 않는데 그중 몇가지를 들면 다음과 같다.

《천자언해》가 있는데 이것은 여러 판본이 있다. 그중에 대표적인것은 한석봉의 《천자문》이다. 이는 다른 언해와는 달리 매 글자 밑에다 국문으로 뜻을 달아놓았다.

1583년에 한석봉이 쓴것을 가지고 1601년에 출판하였으며 그후 1754년에 다시 재판하였다. 그런데 이것이 일본에 전하여져서 에도의 나가노라는 사람이 1675년에 출판한 일이 있다.

《류합》도 《천자문》과 같이 글자의 뜻을 가르쳐주기 위하여 한자밑에 국문뜻을 달아서 학습에 편리하게 하였다.

《아언각비》에 의하면 최초에 《류합》을 편찬한 사람은 서거정이라고 하였다. 1576년에 처음 출판된 이 책에는 류희춘의 서문이 있다.

《훈몽자회》(1책)는 최세진이 쓴 책이다. 최세진은 종래 교과서로 씌여진 《천자문》, 《류합》 등이 너무 추상적인 글자만 모아놓은 부족점을 퇴치하기 위하여 화초, 천문, 지리 등 구체적인 물명에 대한 글자 3,360자를 선택하여 역시 국문으로 뜻을 달았다.

그런데 이 책의 다른 가치는 어학자인 최세진에 의하여 글자의 뜻에서 당시 뜻과 음의 기록을 정확히 하고있는 점이다. 그렇기때문에 이는 오늘 조선고어연구와 한문학연구에 매우 귀중한 서적이다. 이 서적출판년대는 1527년이다.

이외에도 《동몽선습언해》, 《동자습》 등이 있다. 그리고 《소학언해》, 《주자증손려씨향약언해》, 《정속언해》들과 이미 우에서 지적한 《삼강행실도》, 《오륜행실도》 등이 있다.

한편 외국어연구를 위한 언해들도 많이 출판되였는데 이는 최세진의 이름과 떼여놓고 생각할수 없다.

최세진은 다른 어학서적도 많이 집필했지만 《로걸대언해》와 《박통사언해》를 저술함으로써 중국어학습에 크게 기여하였다. 그러나 이 최세진의 《로걸대언해》와 《박통사언해》 원본은 전하여지지 않는다.

　이 시기 의학과 농업기술의 장려를 위하여서도 언해를 편찬하여 간행하는 사업이 진행되였다.

　그중 몇가지를 들면 다음과 같다.

　《향약집성방언해》가 1488년, 《구급이해방언해》(1권)가 1499년, 《두진방언해》, 《벽온방언해》가 1518년에 출판되였으며 그리고 《간이벽온방언해》(1권)가 1525년, 《농서언해》가 1518년, 《잠서언해》가 1518년에 출판되였다.

　이상에서 본바와 같이 정음관계서적들과 언해들이 많이 나오게 된것은 확실히 우리 나라 출판문화력사에서 새로운 전환을 가져온 하나의 사변이며 이로써 우리 인민은 자기의 우수한 민족문자로 편찬한 출판물을 볼수 있게 되였다는 점에서 그 의의가 크다.

　그러나 당시 봉건통치계급들의 반인민적정책으로 말미암아 우리 민족문자로 편찬한 출판물이 문자생활에서 여전히 주도적위치를 차지하지 못하였으며 민족문자로 편찬출판했다는 경우에도 우에서 본바와 같이 몇개의 기술서적과 어학서적을 제외하고는 대부분의 불교경전이나 유교경전들을 언해한것뿐이다.

　심지어 민족문자를 제정한 당시에 이 제정을 반대하고 한문자로써만 서사생활을 하자는 최만리를 비롯한 썩어빠진 사대주의자들이 있었으니 그후에도 정음문자로 된 출판물이 제대로 나올수 없었으며 따라서 일반인민대중은 문자생활에 의연히 자유롭게 참가할수 있는 길이 제한되여있었다.

2) 리두도서를 비롯한 어학도서의 출판

　리두도서로서 대표적인것은 《대명률직해》이다.(이 책의 판본에 대하여는 목판본에서 설명함)

　《패관잡기》에 의하면 《대명률》은 전혀 리문으로 되여있기때문에 그 문체를 알기 어려워서 1395년에 정도전 등이 리두로써 매 조항을 번역하고 이를 《대명률직해》라고 하였다.

그러나 여기서 정도전 등이 번역했다는것은 김지 등이 이미 번역한것을 가지고 윤색한데 지나지 않는다. 그리고 이것이 어숙권에 의하여서도 리두로써 더 알기 쉽게 보충번역되여 《대명률직해》를 리용하는 사람들에게 도움을 주었다.

훈민정음이 창제된후에는 리두가 서사생활에 일부 쓰이기는 하였으나 그 이전시기와는 아주 달라졌으며 그 의의도 그리 크지 않았다.

운서와 사전류는 우리 나라에서 매우 일찍부터 발전하였으나 훈민정음을 제정하기 이전까지는 자기 나라의 고유한 문자를 못가지고 한자와 한문을 사용하였기때문에 한자와 관련된 운서와 사전들이 주로 편찬되였다.

그러나 훈민정음이 창제된 이후에는 응당 훈민정음을 더 잘 알게 하기 위한 운서와 자전을 편찬해야 할 과업이 제기되였음에도 불구하고 일부 봉건통치자들과 고루한 유교학자들은 계속 자기 글을 언문이라고 하고 한문을 진서라고 하면서 한문과 한자에 대한 연구를 주되는 사업으로 삼으려 하였다. 하지만 애국적인 학자들과 인민들은 자기 나라 민족문자와 말과 글을 발전시키려는 립장에서 조선어음연구에 도움을 줄수 있는 운서와 자전들을 보다 더 만들었다.

이 시기 조선운서로서 만들어진것가운데서 몇가지 대표적인것만을 들면 다음과 같다.

《동국정운》은 우리 나라에서 최초로 만들어진 조선운서이며 전 6권으로 되여있다.

《세종실록》에 실려있는 신숙주의 《동국정운》 서문에 의하면 신숙주, 최항, 성삼문, 박팽년, 리개, 강희안, 리현로, 조변안, 김증 등이 봉건국가의 지시를 받아 편찬하여 1445년에 완성하고 곧 출판하여 전국에 배포하였다.

이 책은 훈민정음제정과 거의 때를 같이 하면서 나왔다. 그러나 이 책은 일찍부터 흩어져 전하는것이 드물었으며 1940년경에 경상북도 안동군 어느 집에서 제1권과 제6권이 나왔다.

《사성통고》는 중국음의 정확한것을 알게 하기 위하여 역시 신숙주 등이 만든것이다. 그러나 일찍 없어져서 전해지지 않는다.

《홍무정운역훈》은 신숙주 등에 의하여 1455년에 편찬되였다.

신숙주의 문집 《보한재집》에 실려있는 《홍무정운역훈》서문에 의하면 훈민정음을 창제할 때 동북방언의 음을 확정하기 위하여 봉건정부에서는 신숙주 등을 7~8회나 료동에 보내여 조사사업을 진행케 하였고 초고를 10여차례나 정리하여 8년만에 완성시켰다고 하였다.

첫 출판은 1455년경에 하였고 재판은 1752년에 하였다.

《사성통해》(2권)는 이미 편찬되였던 《사성통고》를 정정보충하여 1517년에 편찬출판하였다.

이외에도 편찬 및 출판 년대는 알수 없으나 《삼운통고》와 《례부운략》 등이 있으며 옥편으로는 최세진 저 《운회옥편》이 대표적이다.

16세기말의 사전관계서적에서 특별한 자리를 차지하는것은 권문해가 집필한 《대동운부군옥》(20권 20책)이다.

이 책의 저자 권문해(1534~1591)는 우리 나라의 해박한 사전학자이다.

이 책의 편찬체계를 보면 우리 나라에서 단군이래 선조에 이르기까지 일체 력사적사실과 천문, 자리 등에 관한 한자어휘를 운자에 의하여 분류하고 그에 해당한 해석을 가한 일종의 사회과학, 자연과학의 종합사전이며 이때까지 사전에서 보기 어려운 신용사전의 새로운 시도였다는데 그 가치가 있는것이다.

항목은 지리, 국호, 인명, 효자, 렬녀 등 11개 부문으로 특별히 나누어 분류하고 여기에 편찬자자신의 주석이 주어져있으며 이에 인용된 서적을 보면 삼국사기를 비롯한 우리 나라 도서 174종과 《사기》를 비롯한 외국도서 15종이다. 이러한 방대한 자료들에서 한자는 6,100여자이며 이에 기초하여 실은 어휘는 2만 5,600여개나 된다.

이렇게 편찬된 서적인것만큼 과거 우리 나라 학자들도 이 도서에 대하여 높은 평가를 아끼지 않았다.

정법조는 그 내용과 리용가치에 대하여 《<대동운부군옥>은 지리서이며, 력사서적이며, 인문전기이며, 도서해제로서… 그 혜택은 후대들에게만 있을것이 아니다.》라고 하였다.

특히 이 책은 그 내용에서도 고증이 비교적 정확하고 풍부할뿐 아니라 이미 없어졌던 책들의 내용을 전하고있는것들이 적지 않은데 이 점에서도 커다란 의의를 가진다.

이 서적의 의의는 이에만 그치지 않는다. 저자가 자기 나라의 립장에 서서 자기 나라의 사물을 대상으로 실용적인 가치가 있게 만들었다는데 더욱 큰 의의가 있으며 이런 종합사전이 이 시기까지는 세계적으로 그 례를 찾아보기 힘들다는데서 또한 의의가 있는것이다. 하기에 저자 권문해는 실사구시적인 학풍을 가진 실학사상의 선구자중 한사람이라고 말할수 있다.

이 서적은 1589년 정월에 권문해가 분류사전형식으로 만든 우리 나라 한자고사전이다.

이 책은 1822년에 처음 출판되였으며 1913~1914년에 활자본으로 출판되였다.

리조시기에 들어서면서 외국과의 관계가 더 빈번해짐에 따라 이 부문에 대한 연구사업과 출판사업도 더 한층 광범하게 진행되였다.

그리하여 1393년에 사역원이 설치되면서 중국어를 교육하기 시작하였고 1414년에 일본어를 교육하기 시작하였다.

이 시기 중국어를 교육하기 위하여 나온 책가운데 대표적인것은 《로걸대》와 《박통사》이다.

이 두 서적의 저자와 처음 편찬한 년대에 대하여는 자세히 알수 없으나 고려시기부터 이미 있었다는것은 의심할바 없으며 리조초부터 중국어교과서로 사용되였다. 이것은 초시, 복시 시험에 로걸대, 박통사를 시험과목으로 규정하고있는 《경국대전》의 기록을 보아서도 알수 있다.

리조시기에 들어와서 이 책의 출판년대를 보면 1416년에 이 두

책이 다 출판되였고 1423년에 주자소에서 활판으로 출판하였으며 16세기초에 최세진이 《로걸대》, 《박통사》 언해들과 집람을 편찬출판한바 있다.

그리고 일본어를 교육한데 대하여 《태종실록》 14년 10월조에는 다음과 같이 전하고있다.

《사역원에 명령하여 일본어를 가르치게 하였다. 외객통사 윤인보가 건의하기를 〈일본사람들이 우리 나라에 오는것이 계속되는데 왜어를 통역하는자가 적으니 젊은 사람들에게 학습을 시키는것이 좋겠다.〉》

이 시기 일본어관계의 대표적인 서적은 강우성이 지은 〈첩해신어〉이다. 이 책은 강우성이 임진조국전쟁당시에 일본에 붙잡혀갔다가 돌아와서 지은것인데 1618년에 편찬되였고 1676년(숙종11년)에 출판되였다.

2. 문학도서와 문집류의 출판

1) 문학도서의 출판

(1) 소설작품도서

15세기는 우리 나라 소설발달력사에서 특이한 위치를 차지한다.

우리 나라 소설문학작품의 발생력사는 그 년대가 상당히 오래지만 그러나 《금오신화》와 같은 걸작품이 나온것은 15세기를 시초로 하고있다.

김시습의 《금오신화》는 그 창작적재능과 사상예술적성과에 있어서 고려시기의 전기들이나 15세기에 성행한 패설작품과도 질적으로 구분되는것이다.

그렇기때문에 《금오신화》를 비롯한 일련의 소설작품들이 이 시기에 출현했다고 하는 사실은 이 당시 출판물력사에서도 획기적의의를 가진다.

《금오신화》는 단편소설집으로서 현재 전하는것보다 더 많은 작품이 있었다. 책이나 그 원본의 일부가 류실되고 현재는 5편만이 전하고있을뿐이다. 현재 전하는것보다 더 많은 작품이 있었다고 하는것은 이 작품집의 끝머리에 《첫째 책(갑집)》이라고 밝혀져있는 것으로 보아 이 한권만이 아니라는것을 알수 있게 한다.

현재 전하여지는 다섯편의 작품집은 기본적으로 두개의 주제로 구분되는데 《만복사저포기》(만복사의 윷놀이), 《리생규장전》(리생과 최랑의 사랑), 《취유부벽정기》(부벽정의 달맞이) 등 3편은 남녀간의 자유로운 사랑을 주제로 하여 봉건적유교교리의 불합리성을 반대하는 사상을 보여준 작품들이며 《남연부주지》(남연부주이야기), 《룡궁부연록》(룡궁의 산량잔치) 등은 환상적인 세계묘사를 통하여 작가자신의 사상 및 사회정치적, 철학적 견해와 리상을 보여주고있다.

이 작품들이 각각 어느해에 창작되였는가 하는것은 정확히 고증할수 없으나 김안로의 《룡천담적기》에 의하면 김시습이 《금오산에 들어가 책을 저술하여 석실(돌로 만든 방)에 두면서 후세에 반드시 김시습을 알아줄 사람이 있을것이라고 하였는데 대개 그 책은 전기적이며 우의적인 작품》이라고 쓴것으로 보아 그가 경주 금오산에 머물러있을 때 창작한것이라고 인정된다.

그리고 이 작품의 출판년대는 알수 없으나 일찌기 일본에 건너가서 《전탕신화》, 《선두신화》 등의 모방작품을 낳게까지 하였던것이다. 그러나 이런 진보적인 작품은 봉건통치자들의 방해로 하여 제때에 출판되지 못하였다.

16세기에 들어서면서 소설은 더욱 다양하게 나왔는바 그중 몇가지를 들면 림제의 《서옥설》(재판받는 쥐), 《화사》(꽃력사), 《수성지》(시름에 싸인 성), 《원생몽유록》과 권필의 《주생전》과 같은 작품들이 수많이 창작되였다.

특히 이가운데서도 《금오신화》에 실린 작품들은 작가 김시습의 재치있는 예술적솜씨로 하여 이야기줄거리, 인물성격, 묘사적인

문체 등 현대적소설형식을 기본적으로 갖추고 주제사상을 잘 밝혀 냈다는데서 특별한 의의를 가진 소설서적이며 진보적인 문학작품이라고 할수 있다.

(2) 패설작품도서

패설작품서적은 이미 언급한바와 같이 13세기부터 《파한집》, 《보한집》, 《력옹패설》 등이 있었지만 14세기말부터 15세기초까지는 이런 작품집이 나오지 않고 거의 중단상태에 있던것이 15세기말에 와서 다시 성행하게 되였다.

그 대표적인것은 강희안의 《양화소록》, 서거정의 《필원잡기》, 《태평한화》, 성현의 《용재총화》, 강희맹의 《촌담해이》, 리륙의 《청파극담》, 남효온의 《추강랭화》 등이다. 16세기중엽에 와서 저술된 것으로서는 김안로의 《룡천담적기》, 조신의 《수문쇄록》, 어숙권의 《패관잡기》, 리제신의 《청강쇄어》, 차천로의 《오산설림》 등이다.

그러나 이런 패설작품들의 출판정형을 보면 도서들이 저술된 후에 곧 출판된것은 아니다. 당시 봉건통치자들은 사실상 인민성을 띤 패설문학의 발전을 억제하였다. 이런 사정으로 하여 대부분이 그 시기에는 출판되지 못하고 사본으로 돌아다니다가 그후 《대동야승》에 수록출판되였다. 그러나 남효온의 저작인 《추강랭화》만은 1577년에 따로 출판되였었다.

이 시기 소설의 출판정형도 사정은 마찬가지였다.

김시습의 《금오신화》의 출판경위는 이미 언급한바와 같거니와 당시 권력이 있던 사람의 작품인 서거정의 《태평한화골계전》, 채수의 《설공찬 환혼전》 등도 다 당시에 출판되지 못하였다. 이 작품들은 패설문학의 범위를 넘어서지 못하였지만 다 당시에 출판되지 못하였으며 림제의 《서옥설》(재판받는 쥐), 《수성지》(시름에 싸인 성), 《화사》(꽃력사)와 권필의 《주생전》 등도 모두 출판되지 못하고 필사본으로 전하여오다가 후세에 와서야 출판되였다.

림제의 작품에서 《수성지》(시름에 싸인 성)만은 1622년에 출판된 《백호집》에 올라있으나 《원생몽유록》은 《장릉지》에 저자의 이름도 불명확하게 수록되여있고 또 다른 책에도 올라있을뿐이였다.

　　출판이 이렇게 제대로 되지 못한 리유는 이 작품들 역시 당시 사회를 풍자한 진보적인 내용을 담고있는것으로 하여 봉건지배계급들이 그 출판을 저해하였기때문이다. 그런 사정과 관련하여 저자들이 자신의 이름을 일부러 숨기기도 하였고 필사본으로 전하기도 하였다. 이런 경우는 우에서 든 작품외에도 적지 않게 있다.

(3) 기행문과 일기책

　　이 시기 문학작품의 하나인 기행문과 일기책들도 적지 않다.

　　기행문으로서는 신숙주의 《해동제국기》, 최부의 《표해록》, 김일손의 《두류기행록》, 김정의 《제주풍토록》 등을 대표적으로 들수 있다.

　　그중에 특히 가치있는 책은 《표해록》과 《제주풍토록》이다.

　　《표해록》은 저자 최부가 1488년에 경차관으로 제주도에 갔다가 아버지의 상사를 당하여 라주에 있는 본집으로 돌아오는 도중에 제주 앞바다에서 폭풍을 만나 10여일동안 죽을 고비를 겪고 마침내 중국 절강성 태주지방에 표착되였다가 43명의 일행이 고국에 살아 돌아온 기록이다.

　　이 책에는 바다우에 표류되여가면서 겪은 가지가지의 내용들과 아름다운 조국에 대한 저자의 열렬한 사랑을 쓰고있을뿐아니라 중국의 당시 문물제도, 지방의 생활풍습 등을 직접 보고 들은대로 많이 기록한것으로서 귀중한 자료로 되고있다.

　　《제주풍토록》은 충암 김정의 저작이다. 김정은 《기묘사화》와 관련되여 제주도로 귀양가게 되였고 마침내 그곳에서 사약을 받아 죽었는데 이 풍토기는 제주에 귀양가서 있는동안 쓴것이다. 이 풍토기는 저자가 직접 보고 듣고 체험한것을 쓴것이기때문에 제주도의 자연조건과 특산물 및 당시의 생활풍습을 아는데 생동한 자료로 되고있다.

　　일기로서는 률곡 리이의 《경연일기》와 미암 류희춘의 《미암일기》 등이 대표적이다.

《경연일기》는 1556년부터 1581년까지 17년간 경연에서 론의된 문제, 중앙과 지방에서 제기된 크고작은 문제, 좋고나쁜 문제들을 리이자신이 직접 써서 전한것으로 하여 자료적가치가 있다. 이 일기는 《률곡전서》에 함께 수록되여 출판되였다. 이것을 흔히 《석담일기》 혹은 《석담야사》라고도 불렀다.

《미암일기》도 당시에 출판되지 못하였고 초고로서 계속 본가에 보관되여 내려오다가 1869년에 문집의 출판과 함께 일기도 11책으로 편찬하여 목판으로 처음 출판하였다.

그 일기의 내용을 보면 1567년부터 시작하여 1577년까지 11년간을 빠짐없이(현존한것은 그 초고를 출판한것인데 전해오는 과정에 약간한 류실로 인하여 빠진것이 있음) 기록하였다.

이 일기는 개인일기로서 가장 분량이 많을뿐아니라 그에 기록되여있는 자료가 풍부하다는 점에서 그 의의가 크다.

그리하여 이것은 그후 《선조실록》을 편찬하는데 많은 참고로 되기까지 하였다.(임진조국전쟁시기 《선조실록》의 사초가 불타버렸기때문이다.)

2) 문집류의 출판

문집류의 출판사업은 고려시기의 전례를 이어 15세기에 들어서면서도 계속 진행되였다.

그러나 우리 나라에서 개인문집편찬 및 출판사업이 본격적으로 성황을 보인 시기는 15세기말부터 16세기라고 말할수 있다.

대체 이렇게 된 사회문화적요인은 두가지로 들수 있다.

첫째로, 15세기의 출판사업은 대체로 국가의 장악지도밑에 전국가적인 집체사업으로 되여있었다면 16세기에는 국가적인 출판사업보다 개인의 출판사업이 더 성행된 사실과 관련된다.

이것은 출판사업이 력사발전의 추세에 의하여 더욱 대중화되는 단계에로의 이행을 의미하는것인 동시에 다른 한편으로는 리조봉건정부가 자체모순의 격화로 말미암아 출판사업을 15세기처럼 장악지도하지 못한 사정과도 관련된다.

둘째로, 15세기말~16세기에 들어서면서 교육제도의 정비와 서원의 광범한 설립으로 유학을 적극 장려하는 학문연구의 사회적분위기를 조성하였고 개인의 저술활동을 적극 자극하였기때문이다.

따라서 학자와 문인들이 수다하게 배출되여 문집을 남기는것이 하나의 풍조와 지향으로 되였다.

이런 주객관적요인으로부터 문집출판사업은 15세기보다 16세기가 현저한 증가를 보이게 되였다.

물론 이런 문집들이 정도의 차이는 있지만 그 어느것을 막론하고 봉건유교사상과 그 학설을 기본리념으로 삼고있지 않은것이 없다.

그러나 이 문집가운데는 그 시기로 보아 진보적인 견해들을 담은 정론들과 자기 조국산천을 사랑하여 지은 시가들, 인민생활을 걱정하고 외적의 침략을 반대하는 애국적이며 긍정적인 작품들도 일정하게 있다.

이런 점에서 볼 때 문집류가 많이 편찬출판된것도 우리 문화의 발전과 출판물의 풍부성과 우수성을 보여주는 한 측면이라고 할수 있다.

(1) 15~16세기 문집출판

15세기 문집출판사업은 이미 우에서도 언급한바와 같이 크게 성황을 이루지 못하였다.

이 시기 문집으로 지금까지 널리 알려진것은 정도전의 《삼봉집》, 권근의 《양촌집》, 변계량의 《춘정집》 등이다.

이 서적들의 내용을 보면 다음과 같다.

《삼봉집》(14권 7책)은 정도전의 증손인 정문형이 1487년에 목판으로 출판하였다. 그후 규장각의 사본을 정리하여 14권으로 개편해서 1791년에 출판하였다.

이 문집에 수록되여있는 《경국문감》, 《조선경국전》, 《불씨잡변》, 《심기리편》 등은 정도전의 해박한 철학적 및 정치, 경제적 지식을 보여주고있다.

《양촌집》(40권 14책)에서 《응제집》은 1457년에 출판되였고 기타는 1674년에 그의 후손 권도가 경상도에서 출판하였다.

이 문집가운데 있는 사서오경에 대한 구결과 《동국사략전》과 《동국사략》 등은 어학사 및 력사 자료로서 가치가 있는것이다.

《춘정집》(12권 5책)은 세종때 대구감영에서 출판되였고 그후 1824년에 거창에서 재판되였다.

이외에도 리조초기에 고려시기 작가들의 문집을 출판한것이 있다.

이는 물론 리씨왕조가 고려왕조의 문인학자들을 회유하기 위한 정책에서 나온것이라고 볼수 있다.

1403년에 태종은 권근에게 지시하여 리숭인의 《도은시집》(5권 2책)을 편집출판케 하였고 1404년에는 《목은집》(55권 16책)을 출판하였다.

또한 1439년에 《포은집》(7권 4책)까지 출판하였다.

문집출판사업은 15세기 후반기에 와서 비로소 왕성하게 진행되였다. 이 시기에 출판된 문집들가운데 대표적인것 몇부를 들면 다음의 표와 같다.

번호	책 이 름	권수	책수	저자이름	번호	책 이 름	권수	책수	저자이름
1	보한재집	17	8	신 숙 주	11	학역재집			정 린 지
2	무릉잡고	16	9	주 세 붕	12	란계선생유고	1	1	박 연
3	사숙재집	17	4	강 희 맹	13	근 보 집		1	성 삼 문
4	사가정집	58	15	서 거 정	14	태허정집	2	1	최 항
5	점필재집	14	8	김 종 직	15	저 헌 집	4	2	리 석 형
6	눌 재 집	6	3	량 성 지	16	허백당집	8		성 현
7	야 은 집	7	3	길 재	17	매 계 집	3		조 위
8	별 동 집	3	2	윤 상	18	탁 영 집	5	3	김 일 손
9	방 촌 집	14	7	황 희	19	한헌당집	3		김 굉 필
10	진산세고	2		강회백, 강희안	20	문헌공실기	1		정 여 창

16세기에 들어와서 출판된 문집으로서 대표적인것을 보면 다음 표와 같다.

번호	책이름	권수	책수	저자이름	번호	책이름	권수	책수	저자이름
1	이요정집	15	7	신용개	22	온계집	4	2	리 해
2	회재집	14	5	리언적	23	미암집	20	10	류희춘
3	금남집	3	2	최 부	24	소재집	19	8	로수신
4	송재집	3	3	리 우	25	토정유고	13		리지함
5	모재집	15	7	김안국	26	봉래시집	3	1	양사언
6	읍취헌유고집	4	2	박 은	27	청허당집	4	2	휴 정
7	충암집	5	5	김 정	28	사암집	7	3	박 순
8	사재집	4	2	김정국	29	고봉집	5	5	기대승
9	퇴계집	68	38	리 황	30	귀봉집	11	5	송익필
10	진일재집	1	1	류승조	31	우계집	6	6	성 혼
11	롱암집	5	2	리현보	32	률곡전서	44	23	리 이
12	용재집	12	7	리 행	33	송강집	2	2	정 철
13	충재집	10	6	권 발	34	청강집	12	5	리제선
14	정암집	15	5	조광조	35	학봉집	16	10	김성일
15	기재집	24	10	신광한	36	서애집	20	14	류성룡
16	자암집	2	1	김 구	37	남명집			조식
17	화담집	4	2	서경덕	38	중봉집	20	10	조 헌
18	호음잡고	8	8	정사룡	39	사류재집	12	5	리정암
19	대곡집	2	2	성 운	40	망우당집	5	3	곽재우
20	백호집		2	림 제	41	리충무공전서	14	8	리순신
21	하서집	16	8	김린후	42	건재일고	7	2	김천일

이상 렬거한 문집들은 15~16세기 도서중에서 그 일부에 불과하지만 이것으로서도 15세기 후반기부터 16세기에 이르기까지 개인 문집 집필 및 출판 사업이 그 이전시기에는 볼수 없을 정도로 활발하게 진행되였다는것을 알수 있다.

뿐만아니라 개인 한사람의 저서로서 《퇴계집》,《률곡집》 같은 것은 무려 50~60여권이라는 방대한 량에 달한다.

개인문집이 이렇게 많은 량에 달한것은 우리 나라 출판력사에서 보기 드문 례이며 이 한가지 사실만으로서도 지방의 개인출판사업이 중앙의 국가적인 출판사업보다 못지 않게 발전하고있었다는것을 짐작할수 있게 한다.

(2) 15세기 문학선집출판

문학선집은 개인문집과는 다른 형태이지만 역시 문집류편찬과 가까운 형태이다.

우리 나라에서 이러한 형태의 편찬 및 출판 사업은 이미 언급한바와 같이 13세기말 김태현의 《동국문감》편찬으로부터 시작되였지만 그것은 전하여지지 못하였으며 14세기에 들어와서 최해의 《동인지문》이 이와 비슷한 성격을 가진것으로서 전해지고있으나 권수가 적으므로 많은 작가들의 작품을 포괄하지 못하였다.

오직 15세기에 와서 이런 선문집이 방대한 량으로 나오게 되였는데 《동문선》과 《속동문선》,《동문수》가 바로 그런 서적들이다.

《동문선》은 전체 133권으로 묶어진 일대 총집이다.

이는 1478년에 서거정, 강희맹 등 20여명이 당시 정부의 명령에 의하여 이 방대한 편찬사업을 완성하였다.

이 책에 수록된 범위를 보면 시기적으로는 3국시기부터 리조초기에까지 이르고 작가수를 보면 474명이며 수록된 작품수를 보면 시가와 산문을 합하여 3,464편이나 된다.

그러나 이러한 많은 작가, 시인들이 대부분 봉건시기 량반관료 출신이기때문에 그 작품들이 인민적이고 진보적인것은 적다.

작가와 작품 선택에서 이러한 결함은 이 책의 편찬과 자신들의 사상적 및 계급적 제한성에서 나온것이였다.

그러나 이 시기에 와서 이렇게 방대한 선집이 나오게 된것은 서거정을 비롯한 로사신, 강희맹, 량성지 등 23명의 학자들의 집체적노력에 의해서만 이루어질수 있었다.

이 편집자들의 결의를 《동문선》서문에서는 다음과 같이 전하고 있다.

《이는 곧 우리 나라의 문장인것이다. 그러니 마땅히 력대의 시문들과 함께 보존하여야 하겠거늘 어찌 인멸시켜 전함이 없도록 할수 있겠는가?》

편찬자들이 바로 이러한 립장으로부터 출발하였기때문에 비록 그 작품선택에서는 제한성이 있었다 하더라도 삼국시기, 고려시기의 도서들이 전란으로 인하여 많이 인멸된 조건에서 그 시기 작가, 시인들의 작품을 이렇게 애써 종합하여 유일하게 전하고있는 사실은 궁정적인것이며 바로 이러한 점으로 하여 《동문선》의 사료적가치가 있다.

《속동문선》은 리조 중종시기에 와서 신용개 등이 《동문선》이 편찬된 이후시기 40년간의 작가, 시인들의 시와 산문작품을 선별하여 속집으로 편찬한것이기때문에 이름도 《속동문선》이라고 하였다. 이 속편은 23권인데 원집에서 분리되여 따로 전하기도 한다.

《동문수》는 15세기에 김종직이 봉건시기의 량반문인들의 글을 추려모아 편찬한 산문문학선집인데 전 5책으로 되여있다.

이는 일찌기 성삼문이 편찬하다가 중단한 《동인문보》를 김종직이 보충완성한것이다.

3. 력사도서의 출판

력사서적 편찬과 출판사업은 리조정권이 수립되면서부터 통치자들이 가장 관심을 많이 돌린 분야의 하나였기때문에 봉건편사학이 크게 발전하였다.

통치배들이 력사편찬에 관심을 돌린 리유는 첫째로, 고려의 왕통을 이어받은 리조봉건통치자들이 고려력사를 자기들에게 유리하게 꾸며놓음으로써 통치지반을 공고하게 만들자는데 있었다.

둘째로, 자기 당대의 력사를 잘 써놓음으로써 후세에 영원히 자기들의 정치《업적》을 알려주자는데 있었다.

셋째로, 봉건통치자들에게 자기 정치에 대한 우결함을 력사서적에서 찾아 우점은 전례로 계승하는 동시에 결함은 교훈으로 삼는 전통적인 관념이 강한것과도 관련되였다.

이러한것이 자기들의 봉건통치의 강화와 밀접한 리해관계를 가지고있다는것을 잘 알고있었기때문에 그들은 정권을 수립하자마자 곧 고려력사편찬사업과 《리조실록》편찬사업을 가장 중요한 국가적인 사업으로 여기고 진행하였다. 그리하여 건국초기부터 력사편찬사업을 맡아보는 기관을 두고 이를 중심으로 진행하였다.

력사편찬기관은 고려말기의 력사편찬기관인 예문춘추관을 처음에 그대로 유지하였으나 1401년부터 이를 강화하는 방향에서 예문관과 춘추관으로 분리시키고 춘추관에서 력사편찬사업을 전적으로 맡아보게 하였다.

이 사업에 참가한 력사가들은 대부분이 리성계의 정권탈취에 적극 참가한 사람들이였고 리왕조성립후에도 정부의 고관을 지낸 사람들이였으므로 유교봉건적인 사관과 자기 정권을 옹호하려는 리해관계에서 오는 편견이 력사편찬에서 많이 작용하였다.

그러나 이 시기 력사가들은 그러한 제한속에서도 선행한 편사학의 유산을 계승하여 발전시키면서 고려시기의 통사를 편찬하는 사업과 《리조실록》을 편찬하는 사업을 적극 진행하였다.

1) 《고려사》를 비롯한 통사도서의 출판

전하는 자료에 의하면 현재 전하는 《고려사》가 나오기전까지 무려 세차례나 고려력사편찬사업이 반복 진행되였다.

첫번째 편찬한것이 《고려국사》(37권)였고 두번째 편찬한것이 《수교고려사》였고 세번째 편찬한것이 《권초고려사》였다.

첫번째 편찬한 《고려국사》는 왕이 1395년에 정도전, 정총에게 지시하여 편년체로 편찬하게 한것이다.*

※ 《동문선》 권29, 〈고려국사〉서문

그러나 태종때 와서 잘못된것이 많다 하여 하륜에게 교정하도록 하였다.
이에 대하여 《태종실록》에는 다음과 같이 전하고있다.
《춘추관령사 하륜을 불러서 〈고려사〉를 교정하라고 지시하였다. 국초에 정도전, 정총 등에게 지시하여 〈고려사〉를 편찬하도록 하였는데 위조(공민왕이후를 가리킨것—역자)이후의 일이 잘못 서술되여 진실과 어긋났다. 그러므로 이러한 명령이 있었다.
이는 대개 하륜의 요청에 의한것이다.
처음에 국왕이 군신들에게 말하기를 〈내가 고려사를 보니 태조(리성계를 가리킴)의 일을 기사하는데서 사실과 상반되는 잘못된것이 있다.〉고 하였다.》

※ 《태종실록》 권27, 14년 5월

이러한 리유로 하여 1414년에 하륜이 교정사업을 시작하였으나 완성하지 못하고 사망하였던것이다.
두번째 편찬한 《수교고려사》는 1418년에 세종이 다시 춘추관지사 류관, 변계량 등에게 지시하여 《고려국사》를 수교하도록 하였다.* 그리하여 류관 등은 1421년에 이 사업을 완성하였다.

※ 《세종실록》 권11, 3년 정월 계사

그러나 1423년 12월에 다시 류관, 변계량, 윤희 등에게 또 지시하여 그것을 다시 수교하도록 하였다. 윤희 등은 1424년 8월에 수교를 완성하였는데 이 책을 보통 《수교고려사》라고 한다.
《권초고려사》는 윤희 등의 《수교고려사》가 너무 간단하다고 다시 신개, 권제 등에게 지시하여 더욱 자세한 장편 《고려사》를 편찬하도록 하였다.
그리하여 1442년 8월에 새 《고려사》를 편찬하였다. 그러나 이것도 사실이 외곡된것이 있다 하여 주자소에서 인쇄까지 다 한것을

배포하지 못하게 하고 편찬자들에게는 책벌까지 주었다.*

* 《세종실록》 권24, 13년 2월 임자

바로 이와 같은 우여곡절을 거쳐 현재 전하고있는 《고려사》가 이루어진것이다.

이 사실을 통하여서도 알수 있는바와 같이 국왕을 비롯한 당시 봉건통치자들은 력사편찬사업을 자기 왕권의 강화와 유교적인 명분사상을 표방하는데 거대한 영향이 있다고 보았기때문에 이렇게 많은 로력과 물자가 드는데도 불구하고 사실을 외곡하였다는 구실 밑에 몇차례 반복작업을 하여 오늘 전하고있는 《고려사》를 만들었다. 전하는 자료에 의하면 수차 개편하는 과정에 왕정내부에서는 력사서술체계에 대한 문제도 오랫동안 론의되였다. 그리하여 지금까지 개편된 《고려사》들은 다 편년체였으나 토론끝에 결국 기전체 력사를 편찬하여야 한다는 합의에 도달하였다.

그리하여 오늘 전하는 《고려사》는 기전체로 서술하게 되였다.
《고려사》는 1449년에 착수하여 1451년에 완성되였다.
《고려사》편집에는 김종서, 정린지를 비롯하여 30여명의 학자가 참가하였고 처음에는 김종서가 이 편집집단의 책임자로 되였으나 그후에 그가 세조에게 살해됨과 관련하여 김종서는 편집자집단에서 제명되고 정린지가 책임자로 되였다. 그런 관계로 해서 이 책은 정린지의 《고려사》라고까지 불리우게 되였다.

《고려사》편찬목록을 보면 목록 2권, 세가 46권, 지 39권, 년표 2권, 렬전 50권, 모두 139권으로 되여있다.

이 책의 출판정형은 다음과 같다.

초간본—이 책이 편찬된 직후인 1451년부터 곧 출판사업이 시작되여 1453년 10월까지 판각사업이 종결되고 출판되였으나 이는 원래 부수가 적었고 또한 판본에 김종서의 이름이 있었기때문에 그후 완전히 폐기되여 전하지 않는다.

재판본은 1454년에 활자로 출판되였는데 여기에는 정린지의 《〈고려사〉를 올리는 글》이 실려있다.

이 판본은 그후 판본들의 원형으로 되였으나 지금 그 판본은 전하지 않고 광해군 통치년간에 목판본으로 출판된것이 있다.

《고려사절요》는 1451년 가을에 편찬사업이 완성되였는데 이 편찬집단은 김종서가 총책임자였고 정린지 등 많은 사람이 같이 참가하였다. 이 책은 총 35권으로 되여있다.

《고려사절요》편찬사업의 경위에 대하여는 이 책에 첨부되여있는 김종서의 《고려사절요》를 올리는 글에 상세히 서술되여있다.

그에 의하면 세종의 지시를 받고 1451년 가을에 만들었다는것과 편년체로 쓴다는것을 밝히였고 여기에는 475년간의 34대왕 력사가 포함되여있다고 하였다.

출판정형을 보면 초간본은 편찬사업이 끝난 직후인 1453년에 나왔고 재판본은 성종년간에 있었다.

이상 두 서적 즉 《고려사》와 《고려사절요》가 나옴으로써 60년간 끌어오던 고려사편찬사업이 일단 마감을 지었다.

《고려사》나 《고려사절요》는 다 리조봉건통치자들이 전 왕조의 력사를 교훈삼아 저들의 봉건통치를 강화하려는데 목적을 두고 편찬한것이기때문에 편찬자들의 봉건사관에 의한 제한성과 계급적립장으로 말미암아 적지 않은 결함을 가지고있다. 고려시기의 근로인민의 력사를 쓰지 못하고 왕조사를 쓴 기본결함과 함께 대외관계서술에서 사대주의적립장에서 벗어나지 못하였으며 고려왕조의 멸망의 필연성과 리조성립의 《정당성》을 봉건유교적인 관념과 리조봉건통치배들의 립장에서 증명하느라고 실지 사실을 외곡한것도 있다.

이 책들의 편찬사업이 60년간을 끌어온것도 바로 그때문이였다.

이런 시대적 및 사상적 제한성이 있음에도 불구하고 이 두 력사서적은 고려시기 력사연구에서 아주 귀중한 자료로 되고있다.

그 사료적가치는 첫째로, 거기에 담겨져있는 일부 자료들은 왕조사의 범위를 벗어나서 고려시기의 사회경제제도와 안팎의 원쑤들을 반대하여 싸운 인민들의 투쟁에 관한것을 서술하고있는 점이며 둘째로, 인민들의 창조적로동에 의하여 이룩된 고귀한 과학문화의 성과들과 아름다운 생활풍습이 비교적 풍부하게 실려있는 점이다.

셋째로, 《고려사》에 비하여 《고려사절요》가 인민사연구에 필요한 가치있는 사료들이 더 많으며 체제상에서도 기전체로 쓴것보다 편년체로 썼기때문에 분량은 《고려사》에 비하여 간단하면서도 년대순으로 한곳에 종합서술한 우점으로 하여 시대적으로 사실을 개괄파악하는데 편리하다. 그리고 같은 사실을 취급함에 있어서도 량자 사이에는 적지 않게 기사의 출입이 있음으로 하여 이 두 책은 고려시대력사를 연구하는데 병행하지 않을수 없다.

이상에서 든 몇가지 사료적가치로 하여 《고려사》와 《고려사절요》의 편찬이 15세기 력사학이 달성한 성과의 하나라는것을 잘 보여주고 있다.

이 시기 통사관계서적으로서는 고대로부터 고려말기에 이르는 력사를 쓴 《동국통감》과 《삼국사절요》가 있다.

이 두가지 서적은 다 15세기 후반기에 편찬되였다.

《동국통감》은 봉건정부의 지시에 의하여 15세기 전반기에 시작되였으나 완성되지 못하고 성종때 와서야 서거정 등이 56권 28책으로 편찬하였으며 《삼국사절요》도 15세기 전반기에 시작은 되였으나 역시 로사신, 서거정, 리파, 김계항, 최숙정 등에 의하여 15세기 후반기에 완성되였다.

《동국통감》은 고조선으로부터 시작하여 고려말까지 편년사로 쓴 통사이며 《삼국사절요》는 고구려, 백제, 신라 등 삼국시기의 력사를 쓴 통사이다.

《국조보감》은 15세기 후반기에 편찬된 통사서적이다.

《국조보감》은 1782년 정조6년에 《사조보감》, 《선묘보감》, 《숙묘보감》들과 여기서 빠진 각 왕대 즉 정종, 단종, 세조, 예종, 성종, 중종, 인종, 명종, 인조, 효종, 현종, 경종, 영조 왕대들의 《사적》을 보충한것들을 한데 모아 이것을 《국조보감》 68권으로 출판하였다.

그후 각 왕대들에서 이를 보충하는 사업이 진행되여 헌종왕대에는 정조, 순조 량 왕대의 기록 14권을 첨부하여 통편 82권으로 하고 또 따로 별편 10권을 편찬하였다.

순종왕대에는 헌종, 철종 년간의 기사 8권을 더 보충함으로써 90권으로 하여 결국 《국조보감》은 원편 90권, 별편 10권, 합계 100권으로 되였다.

《국조보감》은 그 기사의 범위와 분량이 다 극히 한정되여있으나 조선왕조시기에 공식적으로 편찬된 간단한 통사로서 참고할 가치가 있다.

이 시기까지 력사편찬사업은 개인이 못하게 금지되여있었기때문에 오직 국가적인 조직에 의한 력사편찬사업만이 진행되였으며 또한 고려이전력사에 한하여 서술할수 있었다.

그러므로 당시 력사편찬사업에서는 국가적으로 진행한 《리조실록》편찬사업이 가장 큰 비중을 차지하였다.

2) 《리조실록》의 편찬출판과 사료적가치

《리조실록》은 15～16세기뿐만아니라 리조전기간에 걸쳐 편찬된 력사서적으로서 그 량의 방대성에 있어서나 사료의 풍부성, 서술의 구체성에 있어서 세계에서 류례를 찾아보기 힘든 력사서적이며 우리 민족문화유산가운데 자랑할만한것이다.

15세기에 편찬된 실록은 《태조실록》으로부터 《성종실록》까지 9대실록이며 16세기에 편찬된 실록은 《연산군일기》로부터 《명종실록》까지 4대실록이다.

이 실록편찬사업의 진행정형을 보면 다음과 같다.

1409년에 력대 실록수선법이 제정된후부터 편찬사업이 시작되였는데 《태종실록》에 의하면 실록편찬사업과 관련하여 많은 론의들이 있었다는것을 알수 있다.

그 론의의 초점은 아버지의 력사를 아들이 편찬하면 공정하지 못한 점이 있을수 있기때문에 몇대를 지난후에 편찬하는 제도를 세워야 한다는 일부 의견과 또 그렇지 않으므로 곧 편찬해야 한다는 의견이 대립되였다.

이런 주장을 가지고 많은 론의를 거친 끝에 결국 하륜 등의 의견대로 결정되여 태조의 실록을 태종시기에 편찬하기로 하였다. 그 후부터는 그전대왕의 실록을 그다음 왕대에 편찬하는것이 하나의 규례로 되였다.

실록편찬사업은 춘추관이 정상적으로 해당 사료들을 수집정리하여 진행하였으나 사업의 책임성을 더욱 높이고 더 잘 수행하도록 하기 위하여 후에 오면서 실록청이라는 림시기관을 매번 설치하고 진행하였다. 그러나 그 성원들은 역시 춘추관 관리들을 위주로 하여 구성하였다. 이 시기 실록청의 총재는 대체로 령의정이 겸임하게 되였는데 그만큼 이 사업을 중요시하였기때문이였다.

그리고 실록편찬자료들로는 시정기, 사관의 사초, 출사인원의 기사, 외사관의 기사 등이며 조보도 종종 그 자료로 리용되였다.

시정기란 춘추관의 겸임사관들이 매일 본관에 와서 각 아문(관청)들로부터 보고되는 문건들을 정리하여 편찬한것이며 사초란 개별적사관들이 자기의 사사로운 견문 혹은 모임석상에서 보고 들은 것들을 적어두었다가 정부에서 요구하는 때에 사료로 제출하는것이다.

출사인원의 기사란 외국에 파견되였던 사신들이 자기의 보고 들은것을 기록한것이며 외사관의 기사란 지방관리들가운데 겸춘추(겸임사관—필자주)로 임명된 사람들이 각 지방에 있은 사실들을 기록한것이다.

이상에서 본바와 같이 실록편찬에는 공적 및 사적인 자료들과 중앙, 지방, 외국에서 수집한 자료들이 널리 포괄되였다.

15~16세기에 편찬 및 출판 정형을 실록별로 보면 다음과 같다.(권수와 책수는 1966년판 《도서련합목록》 16페지 적상산 원본에 의거함)

《태조실록》—15권 3책은 1413년에 하륜 등이 편찬하였고

1448년에 정린지 등이 보충한바 있다. 여기에는 태조의 재위 7년간 의 사실이 수록되여있다.

처음에는 인쇄본이 아니고 사본이였으나 1606년에 다시 출판할 때 활자로 인쇄한바 있다.

《정종실록》—6권 1책은 1426년 8월에 윤회 등이 편찬하였다.

이것 역시 처음에는 사본이였으나 1606년에 다시 출판할 때 활 자로 인쇄한바 있으며 정종 재위 2년간의 사실이 수록되여있다.

《태종실록》—36권 16책은 1431년 3월에 맹사성 등에 의하여 편찬되였다. 이것은 사본이며 태종 재위 18년간의 사실이 수록되여 있다.

《세종실록》—163권 67책은 1454년 3월에 정린지 등이 편찬하 였으며 1474년에 주자로 인쇄하였다. 이것은 실록편찬사업이 시작 된후 처음 찍은 활자본이다.

그리고 《세종실록》은 그 내용편집에서 다른 실록보다 특이한 점을 가지고있다. 이 책에는 세종 재위 32년간의 사실을 일반적으 로 기록한외에 《오례의》 8권, 《악보》 8권, 《지리지》 8권, 《칠정산》 8권 등이 더 수록되여 매우 귀중한 유산으로 되고있다.

《문종실록》—13권 6책은 1456년 11월에 정린지 등이 편찬하였 다. 이것은 활자본이다.

《단종실록》—14권 6책은 단종이 세조에게 패위당한후 《로산군 일기》라는 이름으로 편찬되였던것인데 1698년 《로산군》을 《단종》으 로 복위하면서 1704년에 그것을 《단종실록》으로 고쳤다.

그 부록 1책에는 그 복위의 경위가 기록되여있으며 책은 활자 본이다.

《세조실록》—49권 18책은 1472년 12월에 신숙주 등이 편찬하 였다.

《세조실록》도 《세종실록》의 체제와 같이 48권과 49권에는 《악 보》가 수록되여있으며 활자본이다.

《예종실록》—8권 3책은 1473년 5월에 신숙주 등이 편찬하였 다. 예종 재위 13개월간 사실이 수록되여있는 활자본이다.

《성종실록》―297권 47책은 1499년에 신승선 등이 편찬하였다.

성종 재위 25년간의 사실이 수록되여있는 활자본이다.

이상 실록들이 15세기에 편찬된 실록들이다.

《연산군일기》―63권 17책은 연산군이 폐위된후에 일기로 그냥 남아있다가 중종때 와서 수정청을 설치하고 여기에서 편찬하였다.

연산군 재위 12년간 사실이 수록되여있는 활자본이다.

《중종실록》―105권 53책은 1550년 9월에 리기 등이 편찬하였다.

중종 재위 29년간 사실이 수록되여있는 활자본이다.

《인종실록》―2권 2책은 1550년 9월에 심련원 등이 편찬하였다.

인종 재위 28개월간의 사실이 수록되여있는 활자본이다.

《명종실록》―34권 21책은 1571년 4월에 홍섬 등이 편찬하였다.

명종 재위 22년간 사실이 수록되여있는 활자본이다.

이상은 16세기에 편찬된 실록들이다.

실록의 보관정형을 보면 다른 력사서적과 달리 매우 신성화되여있었으며 취급규률이 대단히 엄격하였다.

실록편찬후에는 모든 사초를 없애버렸는데 이를 세초라 하였으며 많은 부수를 인쇄하지 않고 이 시기에는 오직 4부씩 작성하여 네곳의 사고에 각각 1부씩 두었는데 서울에 있는 내사고(춘추관을 말함)에 1부 보관하여두고 나머지 3부는 외사고 즉 충청도 충주, 경상도 성주, 전라도 전주의 사고들에 각각 1부씩 나누어 보관하였다.

이렇게 보관한 다음에는 3년만에 한번씩 포쇄(책의 오손을 방지하기 위하여 해빛에 말리우는것)할 때나 정부에서 특별하게 등출(등사해내는것)하는 경우 외에는 어떤 사람도 열람할수 없게 규정되여있었다.

특히 국왕이 실록을 열람하는것은 엄금되여있었다.

이것은 봉건력사관의 한계내에서 력사집필의 객관성을 보장하고 이 열람으로부터 야기될수 있는 시끄러운 문제들을 미연에 막자는 의도였다.

물론 후기에 오면서 국가규률이 문란해지고 당쟁이 격화됨에 따라 이 제도가 그대로 고수되지 못한 경우도 있었지만 대체로는 이 보관사업이 비교적 순조롭게 진행되여왔다.

실로 《리조실록》은 세계 어느 나라 력사서적에서도 찾아보기 힘든 거대한 사료적가치를 가지고있다.

그것은 첫째로, 1392년부터 1910년까지 519년간의 기나긴 력사를 일기체 형식으로 거의 빠진 날이 없이 그날에 제기된 사실을 그날에 구체적으로 생동하게 기록하여 놓은 정부일지라는데 있다.

이러한 형식의 일지는 세계 어느 나라 력사에서도 찾아볼수 없는것인 동시에 이러한 일지를 편찬하는 사업의 시초를 세계적으로 처음 열어놓은것으로 하여 그 의의가 자못 큰것이다.

둘째로, 이 실록이 량적으로 방대하고 그 내용이 다양한 점에서 그 어느 나라 력사서적에서도 그 례를 찾아보기 힘든 점이다.

1,763권에 달하는 방대한 량에 담고있는 그 내용은 실로 풍부하고 다양하다.

이 책에는 리조봉건사회의 전기간 정치, 경제, 문화, 군사, 외교 등에 관한 자료들은 물론 다른 력사기록들에서는 흔히 볼수 없는 음악, 미술을 포함하여 천문기상, 수학, 지리, 의학, 농학 등 자연현상과 사회생활전반에 걸치는 자료들이 다양하게 반영되여 있다.

례를 들면 이 책에는 이상기후현상에 관한 자료가 1만여건이나 되며 지진에 관한 자료는 1,700여건이나 들어있다. 뿐만아니라 이 책에는 중국, 몽골, 일본 등 이웃나라에 관한 자료들과 동남아세아 나라들, 로씨야, 영국, 독일, 프랑스, 미국 등 여러 나라들에 관한 자료들도 기록되여있다. 이런 자료는 특히 후기실록에 기록되여 있다.

셋째로, 비록 단편적이고 외곡된 측면은 있지만 민족의 자주권을 옹호하며 외래침략자들을 물리치기 위하여 전개한 인민들의 반침략투쟁자료와 력사의 주체인 인민대중이 자기의 압제자를 반대하여 투쟁에 떨쳐나선 사실들이 기록되여있는 점이다.

그러한 한가지 실례를 든다면 리조봉건통치 전기간 가장 《안정》된 시기라고 하는 세종시기 약 30년간에만 하여도 인민대중이 압제자를 반대하여 투쟁한 건수가 《세종실록》에 무려 100여건이나 실려있다.

특히 이런 자료들은 15~16세기 실록에 상대적으로 많이 기록되고있어 오늘 그 시기 인민사를 연구하는데 도움이 되고있다.

물론 이 책은 편찬목적부터 인민대중의 력사로서가 아니라 왕권을 강화하기 위하여 쓴 왕조사이기때문에 모든 력사적사실들이 왕을 중심으로 평가되고 서술되여있다. 그러므로 인민대중의 역할과 그들의 생활과 투쟁에 관한 문제, 그들의 창조적로동에서 이룩된 고귀한 성과에 대한것은 대부분 도외시되고있으며 취급하는 경우에도 사실과 맞지 않게 심히 외곡되여있는것도 적지 않다.

이런 경향은 16세기이후 당쟁이 격화된 이후시기의 실록에 더욱 심하게 나타나고있다.

이러한 시대적 및 계급적 제한성이 있음에도 불구하고 이 책은 당시 우리 나라 력사학이 이룩한 거대한 성과로 하여 인류문화의 보물고에서 빛나는 자리를 차지하고있다.

위대한 수령 **김일성**동지께서는 민족의 귀중한 유산인 《리조실록》을 보아주시면서 다음과 같이 교시하시였다.

《《리조실록》은 아주 귀중한 책입니다. 전문가들을 위해서는 복각하고 일반대중을 위해서는 번역하여야 하겠습니다.》

위대한 수령님과 친애하는 지도자동지의 현명한 령도에 의하여 1,763권에 달하는 방대한 량의 《리조실록》이 번역되고 400책의 번역본이 출판되여 문화의 진정한 주인인 우리 인민들앞에 나왔다. 그리하여 이 책은 비로소 진정한 인민의 재부로, 귀중한 문화유산으로 빛나고있다.

4. 법전 및 경제 관계 도서의 출판

한 왕조가 수립되면 그 왕조에 해당한 법전과 경제 서적들이 반드시 있기마련이다.

리조국가기구 및 기본법제 등은 고려왕조의것을 많이 답습하였고 형법에서는 명나라 법률을 참작하여 《대명률직해》를 만들어 1395년에 서적원에서 목판본으로 출판하였다.

《대명률직해》는 명나라법률을 그대로 옮겨온것이 아니고 당시 우리 나라 현실을 참작하여 리두로 해석한것이였으나 그렇게 수정보충하여 만든 《명률》도 우리 나라 현실에 잘 맞지 않았으며 또한 국가체제를 계속 정비하는 과정에서 생긴 새로운 조령(임금의 명령)이나 교지(임금의 지시) 등을 법적으로 편찬출판해야 할 필요성이 제기되였다.

그리하여 1394년에 정도전이 왕명에 의하여 《조선경국전》을 출판하였다.*

  * 《태조실록》 권5, 3년 5월 무진

정도전이 《조선경국전》을 출판하여 올린후에 다시 법전개편사업이 진행되였다.

1497년에 령의정 조준의 주관하에 검상조례사가 조령, 교지 등을 내용으로 삼아 《경제륙전》을 편찬출판하는 사업이 진행되였다. 이것이 리조정권수립후 처음으로 출판된 국가적인 법전이라고 할수 있다.

《경제륙전》의 편찬경위에 대하여 《태종실록》은 다음과 같이 전하고있다.

《도당이 검상조례사로 하여금 무진년(1383년 우왕 14년을 말함)이후 합행조례 목록을 책으로 쓰게 한 다음 이를 〈경제륙전〉이라고 하였다. 이를 국왕에게 보고하고 배포하도록 하였다.》*

※ 《태종실록》 권12, 6년 12월

　이 책에는 리전, 호전, 례전, 병전, 형전, 공전 등 여섯개 부문으로 나누어서 1388년부터 1397년까지 국가조례와 교지 등을 체계화한것이 서술되여있다.
　그후 1407년에 하륜 등에 의하여 《속륙전》이 편찬출판되였다.
　이 《속륙전》은 《속륙전수찬소》가 설치되여 원륙전편집 이후에 새로 반포된 정령, 조례 등을 수집분류하여 편찬출판한것이다.
　1422년에는 또 륙전수찬색이 설치되여 《속륙전》을 개정하는 사업이 진행되였다.
　이렇게 새로 편찬한것이 바로 《신속륙전》이다.
　이때 《신속륙전》을 편찬하면서 다른 한편으로는 일시적인 법령들로서 영구히 사용하지 않을것들을 따로 모아 《륙전등록》이라는것도 출판하였다.
　두가지 책을 지어 올린것은 1426년이였으나 인쇄배포한것은 1433년이였다.
　《신속륙전》이 편찬된후 다시 그 이후의 법령들을 첨가하여 1433년에 《신찬속륙전》 6권을 완성하였고 또 영구적성질이 아닌것을 모아 《등록》 6권을 출판하였다.
　이상의것들은 모두 《경국대전》이 편찬되기 이전에 된것들이다.
　지금 그 전문이 그대로 남은것은 하나도 없다.
　《경국대전》을 편찬한 목적은 우에서 본바와 같은 여러 갈래의 법전들을 종합하고 이 법전들의 호상 모순된 점을 시정한 기초우에서 더욱 간단명료한 통일적인 기본법전을 만들자는데 있었다.
　그리하여 제 법전들의 조문과 규례들을 검토하고 새로운것을 첨가하는 사업이 진행된 다음 1461년에 최항 등이 왕명에 의하여 《경국대전》을 편찬출판하는 사업을 진행하였다.
　1461년에는 《경국대전》의 호전이 완성되였고 1462년에는 형전이 완성되여 배포되였다.

그리고 남은 부분 리전, 례전, 병전, 공전 등도 대체로 완성되기는 하였으나 더 수정을 가하여 결국 1471년에 그 전부를 배포시행하였다.

이것을 《신묘대전》이라 한다.(그해가 신묘년이기때문이다.)

그후 1474년에 다시 대전을 수정배포하였는데 이것을 《갑오대전》이라 하였고 1485년에 다시 수정배포한것을 《을사대전》이라고 하였다. 이것이 경국대전의 마지막 결정판이 되여 오늘까지 전하고있는 《경국대전》이다.

《경국대전》의 출판은 각 대전들이 완성되는대로 곧 출판되기는 하였으나 《신묘대전》의 판본은 오늘날까지 남아있는것이 없고 《갑오대전》도 최근까지 극히 그의 일부분이 희귀본으로 남아있었으나 현재는 보기 어렵다.

《을사대전》은 완성당시의 판본은 지금 없으나 그것은 리조전기간을 통하여 통용된것이기때문에 임진전란후에 수차 출판되였다. 《경국대전》 이전의 제 법전들도 오늘 잔존하는것이 없다.*

※ 《조선사 사료학》, **김일성**종합대학출판사, 1963년판, 100페지

《경국대전》은 리조봉건국가의 기본법전인것만큼 그 시기 정치제도, 경제형편을 연구하는데 일정한 자료로 되고있으며 이런 점에서 이 서적이 가지는 사료적가치가 있다.

그러나 《경국대전》은 그것이 봉건국가의 독재의 무기로서 인민들을 가혹하게 억압착취하고 봉건제도를 강화하기 위하여 만든 법 조항들과 규례를 묶어놓은것이기때문에 반인민적이며 반동적인 내용이 전반을 관통하고있다.

1492년에 《대전속록》이 편찬출판되였다.

이것은 리극증 등이 왕명에 의하여 《경국대전》배포이후의 교령으로서 항구적성격을 띤것들을 수집편찬출판한것이다.

이것을 전속록이라고도 하는데 6권 1책으로 출판되였으며 1543년에는 윤은보 등이 왕명을 받고 《대전후속록》을 편찬출판하

였다.
　　이것도 인본으로 간행한적이 있다.
　　또한 《경국대전》을 관리들이 잘 알게 하기 위한 주해사업이 진행되였다. 1555년에 완성된 《경국대전주해》가 그러한 출판물이다. 이 주해사업은 1550년에 시작하여 1555년에 끝났는데 이 책의 편찬 출판에는 안위, 민전 등이 참가하였다.* 지금 1권　1책의 인본이 있다.

　　＊《경국대전주해》 서문

　　그리고 《사송류취》가　명종때 김백간에 의하여　편찬되였는데 이 책은 《경국대전》, 《대전속록》 등과 각 년도의　왕의 교지가운데서 송사에 관한 규정을 분류해 모아가지고 송사를 판단하는데 도움을 주려고 만든것이다.
　　1585년에 편찬자의 아들 김태정이 전주에서 한　책으로 출판하였다.
　　이외에도 이와 비슷한 출판물로서 《리학지남》, 《지정조격》, 《어제대고》를 각각 몇십권씩 세종시기에 편찬출판하였다.

5. 군사관계도서의 출판

　　리조시기에 들어와서 국방을 강화할데 대한 문제는　매우 중요하게 제기되였다. 군사적으로 약화된　고려왕실을　군사적반변으로 정복하고 정권을 탈취한 리성계자신이 외적과 싸운 경험을 가진 무인일뿐아니라 고려왕실이 약화된 원인의 하나가 군사제도의 해이에서 온것이라는것을 깊이 느꼈기때문이였다.
　　그리하여 리조봉건국가는 군사통수권을 직접　장악하는 제도를 세우고 국방을 강화하였다. 이런데로부터 군사관계서적출판이 이미 태조때부터 진행되였다.
　　군사관계서적출판과 관련하여 《리조실록》에서 제일 먼저 나오는것은 1395년에 삼군부가 《수수도》, 《진도》를 출판한 사실이다.*

* 《태조실록》 권7, 4년 4월 갑자

《세종실록》에는 례조에서 주자소로 하여금 병서 60권을 인쇄하여 평안, 함경 두 도에 분송하였다는 기사가 있고 또 《진설》과 《정진도》를 주자소에서 인쇄하여 중앙과 지방에 배포하여 군사들을 훈련시켰다는 기사가 있다.*

* 《세종실록》 권61, 15년 7월 기사

점차 군사제도가 정비됨에 따라 군사서적출판사업이 더욱 활발히 진행되였다.

15세기중엽에 와서 병서로서 《진법》 9편과 《동국병감》이 출판되였다.

《진법》 9편 1책은 원래 태종과 세종 때부터 하륜, 변계량 등에 의하여 고대의 여러 전법에 대한 견해들을 수집편찬출판한것이였으나 문종때에 와서 다시 수양대군, 정린지, 김효성 등에 의하여 새로 편찬출판된것이다.

이 책은 1451년에 처음으로 출판되였고 그후에 다시 《소자진법서》, 《대자진법서》로 갈라져 출판하였다. 그러나 다시 출판된 이 두 진법서는 원본과 큰 차이가 없다.

1492년경에 와서 이 책은 다시 류자광에 의하여 재교정되여 《병장도설》이란 이름으로 출판되였다.

《병장도설》은 그 체제와 항목내용에서 1451년의 《진법》원본과 큰 차이가 없으나 다만 《진법》에서는 그림을 책의 끝에, 《병장도설》에서는 책의 첫머리에 붙인것이다.

이 책은 당시 매우 귀중한 도서로서 간주되였으며 판화로서도 가치가 있다.

《동국병감》은 자기 나라의 실지 전투경험을 알아야 한다는데로부터 우리 나라 전투경험을 력사적으로 개괄한 책인데 이 시기에 나온 군사서적가운데서 매우 중요한 의의를 가진다.

이 책은 한 나라 무제가 침략하던 시기로부터 고려말 녀진을 격퇴한 시기까지 대소 전역 30여회의 사실을 수록편찬한것인데 1450년에(2권 2책) 출판되였다.

15세기중엽에 와서 《력대병요》와 《북정록》, 《병가삼설》 등 대표적인 병서들을 비롯하여 병서출판사업이 일대 고조를 이루었다.

《력대병요》(13권)는 1456년에 세종의 명령으로 봉건관료이며 학자인 정린지, 리석형 등이 편찬출판하였고 그후 집현전의 학자인 성삼문, 박팽년 등이 개작하여 1452년에 완성한후 1456년에 나무판본으로 인쇄하였다.

《제승방략》(2권 2책)은 김종서가 집필하였고 리일이 증보한것이다.

이 책은 경흥(은덕)을 비롯한 팔진성의 부락과 보루 등 위치에 대해서와 북방 국경경비방책에 대하여 쓰고있는 귀중한 책이다.

이외에 중국병서들을 복각하는 사업도 진행되였다.

1422년에는 《무경》 18권을 출판하여 함경도에 내려보내주었으며 이해에 또 량성지가 《손자》를 해설하여 책으로 출판하였다.

또한 15세기 후반기에 와서 《무경칠서》를 해설하는 사업이 진행되였고 1489년에는 《장감박의》(10권 8책)를 출판하여 각 도에 나누어주었으며 임진조국전쟁시기에는 《기효신서》(8권 8책)가 소개되였다.

그러나 임진조국전쟁직전에 와서 량반지배계급들은 점차 문존무비사상에 빠지고 당쟁에만 몰두하다나니 군사학에 대해서는 거의 관심조차 돌리지 않았다. 그리하여 군사서적출판은 침체상태에 빠지게 되였다.

6. 기술도서의 출판

이미 삼국시기부터 오랜 전통을 가지고 발전하여온 우리 나라 천문학을 비롯한 자연과학과 그 기술은 15세기에 와서 현저히 발전되였다.

이러한 성과는 한편으로 천문학관측기구를 비롯한 기구들의 발전에서 찾아볼수 있으며 다른 한편으로는 자연과학 및 기술 도서들이 대량적으로 편찬출판된데서도 찾아볼수 있다.

당시 자연과학 및 기술 도서들을 고찰해볼 때 그 종류가 다양하며 그 권수가 많다는데 그 특징이 있다.

1) 천문력학도서

《세종실록》에 있는 《칠정산》내외편을 비롯한 력서들은 당시 리순지와 김담 등 천문력학에 이름있는 학자들이 새로 제작한 정밀기구들을 리용하여 천문을 관측하고 그 결과를 도입한 기초우에서 더욱 정확하게 작성한것이다.

그 력서들은 다음과 같다.

《칠정산내외편》		1책
《태양통궤》		1책
《태음통궤》		1책
《사여전도통궤》		1책
《태통력일통궤》		1책
《교식통궤》		1책
《오성통궤》		1책
《월오성릉범》		1책
《중수대명력》	2권	1책
《경오원력》	2권	1책

《교식추보법》　　2권　　1책

　　이 력서들이 그 전기에 비해 량적으로 많아진것은 물론이지만 그 내용이 아주 혁신적의의를 띠고있었다.

　　그것은 이 시기까지 써오던 력서들에서 일부 중국을 표준으로 한 불합리성을 완전히 시정하고 서울을 표준으로 하여 천문기상에 대한 실지 측량을 다시 진행하였으며 이러한 과학적성과를 도입하여 우리 나라에 적합한 력서를 제작성한 사실이다.

　　그리고 우에서 지적한 력서들은 그 당시에 모두 인본으로 출판되였다. 이 력서들의 내용이 얼마나 우수한가 한것은 《태통력일통궤》 하나만 보아도 알수 있다.

　　이 책은 리순지, 김담 등이 저술한것으로서 력서의 구성부분의 하나인 날자를 결정하는 방법과 그 리론적근거를 밝혀놓은 천문학 서적이다. 이 책의 출판목적은 《칠정산》내편과 《사여전도통궤》에 구체적으로 지적되여있으며 단행본으로 출판되기는 하였으나 《칠정산》의 한 편목에 해당된다.

　　이 책의 내용을 요약하면 첫 부분에서는 동지를 비롯한 24절기의 날자를 결정하는 방법과 매달 초하루날을 결정하는 방법이 서술되여있으며 다음부분에는 해지는 시간을 결정하는 방법이 서술되여 있다. 그리고 다음부분에서는 태양이 천구상에서 불균일하게 운동하는것을 타산하기 위하여 영축척을 고려하였는데 이것은 오늘 리론에 의하면 타원운동때문에 생기는 중심차에 해당하는것이다.

　　달에 대하여서도 이 중심차에 해당한것으로서 지질도를 도입하고 있다. 영축척과 지질도에 대한 수표들을 주었는데 이를 산출하는 리론과 방법은 매우 독특한것이면서도 그 결과는 대체로 틀림이 없었다.

　　이 책은 그 이름에서 볼수 있는바와 같이 《태통력》체계에 의거하였다.

　　그러나 인출분 즉 자정에서부터 해뜰 때까지의 시간은 서울에서 관측한데 근거하여 우리 나라 실정에 잘 맞게 개편하였다. 이 책은 《칠정산》의 력일부분과 함께 15세기의 우리 나라 력법의 높은 수준을 보여주는 우수한 고전으로서 1444년에 출판되였다.

천문학서적가운데 《제가력상집》 하나만을 더 들려고 한다.

이 책은 4권 4책으로 1445년(세종 27년)에 리순지 등이 편찬하였다. 천문 1권, 력상 1권, 의상 1권, 궤루 1권으로 되여있다. 이 책은 저자가 그 이전시기 천문학의 성과들을 종합한것으로 일정하게 의의를 가진다.

2) 의학도서

고려시기에는 볼수 없었던 방대한 의학서적들이 출판되였으며 그 내용에서도 아주 우수하다. 그중에 몇가지 대표적인 서적을 들면 다음과 같다.

먼저 들어야 할 책은 《향약집성방》(85권)이다. 《향약집성방》은 15세기초엽까지의 향약연구와 그에 기초한 의료경험을 체계적으로 총괄한 의서이다.

이 책은 당시 우수한 의학자들인 로중례, 박윤덕 등에 의하여 편찬된것인데 병증은 총 959부문으로 분류되여있고 처방은 10,706 방문이 수록되여있으며 침구법은 1,479조가 서술되여있다. 그리고 본초부분에는 우리 나라에서 생산되는 약재 693종이 수록되여있다.

책의 우점은 오랜 세월을 두고 우리 인민이 창조한 의료경험에 토대하여 자기 땅에서 나는 약재로 자기 나라 사람들의 체질에 맞는 약방문을 만들어 모든 질병을 치료할수 있게 한데 있다.

이 책은 저자들이 1431년에 시작하여 1433년에 완성하였으며 제1차 출판은 전라도와 강원도에서 진행하였으나 그 책들은 없어졌고 1478년에 다시 출판되였다.

이때 와서 편목내용을 보충한것이 있었는데 현재 전하여지고있는것은 바로 이 성종시기판이다.

그후 다시 1633년에 운방, 리서 등이 훈련도감에서 소활자본으로 중간한 일이 있다.

다음으로 들어야 할것은 《의방류취》이다.

이 책은 15세기에 편찬된 우리 나라의 의학의 백과전서이다.

《세종실록》은 이 책의 편찬경위를 전하고있는데 그에 의하면 로중례를 비롯한 의학자집단의 힘에 의하여 1445년에 편찬사업이 시작되였고 3년간에 걸쳐 365권으로 완성되였다는것을 알수 있다.*

* 《세종실록》 권10, 27년 10월 무진

그러나 이 책은 곧 출판되지 못하고 32년후에야 비로소 출판되였다.

그 출판과정을 보면 1459년에 량성지 등 우수한 학자 74명이 동원되여 교열에 착수하였는데 3년후인 1462년에 그 초교가 끝났다.

이 책은 그렇게 엄격한 교열을 하였는데도 많은 착오가 있었기때문에 이 초교교열에 참가한 성원들은 집단적책벌을 받았다.

그후 1474년에 유능한 의학자들이 동원되여 량성지의 책임하에 재차 교열사업을 진행하였다. 그리하여 1477년에야 완수하고 그해 5월에 266권으로 출판하였다.

이 책은 150여종에 달하는 의학도서를 참고하여 95개의 병문에 체계적으로 종합되였는데 이것은 의학의 백과전서적인 특색을 유감없이 나타내였으며 7세기이후 15세기까지 고려의학의 전반적성과를 집대성한것이다.

※ 지금까지 구라파학자들은 1805년에 에스빠냐의 마드리드에서 출판된 《의학 및 외과학 사전》 전7권을 세계최초의 의학백과사전으로 인정해왔는데 《의방류취》는 이보다 4세기 앞서고있다.

뿐만아니라 이 책에 인용된 150여종의 의서들중에 이미 없어진 것이 40여종이나 되는데 그 책들의 내용이 이 서적에 실려 오늘까지 전하여질수 있게 되였다. 이것은 이 책이 가지고있는 사료적가치를 더욱 부각시켜주고있다.

또한 이 책은 그 편찬규모의 방대성과 내용의 풍부성으로 하여 특별한 의의를 가진다.

　이 책의 출판에서 주목을 끌게 하는것은 1455년에 주조한 동활자(을해자)를 사용하여 3년동안에 무려 365권 30책으로 편찬출판하였다는 사실이다. 《성종실록》 8년조에 의하면 30책을 찍는데 직접 책임지고 수행한 사람은 한계희, 임원준 등인데 이 책은 매권이 100여매씩 묶어져있으므로 전권수를 매수로 계산하면 3만여매에 달하는 방대한 량이다.

　이것을 다시 30책으로 승한다면 100여만매가 되는데 이렇게 금속활자로 찍은 방대한 서적이 나왔다는것은 이 시기까지 세계적으로 처음이다. 이것은 당시 우리 나라 출판수준의 발전면모를 보여주는 좋은 례로 된다.

　다음으로 들어야 할 의서는 《동의보감》이다.

　《동의보감》은 16세기의 의학이 매우 높은 봉우리에 올라섰다는것을 보여주는 아주 가치있는 서적이다. 이 책은 우리 나라 봉건의학자들가운데서 가장 우수하다고 손꼽히는 허준의 저서이다.

　허준은 서자출신이라는것으로 하여 사회적 및 신분적 차별을 받았으나 벌써 20대의 명의로 이름을 떨쳤고 일찍부터 의서를 저술편찬하는 사업에 몰두하였다. 그가 저술편찬한 《언해두창집요》, 《언해태산요록》, 《언해구급방》 등은 우리 글로 해석을 달아 인민들에게 가장 큰 고통을 주는 전염병, 구급병 등을 치료하는데서 쉽게 리해하고 리용할수 있도록 한데서 의의를 가진다.

　허준의 의학서적저술편찬사업에서 가장 특출한 업적은 《동의보감》(5편 25권)을 만들어 세상에 남긴것이다.

　이 책은 크게 5편으로 구성되여있는데 목록(2권), 내경편(4권), 외형편(4권), 잡병편(11권), 탕액편(3권), 침구편(1권)이다.

　허준은 이 책을 쓰면서 당시 내의원에 보관되여있던 500여권의 의학서적과 그자신이 주석을 가한 150여종의 의학서적을 비롯한 많은 서적들을 참고하여 필요한 내용들을 인용하면서도 각이한 의학리론과 방법들을 자기의 풍부한 지식과 림상경험에 의하여 비판적으로 검토하고 자신의 독특한 구상에 따라 리론화, 체계화하였다.

특히 그는 우리 나라 의학의 전통을 계승발전시키기 위하여 노력하면서 이 책에서 향약을 귀중히 다루었고 의학경험을 조선사람의 립장에서 소화섭취하여 이 책을 저술하였기때문에 저자의 애국적립장과 이 책의 과학적 및 효과적 가치는 더욱 큰것이다.

저자는 《동의보감》을 통하여 무엇보다먼저 의학을 과학리론적면에서나 실용적면에서 새로운 높은 수준으로 끌어올림으로써 봉건시기 의학발전의 수준을 가장 높은 단계에 올려세웠다.

《동의보감》은 우리 나라 의학발전뿐만아니라 이웃나라의 의학발전에도 큰 영향을 주었다.

그리하여 중국학자 릉어는 이 책을 인쇄하여 널리 보급하는것은 천하의 보배를 온 천하사람과 나누는것으로 된다고 극구찬양하였고 일본학자 후지다라는 《동의보감》이야말로 현재는 물론 후세에도 높이 찬양할만한것이라고 하면서 《동의보감》이 나옴으로써 의학발전에 걱정이 없어지게 되였다고 높이 평가하였다.*

* 《조선전사》 9권, 과학백과사전출판사, 1980년판, 303페지

《동의보감》은 오늘에 와서도 그 과학적내용과 문화사적가치로 하여 높이 평가되고있다.

우리 나라안에서는 물론이거니와 중국의학대사전에서도 《동의보감》에 대하여 《체계가 정연하고 내용이 풍부하여 의학계의 거대한 존재》라고 하였으며 쏘련 의학대백과사전에서도 이 책을 동방의학의 3대백과사전의 하나로 꼽고있다.*

* 《조선전사》 9권, 과학백과사전출판사, 1980년판, 303페지

《동의보감》의 출판정형을 보면 1610년에 집필편찬되여 1613년에 활자본으로 출판하였는데 이것이 바로 내의원판본이며 그후에 이것을 복각한 전주판, 대구판이 있었다.

그후에 다시 1814년에 전주에서 중간본이 나왔고 대구에서 개간본이 나왔다. 그후에도 또 출판되였다.

이 책은 외국에서도 여러차례 출판되였는데 중국에서 1763년에 출판한것을 건륭판이라 하였으며 1796년에 출판한것을 가경판이라 하였고 1890년에 출판한것을 광서복간본이라 하였다. 그후에도 상해, 베이징에서 출판하였다.

일본에서는 1742년에 출판한 일이 있으며 그후 1799년에 오사까에서 다시 출판한 일이 있다.

16세기에 이외에도 가치있는 의학서적들이 많이 나왔다.

임언국의 《치종비방》(1권 1책), 양례수의 《의림촬요》(13권 13책) 등은 가치있는 의학서적들이다.

3) 지리도서

15세기에 들어와서 지리서적편찬사업도 매우 활발하게 진행되였다.

《세종실록》에 의하면 지리서적을 편찬할데 대한 론의는 이미 1424년경부터 있었으며 이것을 제의한 사람은 변계량이였다.

이러한 제의에 의하여 당시 정부는 각 도 지리지를 편찬할데 대한 요강을 작성하였으며 이에 근거하여 각 도 지리지가 도들에서 편찬출판되였다. 그러나 이 지리지들이 남아서 전하는것은 《경상도지리지》뿐이다.

이것이 남아서 전하게 된것은 하연이 경상감사로 있으면서 그곳에서 《경상도지리지》를 출판하고 그 부본을 경주부에 두었다가 후에 규장각장서로 이관시켰기때문이다.

그후에 윤회, 신장 등에 의하여 편찬된 《팔도지리지》나 그다음 편찬된 《세종실록지리지》도 다 이와 같이 맨 처음에 작성된 《팔도지리지》의 자료에 기초하여 작성된것이다.

이 시기 대표적인 지리서적을 들면 다음과 같다.

《경상도지리지》(2권 1책)는 하연 등이 편찬출판하였는데 이 책에는 경상도안의 자연지리와 경제지리를 서술하고있다.

책의 첫머리에는 하연의 서문이 있는데 거기에 출판경위가 상세히 언급되여있다. 1425년경에 경주에서 출판되였고 그후 규장각에 보관된 원사본에 의하여 활자본이 출판되였다.

《팔도지리지》는 각 도에서 만들어 올려온 지리지의 자료에 의하여 1432년에 윤회, 신장 등이 종합편찬출판하였다.

《세종실록지리지》는 이미 작성된 《팔도지리지》에다 6진개척사실을 추가기입한것이다. 1454년에 《세종실록》을 편찬하면서 그의 일부로서 이 지리지를 함께 수록하고 《세종실록지리지》라고 하였다.

《세종실록지리지》는 《세종실록》 권 제148부터 155까지 8권 4책으로 구성되여있다.

이 지리지는 각 도 주, 군의 사회정치, 경제, 군사, 교통, 기타를 상세히 서술한 우리 나라 인문지리지학의 선구자적역할을 한 가치있는 서적이다.

《신찬지리지》(8권 8책)는 량성지가 편찬출판한것으로서 1473년에 편찬사업을 시작하여 1477년에 완성하였다. 이 책은 본문외에 채색을 입힌 각 도 지도가 첨부되여있다. 그러나 이 책은 그 이름대로는 출판되지 않았다.

《신증동국여지승람》(55권 25책)은 《동국여지승람》을 증보한 가장 완비된 조선 전국지리서적이다.

우에서 언급한바와 같이 이 책이 나오기전에 《팔도지리지》, 《세종실록지리지》, 《신찬지리지》 등 일련의 전국지리서적이 편찬출판되였지만 다시 봉건정부는 이보다 완비된 지리서적을 편찬출판하기 위하여 량성지에게 책임을 지우고 지리지와 지도 편찬출판사업을 계속 진행하게 하였다.

그리하여 1464년에 《팔도지도》를 편찬하였고 1478년에는 《팔도지지》(8권 8책)가 편찬출판되였다.

이러한 기초에서 《동국여지승람》 편찬출판사업이 진행되였는데 이 사업은 로사신, 서거정, 량성지 등이 책임지고 4년간의 긴 세월을 거처 1481년에 완성하였다. 이것이 바로 《신증동국여지승람》의 원본인 《동국여지승람》(50권)이였다.

이 책은 그후 1486년에 김종직 등이 다시 국가의 위임에 의하여 55권으로 보충한후 처음으로 1487년(성종 18년) 2월에 출판하였다. 그러나 이 출판본은 전하는것이 없다.

그후 1499년에 성현, 임사홍 등이 《동국여지승람》을 다시 수정하여 출판하였으나 그 간본은 일부가 남아있을뿐이다.

그리고 리행 등이 다시 수정증보하여 5권을 더 만들었다가 1530년 8월에 그 기사를 《동국여지승람》의 해당 항목들에 《신증》이란 표식을 주어 합편하고 권수는 본래의 55권으로 정착시켜 완성한 다음 출판하였다. 이것이 현재의 《신증동국여지승람》이다. 이 《신증》본은 1531년, 1611년 등 17세기 전반기에 약 3차의 출판이 있었으나 이 판본들도 희귀본으로 남아있을뿐이다.

이 책은 우리 나라 중세기의 지리학 백과전서이다.

이 책의 우점은 첫째로, 정연한 체계밑에 지방단위로 력사, 자연, 경제, 문화 등 각 항목에 해당한 자료들이 배렬되고 정리되였기때문에 전국 지리책으로서 리용가치가 높다는것이며 둘째로, 내용의 풍부성이다. 지리책으로서의 내용을 풍부히 담고있을뿐만아니라 그때까지 창작된 시와 산문작품이 많이 수록되여있어 문학사자료연구에 도움을 주고있으며 특히 김돈의 흠경각기를 비롯한 자연과학을 연구하는데 귀중한 자료를 제공하고있다. 때문에 이 책이 우리 나라 지리는 물론 력사, 정치, 경제, 과학, 문화의 각 분야 연구에 귀중한 자료를 제공하고있다.

지도제작사업은 이미 15세기부터 활발하게 진행되였다.

《리조실록》에 실려있는 지도들만 보아도 여러가지가 있다.

리조초기에 리회가 《팔도도》를 편집출판하고 세종때 정척이 다시 《팔도도》를 출판하였다. 그후 세조때 량성지가 또다시 《팔도도》를 출판하였다. 그리고 정척, 량성지가 《동국지도》를 편찬출판하였다.

15세기중엽에 와서 안철손에 의해 《연해조운도》, 어유소에 의해 《영안도, 연변도》가 출판되였고 리순숙에 의해서 《평안도 연변도》가 편찬출판되였다. 또한 1511년에 홍문관이 《천하여지도》를 편찬출판하였다.

이외에도 실록에는 《려연무창우예삼읍도》, 《연변성자도》, 《량계연변방수도》, 《제주삼읍도》가 편찬출판된 내용이 기록되여있다. 이것을 보아서도 리조시기인 15세기에 지도출판사업도 활발히 진행되였다는것을 알수 있다.

4) 농학도서

이 시기 농학서적도 적지 않게 편찬출판되였다.

우리 나라는 농업기술도 일찍부터 발전하여왔는데 특히 15세기에 와서 세종의 《권농정책》에 의하여 그 전기보다 상대적으로 더 발전되였다.

세종의 《권농정책》이란 봉건착취를 더 강화하기 위한것이고 인민을 위한것이 아님은 더 말할것도 없지만 그러나 농업을 장려하기 위한 한가지 조치로서 농업에 관한 서적을 편찬출판하는 사업이 병행되지 않을수 없었다.

이 시기 농학서적출판정형을 보면 1428년에 봉건정부는 경상도 영농법을 내용으로 하는 농서 1,000부를 찍어서 평안도, 함경도에 배포하였으며 착취적목적으로부터 농업기술의 발전을 위하여 지방농민들의 경험들을 수집정리한 기초에서 1430년에 강희맹 등으로 하여 《농사직설》 한권을 만들게 한후 배포하였다.

강희맹은 또한 《사시찬요》, 《금양잡록》, 《양화소록》을 편찬출판하였다.

이 시기 농업기술을 섭취하기 위하여 다른 나라 농서를 출판하는 사업도 진행하였다.

《중종실록》에는 동로왕씨(명나라사람)의 농서를 성세창을 시켜 출판케 한 사실을 전하고있다. 이것은 한가지 례이지만 우리 조상들이 농업기술을 발전시키기 위하여 다른 나라 기술도서까지도 출판하는데 노력을 기울인 사실을 볼수 있다.

농업과 함께 양잠을 발전시키는 사업도 중요한 부문의 하나였다. 그렇기때문에 이 시기 양잠관계서적도 적지 않게 편찬출판되 였다.

1417년에 출판된 《양잠방》은 《농상즙요》안에 있는 누에치는 법을 알기 쉽게 해설하여 출판한것이며 1461년에 서강, 리근 등에 의하여 《잠서주해》가 출판되였고 1518년에 김안로에 의하여 《잠서언해》가 나왔다.

제4절. 봉건통치계급내부에서의 심각한 대립과 이를 반영한 출판사업

리조봉건통치의 반인민적인 성격으로 말미암아 통치계급내부에서의 권력쟁탈을 위한 알륵은 15세기 후반기에 들어서면서 더욱 심각화되였으며 이것은 출판문화발전에도 심대한 저해를 주었다.

그러한 례는 1455년에 있었던 세조의 정권쟁탈싸움에서도 찾아볼수 있다. 이 싸움에서 그 전기에 모처럼 양성되였던 집현전학자들이 세조왕권쟁탈을 반대한것과 관련하여 대부분 희생되였고 그 기구가 1456년에 페지되는 바람에 이를 거점으로 하고 왕성하게 진행되던 저술활동과 출판사업은 적지 않은 지장을 받게 되였다.

물론 집현전자체가 당시 봉건왕권을 유지강화하기 위하여 설치한것이고 그에 참가한 유학자들이 봉건관료출신이였지만 그가운데 성삼문을 비롯한 일련의 집현전학자들은 1443년에 진행된 훈민정음 창제사업에 참가하여 많은 역할을 하였고 다른 문화사업도 적지 않게 벌려왔었다. 그리고 《룡비어천가》, 《동국정운》, 《석보상절》, 《고려사》, 《고려사절요》, 《팔도지리지》, 《농사직설》, 《의방류취》 등 책들도 편찬출판하였으며 여러가지 천문관측기구를 만드는 사업도 감독하였다. 이리하여 집현전은 15세기 조선의 봉건문화발전에 중요한 역할을 놀았으며 이에 참가한 학자들도 일정하게 긍정적인 기여를 하였다.

그러다가 그들이 정권을 탈취한 세조의 손에 의하여 대부분 학살 또는 제거되게 되자 그들이 저술활동을 더 할수 없었음은 물론 그의 유고들까지 출판되지 못하여 적지 않게 유실되였다. 비록 그후에 일부가 출판되였지만 제대로는 되지 못하였다.

김시습(1435~1493) 같은 진보적인 작가도 창작활동을 옳게 할수 없었다. 그리하여 《금오신화》와 같은 당대걸작도 당시에 출판되지 못하여 일부 유실되고말았다.

또한 김종서는《고려사》편찬에서 정린지와 같이 책임을 진 한사람이였음에도 불구하고 당시 세조를 중심으로 하는 반대파들에 의하여 지금 전하는 《고려사》의 그 편집자명단에서 삭제되고말았다.

뿐만아니라 세조는 반대파유학자들의 소위《절의》사상을 완화시키고 자기의 비인간적인 처사를 불교의 숙명론으로 합리화하고 그에서《명복》을 찾기 위하여 리조성립이후 주로 억압하여오던 불교세력을 상대적으로 조장시키는 정책을 취하였다. 그렇다고 세조가 봉건통치에 있어서 유교의 주도적역할을 부인한것은 아니며 부인할수도 없었다. 하지만 이 시기 불경출판물이 간경도감을 중심으로 대대적으로 출판된것은 바로 이런 사정을 반영한것이다.

이렇게 15세기 후반기 출판문화사업은 봉건지배계급내부의 모순으로 우여곡절을 겪으면서도 정린지, 신숙주, 서거정, 리행 등에 의하여 《동국여지승람》, 《동문선》을 비롯한 일정하게 가치있는 도서들이 나와서 자기 발전의 길을 걸어왔다.

그러나 16세기에 들어서면서 지배계급내부의 싸움은 더욱 격화되였다. 중앙의 대토지소유자들을 한편으로 하는 훈구파와 지방의 중소지주량반들의 세력을 다른편으로 하는 사림파간의 대립과 알륵은 더욱 전면에 나서게 되였다.

이러한 싸움은 결국 선비들을 탄압하는 사건으로 벌어졌으며 이것을 우리 력사에서는 《사화》라고 한다. 이런《사화》가 몇차례 반복되였다. 이《사화》는 표면상으로는 그 어떤 도덕적의리를 표방하고 진행되였으나 궁극적으로는 기본생산수단인 토지와 노비를 더 많이 가지며 더 높은 벼슬자리를 차지하기 위한 싸움이였다.

이러한 《사화》는 말그대로 선비들이 화를 입게 되는 바람에 봉건출판문화발전에 적지 않은 피해를 주지 않을수 없었다.

사림파들은 비록 유교학문을 자기 활동의 기초로 삼고있었지만 대부분 학문연구에 전력하였고 저술사업에 종사하였기때문에 당시 출판문화발전에 긍정적인 역할을 놀았다. 그리하여 성종시기 출판문화의 일시적앙양을 보게 된것도 사림파학자들의 활동과 떼여놓고 생각할수 없다.

뿐만아니라 사림파들은 대부분 지방출신의 신진관료들인것만큼 대지주들의 전횡과 무제한한 수탈과 탐오에 대하여 불만을 가진 나머지 주자학적봉건도덕에 기준하여 그들의 비행을 폭로비판하고 자기들의 저술을 통하여 국정을 《쇄신》하자는 목소리를 높이게 되였다.

이 시기 이러한 사림파의 대표적인 인물들은 김종직일파였다.

그러나 이러한 대립모순이 오래 갈수 없었으며 훈구파들은 사림파들에 대한 탄압의 구실을 찾기 위하여 급급하였다. 훈구파들은 사림파들을 탄압하기 위한 구실을 역시 출판물에서 찾게 되였다.

훈구파대신 리극돈, 류자광 등이 폭군 연산군의 지시에 의하여 《성종실록》을 편찬하려고 사료를 수집정리하던중 죽은 김종직의 저서가운데서 세조의 왕위찬탈사건을 풍자하여 썼다고 볼수 있는 《의제의 죽음을 슬퍼하는 글》 하나를 발견하게 되였다. 이것을 구실로 삼아 훈구파들은 연산군을 추동하여 사림파들에게 일대 타격을 가하게 하였다.

연산군은 김종직을 대역죄로 몰아 비록 죽은후이지만 부관참시(죽은 죄인의 관을 짜개고 시체를 다시 짜르는 형벌)를 하고 그의 제자 김일손 등 신진사림 20~30명을 죽이거나 혹은 귀양을 보냈다.

이 사건이 1498년 즉 연산군 4년 무오년에 일어났다고 하여 《무오사화》라고 한다.

《무오사화》는 출판문화발전에 심대한 지장을 주었다. 이 사건에 의하여 김종직의 문집《점필재집》은 훼판(이미 출판된 책판을 없

애버리는것)을 당하였으며 이미 배포된 책들도 다 회수하여 불태워
버렸다. 그리고 이 문집출판사업에 참가한 사람도 극형을 당하
였다.*¹

이런 정형에 대하여 《연산군일기》는 다음과 같이 전하고있다.

《신해일에 전라도 도사 정송보에게 지시하기를 〈도안에서 개간
한 김종직문집판목은 곧 불태울것이다.〉라고 하였다.》*²

*¹, *² 《연산군일기》 권30, 4년 7월

뿐만아니라 례조에 지시하여 이 문집을 감추고있는 사람은 중
앙과 지방 할것없이 곧 바치라고 하였으며 바치지 않는 사람은 죄
를 중하게 론한다고 하였다.

그리하여 서울과 지방 민가에서 가지고있는 김종직의 문집을
회수하여 승정원에서 불태워버렸다.*

* 《연산군일기》 권31, 4년 8월

바로)이런 조치가 있은후 김종직의 제자 최부가 김종직의 문집
을 바치지 않고 감추고있다가 발각되여 목숨까지 빼앗겼다. 최부는
《표해록》을 지은 사람이며 진보적인 작가였다.

이 사료들로 보아 훈구파와 사림파간의 대립이 출판물을 통하
여 얼마나 격렬하였는가를 짐작할수 있는 동시에 출판물에 대한 이
러한 탄압은 우리 나라 출판력사에서 보기 드문 례였다.

※ 지금 전하고있는 《정필재집》은 이런 과정을 겪은후에 1628년(인조
6년)에 다시 출판되였다. 모두 9책이다. 이 책은 당시 대표적인 봉건
유학자에 의하여 씌여진것만큼 그 내용에서 낡고 봉건적인 사상이 적
지 않으나 실려있는 산문과 시작품 가운데는 당시 문학사연구와 력사
지리연구에 필요한 가치있는것들이 적지 않다. 특히 이 책에 들어있
는 악부시가는 문학사적으로 일정한 의의를 가지고있다.

연산군시기 출판문화에 대한 탄압은 이에만 국한되지 않았다.

1504년에 인민들이 연산군의 폭정을 폭로규탄하는 국문 《닉명서》를 써붙인것으로 하여 연산군은 일체 국문사용을 금지하였으며 국문으로 된 서적들은 모조리 불태워버리는 만행을 감행하였다.

국문사용금지에 대하여 《연산군일기》는 다음과 같이 전하고 있다.

《지금부터 언문은 가르치지도 말고 배우지도 말고 이미 배운자도 사용을 하지 말며 무릇 언문을 아는자가 있으면 한성부 5부로 하여금 그를 적발해서 고발하게 하되 만약 고발하지 않는자는 그 이웃 사람과 함께 죄를 준다.》*

※ 《연산군일기》 권54, 10년 7월조

이런 관계로 하여 국문보급사업과 국문출판사업은 일대 수난기를 겪었으며 중단상태에 빠지게 되였다.

연산군집권 10년 기간에 출판된 서적이라고는 불경 몇종류가 복각되였을뿐이였다.

연산군의 이러한 극단의 폭정은 물론 오래동안 지속될수 없었다.

폭정에 대한 광범한 인민들의 반대기세를 리용하여 일부 봉건관료들이 폭력으로 연산군을 쫓아내고 그의 아우를 임금으로 올려세웠다. 이 사건을 《중종반정》이라고 하였다.

《반정》을 일으킨자들의 대부분이 연산군때 벼슬하던 사람이였으므로 《반정》을 통하여 반인민적인 봉건관료통치의 본질적인 변화가 있을수는 없었다. 그러나 새로 된 국왕을 비롯하여 그를 지지한 세력들은 자기들의 지위를 유지할 목적으로 연산군이 시행하던 일부 극단적인 학정은 폐지하지 않을수 없었으며 따라서 출판문화사업에서도 일정한 성과들이 나타나게 되였다.

특히 유교학문을 장려하는데 힘을 더 기울이게 되였기때문에 유교경전에 대한 언해주석사업이 활발히 진행되였으며 유학자들의 저술활동이 또한 많아졌다.

이러한 계기를 통하여 그전시기에 두번이나 《사화》의 박해를 받았던 사림파들이 벼슬길에 더 진출하게 되였으며 저술활동도 더 많이 하게 되였다.

이것은 당시 유학자들의 거두이며 사림파들의 대표자인 리언적, 조광조 등과 언해를 비롯한 어학서적 출판을 위하여 노력한 최세진, 김안국 등의 활동에서 실증된다.

이런 환경에서 조광조를 비롯한 사림파선비들은 중소봉건지주들의 리익을 대변하면서 퇴폐한 봉건질서를 바로잡고 왕정을 강화하기 위한 일련의 대책적의견들을 제기하였다.

이런 신진세력이 당시 보수파세력들에게는 큰 장애로 되지 않을수 없었다.

그리하여 남곤, 심정을 비롯한 일부 왕의 친척세력들이 새로 진출한 선비출신관리들을 봉건정부에서 제거하기 위한 음모를 꾸미여 가혹한 탄압을 가하였다.

이 탄압사건이 바로 《기묘사화》였는데 이 사건을 계기로 유학자들의 저술활동이 또다시 제대로 되지 않았으며 따라서 출판문화가 적지 않게 저애를 받게 되였다.

이것은 큰 학자로 이름이 있었던 조광조의 문집 《정암집》과 김정의 문집 《충암집》이 몇권씩 되지 않은것으로서도 실증된다. 《정암집》은 모두 15권 5책이 전하고있을뿐이며 그것도 1681년에 수집 정리되여 출판되였다. 그리고 이 15권가운데는 다른 사람의 글인 부록이 6권이나 된다.

이렇게 신진사림들이 《기묘사화》와 그뒤의 《을사사화》에서 많은 탄압을 받고 희생되였지만 그들의 유교학문을 발전시키기 위한 강한 지향으로 하여 그 세력은 좀처럼 꺾이지 않았다.

이때 와서 그들은 관리로 진출하는것보다 주로 산촌에 은거하면서 유교학문 특히 주자학을 연구장려하는데 전심하였다. 그리하여 이 시기 지방에서 선비들의 유학교육 및 집합장소로서 서원이 처음 설립되게 되였다. 이 서원이란 하나의 유교학문을 교육하는 장소일뿐만아니라 점차 문집을 편집출판하는곳으로 되였다. 이런 서원이 최초로 설립된것은 1541년에 경상도 풍기에 있던 소수서원이였다.

그러나 이 시기에 와서는 같은 사림파내부에서도 유교학문연구에서 두파로 갈라지면서 주자학적객관적관념론을 주장하는 주리파와 이를 반대하는 주기파들이 나오게 되였다. 이것 역시 당시 출판사업에 그대로 반영되였으며 출판물의 내용과 성격을 규정짓는 중요한 기준으로 되였다.

이때로부터 다른 출판물보다 방대한 개인저작의 문집류가 많이 편찬출판되게 되였으며 이것은 성리학에 대한 연구와 리기설에 대한 론쟁의 부산물이라고 말할수 있다.

왜 그렇게 볼수 있는가 하면 이 시기 많이 나오게 된 문집들가운데 리기설과 성리학에 대한 내용을 수록하지 않은 책은 거의 없다싶이 된것으로도 설명할수 있다. 성리학에 대한 저술이 들어있는 문집이라야 그 저작자는 물론이고 그 도서도 가치있는것으로 보는 것이 하나의 시대적경향으로 되였다.

이 시기 주자학적객관적관념론을 대표하는 사람으로는 리언적, 김린후, 리황 등을 들수 있으며 같은 주자학적객관적관념론이기는 하나 주자와 리황에 대한 비판적인 태도를 취하면서 《리발기발》을 주장한 사람으로서 리이를 들수 있고 주자학적객관적관념론을 반대하고 기일원론적인 소박한 유물론적견해를 주장한 사람으로서는 서경덕, 리구 등을 들수 있다.

이런 투쟁이 그들의 저술사업, 출판사업에 어떻게 반영되였는가 하는것은 그들이 남긴 출판물을 통하여 잘 알수 있다.

퇴계 리황이 지은 책들을 보면 그의 문집인 《퇴계집》이 68권 31책이(그중에는 그의 시문과 편지를 비롯한 각종 산문들이 들어있다.)였다.

이외에 《주자서 절요》 20권 10책, 《주자서 절요기의》 15권 2책, 《계몽전의》 1책, 《심경석의》 4권 1책, 《송계원명리학통론》 2권 2책, 《삼경사서석의》 8권 2책, 《퇴계 상제례답문》 1권 1책, 《도소기》 1책, 《고경중마방》 1책, 《주자 행장집주》 1책, 《퇴계 무진봉사》 1책 등이 있다.

또 률곡의 문집을 보더라도 대단히 방대하다.

《률곡전서》로 이름단 그의 문집이 44권 38책인데 이가운데는 그의 시문, 서간들과 《동효문답》, 《만언봉사》, 《향약》, 《학교모범》, 《학규》, 《성학집요》, 《격몽요결》, 《경연일기》 등이 수록되여있다.

《전서》에 수록 안된것으로서 《사서언해》와 《소학집주》 등이 있다.

이렇게 리황과 리이 등의 저작들은 방대한 량으로 출판되여 전해지고있는 반면에 그와 대립된 립장에 서있던 서경덕, 리구, 허엽 등의 저작유산은 《화담집》 1책을 제하고는 거의 전하는것이 없을 정도로 없어졌다.

이 원인은 물론 여러가지로 들수 있겠지만 그중 중요한것은 당시 봉건통치자들이 전자에 대해서는 적극 장려하고 출판을 할수 있도록 방조하여준 반면에 후자에 대해서는 제한을 가하고 방조하여 주지 않았기때문이다.

이것 역시 봉건통치계급내부의 대립과 그의 반동적출판정책의 결과라는것은 더 말할 여지도 없다.

제5절. 임진조국전쟁시기의 애국적출판물

위대한 수령 **김일성**동지께서는 다음과 같이 교시하시였다.

《**인민들은 잔인무도하고 흉악한 일본사무라이들과 7년간이나 결사적으로 싸워 마침내 왜적을 조국땅에서 몰아내고 조국의 영예와 존엄을 지켰습니다.**》(《김일성저작집》 1권, 230페지)

임진조국전쟁시기 조선인민은 일본침략자들을 반대하는 7년간의 싸움에 한결같이 떨쳐나 왜적을 물리치고 나라를 영예롭게 지켜냈다.

임진조국전쟁시기 애국적출판물들은 전쟁승리에 이바지하며 인민들의 민족적 및 계급적 각성을 높이는데 크게 기여하였다.

이 시기 애국적출판물은 대체 세 부류로 나눌수 있는데 첫째는 애국명장들과 의병장들의 《격문》, 《창의문》, 《장계문》, 《상소문》등이다.

《격문》과 《창의문》은 당시 의병장들이 인민들에게 발표한 호소문이였다.

임진조국전쟁시기에 봉건통치자들은 그 첫날부터 비겁성을 여지없이 드러내놓으면서 서울과 평양을 버리고 의주까지 피난하여 갔다.

그러나 인민들은 사랑하는 조국을 사수하기 위하여 자발적으로 무장대오를 조직하고 왜적에 대한 반격에 한결같이 궐기하였다.

이 무장대오를 바로 의병이라고 불렀다.

애국적인 인민들은 의병대오를 조직함에 있어서 우선 《창의문》 혹은 《격문》을 반드시 먼저 발표하였다.

이러한 출판물에 대하여 몇가지 대표적인 례를 들면 조헌의 《기의토왜격》, 곽재우의 《격순찰사 김수문》, 정문부의 《창의토왜함경도렬읍수재급사민격》, 고경명의 《격제도서》, 김천일의 《의격》 등이다.

당시 이 출판물들은 인민들로 하여금 전쟁의 정의적성격을 명확히 인식하게 하며 승리의 신심을 고취하는데서 중요한 역할을 놀았다.

장계문, 상소문은 또한 신하가 국왕에게 보내는 보고문과 건의서이다.

이러한 례는 리순신의 《의병들에게 상줄것을 요청하는 장계》를 비롯하여 류성룡의 《군사들을 훈련시킬데 대한 장계》 등 여러편의 장계문을 들수 있다.

당시 전선이 광범한 지역에 널려있었던만큼 각 전선에서 전투과정과 결과를 정부에 보고하며 전술적대책을 제기하는데 이러한 보고문과 건의서들은 매우 중요한 의의를 가지고있었다.

둘째는 일기와 력사기록들이다.

이 사료들은 그 당시에 전쟁참가자들에 의하여 씌여졌거나 또는 전후에 와서 많은 사람들이 임진조국전쟁의 력사적사변을 기록하여 후세에 교훈으로 넘겨주자는 목적에서 씌여진것들이다.

그렇기때문에 내용과 체계는 다양하였는데 개별적의병장들의 사적을 기록하기도 하였고 또는 그들의 일기, 창의록 기타 사료들을 편찬한것도 있으며 특히 임진조국전쟁전반의 력사를 서술한것도 있다.

전쟁시기에 씌여진 서적으로서는 리순신장군의 《란중일기》, 사명당 유정의 일기, 중 남봉이 편찬한 《분충서난록》(2권 2책), 조헌의 《중봉집》에 실려있는 일기 등이 대표적인것이며 전후에 씌여진 서적으로는 안방준이 편찬한 《항의신편》(4권 2책), 리만추가 편찬한 《당산의렬록》(1책), 류성룡이 쓴 《징비록》(16권 8책) 등이다.

이외에도 창의록으로 불리는 서적들이 있다. 그리고 전쟁시기 력사를 쓴 기록가운데서 《징비록》은 그 풍부한 자료와 체계적인 서술로 하여 임진조국전쟁시기 전반적정세와 인민들의 투쟁모습을 잘 보여주는 귀중한 도서이다.

《징비록》은 방대한 자료를 년월일순으로 정리하여 싣고있으며 전쟁시기의 중요한 국가적시책은 물론 단편적인 일화들까지도 담고있다. 특히 전쟁과정에 저자가 직접 목격하고 체험한 전쟁시기의 대내외정세와 전쟁과정에 나타난 통치계급내부의 진상, 의병들과 인민들의 투쟁, 일본침략자들의 포악성과 교활성, 명나라군대의 참전과정, 그들의 활동에 대하여 많은 자료를 리용하면서 상세히 기록하고있다. 이것은 저자자신이 전쟁시기 령의정, 도체찰사 등 높은 관료로 있으면서 직접 보고들은것과 조치를 취하고 작성한 문건들을 싣고있는것으로 하여 그 내용이 생동하며 비교적 정확하다.

또한 이 책은 그 이름이 보여주는바와 같이 임진조국전쟁시기의 경험과 교훈을 찾자는 립장에서 쓴것이므로 사물에 대한 고찰과 분석이 비교적 객관적으로 씌여졌다.

저자는 이 책을 쓰는 목적에 대하여 서문에서 《지난 일을 징계로 삼아 닥쳐올 일을 조심하자는것이다.》라고 하였다.

저자가 바로 이런 목적에서 이 책을 썼기때문에 봉건통치계급 내부의 부패무능한 진상과 전쟁전후에 나타난 부족점들을 어느 정도 비판적인 립장에서 분석하고있다.

그렇기때문에 이 책은 저자자신의 계급적제한성과 봉건유교사상에서 사물을 고찰한 부족점이 있고 사대주의적립장과 당파적관계에서 나온 편견이 없지 않음에도 불구하고 임진조국전쟁시기 사실을 쓴 애국적출판물로서는 리순신의 《란중일기》와 이 책이 가장 가치있는 도서이다.

이 책의 출판관계를 보면 저자가 이 책을 쓰고 죽은후 30년이 지난 1634년경에 그의 후손들에 의하여 경상북도 안동에서 목판본으로 출판되였고 그후에도 여러번 출판되였다. 그리고 1693년에 일본에서도 출판되였다. 권수와 책수는 여러번 출판되는 바람에 다소 차이나는것들이 있으나 대체로는 16권 8책, 16권 6책, 16권 2책으로 되여있다.

셋째는 소설과 기사를 수록한 책들이다.

소설은 《임진록》과 같이 임진조국전쟁에 참가한 여러 사람들의 위훈을 소재로 하여 씌여진것도 있고 《리순신전》, 《곽재우전》, 《김덕령전》 등과 같이 명장들의 전기로 된것들도 있으며 《룡만문견록》, 《분충서난록》과 같이 보고 들은것을 쓴것도 있다.

이 소설들의 저자와 그 출판년대는 명확하지 않으나 대체로 임진조국전쟁직후 17세기 전반기이거나 혹은 후반기라고 인정된다.

이러한 소설가운데서 《임진록》은 그 대표적인 작품이다.

《임진록》은 국문으로 표기된 국문본과 한문으로 표기된 한문본이 있는데 이 두본사이에는 사상예술성에 있어서 일정한 차이가 있다.

후자는 한문을 아는 지식층에게 읽힐 목적으로 씌여졌기때문에 그들의 관념화된 유교사상이 작품의 사상예술성을 일정하게 제약하고있으나 국문본은 처음부터 인민대중에게 읽힐 목적으로 씌여졌기때문에 그 묘사수법에서 훨씬 더 인민적성격을 띠고있다.

이 시기 전쟁승리를 노래한 가사로서 대표적인것은 《태평사》,

《선상탄》을 비롯한 박인로의 저서들이다.

박인로는 1561년부터 1642년까지 활동한 문인이다.

《태평사》는 그가 1598년에 부산에 있던 적들이 패주하였다는 소식을 듣고 승리한 우리 인민의 기쁨을 높은 격조로 노래한 작품이며 《선상탄》은 전쟁이 끝난 이후에 수군에 남아있으면서 왜적의 침략으로부터 나라를 굳게 지키려는 열정을 담은 작품이다.

이 작품들에는 조선인민의 열렬한 애국주의사상, 원쑤들에 대한 치솟는 증오와 필승의 신념 및 평화애호사상이 진실하게 반영되여있다. 이 작품들은 1800년에 3권 2책으로 출판된 《로계집》에 실려있다.

이상에서 본 세 부류의 애국적출판물들은 그 어느것을 물론하고 정도의 차이는 있지만 유교적충군사상, 봉건국가에 대한 충의에 기초하고있는 점에서 일정한 제한성을 가지고있다.

그러나 이 출판물에는 일련의 계급적 및 사상적 제한성이 있음에도 불구하고 그 출판물에 담겨있는 외적의 침략으로부터 나라를 견결히 지키려는 애국주의사상이 뚜렷이 반영되여있다.

특히 이 출판물이 긍정적인 의의를 가지는것은 저자들이 모두가 직접 조국전쟁에 참가한 애국자들이라는데 있다. 따라서 인민들을 외적을 반대하는데 궐기시키고 애국주의로 교양하는데로 그들의 문필활동은 크게 지향되였던것이다.

제6절. 출판문화의 대외적영향

1. 명나라와의 교류

오랜 시기를 걸쳐 발전하여온 조선과 중국과의 문화교류관계는 14세기에도 계속 발전하였다.

이 시기로 말하면 조선에서는 고려와 리조가 정권을 교체하던 시기인 동시에 중국에서는 원과 명이 교체하던 시기였다.

그렇기때문에 새로 수립된 이 두 나라 관계에서 초기에는 로동문제를 비롯한 일련의 복잡한 문제가 제기되기는 하였지만 이것이 다 순조롭게 해결되면서 정상적인 외교관계가 수립되였고 호상 무역이 진행되였다.

이런 사정은 출판문화교류에서도 새로운 발전을 가져왔는데 조선으로부터는 서적과 문방구들이 교역품의 중요한 항목의 하나로 되였다.

원래 조선 종이와 먹과 붓은 이미 고려시기부터 다른 나라 사람들의 높은 평가를 받아왔지만 리조시기에 들어와서 종이의 종류와 질은 한층 더 제고되였기때문에 이에 대한 명나라사람들의 요구와 평가도 더욱 높아졌다.

그러한 례로서 명나라 송렴은 원나라 력사를 편찬하고 책표지를 일부러 조선종이로 만들었으며 명나라 태조 주원장도 조선에서 만든 대모필을 극히 귀중한것이라 하여 자신이 문신들에게 나누어 준 사실을 들수 있다.

우리 나라 종이가운데서도 그 질의 최상품을 론할 때 중국사람들은 의례히 견지를 꼽았다. 이 견지는 곧 닥종이이다.

동월의 《조선부》에는 이에 대하여 다음과 같이 쓰고있다.

《예로부터 조선종이는 고치로 제조한것이라고 전해왔으나 닥으로 만들었다는것을 이제 알았다. 다만 제조를 기술적으로 잘하였기때문이다.》*

* 《조선부》 주

이러한 문방구생산은 국내의 수요를 충족시키면서 다른 한편으로는 막대한 량을 명나라를 비롯한 여러 나라에 수출하였던것이다.

이와 같이 조선의 문방구가 명나라출판문화발전에 좋은 영향을 주었다.

이 시기 출판문화교류에서 특히 지적해야 할것은 우리 나라에서 일찍 발명발전한 동활자가 명나라에 준 영향이다.

명나라에서 동활자를 정식으로 사용한것은 15세기말에 있었던 《무석화씨집》 주자(주조한 활자)를 들고있다.

그러면서 이 책의 필자는 어떤 사람이 16세기후에 조선에서 전하여 들어온 동활자라고 하나 이것은 근거가 없는 일이라고 하였다.*

　※ 《중국인쇄술의 발명과 그 영향》 인민출판사, 1958년판, 88페지

그러나 이 동활자와 인본들은 출판문화의 호상교류과정을 통하여 호상영향을 주었으리라고 추측할수 있으며 또 이런 영향이 우리 나라와 명나라의 출판문화발전에 긍정적인 작용을 놀았으리라는것도 의심할바 없다.

또한 기술발전의 력사를 놓고볼 때도 앞선 기술은 언제나 뒤떨어진 기술의 발전에 영향을 주는것이 하나의 법칙적인것만큼 이 시기 금속활자의 발전정형은 우리가 세계적으로 가장 앞선 조건에서 필연적으로 이러저러한 경로를 통하여 영향을 주었을것이다.

이에 대하여 중국사람 상홍규는 자기의 저서 《오천년래의 중조우호관계》에서 다음과 같이 쓰고있다.

《1403년에 조선은 주자소를 설치하고 몇십만개의 동활자를 만들었다. 이 동활자는 견고해서 오래 쓸수가 있을뿐만아니라 배렬하기가 편리해서 서적을 대량적으로 인쇄할수 있었다. 이보다 뒤에 중국에서도 동활자를 만들었는데 이것은 조선으로부터 배워온것이다.》*

　※ 《오천년래의 중조우호관계》, 83페지

이 견해는 역시 근거가 있는것이라고 생각한다.

또한 이 시기 서적을 통한 호상교류도 량국의 출판문화발전에서 매우 중요한 의의를 가진다.

이 시기에 우리 나라 서적이 명나라에 얼마나 들어갔는가 하는데 대해서는 명확한 기록이 없으나 현재 중국 베이징도서관에 약

300종의 우리 나라 판본과 주자본이 있는데 그것은 대부분 리조시기 인본이며 그가운데는 《갑인자》로 찍은 《찬주분류두시》와 《분류보주리태백시》*를 비롯한 귀중본도 있다.

 ※ 《중국인쇄술의 발명과 그 영향》 인민출판사, 1958년판, 130페지

그리고 이 시기 우리 나라 학자, 작가들의 그 문집이 명나라에 널리 알려진것도 적지 않다.

《증보문헌비고》에는 명나라사람의 말을 다음과 같이 전하고있다.

《…오직 고려(당시 중국에서는 리조봉건국가도 〈고려〉라고 하였다.—필자)사람 저술이 왕왕 중국에 들어왔는데 그가운데 정린지의 〈고려사〉, 신숙주의 〈해동제국기〉, 서거정의 〈동국통감〉, 〈사략〉 같은것은 고증할것이 많다.》*

 ※ 《증보문헌비고》 예문고

명나라사람으로서 조선에 대한 저작을 남긴 사람으로서는 동월, 소응궁, 전겸익, 오명제 등을 대표적으로 들수 있다.

이들은 우리 나라에 왔거나 혹은 자기 나라에 있으면서 우리 나라의 아름다운 점과 우리 작가, 시인들의 명작들을 높이 찬양하는 심정으로 출판물을 통하여 저술소개하였는데 그중에서도 동월의 《조선부》, 소응궁의 《조선정왜기략》, 전겸익의 《렬조시선》, 오명제의 《조선세기》 등은 아주 가치있는 서적이다. 《조선정왜기략》과 《조선세기》는 1592년 임진조국전쟁시기에 저자들이 직접 전쟁에 참가하였다가 돌아가서 쓴것이기때문에 더욱 의의가 있다.

이 시기 우리 나라에서는 중국의 서적을 기증 혹은 구입하는 형태로 가져온것도 적지 않다.

《증보문헌비고》 예문고에 의하면 리조 태조때부터 선조때까지 명나라로부터 기증하여온 서적이 무려 10여회 20여종에 달한다. 그리고 우리 학자, 문인들이 직접 명나라에 가서 구입해온것을 전해주고있는 기록도 있다. 그런 자료가운데 하나 례를 들면 1494년에 안침이란 사람이 베이징에 갔다 돌아오면서 《대학연의

보》를 사가지고 왔기때문에 그를 인쇄배포하였다고 하였다.

이러한 서적들가운데는 리조봉건정부의 유교장려정책과 관련하여 이 부분의 서적들이 많은 비중을 차지하고있지만 그러나 기타 서적도 들어와서 조중 두 나라 인민들의 출판문화교류에 긍정적인 기여를 하였다.

2. 일본에 준 영향

15세기 전반기 즉 임진조국전쟁 이전까지 우리 출판문화가 주로 일본에 준 영향은 대장경을 비롯한 불경서적과 불경경판을 통하여 미치게 되였다.

원래 일본은 불교를 숭상하여왔다. 그러므로 이 시기에 불교경전에 대한 일본지배계급의 신앙심과 숭배사상은 지극히 컸다. 그러나 일본은 출판문화발전이 늦었던 관계로 하여 15~16세기경까지 대장경판각을 완성하지 못하였다.

일본에서 1486년에 의정이 조선정부에 보낸 편지가운데서 《아직 우리 나라는 대장경을 판각하지 못했다.》라고 한것으로 보아 확증된다.*

* 《세계인쇄통사》 일본편

1486년이라고 하면 우리 나라 성종17년에 해당한다.

그러므로 이 사료를 통하여 일본은 15세기까지 대장경을 판각하지 못하였다는 사실을 알수 있다.

바로 이러한 형편에 있었으므로 일본은 막대한 비용과 로력을 소모하면서 벌써 12세기부터 고려의 속장경을 요구하였다. 그리하여 고려시기만 보더라도 일본은 《화엄경수사연의초》(40권)를 비롯하여 의천의 속장경목록인 《교장총록》사본 등 많은 속장경판본들을 가져갔다.*

* 《조선사참고자료》 6, 교육도서출판사, 1983년판, 103페지

리조봉건정부가 수립된 이후시기 즉 14세기말부터 16세기 전반기까지 근 200년동안 일본은 대장경을 인쇄해가기 위하여 조선정부에 약 96차나 청원을 하고 46차나 인쇄하여갔다.

《리조실록》과 기타 자료를 종합하여 일본이 우리 나라에 대장경과 경판을 요구한 년대와 가져간 명세를 도표로 제시하면 다음과 같다.

일본이 대장경을 청구한 년대와 수출된 명세

번호	년대	왕 대	책이름	수출된 부수	비고
1	1389	고려창왕원년	대장경		
2	1392	리조태조원년	〃		
3	1394	〃 3년	〃		
4	1395	〃 4년	〃	2부	
5	1396	〃 5년	〃	1부	
6	1397	〃 6년	〃		
7	1398	〃 7년	〃		경판요구
8	1398	〃 7년	〃		
9	1399	정종원년	〃		경판요구
10	1402	태종2년	〃		
11	1406	〃 6년	〃		
12	1407	〃 7년	〃	1부	
13	1408	〃 8년	〃	1부	
14	1409	〃 9년	〃	1부	
15	1409	〃 9년	〃		
16	1410	〃 10년	〃		
17	1411	〃 11년	〃		
18	1411	〃 11년	〃		
19	1411	〃 11년	〃	1부	
20	1411	〃 11년	〃		

번호	년대	왕　　대	책이름	수출된 부수	비고
21	1413	태종13년	대장경		
22	1414	〃 14년	〃	1부	
23	1414	〃 14년	〃		
24	1416	〃 16년	〃	1부	
25	1416	〃 16년	〃	1부	
26	1417	〃 17년	〃	1부	
27	1419	세종원년	〃	} 1부	
28	1420	〃 2년	〃		
29	1421	〃 3년	〃		
30	1422	〃 4년	〃		
31	1423	〃 5년	〃	} 1부	경판요구
32	1424	〃 6년	〃		
33	1424	〃 6년	〃	} 1부	
34	1426	〃 8년	〃		
35	1427	〃 9년	반야경		
36	1428	〃 10년	대장경		
37	1432	〃 14년	〃	} 1부	
38	1433	〃 15년	〃		
39	1434	〃 16년	〃		
40	1440	〃 22년	〃	1부	
41	1443	〃 25년	〃	1부	
42	1443	〃 25년	〃	1부	
43	1444	〃 26년	〃	1부	
44	1445	〃 27년	〃	1부	
45	1445	〃 27년	〃	1부	
46	1446	〃 28년	〃	1부	
47	1447	〃 29년	〃	1부	
48	1448	〃 30년	〃		

번호	년대	왕 대	책이름	수출된 부수	비고
49	1449	세종31년	대장경	1부	
50	1450	〃 32년	〃	1부	
51	1450	〃 32년	〃	1부	
52	1451	문종원년	〃		
53	1453	단종원년	〃	1부	
54	1455	〃 3년	〃	1부	
55	1456	세조2년	〃	1부	
56	1457	〃 3년	〃		
57	1458	〃 4년	〃	1부	
58	1459	〃 5년	〃		
59	1460	〃 6년	〃	1부	
60	1461	〃 7년	〃		
61	1461	〃 7년	〃	1부	
62	1462	〃 8년	〃	1부	
63	1462	〃 8년	〃	1부	
64	1462	〃 8년	〃		
65	1462	〃 8년	〃	1부	
66	1463	〃 9년	〃	1부	
67	1463	〃 9년	〃		
68	1465	〃 11년	〃		
69	1471	성종2년	〃	1부	
70	1473	〃 4년	〃		
71	1473	〃 4년	〃	1부	
72	1478	〃 9년	〃		
73	1479	〃 10년	〃	1부	
74	1479	〃 10년	〃		
75	1482	〃 13년	〃	1부	
76	1482	〃 13년	〃		

번호	년대	왕 대	책이름	수출된 부수	비고
77	1482	성종13년	대장경		
78	1483	〃 14년	〃		
79	1485	〃 16년	〃	1부	
80	1487	〃 18년	〃	1부	
81	1487	〃 18년	〃	1부	
82	1487	〃 18년	〃		
83	1488	〃 19년	〃		
84	1489	〃 20년	〃	1부	
85	1490	〃 21년	〃		
86	1490	〃 21년	〃	1부	
87	1499	연산군5년	〃		
88	1500	〃 6년	〃		
89	1539	중종34년	〃		

이렇게 많은 회수와 막대한 량의 서적 및 책판을 가져가기 위해 일본은 과연 어떤 절차를 밟았으며 조선봉건정부는 이에 대하여 어떤 태도를 취하였겠는가 하는것이다.

《리조실록》에 의하면 일본은 대장경을 얻어가기 위하여 매번 국왕 혹은 지방령주들의 친서와 례물을 가지고 사절이 와서 외교적인 청원을 하는것이 통례로 되여있었다. 조선봉건정부는 항상 우호적이고 포섭하는 립장에서 자기의 손실을 불구하고 되도록 보장해주기 위하여 노력하였다. 그것은 다음의 몇가지 자료를 통해서도 능히 짐작할수 있다.

전자의 경우에 해당한 자료를 들면 다음과 같다.

《이달에 일본 관서도 구주 탐제 원도진이 사절을 보내서 례물을 바치고 대장경을 청구했다.》*

* 《태조실록》 권12, 6년 6월

일본국왕은 《대장경을 구하여 나라의 재보로 되게 해주기 바랍니다.》라고 간절히 청원하는 편지를 보내여왔다.

《일본국왕 원의고는 중 주반 등을 보내서 금으로 꾸민 병풍 2개, 채서선 100개, 필현대 1개, 자리 20개, 나라통 2개를 바치고 이어 대장경을 달라고 청하였다.》

후자의 경우에 해당한 자료를 들면 다음과 같다.

《왕(세종-필자)이 또 말하기를 임금(일본국왕을 가리킴-필자)이 요구하는 대장경판은 우리 나라에도 단지 한본밖에 없으므로 주기가 어렵다. 그러나 밀교대장경판, 주화엄경판과 한자대장경을 전부 보내주려고 한다.》*

❋ 《세종실록》 권22, 5년 12월 임신

《귀국이 우리 나라와 비록 바다를 사이에 두고있으나 대대로 선린관계를 취하여왔으며 내가 왕이 된후에도 귀국은 사절을 보내와서 은근한 례를 더욱 표시하였다. 그래서 우리 나라에서도 답례를 하기 위하여 전년 10월에 첨지 중추원사 송처검과 대호군 리종실을 보내서 대장경 1부, 〈법화경〉, 〈금강경〉, 〈금강경 십칠가해〉, 〈원각경〉, 〈릉엄경〉, 〈심경〉, 〈지장경〉, 〈기신록〉, 〈영가집〉 등 각각 두부씩 가지고 (중략)… 귀국사절 수미와 함께 갔는데 불행히 해상에서 풍랑을 만나 정사의 선박은 어느곳에 표류했는지 알수 없으며 부사의 선박은 침몰되였고 오직 귀국사절 선박만이 겨우 위험한 지경을 벗어나 대마도에 정박하였다.

그 선주와 삼랑을 보내와서 보고하는데 의하면 서적과 례물은 다 잃어버렸다고 하니 마음에 측은한바가 있다.

우선 이와 같이 사유를 알린다.》*

❋ 《해제총서》 31페지

《단종실록》자료에 의하면 1453년에 일본국왕의 사신으로 왔던 사람이 대장경의 첫머리 경전인 《대반야경》(600권)과 이미 가져간 대장경의 빠진 책 113권을 마저 보충해주지 않는다고 불평을 부리였으며 만일 저들의 요구를 들어주지 않으면 몇달을 묵는 한이 있어도 돌아가지 않고·작별연회에도 참가하지 않겠다고 외교적인 관례까지 무시하고 생떼를 쓴 사실이 있다.

그러나 리조봉건정부는 늘쌍 관대히 대해주었던것이다.*

* 《단종실록》 권4, 원년 10월

이상 자료들을 통하여 다음과 같은 결론을 지을수 있다.

첫째로, 15~16세기 일본의 출판문화발전수준은 우리 나라에 비교할수 없이 뒤떨어지고있었다는 사실이다.

그들이 대장경에 대해서는 《천하에 둘도 없는 법보》라고까지 귀중히 여기면서도 이것을 자체로 판각하지 못하여 멀리 풍랑사나운 바다를 건너 89차나 청구하였으니 그들의 수고와 안타까운 심정도 짐작하기 어렵지 않다. 만일 자체로 판각할 기술과 능력이 있었다면 무엇때문에 이런 고생을 무릅쓰면서 구차한짓을 하였겠는가. 그것도 한두번도 아닌 89차를 근 200년동안 계속하였겠는가. 이것은 도저히 판각을 할수 없었기때문이였다.

그 사실은 다음과 같은 자료에서도 실증된다.

1423년 12월에 일본국왕이 보낸 사신들이 대장경책판을 달라고 요구하다가 뜻대로 안되니까 며칠동안 단식까지 하면서 주지 않으면 본국으로 돌아가지 않겠다고 애원한 일까지 있었다.*

* 《세종실록》 권22, 5년 12월

이것은 고려의 팔만대장경의 판목을 저들의 소유로 만들고 그의 기술적우수성을 본받아 대장경을 출판해보려는 속심이라는것은 짐작하기 어렵지 않다.

일본은 15세기이후에도 전국가적인 힘을 경주하면서 여러번 대장경판각을 시도했으나 성공하지 못하고 마침내 포기하고말았다.

17세기에 와서야 일본은 활자본대장경을 출판하게 되였으나 그것도 오자와 빠진 글자가 많아 대장경으로서의 면모를 갖추지 못하였다.

　둘째로, 이러한 불경서적들의 교류과정을 통하여 우리 출판문화가 일본출판문화발전에 준 영향은 대단히 컸다고 말할수 있다.

　특히 밀교대장경판목의 일본에로의 수출은 일본의 목판인쇄문화발전에 직접적인 영향을 주었다고 볼수 있다.

　일본이 17세기이후 활자로 대장경을 출판한것도 그 대본은 물론 우리 나라에서 가져간 대장경이며 그것을 인쇄한 활자도 임진조국전쟁시기 우리 나라에서 략탈해간것을 기본으로 삼고있었던것이다.

제2장. 리조후반기 출판문화

제1절. 전쟁으로 파괴된 출판문화를 수복하기 위한 투쟁

　임진조국전쟁시기 일본침략자들에 의하여 우리의 귀중한 문화재들이 파괴략탈당했지만 우리 인민들은 그에 실망하지 않았다.

　7년간 전쟁에서 적을 무찔러 타승한것처럼 출판문화를 복구하는데서도 전쟁시기 이미 완강한 투쟁을 전개하였다.

　이 투쟁은 우선 활자만드는 사업부터 시작하였다. 왜냐하면 야만적인 일본침략자들이 활자를 략탈하여갔으므로 서적을 인쇄할수 없기때문이였다. 활자는 서적출판에서 가장 기본적인 수단이므로 파괴된 출판문화를 복구하자면 무엇보다도 활자를 먼저 만들어야만 하였다.

　이와 관련하여 한가지 더 말해야 할것은 16세기말까지 각종 금속활자를 만든것이 무려 100여만자였는데 전쟁을 겪은 이 시기에 와서 활자부족으로 서적을 인쇄할수 없게 되였으니 일본침략자들이 활자를 얼마나 강도적으로 대량 략탈하여가고 파괴유실시켰는가 하는것을 알수 있다.

그렇지만 우리 인민들은 락심하지 않았으며 적에 대한 증오심과 복수심을 더욱 다지면서 출판문화를 복구하기 위한 사업을 전쟁이 진행되고있던 1593년부터 전개하였다.

1. 《훈련도감자》를 비롯한 활자, 각자 및 주조사업

전쟁시기 활자복구사업은 우선 목활자를 만드는 사업부터 시작하였다. 그것은 전쟁과 관련하여 금속활자는 주조하기 곤난하기때문이였다. 이 목활자가 바로 《훈련도감자》이다.

《훈련도감자》(1593년)는 1593년에 시작하여 1604년에 완성하였다. 이 목활자의 글씨본보기는 리용의 필적을 취하였다고 한다.

이렇게 만 11년이나 걸려서 완성을 보게 된것은 그 사업의 규모가 방대하다는것을 짐작할수 있게 하는 동시에 사업의 간고성도 말해주는것이다.

그러나 우리 선조들은 자기 조국의 문화를 부흥시키기 위하여 7년간이나 계속되는 전쟁을 진행하면서 한손에는 총을 잡고 다른 손으로는 파괴된 문화를 복구하기 위한 투쟁을 진행하였다.

이 활자로 인쇄한것가운데 어숙권의 《고사촬요》를 비롯한 몇가지 책들을 들수 있다.

그러나 전쟁이 끝난후에 있어서는 목활자만을 가지고 출판사업을 진행할수는 없는것이였다.

그렇기때문에 전쟁이 끝난후에는 활자주조문제가 일찍부터 론의되였다.

《광해군일기》에 의하면 《주자도감》이 보고하기를 《평상시에 서적인쇄는 전혀 주자에 의거하였으며 경진년(1580년)에 선조가 또 〈갑인자〉를 개주하여 온 나라에 류통시키니 영원한 복리로 되였다.

그런데 불행히 전란을 한번 겪어서 옛 활자가 다 없어지고 목각을 전용하게 되니 자체가 틀린것이 많고 이지러지기가 쉽다. 다시 또 깎아내게 되니 공력과 비용이 배나 더 든다.》라고 하였다.

이러한 론의가 있은후 곧 활자주조에 착수하여 전후에 첫 금속활자를 만들었다.

《광해군일기》에 의하면 이 사업은 특별한 부서를 설치하고 진행하였는데 1년이내에 완성하였다고 하였다.*

＊《광해군일기》 권130, 10년 7월

그러나 이 활자가 얼마큼 주조되였으며 그 활자로서 어떤 책을 인쇄하였는가는 알길이 없다.

전후에 만든 금속활자로서 널리 알려진것은 《무신자》이다.

《무신자》의 특징은 구리와 무쇠로 만든 철활자라는데 있다.

이미 지적한바와 같이 우리 나라에서 철활자를 만든 경험은 《계유자》에서부터 시작되였으나 구리와 철을 배합하여 동철활자를 만든것은 이번이 처음이였다.

특히 이 활자는 단순한 철활자보다 더 아름답고 정교하였으며 서적을 인쇄한것도 적지 않다.

이것은 조선에서만 특유한것이므로 외국에서도 당시에 이를 높이 평가한바 있다.

《무신자》를 주조하게 된 경위에 대하여 《문헌비고》에는 다음과 같이 전하고있다.

《호조판서 김좌명에게 지시하여 동과 철로써 교서관활자 6만여개를 만들었다. 공적인 서적과 사적인 서적들은 이 활자에 의하여 널리 인쇄하였다.》

《현종개수실록》 권19와 《국조보감》 권40에서도 이와 비슷한 내용을 전하고있다.

이 활자를 얼마나 만들었는가에 대하여는 다음의 자료가 잘 말해주고있다.

《수어청이 동으로 주조한 큰 활자 6만 6,100여자와 작은 글자 46,600여자를 교서관으로 이송하였는데 이는 전일 김좌명이 주조한 글자이다.》*

* 《현종개수실록》 권26, 12년 10월

이 자료에서 볼수 있는바와 같이 교서관과 이 활자가 관련이 있다 하여 일명 《교서관활자》라고도 한다.

이 활자로 인쇄한 여러 서적가운데서 몇가지를 든다면 다음과 같다.

1699년에 출판한 《문곡집》: (김수항), 1729년에 출판한 《서파집》: (오도일)(일본 교또대학 도서관에 현재 보관되고있음), 1760년에 출판한 《옥오재집》: (송상기), 1771년에 출판한 《고사신서》: (서명응), 1794년에 출판한 《룡성쌍의록》: (정성학)을 들수 있다.

《한구자》(1695년)의 유래에 대하여 《숙종실록》은 다음과 같이 전하고있다.

《지경연 박태상이 호조로 하여금 김석주의 집 주자를 사서 서적을 인쇄하도록 하자고 청하니 왕이 승인하였다.》*

* 《숙종실록》 권28, 21년 3월

또 《문헌비고》 예문고에는 《처음에 청성부원군 김석주가 한구가 쓴 소자를 표본으로 하여 동활자를 주조하고 강목을 찍으니 지금 말하는 소자강목이다.》라고 하였다.

이 자료들을 보면 《한구자》는 주로 김석주와 관련이 있다는것을 알수 있다.

원래 《한구》라는것은 사람이름이며 그의 자는 궁세라 하고 호는 안소당이라 하였다.

그런데 그가 글씨를 잘 쓰기때문에 그의 글씨로써 이 활자의 대본을 만들었고 따라서 《한구자》라는 글자의 이름이 붙게 되였다.

그러나 이 활자의 주조년대에 대하여서는 1695년설과 1686년설, 1700년설이 있다.

그러나 1700년설은 자료의 출처가 명백하지 않고 1686년설은
《문헌비고》예문고에 있는 교서관의 보고문에 의거하여 주장하고있
으나 그것도 년대를 확정하기에는 불명확하다. 《숙종실록》 21년
3월 임오조에 있는 기록과 《문헌비고》예문고의 《력대서적조》에 있
는 자료로 보아 1695년으로 보는것이 정확하다고 생각된다.
　　전후 모든것이 파괴되고 물자와 재정이 대단히 어려운 조건에
서 이처럼 각자 및 주자를 한 사실(3회이상)은 우리 인민들의 줄기
찬 투쟁의 결과이며 자기 나라 문화를 사랑하는 간절한 생각에서
이루어진것이다.
　　더구나 《무진자》처럼 동, 철 혼합활자를 창안하여 우리 활자기
술발전을 세상에 자랑한것은 확실히 의의있는 일이다.
　　그러나 전반적으로 볼 때 활자주조사업을 비롯한 출판사업이
침체상태에서 완전히 벗어나지 못하였으며 당시 인민들의 서적수요
를 충족시키지 못하였다.
　　그 원인의 첫째는 두차례의 전쟁(임진조국전쟁과 청나라침략
을 반대하는 전쟁)에서 받은 피해가 너무나 컸기때문에 그를 복구
하는데는 장시일이 요구되였던 사정과 관련되며 둘째는 봉건통치자
들이 17세기이후 당쟁에만 더욱더 몰두하고 실질적으로 출판문화를
발전시키기 위한 관심이 적었고 조치도 적극적으로 취하지 않았기
때문이였다.
　　이와 같은 당시 형편은 1686년에 교서관에서 국왕에게 올린 장
계문에 잘 반영되여있다.
　　이 장계문에 의하면 교서관을 설립한 목적이 활자를 주조하고
서적을 인쇄하려고 한것이라는것을 강조하고 이전시기에는 하루도
인쇄하지 않은 날이 없어서 인쇄한 서적들이 다 읽을수 없을 정도
로 많았으나 근래에 와서는 국사가 다단하여 서적출판에는 관심조
차 돌리지 않고 교서관 장공인들은 할 일이 없어 빈 집만 지킨다는
것을 통탄하였다.*

* 《문헌비고》예문고

이 사료에서 보는바와 같이 당시 지배계급은 자기들의 권력다 툼과 당파싸움에만 몰두하고 토지겸병, 인민수탈에만 점점 더 급급 하였기때문에 실질적으로 출판문화를 발전시키기 위하여 노력하지 않았다는것을 알수 있다.

이러한 침체상태는 18세기에 들어서면서 다시 부흥을 보게 되였다.

2. 《리조실록》 수복사업

이미 우에서 본바와 같이 16세기말에 이르러 《명종실록》까지 13대왕의 실록이 편찬되여 4부씩 인쇄해가지고 1부는 내사고 즉 서울에 있는 춘추관에 두고 나머지 3부는 외사고들인 충청도 충주, 경상도 성주, 전라도 전주의 사고들에 각각 나누어 보관해두었다.

그러나 전주사고본을 제외한 나머지 3부는 일본침략자들의 야만적인 침략에 의하여 다 없어졌다.

오직 전주사고본만이 전라도 태인에 사는 손흥록을 비롯한 애국적인민들의 투쟁에 의하여 간신히 구출되여 바다길로 황해도 해주에 옮겨졌다가 그다음에 묘향산에 옮겨다 두었고 전쟁이 끝난 다음에는 1601년에 강화도에 옮겨다 두었다.

자기 나라의 자랑할만한 문화유산의 하나인 《리조실록》이 적들의 침략에 의하여 이렇게 없어지게 되자 우리 인민들은 물론 봉건 통치자들까지도 무척 아깝게 여기였다.

더구나 봉건통치자들로 말하면 이 실록을 통하여 왕권을 강화하고 자기 선대왕들의 《사적》을 《신성화》하여 길이 후세에 전하려고 하던 처지였던만큼 다른 서적이 없어진것보다 실록이 없어진데 대해서는 특히 아쉬워하지 않을수 없었다.

그리하여 전후에 인차 이 전주본을 대본으로 삼아 3부를 인쇄하는 사업이 시작되였는바 이 사업은 1603년부터 1606년사이에 완로 되였다.

이에 대하여 《명종실록》《간기》에는 다음과 같이 전하고있다.

《임진년의 전란에 춘추관과 성주, 충주에 나누어 보관해두었던 선대임금들의 실록이 다 병화에 소실되였다. 오직 전주에 보관하여 두었던 실록만은 모면하게 되여 해주로 옮겨다 놓았다가 녕변으로 옮겨다 놓았고 그후 강화도에 옮겨다 놓았다.

임금이 춘추관에 지시하여 이 원본대로 3부를 인쇄하여 이전 원본은 강화도 마니산에 보관하고 새로 찍은것은 춘추관과 안동의 태백산과 녕변의 묘향산에 나누어 보관하였다. 초본 1벌은 강릉의 오대산에 보관하였다. 이전 책은 모두 576권이였으나 새로 찍은 책은 각각 259권이다. 이것은 책을 장정하는데서 두텁고 얇은것이 있기때문이다.

이 사업은 계묘년 7월에 시작하여 병오년 4월에 끝났다.》*

* 《명종실록》후 간기

이 사료를 통하여 이 실록복구사업이 1603년부터 시작하여 1606년에 끝마쳤다는것을 알수 있으며 전쟁에서 요행 보존된 전주 사고본은 강화도 마니산사고에 보관하였고 새로 찍은 3부는 서울에 있는 춘추관과 태백산, 묘향산 등 지방사고에 나누어 보관하여두 었으며 인쇄하기 위하여 작성한 초본 한벌은 오대산사고에 보관하 였다는것을 알수 있다.

또한 이 사료를 통하여 근 300권에 달하는 방대한 책을 3번이나 찍게 되는 방대한 사업이 1603년부터 1606년까지 3년동안 완료 하였다는것은 이 출판사업을 담당수행한 장공인들의 노력이 얼마나 컸는가 하는것을 짐작할수 있게 한다.

제2절. 17세기~18세기 출판문화의 발전과 실학도서의 출판

1. 17세기~18세기 출판문화의 발전

1) 출판기구 및 출판사업의 확대

이 시기 출판기구의 정비확장에서 규장각 설치는 매우 중요한 의의를 가진다.

규장각은 원래 세조때 국왕의 필적들과 도서들을 보관하기 위하여 설치하자는 량성지의 제의가 있었으나 실현되지 못하였다.

그러던것이 1694년에 와서 창덕궁 비원 북쪽에다가 규장각이라는 자그마한 각을 세우고 숙종의 글씨로서 《규장각》이란 편액을 써 붙인후 국왕의 필적들과 그가 쓴 책들을 보관하기 시작하였다. 이러한 규장각은 규모가 작았을뿐아니라 더구나 출판사업을 할만큼 정비되지도 못하였다.

이에 대하여 《정종실록》에는 다음과 같이 씌여져있다.

《숙종때 여러 임금들의 어제, 어서들을 두기 위하여 종정시에다 따로 소각을 세우고 임금의 글씨로서 〈규장각〉이란 세자를 써붙였다. 그러나 그 규모와 제도가 완비되지 못하였다.》

규장각은 18세기 후반기 즉 1776년경부터 비로소 도서관 겸 출판기관으로서 점차 정비확장되기 시작하였다.

1776년 9월에 창덕궁 비원 북쪽에 규장각건물을 새로 크게 세우고 그것을 하나의 봉건국가기구로서 꾸리였으며 리조봉건국가의 력대 군주들이 쓴 글씨와 그림들, 세보, 보감을 보관하는 왕실도서관으로 만들었다.

그리고 그다음해인 1777년에는 서명응의 제의에 의하여 규장각에 출판사업을 진행할수 있는 기구를 내오게 되였다.

이 기구의 조직체계를 보면 리조시기의 출판인쇄사업을 담당수행해오던 교서관을 규장각의 외각으로 만들고 이미 설치한 규장각은 내각(궁전내에 있는 집이란 뜻―필자)이라고 칭하였으며 1781년에는 강화도에다가 규장외각(혹은 강도외각)을 또 하나 설치하였다. 여기에는 사고의 별고에 있던 교명, 책보, 력대 왕들의 어제, 어필 및 고금도서와 서화를 보관하였다.

그밖에도 봉모당, 열고관, 개유와, 이안각, 서고 등 다섯을 더 설치하고 당시까지 수집할수 있었던 우리 나라의 온갖 서적들을 경, 사, 자, 집의 4부류로 나누어 저장하고 목록들을 모두 작성하였다.

오늘 전하고있는 《규장각총목》(4권 3책)을 비롯한 몇가지 목록들은 다 이 시기 작성한것인바 이것은 우리 나라의 귀중한 서지학유산이다.

규장각은 이렇게 한편으로는 도서관역할을 수행하면서 다른 한편으로는 출판인쇄사업을 진행하여 이 시기 출판문화를 발전시키는데서 일정한 역할을 하였다.

우리 나라 중세기 판본발전력사에서 하나의 획기적의의를 가지는 내각판은 바로 규장각에서 편찬인쇄한 판본이다. 그것은 활자가 선명하고 종이가 좋고 책모양이 장중한것으로 하여 옛날책중에서 특별한 가치를 가지고있었다.

이렇게 규장각에서 출판한 책들은 대체로 왕실에서 사용하는것이기때문에 특제본으로 만들게 되였다. 이런데로부터 규장각에서 편찬한 책은 개인출판물이 아니고 모두 국가출판물이며 규장각도서에는 수명편(왕명을 받고 편찬한)이란 말이 흔히 첨부되게 되였다.

규장각은 이와 같이 왕실문화를 발전시키기 위해서 복무하였으며 인민들의 문화생활과는 인연이 적었다. 그러나 규장각에서 편찬, 출판 및 보관했던 서적가운데는 문화유산으로서 귀중한 가치를 가지고있는것이 많다.

이 시기 주자소(인쇄소)규모도 확대되였다.

주자소는 한때 감인소로 명칭을 변경한바 있었으나 이때에 와서는 명칭도 다시 옛 이름을 회복하여 주자소라고 하였다.

《국어》간지에 의하면 1794년에 내각에서 보관하고있던 동활자를 옛 홍문관에다 옮겨 보관하도록 하고 이를 주자소라고 이름불였다고 하였다.

《판당고》부록에 의하면 주자소는 규장본각의 관할하에 있었는데 이에 보관되여있었던 활자와 판본은 방대한 량에 달하였던것이다.

규장본각의 관할하에 있던 활자는 다음과 같다.

어필서문 대자…435자

《맹자》진서자(한문자를 말함) 5,594자

언서자(국문자) 4,605자

위부인동자(정유년에 평양에서 주조한것) 대자…105,638자, 소자…44,532자

한구동자(임인년에 평양에서 주조한것) 83,660자

중국에서 사온 목활자(경술년에 사온것) 대자…11,500자, 소자…11,450자

중국에서 사온 목활자(신해년에 사온것) 대자…9,600자, 소자…9,900자

생생목자(갑인년에 만든것) 대자…157,200자, 소자…164,300자

정리동자(병진년에 주조한것) 대자…160,000자, 소자…140,000자

오륜행실 언서자(을묘년에 만든것) 4,400자

춘추강자(정사년에 만든것, 조씨필체와 황씨필체가 함께 쓰이여져있다.) 5,260자

규장본각의 관할하에 있던 책판은 다음과 같다.

《정음통석》(신축년에 평양에서 만든것) …59판

《팔자백선》(계묘년에 평양에서 만든것) …113판

《기복계》 …17판

《규장전문》(을묘년에 만든것) 대본 90판, 소본 90판

《립춘판》(병진년에 만든것) 대판…5언 3구, 중판…7언 6구, 소판…5언 9구, …7언 27구

　　《은중경도》(병진년에 만든것) 철판…7판,《경문》…13판,《도》…5판,《언해》…25판(병진년에 만들어서 화성 룡주사에 내려보낸것)

　　《기복계》…9판

　　《은중경진언》(병진년에 만든것) 대판…1판, 소판…1판

　　《정리의 피도》(정사년에 만든것)…56판

　　《오륜행실》(정사년에 만든것)…56판

　　《오경백편》(무오년에 만든것)…155판

　　《춘추》 황씨필체(무오년에 만든것)…457판

　　《춘추》 조씨필체(기미년에 만들어서 전주감영으로 내려보낸것)…457판

　　《제중신편》(기미년에 만든것)…164판

　　《아송》(기미년에 만든것)…72판

　　《주서백선》(경신년에 만든것)…95판

　　《은중경》 석판(기미년에 만든것)…24판

　　《석판》(원주 감영으로부터 올려온것)…12판

　　《어정 사수분권》(신유년에 만든것)…388판

　　《소학언해》(신유년에 원주에서 올려온것)…24판

　　이 시기 서적출판은 물론 규장각과 주자소뿐만아니였다.

　　일반력사서적은 춘추관에서도 출판하였으며 정치, 경제, 법제, 교육 관계서적은 예문관에서 많이 출판하였다.

　　또한 실록을 편찬하기 위하여 때때로 실록청이 설치되였으며 《속대전》을 편찬하기 위하여 속대전찬집청이 설치되였다. 이런 림시기구들이 설치된 례는 허다하다.

　　이 시기 출판문화의 발전은 단지 국가중앙기구의 정비확장과 국가에서 조직한 출판사업에서만 국한시켜볼수 없다.

　　지방관청에서 진행한 출판사업과 서원, 방각을 비롯한 민간에서 진행한 출판사업도 이에 못지 않게 성황을 이루면서 전개되였다.

지방 감영이나 큰 부, 군에서 진행한 출판사업은 이미 오래전부터 그 전통이 있었기때문에 이것을 계승발전시킨것이라고 볼수 있지만 서원에서 서적 편찬 및 출판 사업은 16세기말에 도산서원에서 리황의 문집인쇄를 시초로 하여 17세기에 들어서면서 점차 증가되였고 18~19세기 전반기까지는 절정에 달하였다.

민간에서 서원, 사찰, 방각을 통하여 출판사업도 활발히 진행되였다.

서원이란 원래 유교학문을 연구하고 봉건교육을 목적으로 하여 세운것이기때문에 출판을 기본사명으로 한것은 아니였다.

우리 나라에서 서원의 시초는 1541년에 경상도 풍기 군수로 있던 주세붕이 고려시기 학자 안향을 위하여 그가 살던곳인 백운동에 백운서원을 설치한 때부터였다.

1549년에 리황이 풍기 군수로 와서 이 서원의 규모를 확장하고 소수서원이라는 사액(국가에서 서원이름을 지어주는것—필자)을 받았으며 동시에 국가로부터 4서 5경과 《성리대전》 등 많은 서적을 받아 보관하였다.

이렇게 시작된 서원은 그후 지방 사림량반들에 의하여 하나의 경쟁적인 사업으로 설치되게 되였으며 그 서원에 제사지내는 사람의 유고를 정리하여 출판하는 사업이 하나의 필수적인 사업으로 되게 되였다. 리황의 도산서원에 《퇴계집》의 책판을 판각하여 광명실이라는 집을 지어놓고 보관하고있는것이 바로 그러한 예인것이였다.

18세기이후에는 어느 서원을 물론하고 거의 책판이 없는 서원이 없게 되여 19세기에 와서 이 서원들에서 찍어내는 서적들이 수백종류에 달하였다. 이가운데는 《퇴계집》, 《률곡전서》, 《송자대전》과 같이 몇십권씩 되는 방대한 책판도 판각하여 보관하고 직접 출판하였다. 이런 책판가운데는 판본학적으로 우수한것이 적지 않았다. 이 판본들을 서원본 혹은 사원판이라고 하였다. 이런 판본들은 목각판본이 대부분이고 목활자로 찍은것이 찾아보기 힘들다.

또한 출판사업은 이 시기에 와서 사찰(절간)에서도 계속 진행되였다.

사찰에서는 이미 오래전부터 진행해오던 출판사업의 경험과 전통에 기초하여 광범하게 성황을 보이면서 계속 진행되였다. 사찰에서는 이미전부터 가지고있던 책판으로 중간하는 사업이 흔히 있었으며 개인들의 청탁에 의하여 그 청탁하는 사람의 조상이나 스승들의 문집을 찍어주는것도 적지 않았다.

이런것들은 모두 사각본이라 하였고 사찰에서 찍었기때문에 사찰본이라고도 하였다.

이 사각본, 사찰본들은 그 자손 혹은 제자들이 돈을 모아서 인쇄한것이기때문에 팔고사는 형식으로도 점차 진행되였다.

민간출판사업에서 방각은 아주 큰 의의를 가진다. 우리 나라에서 서적관계력사를 돌이켜보면 고려시기부터 방각의 형태가 있었을 것이지만 기록에는 나타난것이 없고 리조시기에도 17세기이후에 새로 나타난 하나의 형태였다. 이것은 민간에서 책을 출판하여 판매하는것을 목적으로 하였기때문에 하나의 자본주의상업의 맹아로 된다.

방각본은 서울을 비롯한 도시에서 상인들이 일반적으로 많이 소요되는 책들을 인쇄하여 영리를 목적으로 판매한것이다. 이러한 책들가운데는 당시 서당에서 가르치는 아동용교과서 즉 《천자문》, 《동몽선습》, 《사략》 등과 과거 응시할 때 필요한 운서들, 관혼상제에 필요한 례식문서들, 국문으로 된 소설류들이 위주로 되여있었다.

물론 이것이 17~18세기 출판사업에서는 큰 비중을 차지하지 못했다 하더라도 인민들의 문화생활에 끼친 영향은 적지 않으며 이런 형태가 19세기에 와서는 더욱 발전되여 출판사업의 근대화에 큰 역할을 놀게 되였다.

이와 같이 출판기구들과 출판조직사업이 새롭게 발전강화된 토대우에서 활자주조사업도 대대적으로 진행되였다.

2) 활자의 다양한 주조

활자주조사업의 규모와 회수, 그 기술의 발전은 사실상 출판문화의 발전을 보여주는 하나의 주요한 척도로 된다.

활자주조사업은 어느 시기에나 그 나라의 정치, 경제 및 기술의 발전과 밀접한 련관을 가지고있다. 이러한 발전이 이루어지지 않은 때에 활자주조가 대대적으로 진행된 례는 드물다.

그렇기때문에 17세기말~19세기 전반기 활자의 다양한 주조도 이 시기 생산과 기술의 상대적앙양과 떼여놓고 생각할수 없다.

이 시기에 와서 계급적모순은 내부적으로 점점 더 첨예화되고 있었지만 근로인민대중의 창조적로동과 애국적투쟁에 의하여 농업, 수공업, 광업, 수산업 등 여러 생산부문들에서 기술이 발전되고 사회적생산이 증대되였다.*

* 《조선전사》 11권, 과학백과사전출판사, 1980년판, 9, 27 페지

이 시기에 와서 활자의 다양한 주조도 이러한 물질적부의 창조와 사회적생산의 증대에 의하여 가능하였다.

활자의 주조를 고찰하는데서 금속활자와 목활자를 비롯한 기타 활자를 갈라서 보기로 한다.

먼저 금속활자의 주조를 보기로 한다.

오래동안 침체기를 지내오던 금속활자주조사업은 18세기중엽부터 약 한세기간 그 회수에 있어서만도 무려 9회이상이나 진행되였으며 그 질에 있어서도 새로운 발전을 보여주었다.

매 활자별로 그 진행정형을 보면 다음과 같다.

18세기에 들어서면서 맨처음 주조한 활자는 《임진자》이다.

《임진자》 주자유래에 대하여 《정종실록》에는 다음과 같이 쓰고있다.

《정종이 세자로 있을 때 관료들에게 명령하여 〈갑인자〉를 교정시키고 이것을 본보기로 하여 15만자를 주조해서 예문관에 보관시

쳤으며 이 활자로서 경서와 《정문계몽》 등을 인쇄하였다.》*

　　＊《정종실록》 권4, 1년 8월

　　또한 《국어》간지에도 이와 비슷한 내용을 전하고있다.
　　그런데 《정종실록》의 내용과 한가지 차이나는것은 이 책에는 《갑인자》로 인쇄한 《심경》과 《만병회춘》 두 책의 글씨를 본보기로 하여 새 활자를 주조하였다고 한 사실이다.
　　그러나 이 두 내용을 통해서 《임진자》가 1424년 《갑인자》를 본보기로 하였다는것은 틀림없으며 따라서 이 활자가 임진조국전쟁이후 오랜 기간 침체상태에 있던 활자주조사업을 한단계 새롭게 발전시킨 출발점이라고 말할수 있다.
　　이는 질적인 면에서뿐만아니라 량적으로도 그렇게 말할수 있는데 15만자를 주조한것은 역시 전후에 처음이기때문이다.
　　이 활자로서 출판한 서적은 《정문계몽》외에도 《어제팔순서시후곤록》을 비롯한 여러가지가 있다.
　　《정유자》는 《임진자》를 주조한후 6년만에 만든것이며 18세기에 들어서서는 두번째 활자이다.
　　《정종실록》에 의하면 이 활자는 《1777년에 평안감사 서명응에게 지시하여 평양에서 《갑인자》를 본보기로 하면서 15만자를 주조하여 정부에 바치게 하였는데 이것이 바로 《정유자》였다.》라고 하였다.＊

　　＊《정종실록》 권4, 1년 8월

　　이 사실에 대해서는 서명응의 《보만재집》 권8, 《규장각자서기》에도 비슷하게 설명되여있으며 또 서영보의 《계축록》과 《갑인록》에도 명백히 기록되여있다.
　　이 활자는 규장각 내각에 보관되여있었으며 《당송팔자백선》, 《규장각지》를 비롯한 많은 서적들을 인쇄하였으며 1794년에 교서관에서 4서 3경을 이 활자로서 출판하였다.
　　이렇게 두 활자를 통하여 다음과 같은 결론을 지을수 있다.

첫째로, 이 두 활자는 모두가 《갑인자》의 우점을 이어받아 발전시키면서 아주 우수하게 제작되였으며 둘째로, 불과 몇년동안에 30여만자를 주조했다는것은 이 시기 출판문화의 성황을 짐작할수 있게 하는것이다.

이와 같이 두차례에 걸쳐 대량적주조가 있은 이후 6년만인 1782년에 또다시 《임인자》를 주조하였다.

《임인자》의 주자유래에 대하여는 전기 《국어》간지에서 다음과 같이 쓰고있다.

《또 임인년에 평안도관찰사 서호수에게 명령하여 우리 나라 사람 한구의 글씨를 글자본보기로 하고 8만여자를 만들어서 내각에 보관하였다.》*

※ 《국어》간지

이미 17세기의 활자를 고찰하는데서 《한구자》를 언급한바 있다. 그런데 이 글씨체가 대단히 잘 째이고 기백이 있는점으로 하여 그후에도 매우 호평을 받으면서 널리 리용되였다.

그러나 이 시기에 와서 원래 있던 《한구자》는 자수의 부족을 느끼게 되였다. 그리하여 국가에서 서호수에게 명령하여 평양에서 이것을 보충주조케 한것이다. 그렇기때문에 이 활자를 《재주 한구자》라고도 말하나 전면적으로 고쳐만든것은 아니다. 그후 1796년에 다시 《정리자》를 주조하였다.

《정리자》의 주조유래도 앞서 기록한 《국어》간지에는 다음과 같이 전하고있다.

《1796년에 〈정리의궤〉를 출판하고저 하여 규장각 직제학 리만수와 규장각 원임 직각 유행임에게 명령하여 주자사업을 감독하도록 하고 〈생생자〉를 본보기로 하여 대자 16만, 소자 14만여자를 주조한후 장에다가 나누어 넣어서 주자소에 보관하였으며 이를 〈정리자〉라고 하였다.》

또한 《정종실록》에 의하면 《을묘년(1795년)에 〈정리의궤〉와 〈원행정례〉 등의 서적편찬이 끝났다. 이것을 인쇄하기 위하여 〈생생자》를 본보기로 하면서 동으로 대소자 합하여 30여만자를 주조하고 《정리자》라고 이름지었다.》*라고 하였다.(《정리의궤》를 인쇄한 활자라고 하여 《정리자》라고 불렀음—필자)

✽ 《정종실록》 권44, 20년 4월

이 자료들에 의하여 《정리자》가 《생생자》를 본보기로 했다는 사실과 아울러 《정리자》의 주조를 시작한것은 1795년이며 완료한것은 1796년이라는것을 알수 있다.

일부 사람들은 같은 《정리자》에서도 《을묘자》와 《병진자》가 따로 있는것처럼 잘못 인식하는 경우도 있으나 이것은 사실과 맞지 않는다. 다만 같은 《정리자》를 가지고 을묘년에 시작하여 병진년에 완성하였는데 년대상 차이가 있을뿐이다.

이 활자로 찍은 서적가운데 알려진것 몇가지를 들면 다음과 같다.

《정리의궤》(10권 8책) 1795년에 출판
《화성성역의궤》(10권 9책) 1796년에 출판
《오륜행실도》(5권 4책) 1797년에 출판
《어정대학류의》(21권 10책) 1805년에 출판
《국어》(21권 4책) 1859년 출판
《공법회통》(10권 3책) 1880년 출판
《률곡전서외편》(1책) 출판년대 모름

《정리자》의 우수성은 현재 전하는 판본에서 잘 알수 있다.

《정리자》를 주조한 다음해인 1797년에 《춘추강자》도 주조하였다.

《춘추강자》를 주조한데 대한 자료는 《정종실록》과 《판당고》가 전하고있다.

《정종실록》 21년조에는 《《춘추강자》 5,262자를 정사년에 만들어 완성시켰다.》라고 하였고 또 21년 12월조에는 《춘추》를 인쇄하여 진서례를 한 기사를 전하고있다.

또 《판당고》에는 우에서도 이미 언급한바와 같이 《《춘추강자》

5,262자가 정사년에 완성되였는데 조씨필체와 황씨필체가 아울러 들어갔다.》라고 하였다.

이 자료들에 의하여 《춘추강자》는 《춘추》를 찍기 위해 만든것으로서 1797년에 완성되였다는것을 알수 있다.

그런데 여기서 말하는 황씨, 조씨는 당시 돈녕부지사 조윤형과 인천부사 황운조란 사람을 가리킨것이다.

이 사람들이 활자의 글씨를 썼기때문에 《조씨와 황씨의 글씨가 아울러 들어갔다.》고 하였다. 이것으로 보아 1797년에 만든 강자 즉 철활자는 전에 있던것을 개주한것이 아니라 완전히 새로 주자한것이라는것을 알수 있다.

《춘추강자》로 인쇄한 서적은 《춘추》외에 다른것이 있겠지만 알려지지 않았다. 그 이후 1858년에 《무오자》가 주조되였다.

《무오자》를 만들게 된 동기는 1857년에 주자소가 불타게 되여 거기에 보관해두었던 활자들이 많이 없어졌기때문에 이것을 보충하기 위한 특수한 사정과 관련된다.

이것은 당시 봉건통치자들이 인민들의 피땀으로 이루어놓은 문화재보들을 귀중히 관리할 대신에 되는대로 취급하여 결국 이와 같이 큰 손실을 당하게 하였다.

그들은 이런 손실을 다시 보충하기 위하여 《무오자》를 만들었다.

《국어》간지에는 《무오자》의 주조정형에 대하여 다음과 같이 전하고있다.

《무오년에 규장각 검교 제학 김병기와 규장각 제학 윤정현, 규장각 제학 김병국에게 주관하도록 지시해서 정리대자 89,202자와 소자 39,416자, 〈한구자〉 31,829자를 주조하였다.

그리고 불타다가 남은 활자 175,698자를 주자소에 함께 보관하도록 하였다.》

이상 자료에 비추어보아도 《무오자》를 주조하는 사업은 그 규모가 아주 방대하였다는것을 알수 있으며 동시에 그 주자의 질을 보장하기 위하여 지금까지 우수하다고 알게 된 《정리자》와 《한구자》를 본보기로 하였다는 사실을 알수 있다. 그러나 《무오자》는 《정리자》와 《한구자》를 계승한것이지만 역시 새로 만든것이나 다름이 없다.

우에서 지적한 불타다가 남은 활자라는것은 《무오자》와는 물론 관계가 없는것이지만 그 시기 활자와 재고정형을 알기 위해서 정원용의 《수행편》에 수록된 수자를 참고로 제시한다.

언문글자…4,605자
큰 활자…435자
《위부인자》…105,638자
《한구자》…83,300자
《위부인소자》…44,531자
《생생자》(목활자)대자…157,200자
　　　　　　소자…144,300자
《정리대자》…160,000자

이외에도 약간의 수량이 더 있다.

불에 타고 남은 수자가 이만큼 많았으니 불타기전의 총수량은 실로 방대하였다는것을 짐작할수 있다. 그런데 이 수자와 《국어》간지에 있는 수자와는 다소 차이가 있으나 정원용이 이 사업에 대한 관계관리로 있었던만큼 그의 기록이 비교적 정확할것이다.

《무오자》 다음에는 《운형궁활자》(1850~1860년)가 주조리용되였다.

《운형궁활자》의 주조경위에 대해서 원전에 전하는것은 아직 찾지 못하고있다.

그러나 《조선활자 인쇄자료전관목록》 활자년대표에 의하면 이 활자가 《목재집》의 글씨를 본보기로 하였다는것과 그 수가 약 8만가량 된다는것을 알수 있다. 그리고 이 활자로 인쇄한 서적은 현재 《량전편고》와 《총친부조례》 등이 있다.

이상으로서 17세기말~19세기 전반기까지의 금속활자주조정형을 고찰하였다.

이 시기 금속활자주조에서 나타난 특징은 무엇인가?

첫째로, 활자주조사업이 중앙에서뿐만아니라 지방에까지 발전되고있었으며 관청에서 주조했을뿐만아니라 개인들도 대량적으로 주조했다는 사실이다.

1777년의 《정유자》와 1782년의 《임인자》는 평양에서 만들어졌으며 1695년의 《한구자》는 원래 김석주 개인이 만든것이다.

이러한 사업들은 벌써 15~16세기부터 시작되였다. 즉 1578년에 《조보》를 민간에서 활자로 발간한것은 당시 봉건정부밖에도 금속활자를 사용한 하나의 례로 되지만 17세기말에 김석주가 주조한 《한구자》와는 대비가 되지 않는다. 그리고 15세기에 그처럼 많은 활자를 만들었지만 지방에서도 만들었다는 자료는 아직 보지 못하였다.

이런 사실로 미루어보아 18~19세기에 와서는 활자주조사업이 국가뿐만아니라 민간사업으로도 대대적으로 진행되고있었으며 기술이 점차 일반화되여갔다는것을 알수 있다.

둘째로, 이 시기 활자가 그 이전시기에 비하여 글자모양은 대체로 적어진 반면에 더 섬세하고 세련된 점이다.

이미 본바와 같이 이 시기 활자주조에서는 1434년에 만든 《갑인자》의 경험을 이어받아 만든 그런 흔적이 많이 남아있다. 그러나 《갑인자》를 본보기로 하였는데도 원래 《갑인자》처럼 자양이 크고 획이 굵지 않으면서 대단히 세련되였다.

이 시기 활자로서는 《정리자》가 가장 선명하고 아름다웠기때문에 국가에서 간행한 도서들에는 《정리자》가 널리 사용되였다.

셋째로, 이 시기 활자주조는 짧은 기간에 량적으로 아주 많고 다양하다는것이다.

례로서 1772년 《임인자》로부터 1797년 《춘추강자》를 만들 때까지 불과 25년사이에 활자를 무려 100만 5,262개이상 만들었는데 그중에서 목활자 30만자를 제한다고 하더라도 70여만자에 달하는 금속활자를 만들었다.

이것은 종래에 있어보지 못한 빠른 속도이며 거대한 사업이다. 이렇게 많은 활자를 만들어 자체의 인쇄능력을 충족시켰기때문에 이 시기 서적출판사업도 각종 활자를 리용하면서 다양하게 진행되였다.

이 시기 활자본의 다양성을 알기 위하여 출판된 언문활자본과 철활자본 몇가지를 더 소개하려 한다.

　　○ 언문활자본

《녀사서》…1737년 내사본
《내훈》…1737년 내사본
《대학률곡언해》…1749년 출판
《중용률곡언해》…1749년 출판
《론어률곡언해》…1749년 출판
《맹자률곡언해》…1749년 출판

　　○ 철활자본

《로릉지》…1741년 출판
《한포재집》…1758년 출판
《옥오재집》…1760년 출판
《고사신서》…1771년 출판
《모주집》…1790년 출판
《롱성쌍의록》…1794년 출판
《아정유고》…1796년 출판
《중산재집》…1858년 출판

이상에서 본바와 같이 우리 인민은 임진, 병진 두차례의 전쟁에서 입은 피해를 완전히 복구하고 많은 투쟁을 통하여 주자사업에서도 찬란한 성과를 이루어놓았으며 세계에 자랑을 떨친 금속활자 주조의 전통을 이어받아 발전시켰다.

2. 실학사상에 의한 출판문화의 발전과 실학자들이 저술한 도서

17세기에 들어와 우리 나라에서 발생한 실학사상은 다른 분야에 영향을 준것과 마찬가지로 출판문화의 발전에도 많은 영향을 주었다.

당시 실학파들이 제기한 《실학》이란 《실지사물에 대한 연구를 통하여 진리를 탐구》하는 《실사구시》적인 학문연구체계였다. 그러므로 《나라를 부강》하게 하고 《백성을 유족》하게 한다는 이른바 《부국유민》을 내용으로 하는 진보적이며 애국적인 사상이였다.

위대한 수령 김일성동지께서는 다음과 같이 교시하시였다.

《…우리가 실학파들의 역할을 무시해서는 안됩니다. 력사적사실을 부정하고 지난날 우리 민족이 아무것도 하지 못한것으로 보는것은 허무주의입니다. 이렇게 되면 사람들속에서 민족적자부심을 높일수 없고 우리 인민들의 혁명적기세를 올리는데도 나쁩니다. 그렇다고 하여 지난날의 사실을 과장하여서는 안됩니다. 력사적사실들을 바로 평가하여 우리의 새세대들에게 옳은 인식을 주도록 하는것이 중요합니다.》(《김일성저작집》 22권, 51페지)

실학파들을 정확히 평가하자면 그들이 저술한 서적들을 통해서도 그 긍정적인 측면과 부정적인 측면에 대하여 옳은 리해를 가져야 한다.

물론 실학파들도 같은 봉건량반출신이기는 하지만 그 대부분이 낮은 벼슬의 관료들이거나 혹은 정권에 직접 참가하지 않은 량반학자들이였기때문에 반동적인 집권자들에게 불만을 품었고 인민들의 비참한 생활에 대해서 일정한 관심과 《동정》을 가지였다. 그들은 봉건제도의 테두리안에서 고질적인 모순을 해결하고 부강한 나라를 세워보려는것이 하나의 주관적인 리상이였고 그렇게 하기 위해서는

— 334 —

실지 쓸모있는 지식을 배우고 연구하며 그것을 자기의 저서를 통하여 발표하는것을 하나의 임무로 여기였다. 그렇기때문에 그들은 벼슬하는것보다 학문연구하는것을 더 좋은 일로 여겼으며 잘사는 관료가 되는것보다 빈한한 생활속에서도 책을 많이 저술하여 내놓는것을 고상한 사명으로 간주하였다.

1) 실학사상에 의한 출판문화발전

16세기말~17세기 실학사상이 발생한후 19세기 전반기까지 그들의 저술활동은 전례없이 앙양되였으며 각 부문을 연구한 서적들이 대대적으로 나와 출판문화의 일대 개화기를 열어놓았다.

그러면 실학파들이 저술활동을 통하여 출판문화발전에서 새로운 개화기를 열어놓은것은 무엇인가?

그것은 첫째로, 실학파들이 《실사구시》적인 학문연구체계에 의하여 그 연구대상과 저술활동을 그 이전시기보다 비할바없이 다양하게 진행한것이다.

그들은 《쓸모있는 학문》이면 그 어느것이나 다 연구한다는 립장으로부터 출발하여 력사, 문학, 정치, 경제, 지리, 군사, 외교 등 각 부문과 천문학, 농학, 의학, 수학 등 자연과학, 기술과학에 이르기까지 연구하지 않은것이 없었으며 이런 내용들이 그들이 저술한 도서들에 이러저러하게 반영되여있다.

물론 사람에 따라 그 연구한 전문이 다르고 서적에 따라 그 취급한 범위는 각이하지만 실학파들의 도서전반을 놓고볼 때 그 내용이 이렇게 광범하고 다양한것은 그 이전시기의 서적에서 찾아보기 힘들다. 이것은 확실히 실학자들의 서적에서 볼수 있는 새로운 경향이다.

둘째로, 실학파들의 서적에는 대체로 고증학풍을 도입하여 적용하고있는 점이다.

그들은 하나의 문제를 연구하고 론증하는데 있어서도 종래의 견해를 그대로 답습하거나 무비판적으로 대하지 않았으며 광범한 자료를 인용고증한 다음 자기의 견해를 내놓았다. 하기에 그들의 도서가운데는 그 이전시기의 자료들을 많이 인용하고있는것이 하나의 공통적인 현상이며 이런 점은 많은 경우에 그에 인용되고있는 서적이 이미 없어졌음에도 불구하고 이 서적을 통하여 그런 서적의 면모를 찾아볼수 있게 하고있다. 이런 점으로 하여 실학자들의 서적은 서지학적으로도 의의가 있다.

셋째로, 그들의 서적에는 자연과학, 기술과학에 대한 연구를 많이 하여 그런 내용을 담은 책들이 많은 점이다. 이것 역시 그 이전시기의 서적에 비해볼 때 현저히 많은 비중을 차지하고있다. 관념론적인 성리학이나 음풍영월을 위주로 한 시문집과는 달리 그 시기로 봐서는 비교적 선진적이고 과학적인 내용을 담고있으며 그런것으로 하여 당시 나라의 생산력발전에 일정한 기여를 하였던것이다.

넷째로, 그들의 서적은 형식에서도 그 이전시기의 문집과 같은 어떤 고정된 틀에 구애되지 않고 자기가 보고 들은대로 자기가 연구하고 생각한대로 적어 편찬출판하는것이 하나의 특징을 이루고있다. 때문에 그 서적이름자체를 통해서도 알수 있는바와 같이 대부분 종래 유학자들의 서적에는 보기 드문 《류설》, 《수록》, 《새설》과 같은 이름을 붙이고있는것이다. 이것은 우리 나라 출판물력사에서 하나의 새로운 측면이라고 볼수 있다.

그러나 실학파들의 서적에는 이러한 진보적측면이 있는 반면에 례외없이 당시 력사적제약성으로 인하여 계급적 및 사상적 부족점을 가지고있다. 이런 점을 정확히 평가해야 한다. 그들의 서적이 담고있는 내용을 사실과 맞지 않게 과대평가하거나 오늘에도 큰 의의가 있는것처럼 지나치게 내세워서는 안된다.

어디까지나 계급적 및 사상적 립장에 튼튼히 서서 비판적으로 대하여야 한다.

그러면 실학자들의 서적에서 나타나고있는 공통적인 제약성과 부족점은 무엇인가?

그 기본적인것만 몇가지 들어보면 첫째로, 실학자들자신이 례외없이 봉건지배계급출신이였고 유학자들이였기때문에 그들의 서적을 통하여 공통적으로 볼수 있는것은 량반통치계급과 유학자들의 립장을 벗어나지 못한 점이다.

그들은 량반들에 의하여 통치되는 봉건제도자체를 부정하지 않았을뿐아니라 그것을 이러저러하게 옹호하였으며 그들이 서적을 통하여 《비판》하는 견해를 내놓은 경우에도 그 제도자체는 부정하지 않았다. 되도록 그대로 두고 부분적으로 수정개혁해보자는것이였다.

그렇기때문에 그들이 제기한 진보적견해도 그 진보성의 한계에서는 결코 지배계급의 리익을 침해하는데까지는 이르지 못하였다.

이렇게 놓고볼 때 결국 실학자들이 서적을 통해 내놓은 의견이란 정도의 차이는 있지만 진보적인 량반이 보수적인 량반을 반대하여 내놓은것에 지나지 않았으며 궁극적으로는 그것이 봉건제도의 강화에 이바지하려는것이였다.

둘째로, 실학자들의 사상적바탕은 봉건유교사상이였기때문에 그들이 서적에서 제기한 모든 리론은 유교사상에 그 근본을 두고있다.

그렇기때문에 그들이 당시 가장 반동적으로 되고있던 주자학설을 반대하는 경우에 있어서도 근본문제를 철저히 반대한것이 아니라 부분적인 견해와 문구해석에 많이 국한되였다. 그러한 대표적인 실례는 사대주의를 반대한 그들의 견해에서 찾아볼수 있다.

지난날 실학자들이 사대주의를 반대한것은 물론 좋은 일이며 그때에는 그것이 선진적인 역할을 놀았다고 보아야 하지만 그러나 실학자들이 어떤 리론에 근거하여 사대주의를 반대하였는가를 알아야 한다.

그들이 소유한 학문이 봉건유교사상에 기초하고있기때문에 그 자체가 유물론적이 못되고 많은 경우에 관념론적이였고 그렇기때문에 사대주의를 반대한 그들의 립장이 결코 철저한것으로 될수 없었다.

셋째로, 그들의 서적에 담고있는 학문과 견해자체도 정치, 경제, 군사, 문화, 자연과학 등 넓은 범위를 걸치기는 하였으나 그것은 중세기 학문으로서 아직도 과학부문별로 세분화되기 이전상태에 머물러있은것이였다.

넷째로, 그들의 저술을 통하여 또 한가지 공통적으로 볼수 있는것은 당시에 사방에서 련속 일어나고있던 농민들의 반봉건투쟁에 대하여 도외시한 점이며 지어 그릇되게 평가까지 한것이다. 이에 대해서 가장 선진적으로 본 박지원의 경우에 있어서도 《허생전》에서 변산군도에 대한 묘사를 긍정적으로 하였지만 농민폭동군을 주제로 한 작품은 쓰지 않았으며 정약용의 경우에는 평안도 농민전쟁이 일어났다는 소식을 듣고 그들을 《토벌》하도록 하기 위한 《창의문》을 쓰기까지 하였다.

실학파들의 저작에서 계급투쟁에 대한 관점이 이렇게 부족한것은 전적으로 그들의 계급적제약성에서 온것이다.

실학파들의 서적에는 이상과 같은 긍정적인 측면과 부정적인 측면이 이모저모로 착잡하게 반영되여있다. 그러므로 실학파들의 서적을 고찰하는데서 그 긍정적인것과 부정적인것을 잘 갈라서 비판적으로 보아야 한다.

2) 17세기 실학자들이 저술한 대표적인 도서

17세기 실학파들이 집필한 대표적인 서적으로는 리수광의 《지봉류설》, 한백겸의 《동국지리지》, 김육의 《류원총보》, 류형원의 《반계수록》, 홍만선의 《산림경제》 등을 들수 있다.

《지봉류설》(20권 10책)은 초기 실학자 리수광(1563~1628)이 1614년 7월에 편찬출판한것이다.

이 책은 정치제도사와 문화사에서 특기할만한것이라고 생각되는것을 고루고 거기에 천문, 지리, 자연, 동식물과 외국에 대한 소개까지 첨부하여 모두 25개의 부문으로 분류하고 그안에 182개 항목을 설정하고 이 항목을 다시 3,435개의 소항목으로 나누어 자기의 의견을 달아 묶었다.

이 책은 일정한 분류체계에 따라 정리하여놓았기때문에 류설이라고 하였으며 거기에 저자의 호가 붙어 《지봉류설》이라는 이름을 가지게 되였다.

이 책에서 특히 언급해야 할 점은 1권에 서술되여있는 저자의 우주관과 자연과학에 대한 견해는 당시로서는 매우 심오한것이며 2권에 서술되여있는 40여개 나라들에 대한 소개는 당시 우리 나라의 출판물에서 처음인것만큼 매우 흥미있는 문제였다.

그리고 3~4권에는 저자의 정치, 경제, 군사 문제에 대한 선진적인 견해와 임진조국전쟁시기 의병투쟁에 대한 긍정적인 평가는 이 책의 가치를 더욱 부각시켜주고있으며 제8권의 국내외작가들의 작품에 대한 론평은 저자의 진보적인 미학사상의 일단을 보여주고 있는것으로 하여 의의가 있다.

보는바와 같이 《지봉류설》은 그 체계와 형식에서도 류서로서 새로운 면모를 보여주었을뿐아니라 그 내용에서 치밀한 고증과 광범한 자료의 인용, 그에 대한 비판적태도는 그 이전시기 서적과 다른 점을 보여준다.

이는 국내외 각 부문학자 348명의 저서가 인용되여있는 사실과 2,265명의 인물이 소개되여있는데서도 충분히 실증할수 있다.

《지봉류설》의 이러한 새로운 경향은 바로 리수광의 실사구시적 학풍과 그의 다방면적인 저술활동과 떼여놓고 생각할수 없다.

리수광의 과학활동은 력사, 어학, 문학, 자연과학 등 광범한 분야를 포괄하고있으며 따라서 그의 서적도 여러가지가 있다.

《지봉류설》외에 《지봉선생집》 34권이 있다. 그 문집에는 시문 (20권)외에 《잡지》(3권), 《채신잡록》(1권), 《독서록해》(1권), 《제사》(1권), 《병촉잡기》(2권), 《경어잡편》(1권), 《잉설여편》(2권), 《부록》(3권)이 수록되여있다.

《지봉류설》이 처음 출판된 년대는 명확치 않으나 1634년에 《지봉선생집》을 출판하고 뒤이어 출판되였다는것을 짐작할수 있다.

그러나 《지봉류설》과 《지봉선생집》은 봉건관료, 봉건유학자였던 저자의 계급적 및 사상적 제약성과 력사적제한성으로 부정적측 면도 적지 않게 있다.

여기서 특히 지적해야 할것은 저자의 봉건적인 《명분》사상과 사대주의적립장이다. 그 한 실례는 《기자설》을 신빙한데서 여실히 찾아볼수 있으며 또한 저자의 비과학적인 견해도 이 책에 나타나고 있다. 그것은 귀신, 신선, 룡궁, 룡과 같은것을 실재하는것으로 인 정한데서 볼수 있으며 점치는것을 긍정한데서도 여실히 반영되여 있다. 그럼에도 불구하고 《지봉류설》은 풍부한 자료와 긍정적인 견 해들을 담고있는것으로 하여 일정한 의의를 가지고있다.

《동국지리지》의 저자 한백겸(1552~1615)은 실학파의 선구자의 한사람이다. 이 책은 우리 나라 고대국가로부터 고려시기까지의 지 리와 령역 및 위치의 변천을 연구고증한 력사지리서이다.

저자가 이 책을 쓴 목적은 우리 나라 력사지리를 밝히면서 선 행학자들의 잘못된 견해를 바로잡자는데 있었다. 저자는 《동국지 리지》연구를 통하여 고증학적방법을 도입한데서 종전과는 다른 새 로운 경향을 볼수 있다. 바로 이 점에 《동국지리지》의 가치가 있는 것이다. 이 책은 1640년에 출판되였다.

《류원총보》(47권 22책)는 실학파의 선구자 김육(1580~ 1658)이 1643년에 편찬출판한것이다.

이 책의 체계를 보면 천도, 천시, 지도, 제왕, 관직, 리부, 호 부, 례부, 병부, 형부, 인륜, 인도, 인사, 문학, 필묵, 규인, 진 보, 포백, 기용, 음식, 관복, 미곡, 초목, 조수, 충어, 사이, 신귀 등 27개 부문으로 나누어져있다.

이 《류원총보》는 그 체계가 보여주는바와 같이 조선의 류서 발 전에서 그 이전것보다 사회생활에 필요한 항목을 세분하고 증설한 것으로 하여 특히 의의를 가진다.

김육의 저서로는 《류원총보》외에도 《잠곡유고》(11권 9책), 《잠곡필담》(1권), 《종덕신편》(3권 1책), 《고사증산》, 《해동명신 록》, 《구황촬요벽온방》 등이 있다.

이상 책들을 통하여서도 김육이 나라의 경제발전과 령락된 민생문제의 해결을 위하여 관심을 돌리고있었다는것을 알수 있으며 특히 그가 《대동법》을 창안실시하는데서 주동적인 역할을 한것과 결부시켜 생각할 때 쓸모있는 학문을 하려는 그의 립장은 짐작하고도 남음이 있다.

《반계수록》(26권)은 당시 실학파의 선구자의 한사람인 류형원(1622~1673)이 저술한 책이다.

류형원은 이 책을 쓴데 대하여 그 서문에서 학문연구과정에 생각나는것을 그때그때 기록한것이기때문에 책이름을 《수록》이라고 하였다고 겸손하게 말하고있으나 사실은 저자가 극도로 문란된 당시 토지제도를 비롯하여 교육과 인재선발 및 관리임명제도, 관직제도, 군사제도 등 일련의 봉건통치제도를 그 테두리안에서 개혁하고 수습해보려는 념원으로부터 출발하여 의도적으로 자기 제안을 써놓은것이다.

하기에 이 《반계수록》의 편목을 보면 전제 2권, 전제후록 2권, 전제고설(토지제도에 관한 력사적고찰이라는 뜻—필자) 2권, 전제후록고설(토지제도후록에 관한 력사적고찰이라는 뜻—필자) 2권, 교선지제(교육과 인재선발제도—필자) 2권, 교선고설 2권, 임관지제 1권, 임관고설 1권, 직관지제 2권, 직관고설 2권, 록제 1권, 록제고설 1권, 병제 1권, 병제후록 1권, 병제고설 1권, 병제후록고설 1권, 속편 2권으로 체계있게 서술되여있다.

이 책의 핵으로 되는 부분은 《전제》 2권이지만 기타편들도 나라를 사랑하고 인민을 《동정》하는 당시로 보아서는 일정하게 애국적이고 진보적인 견해들이 담겨있음을 볼수 있다. 그러므로 이 책은 17세기 실학자들의 서적으로 리수광의 《지봉류설》과 함께 2대 저작을 이루고있다.

류형원은 《반계수록》밖에도 많은 책을 썼다. 그의 다방면적인 해박한 지식과 고증적인 방법에 의하여 《동국여지승람》을 보충하여 《동국지》를 내놓았으며 《지리군서》도 저술하였다.

또한 조국의 력사와 언어를 연구하여 《동사강목조례》, 《동국려사가고》, 《정음지남》 등을 썼으며 국방력을 강화하는데 도움을 주기 위하여 《기요신서절요》, 《무경사서초》 등을 썼다. 그리고 관념론적인 주자학을 반대하기 위하여 《리기총론》을 비롯한 철학적인 서적도 내놓았다.

그러나 그가 저술한 서적은 이처럼 방대한 분량임에도 불구하고 그 내용이 당시로 보아서는 진보적인것으로 하여 봉건지배계급들의 저해를 받아 출판되지 못하였으며 지금까지 전해오는것은 오직 《반계수록》 하나뿐이다.

이 책에 서술된 저자의 제안은 당시의 조건에서 하나도 실현될 수 없었고 저자는 지방량반가정에서 출생하였으나 《진사》시험에 한번 응시한 일이 있을뿐 벼슬길에는 전혀 나가지 않았다.

이 책들은 물론 여러가지 제약성이 있음에도 불구하고 그 이후 시기 실학발전의 토대로 되였다고 하리만큼 일정하게 의의를 가지는 서적으로서 당시의 정치, 경제, 군사 제도를 연구하는데 참고로 되고있다.

《산림경제》(4권 4책)는 17세기말의 실학자인 홍만선(1643~1715)이 편찬한것이다. 저자는 량반관리출신이지만 량반들이 벼슬하지 못하고 농촌에서 살게 되는 경우에 농사를 발전시켜야 한다는 것과 그를 발전시키는데서 참고될만한 서적이 있어야 한다는 견지로부터 이 책을 편찬하였다.

그는 이 책을 편찬함에 있어서 그 이전시기에 나온 우리 나라 농사서적의 유산들인 《농사직설》, 《색경》, 《양화소록》, 《고사촬요》, 《한정록》과 《동의보감》 등 100여종의 도서들에서 농촌생활과 관련되는 자료들을 뽑아 16개 편으로 분류체계화하고 사이사이에 자기의 의견을 삽입하는 방법으로 이 책을 편찬출판하였다.

이 책의 내용을 크게 나누어보면 농산 및 원예에 대한것, 축산 및 양잠에 대한것, 의학에 대한것, 음식가공에 대한것, 집터잡는것 및 기타로 되여있다. 그러므로 이 책은 농업생산과 축산을 발전시키는 문제를 비롯하여 당시 농촌에서 생활실천과 관련한 문제를 좁은 범위에서나마 취급하고있는 점에서 일정한 가치가 있다.

또한 이 책을 통해서 편찬자자신의 실사구시적인 학풍도 엿볼수 있다. 당시 대부분의 유학자들이 생활실천과 떨어져서 쓸데없는 공리공담에만 매여달리고 이런 실용적인 학문연구는 천시하던 때에 편찬자가 이러한 립장으로부터 멀리 벗어나 농촌에서 생산과 관련되고 생활실천에 도움이 될 책을 편찬하였으니 그것은 긍정적인 점이다.

이 책은 또한 사료적측면에서도 일정한 가치를 가지고있다. 그것은 편찬자가 이 책을 엮음에 있어서 100여종이상의 책들에서 자료를 인용하였기때문에 그가운데는 오늘 《색경》과 같이 희귀하게 남아있는 책들과 함께 이미 없어진 책들도 적지 않게 들어있다. 이것은 그 책의 내용과 원형을 어느 정도 알수 있게 하여주는데서 사료적가치가 있는것이다.

뿐만아니라 이 책은 고유조선말로 이름들을 적지 않게 그대로 적어놓았기때문에 어학자료연구에서도 그 가치를 찾아볼수 있다. 이것은 오늘 고유조선말을 찾아쓰는데서와 우리 말의 발전과정을 연구하는데서 일정한 도움을 주고있다.

그러나 이 책도 다른 실학자들의 서적에서 공통적으로 볼수 있는 사상적제약성과 과학기술적부족점을 적지 않게 가지고있다.

그가운데서도 《집터잡기》,《전염병예방》,《날받기》 등의 편목은 거의 모든 내용이 미신적이고 허황한 비과학적인 내용으로 엮어져있는데 이런 점들은 철저하게 비판적으로 보아야 한다.

이 책이 편찬완성된 년대는 확실치 않으나 대체로 편찬자의 말년경이라고 짐작된다. 이 책은 편찬된 뒤에 출판되지 못하고 사본으로 전하여왔다. 이 사본에 자신이 쓴 서문이 있다.

3) 18~19세기 전반기 실학자들에 의한 출판문화의 발전과 그들이 저술한 도서

실학파들의 《실사구시》적인 학풍과 다방면적인 저술활동은 18세기부터 19세기 전반기까지 더욱더 확대발전되였다.

그렇게 될수 있는 조건은 첫째로, 원래 실학은 16세기말 17세기에 이룩된 사회경제적 및 정치적 조건과 과학기술적전제에 그 기초를 두고 발생한것인 동시에 또한 앞선 시기에 축적되여온 정치적견해와 철학적견해에 그 사상리론적바탕을 두고 발전한것이므로 18세기에 들어와서 그런 전제와 바탕이 더욱더 심화되고 축적됨에 따라 그런 학풍과 저술활동도 더욱 확대강화되지 않을수 없었으며 그 연구성과를 담은 서적들이 더 방대한 량으로 그 수준을 높이면서 나오게 되였다.

둘째로, 이 시기 외국을 통하여 들어오는 서양의 자연과학서적에 대한 접촉과 연구는 실학파들의 과학에 대한 견문과 안목을 넓히게 되였고 저술활동에 새로운 자극을 주게 된 사정과 관련된다.

셋째로, 18세기에 들어와서 취해진 왕실을 중심으로 하는 봉건문화의 《부흥정책》은 다같은 봉건량반출신인 실학파들의 학문연구와 저술활동에도 일정하게 유리한 조건과 환경을 조성하게 된것과 떼여놓고 볼수 없다.

이상에 든 몇가지 전제조건들에 의하여 18세기에 들어와서 **실학파들의 저술활동과 그 성과를 담은 서적은 일대 개화기를 보게 되였다.

그리하여 출판문화사업은 새로운 앙양을 가져오게 되였는바 그들이 저술한 서적은 그 량과 종류에 있어서도 이전시기와는 비할바 없이 방대하고 다양하지만 보다 더 중요한것은 그 내용의 발전이였다.

18세기에 와서 실학을 한층 높은 단계에로 발전시키면서 실학의 대표적인물로서 많은 서적을 남긴 사람은 성호 리익이며 그 학파에 속한 사람들이다.

성호학파의 대표적인물들은 안정복, 리중환, 정상기, 정항령, 리긍익, 한치윤, 신경준, 류희 등이다.

성호 리익(1681~1763)은 실학의 선구자 지봉 리수광, 반계 류형원의 실학유산과 학설을 이어발전시키면서 거의 100권에 달하는 방대한 서적을 남기였다.

그러나 이러한 도서들이 봉건통치자들의 방해로 하여 제때에 출판되지 못하여 없어지고 지금 남아있는것으로는 《성호새설류선》(10권)과 《성호집》이 있을뿐이다.

그의 저술활동에서 특별한 의의를 가지는것은 《성호새설류선》이다.

《성호새설류선》(10권)은 원래 저자가 《성호새설》(30권)이라고 지어놓은것을 그의 제자 안정복이 1762년에 다시 정리편찬하여 현재 전하는것과 같은 10권으로 줄이고 그 이름도 《성호새설류선》이라고 고치였다.

리익이 이 책을 쓴 동기는 그가 다년간 학문연구과정에서 일상적으로 느낀것, 자기가 새로운것이라고 느껴진것들을 순서없이 적어놓고 참고하자는데 있었으며 그런 의미에서 이것을 새설(세세한 이야기라는 뜻―필자)이라고 이름을 자신이 붙이였던것이다.

물론 이 책은 그 이전시기에 편찬된 《지봉류설》의 체계를 계승한 점도 있으나 분류에서 더 체계화되고 저자자신의 해박하고 선진적인 견해가 주어져있는데서 그 이전 류서들보다 발전된것이다.

이 저서는 천지, 인사, 경사, 만물, 시문 등 5편을 설정하고 그밑에 30개 부문 130여항목으로 분류하여 력사, 경제, 제도, 문학, 언어, 군사, 풍속을 비롯하여 천문, 지리, 수학, 의학 등 모든 과학을 포괄하고있어 하나의 백과전서적인 성격을 띠고있다.

이 책의 끝에 《곽우록》이라는것이 부록으로 첨가되여있는데 비록 분량은 많지 않으나 여기에는 당시 봉건정부의 교육제도, 과거제도, 군현제도, 토지제도, 화폐제도, 국방관계의 모순과 당대 사회당쟁의 해독성에 대하여 비판하고있으며 이를 개혁할데 대한 그의 진보적인 견해들이 제시되여있다.

이 《곽우록》은 우로는 류형원의 《반계수록》을 계승하였고 밑으로는 정약용의 《경세유표》의 출현을 촉진시켰다고 볼수 있는 가치 있는 부분이다.

그러나 이 책도 물론 당시의 실학자들이 지니고있던 제약성과 부족점은 면할수 없었다.

이 책은 당시에 있어서도 진보적인것으로 하여 관료들의 배척을 받아 필사본으로 전해오다가 20세기후에 그의 문집과 함께 출판되였다.

이와 같은 성호의 실학학풍과 진보적인 저술활동은 그후 그의 제자들과 친척들에 의하여 직접 혹은 간접으로 계승되여 하나의 성호학파를 이루게 되였다.

이 학파에 속한 사람들은 종래 주자학파들이 잘 돌보지도 않았던 조국의 력사, 지리, 경제, 제도, 문화, 언어 및 풍속 등에 대한 연구를 진행하여 훌륭한 서적들을 많이 남기였다.

그가운데서 안정복도 대표적인 사람이며 《동사강목》은 그의 대표적인 저서이다.

안정복(1712~1791)은 호를 순암이라고 하였으며 벼슬은 현감밖에 지내지 않았다. 그리고 일생을 저술사업에 정력을 기울였으며 특히 력사학연구에서도 종전 학자들보다 선진적인 연구 체계와 방법을 도입한것으로 하여 우리 나라 편사학의 새로운 면모를 보여주었다.

그의 저술활동을 보면 29살 때 《하학지남》을 집필하였고 30살 때 《녀범》을 집필하였다.

그가 리익의 제자로서 학문을 연구하게 된것은 35살경인데 이 때를 계기로 그의 저술활동도 새로운 단계에로 발전하였으며 40살 때 《림관정요》를 집필하였고 45살에 이르러 대표적인 저서 《동사강목》집필에 착수하여 48살 때 완성하였다.

그가 자기의 스승 리익의 저작인 《성호새설》을 지금 전하는 《성호새설류선》으로 다시 정리편찬한것은 그의 나이 52살 때였다.

그는 55살 때에 《렬조통기》(25권)를 집필하였으며 68살 때에 《대록지》를 집필하였다.

그는 이러한 력사서적외에도 의학부문서적인 《본호류취》를 비롯하여 한문고전학습에 도움을 줄 목적으로《홍범연의》,《시경물명고》,《가례집해》 등 많은것을 집필하였다. 그리고 천주교를 반대하기 위하여 《천학고》, 《천학문답》을 집필하였으며 시문집으로 《순암집≫을 집필하였다.

그러나 이와 같은 많은 저서들가운데 지금 전하고있는것은 ≪동사강목≫, ≪렬조통기≫, ≪순암집≫뿐이며 그가운데서 가치있는것은 ≪동사강목≫이다.

≪동사강목≫(20권 20책)은 저자가 종전에 써두었던 초고를 1778년경에 다시 정리완성한것인데 고대로부터 고려말까지 우리 나라 력사를 편년체 통사로 서술한것이다.

그가 이 책을 저술한 목적은 그 이전시기의 력사서적들인 ≪삼국사기≫, ≪고려사≫, ≪동국통감≫, ≪려사제강≫, ≪동사회강≫, ≪동사찬요≫ 등 력사서적들이 사료를 부정확하게 리용하였으며 서술체계에서도 일부 잘못된 점들이 있다고 하여 그것을 시정하기 위하여 이 책을 집필하였다.

이런 견지로부터 출발하였기때문에 이 책은 서술체계와 사료선택에서도 다른 종전의 력사서적과는 달리한 점이 있다.

이 책은 종전의 봉건사가들에 의하여 씌여진것보다 몇가지 좋은 점들을 가지고있다.

그것은 우선 우리 나라 력사를 자기의 립장에서 써보려고 한 점이다. 그런 실례는 년대표시에서 중국기년을 쓰지 않고 조선의 기년을 편년의 기준으로 삼은데서 찾아볼수 있다.

저자는 범례에서 이 력사책은 조선의 력사책이므로 조선의 기년을 써야 한다고 하였다. 이것은 이 시기까지 중국기년을 표준으로 삼던 ≪동국통감≫과 같은 력사서적과는 대조적이다.

다음으로 긍정적인 점은 력사적사실에 정확하게 의거하면서 옳은 평가를 내린 점들이 적지 않은것이다.

그 대표적인것은 14세기말에 한동안 복잡한 문제로 제기되였던 철령위문제에 대한 분석에서와 ≪단군신화≫를 고조선의 시조전설로 인정한 점 또한 발해를 고구려의 옛 땅으로 인정한것 등이다.

그러나 이 책도 역시 넘을수 없는 저자의 사회계급적처지와 봉건유교사상에 기초한 력사관에 의하여 본질적인 제한성과 결함을 가지고있다.

이 책 역시 사본으로 전하다가 1914년에 활자본으로 출판되였다.

안정복외에도 성호의 영향을 받아 저서를 후세에 남긴 사람으로는 리중환을 들수 있다.

리중환(1690~1753)은 지리학자로서 호를 청담이라 하였고 청화산인이라고도 하였다.

그의 대표적인 저서는 《택리지》(1권)이다.

이 책의 편목은 《사민총론》, 《팔도총론》, 《팔도각론》, 《복거총론》 등으로 구성되여있다. 이 책의 전반부분에서는 주로 팔도의 위치와 자연조건, 경제, 주민, 문화에 관한것들이 체계적으로 서술되여있고 후반부분은 지리, 생리, 인심, 산수 등의 작은 편목으로 나누어 각 지방의 지리적환경과 농업, 수공업, 상업, 교통, 운수 등 경제지리적내용이 서술되여 있다.

이 책은 우리 나라에서 최초로 근대적인 지리책이였기때문에 널리 애독되였으며 따라서 많은 사본이 류통되였고 이름도 《팔역지》, 《산수록》 등 여러가지로 불리웠다.

이 책의 판본은 1921년에 찍은 광문회본이 있는 이외에 또 일본, 중국 판들도 있다.

저자의 계급적 및 시대적 제약성으로 하여 경제지리를 고찰하는데서 허황한 미신적인것까지 서술한 부족점을 가지고있으나 우리 나라 중세말기의 대표적인 경제지리책으로서 일정한 참고로 되고있다.

정상기, 정항령은 부자간인데 역시 지리학자였다. 정상기는 호를 농포라 하였으며 우리 나라에서 최초로 백리척을 응용하여 《팔도도》 지도를 제작하였다.

정항령은 그의 아버지가 제작한 《팔도도》에 기초하여 그보다 더 세밀한 지도인 《동국여지도》를 자기 아들대까지 제작하여 우리 나라 지리학발전에 일정한 기여를 하였다.

리긍익(1736~1806)은 호를 《연려실》이라 하였으며 벼슬을 하지 않고 오직 저술사업에 일생을 바쳐 많은 저술을 하였다. 그러나 다 없어지고 《연려실기술》만이 후세에 전하고있다.
　《연려실기술》(59권)은 13세기말부터 18세기초까지의 봉건왕조의 제반 력사적사료를 정사체가 아니고 야사형식의 통사체로 개괄한 책이다. 때문에 편찬자는 이 책이 자신의 창작이 아니고 종래의 사료들을 그대로 기록했다는 뜻에서 《기술》이라고 하였다.
　리긍익이 이 책을 편찬한 목적은 선행시기의 야사류들이 일정한 체계가 없이 산만하게 편찬되였고 또한 당파관계로 하여 내용이 《공정》하지 못하다는것을 인정한 나머지 이런 부족점을 바로잡으려는 생각에서 편찬을 시작하여 1795년에 완성하였다.
　이 책의 체제를 보면 원집 제1~33권까지는 1392년 리태조원년으로부터 1674년 현종말년까지 리조의 매개 왕대별로 왕실중심의 력사적사실들을 기사본말체의 형식으로 서술하였다. 속집 7권은 숙종왕대의 기사만을 따로 묶어놓았으며 별집 19권은 원집과 속집에 수록하지 않은 리조봉건사회의 각종 문물제도에 대한 자료들을 부문별로 년대순에 따라 묶어놓았다.
　이 책에서 찾아볼수 있는 긍정적측면은 우선 다른 야사들에서 찾아볼수 없는 풍부한 사료를 담고있는 점이다. 이를 위하여 편찬자는 400여종의 각종 도서들에 산만하게 널려있던 사료들을 일정한 체계내에 수집정리하여 330년간의 통사를 만들어놓음으로써 사료를 집중적으로 리용할수 있게 하였다. 이것은 책이 가지고있는 특색인 동시에 우점이다.
　다음으로 들어야 할것은 편찬자가 이 책을 통하여 력사가로서 자기 나라 력사에 대한 옳바른 립장을 지키고 자각을 보여준 점이다.
　물론 편찬자자신이 사대주의적편견에서 벗어나지 못하였고 왕조중심의 봉건사관에 기초하고있었지만 제한된 범위에서나마 우리 나라의 력사적사실을 자기 립장에서 보려고 노력하였다. 그것은 이 책의 편찬동기를 밝힌 《력대사략》과 《범례》에서 찾아볼수 있다.
　그는 《력대사략》에서 《우리 나라가 비록 문헌의 나라라고 하지만 다만 중국의 사적만을 알고있을뿐 우리 나라에서 상하 수천년에 걸쳐 벌어진 외적과의 싸움에 대해서는 전혀 모르고있다. 이제 내가 보고 들은데 따라서 그 대개를 기술한다.〉라고 하였다. 이러한 진보적견해에 의하여 책에는 특히 우리 나라에서 력대 외적의 침입을 막아낸 력사적사실들을 자세히 기록하고있다.

그러나 이 책은 력사책으로서 본질적결함과 제한성을 가지고있다. 그것은 편찬자가 지배계급의 리익을 철저히 옹호하는 립장에서 이 책을 편찬한 사실이며 다음으로 사료취급과 편찬에서 과학성이 부족한 점이다.

이 책도 사본으로 오래동안 전해왔으며 판본으로는 근래에 와서 1912년에 찍은 광문회본과 그 다음에 찍은 고서간행회본이 있다. 그리고 전하는 기록에 의하면 그는 적지 않은 저술을 하였다고 하나 지금 전하는것은 없다.

한치윤(1765∼1814)은 실학사상의 영향을 받아 벼슬길에 나서는것을 단념하고 력사서적편찬에 한생을 바친 력사학자이다.

한치윤이 편찬한 력사서적으로는 《해동역사》(70권)를 대표적으로 들수 있다.

《해동역사》는 주로 중국서적 523종과 일본서적 22종에서 조선관계의 기사를 수집하여 고조선으로부터 고려말에 이르기까지 왕조사를 통사체로 개괄하여놓은 력사책이다.

이 책은 그가 자기 나라의 력사를 정확하게 리해하려는데로부터 다른 나라 서적들에 나오는 조선관계사료들을 수집하여 기전체의 서술형식으로 편찬하여놓은것인데 그의 조카인 한진서가 다시 보충정리하여 1823년에 완성하였다. 이때 그의 유고로 된 지리부문의 기사도 함께 정리하여 속편으로 첨가하였다.

《해동역사》의 체계를 보면 세기(1∼16권), 지(17∼59권), 고(60∼70권), 속편(15권) 등 크게 네개 부분으로 구성되여있고 이것을 다시 여러개의 소항목으로 분류하여놓았다.

이 책이 력사책으로서 가지고있는 좋은 점은 사료를 풍부히 담고있고 고증을 깊이한 점이다.

이 책은 다른 나라 서적들에서 나오는 우리 나라 관계자료를 수집하여 그것을 분류고증하여놓음으로써 특히 서적이 제한되여있는 우리 나라 삼국이전시기는 물론 고려시기 력사서적의 사료부족점을 적지 않게 보충하여놓았다. 이것은 이 책이 가지고있는 우점이다.

다음으로 이 책은 봉건시기 력사책으로서 편집방향과 편집체계를 옳게 세워놓고있는데서 일정한 특징과 좋은 점들을 가지고있는 것이다.

이런 실례가운데서 한가지 례만 들더라도 발해문제취급에서 종래의 일부 사가들에게서 나타났던 그릇된 평가와는 달리 발해를 고구려를 계승한 조선왕조로 인정하고 이 책의 해당한 위치에서 정확히 서술하고있는 점이며 《지》와 《고》의 항목에서도 그에 대한 기사를 어느 력사책보다 가장 많이 싣고있는 사실이다.

그러나 이 책도 편찬자의 계급적 및 사상적 제약성으로 말미암아 일련의 부족점을 가지고있다.

그러나 이 책은 다루고있는 시대적범위와 포괄하고있는 사료의 풍부성으로 하여 우리 나라 고대중세의 정치, 경제, 지리, 군사, 문화, 외교 등 각 부문연구에 참고로 되고있다.

이 책 역시 필사본으로 오래동안 내려오다가 1911년에 양장본 (5책)으로 출판되였고 그후 1913년에 선장본(6책)으로 다시 출판되였다.

신경준(1712~1781)은 호를 려암이라 하였으며 벼슬은 동부승지까지 하였다. 력사, 지리, 어학, 군사, 기술 등 여러 부문에 연구가 깊은 실학자이므로 서적편찬 및 저술 사업을 많이 하였다.

신경준의 저서가운데서 대표적인것은 《려암전서》이다.

《려암전서》(20권 7책)의 구성체계를 보면 강계고, 사연고, 산수고, 가람고, 군현지제, 차제책, 병선, 화포 등 방어기구를 론함, 수차도설, 소사문답, 장자변해 등으로 되여있다.

《강계고》는 우리 나라에 력대로 내려온 각 나라들의 강역과 연혁을 고증하여놓은 력사지리에 관한 저술이며 《사연고》는 우리 나라의 동, 남, 서, 연해 및 두만강일대의 자연형세와 이 지역을 중심으로 한 국방문제들을 서술한 자연지리책, 군사지리책이며 《산수고》는 우리 나라의 산과 강에 대한 자연지리적형세를 서술한 지리책이며 《차제책》과 《병선, 화포등을 론함》은 각종 수레와 전쟁장비에 관한 기술적문제를 써놓은 글이며 《소사문답》, 《장자변해》는 저자의 철학적견해를 반영하여놓은 글이다.

이상에서 본바와 같이 이 책은 지리부문이 분량상으로나 내용상으로 첫째 자리를 차지하고 다음은 기술부문이며 마지막은 철학부문이다.

이 책의 서술에서 우점은 무엇보다도 종래 유학자들처럼 유교경전의 무의미한 고증이나 주석에 그 저술중심을 둔것이 아니라 당시의 우리 나라 현실을 주되는 대상으로 삼고 분석비판한 기초우에서 자기의 견해를 내놓은것이다.

다음으로 이 책의 내용들은 모두 일정하게 연구대상을 분화시켜놓고 매개 연구대상에서 깊이 심화시켜 그 발전을 당시로서는 높은 수준에 도달시키려고 한 점이다. 례를 들면 수레, 배, 화포 등 기술부문도 독립적인 제목으로 설정하고 연구하였는데 기술부문을 천시하던 당시 사회에 있어서 긍정적인것이다.

그러나 이 책도 역시 일정하게 부정적측면을 가지고있다. 그것은 저자가 봉건유학자였던만큼 유교사상에서 사물을 분석평가하기 때문에 그로부터 저자의 진보적측면을 이모저모로 제약하고있는것이다. 특히 책의 마지막부분인 철학적견해에서 집중적으로 나타나고있다.

그럼에도 불구하고 이 책은 우리 나라의 대표적인 실학저서의 하나로서 그에 담고있는 자료의 풍부성과 고증의 정밀성과 일련의 긍정적인 견해 등으로 하여 우리 나라의 력사지리연구와 당시 정치, 경제, 국방관계, 기술문화 등을 연구하는데 참고로 된다.

이 책 역시 출판되지 못하고 필사본으로 전해오다가 1939년에 그것들을 모아 8분책으로 출판되였다. 이 책의 1분책에 해당한 시문집 3권은 현재 전하여지지 않고있다.

신경준은 《려암전서》외에도 어학자로서 가치있는 저술을 많이 하였다.

그는 1750년에 《훈민정음운해》를 저술하였고 《동음해》도 저술하였는데 그가 남긴 어학서적으로는 역시 《훈민정음운해》가 대표작이다. 그는 이 책을 통하여 그 당시 어음론의 현상을 과학적으로 분석개괄하였다.

그는 또한 1770년에 《동국문헌비고》를 편찬하기 위한 찬집청이 설치되자 그 편찬자의 한사람으로 참가하여 《여지고》를 담당집필하였으며 또 《팔도지도》의 편찬도 맡아하였다.

류희는 호를 서파라고 하였으며 《언문지》와 《물명고》를 저작하여 우리 나라 어학발전에 일정하게 기여한 실학파의 어학자이다.

그는 《주영편》을 쓴 정동유의 제자로서 1824년에 《언문지》 (1권 1책)를 저술하였다.

《언문지》의 내용을 보면 저자자신이 쓴 머리말이 있고 첫소리의 례(초성례), 가운데소리 례(중성례), 끝소리의 례(종성례), 옹근 글자의 례(전자례) 등으로 되여있다.

이 책은 조선말의 력사를 연구하는데 가치를 가지고있다.

그러나 이 책은 역시 저자의 비과학적인 견해로 하여 언어학리론에서 일련의 그릇된 주장들도 있다.

이 책은 원래 그의 저술들을 묶은 《문통》이라는 책에 들어있었으며 출판되지 못하고 필사본으로 전해오다가 1930년대 이후에 단행본으로 출판되였다.

이와 같이 성호학파에 의하여 정치, 경제, 력사, 지리, 어문, 군사, 자연과학 등 각 분야에 걸쳐 많은 연구들이 진행되였으며 따라서 많은 저서들도 나오게 되였다.

특히 이 도서들이 자기 조국을 대상으로 하고 그의 부강발전을 위하여 집필된것인만큼 더욱 가치를 띠게 된다.

이렇게 하여 성호학파의 실학사상은 출판물을 통하여 체계화되였으며 다산 정약용에 의하여 종합체계화되였다.

18세기 후반기에 와서 같은 실학의 조류에 속하면서도 성호학파와는 다른 하나의 학파가 있었다. 이들은 사회현실을 관찰하는 시야가 보다 넓고 낡은 봉건제도에 대한 태도가 보다 더 비판적이였으며 사회발전에 대한 통찰력이 훨씬 더 예민한 점으로 하여 개화기실학을 대표하게 되였다.

그렇기때문에 이들이 전개한 집필 활동과 도서들은 국내적으로뿐만아니라 국제적으로도 더 널리 영향을 주었다.

이제 그 대표자들과 도서들을 찾아보는데서 먼저 들어야 할것은 홍대용의 《담헌서》이다.

홍대용(1731～1783)은 호를 담헌이라 하였고 자는 덕보라고 하였다. 그는 이 대표자들가운데서도 중심인물의 한사람이다.

모든 실학자들이 그러하였던것처럼 담헌도 다방면적으로 학문을 연구하여 높은 과학적수준에 도달하였으며 특히 천문, 수학, 력법 등 자연과학에서 그 시기까지 이르지 못한 새로운 경지를 개척하였다. 그는 영천군수까지 지내고는 벼슬길을 그만두고 오직 과학연구와 저술 사업에 정력을 바쳤다. 그리하여 가치있는 저서인 《담헌서》를 남기였다.

《담헌서》라는 이름은 원래 사본으로 전해오던 그의 문집 14권을 1939년에 출판하면서 붙인것이며 이때 14권 7책(내집 4권 2책, 외집 10권 5책)으로 처음 출판되였다.

이 책은 내집과 외집으로 구분되여있는데 그 편목은 다음과 같다.

내집의 1권은 심성문, 사선문변, 삼경문변, 제2권은 계방일기, 제3권은 편지, 서문, 기문, 발문, 설, 시, 제4권은 묘지문, 제문, 애사, 보유, 림하경륜, 의산문답 등이 수록되여있으며 외집의 제1권은 항전척독, 편지, 제2～제3권은 간정동필담, 제4～제6권은 주해수용, 제7～제10권은 중국기행문인 연기, 부록이 수록되여있다.

이 《담헌서》의 내용에서 중요한것은 저자의 자연과학적견해, 철학사상, 사회정치적견해 등이다.

그중 저자의 진보적인 견해는 지원설과 지구의 자전설이다.

저자는 《주해수용》, 《의산문답》 등에서 천문, 수학, 기상에 대한 연구를 심화하였고 정밀한 천문의기인 혼천의, 통천의를 제작하여 자기 서재인 통수각에 설치하고 그것으로 천체에 대한 연구를 진행하였다.

바로 이와 같은 연구과정을 통하여 아직도 지구를 움직이지 않는 네모난것으로, 우주의 중심으로 리해하던 당시의 지배적인 견해들을 반대하고 지원설과 지구의 자전설을 인정하게 되였다.

그는 또한 《의산문답》에서 우주의 무한성에 대하여 긍정하는 견해를 표명하고있으며 이러한 견해는 《은하설》에서도 나타나고있다.

이 책에 반영되여있는 저자의 사회정치적견해에서도 일런의 진보적인것이 있는바 《모든 사람이 다같이 일할것》을 주장한것이라든가 인재등용에서 문벌차별을 없애고 미천한 신분의 자식들까지 그 능력과 학식에 따라 등용하자고 주장한것 등은 그런 실례로 된다.

또한 이 책에서 출판문화사적으로 특별한 의의를 가지는것은 《연기》이다. 이 《연기》는 그가 청나라에 들어갔을 때 보고 들은것을 간명하게 기록해놓은 려행기인데 그가 귀국한후 자기 어머니를 위로하기 위하여 이 《연기》를 국문으로 번역하고 누이를 시켜 다시 필사하게 하였다.

우리 글로 된 첫 기행문인 《연기》는 18세기 조선문학사와 출판문화사에서 귀중한것으로 되여있다.

그러나 이 책에는 역시 다른 실학자들이 지니고있던 계급적 및 사상적 제약성과 력사적제약성을 완전히 벗어나지 못하고있다.

물론 그 이전시기의 실학자들보다는 철학적인 견해가 더 유물론적인것이 있고 자연과학에 대한 견해에서도 그 시기로서는 아주 선진적인것이 있기는 하였지만 그러나 그는 착취계급의 립장을 벗어나지 못하였기때문에 《림하경륜》에서 봉건국가의 착취대상을 확보할 목적으로 여덟살나는 어린 아이의 팔에 이름을 새기는 문제를 제기한것이라든가 토지를 골고루 나누어주자는 《균전제》를 주장하기는 하였지만 실지로 지주들에게 집중되여있는 토지를 어떻게 나누어주어야 한다는것은 구체적으로 제기하지 않았다.

그리고 사대주의를 반대하는데 있어서도 큰 나라에 맹목적으로 굴종하던 그 이전시기 유학자들에 대하여 일련의 비판적인 견해를 표명하고있기는 하지만 그 역시 《한중욱에게 보내는 편지》에서 의연히 사대주의적견해들을 표명하고있다.

그러나 이 책은 실학자들의 서적가운데서 비교적 가치있는것이라고 할수 있으며 실학자들의 자연 및 사회정치사상, 철학사상을 연구하는데 일정한 의의를 가진다.

18세기 실학파서적가운데는 연암 박지원(1737~1805)의 저서인 《연암집》도 있다.

《연암집》은 연암 박지원의 우수한 창작품들과 진보적인 실학사상을 반영한 글들을 담고있음으로 하여 실학파서적가운데서도 이 책를 띠고있다.

저자는 당시 량반출신으로서 말년에 벼슬길에 나서서 한성부판관, 안의현감 등 낮은 벼슬살이를 한바 있으나 그는 한생을 일신의 부귀와 영달보다도 주로 저술활동에 바쳤으며 선행실학자들의 학풍과 진보적인 사상을 이어받아 그것을 더욱 발전시키기 위해 노력하였다.

《연암집》은 19세기말까지도 필사본으로 전해오다가 1900년경에 와서야 그 일부가 두권으로 출판되였고 1901년에 한권이 더 출판되였으며 1916년에 이상의것들이 세권으로 묶이여 출판되였다. 그후 《연암집》은 1931년에 총 17권 6책으로 만들어졌는데 그 편목을 보면 다음과 같다.

1~2권 《연상각선본》에는 서문, 기문, 전, 편지 등 64편이 들어있고 3권 《공작관문고》에는 서문, 기문, 론, 발문, 편지, 묘지명 등 59편이 들어있다. 그리고 4권에는 《영대정잡영》시 32편, 5권 《영대정잉묵》에는 짧은 편지 48편, 6권에는 리방익에 대한 기록이 있다.

또한 7권 《종북소선》에는 서문, 기문, 발문 등 27편이 들어있고 8권 《방경각외전》에는 《량반전》 등 9편, 9권 《고반당비장》에는 기문, 제문 등 10편이 들어있다.

또한 10권 《엄화계수일》에는 기문, 발문, 편지 등 15편이 있고 11～15권에는 《열하일기》, 16～17권에는 《과농소초》가 들어있다.
　그런데 총편수에는 《서리방익사》,《잡저》 각각 1편과 《자서》 4편,《역학대도전》,《봉산학자전》,《금주책》의 3편이 포함되여있다. 그러나 《역학대도전》과 《봉산학자전》,《금주책》은 목록에만 있고 내용은 전하지 않는다.
　연암은 일찍부터 문학창작에 관심을 두어 1754년 열여덟살 되던 때에 자기가 들은 재미나는 이야기를 소재로 하여 소설 《광문전》을 집필하였다.
　이는 그의 창작활동에서 첫 출발로 되였다.
　그는 계속하여 1757년에 《민옹전》, 1765～1766년경에 《김신선전》, 1767년에 《우상전》을 썼다. 이렇게 해서 대체로 30살에 이르기까지 《방경각외전》에 수록되여있는 9편의 단편소설을 썼다.
　《열하일기》는 연암이 1780년에 그의 8촌형 박명원을 따라 청나라에 가서 베이징, 열하를 구경하고 돌아와 그동안 보고들은것과 또한 여러 사람들과 담화, 토론한것 등을 모아 저술한것이다.
　《열하일기》의 저술년대는 정확히 알수 없으나 그가 1780년 44살 때 중국에 려행하였고 1786년 50살이 되던 해는 벼슬길에 나선만큼 44살로부터 50살까지 기간에 쓴것이다.
　그러나 《열하일기》는 사회에 대한 비판적인 견해를 담고있는것으로 하여 봉건통치자들의 저해를 받아 필사본으로 전하여오다가 김창업의 《연행록》, 홍대용의 《연기》와 함께 《연휘》라는 이름으로 류포된 일이 있었고 혹은 《열하일기》 하나만으로 출판된바가 있었다.
　그리고 지금과 같이 17권 6책으로 편찬출판된것은 그후의 일이다.
　《열하일기》는 처음 모두 24편으로 나누어 서술되여있다.
　이가운데서 열개의 제목들은 그안에다 또 많은 소제목들을 설정하여 서술하였다. 《열하일기》는 서술체계부터 종래 기행문, 일기 등에서 볼수 없는 연암의 독특한 수법과 작가적기량을 보여주고있다.

《야출고북구기》와 《일야구도하기》, 《범의 꾸중》, 《허생전》과 같이 문학작품도 포함되여있는 반면에 《망양록》, 《곡정필담》에서와 같이 그의 해박한 지식을 보여주는것도 있으며 《황교문답》에서와 같이 외국의 정세에 대한 그의 특출한 관찰력을 보여주는것도 있다.

그리하여 《열하일기》는 다만 연암의 창작활동에서만 의의를 가지는것이 아니라 우리 나라 일기, 기행문문체의 발전에서도 특출한 의의를 가진다.

《연암집》의 편집체제는 일반문집과 좀 다르다. 일반문집에서는 보통 시를 첫부분에 수록하였지만 《연암집》은 시를 중간에 수록하였고 먼저 《연상각선본》, 《공작관문고》, 《종북소선》, 《고반당비장》과 같은 큰 편으로 나누어놓고 그안에다 다시 서, 기, 발 등 각 문체별로 구분하여 수록하였다. 그리고 편지도 짧은 편지만 따로 모아 수록하였다.

이렇게 편찬해놓은것은 이미 연암자신이 생전에 대부분 진행한것인데 그 아들 박종간이 다시 편찬하면서 산문은 《연상각선본》과 《공작관문고》에, 시는 《영대정잡영》에 갈라넣었다.

《연암집》의 내용은 편목이 보여주는바와 같이 편찬체계부터 다양하며 정치, 경제, 문학, 력사, 철학, 예술, 자연과학 등 많은 문제들과 저술들이 포괄되여있다.

그렇기때문에 《연암집》에는 다른 문집들에서 볼수 없는 긍정적인것들이 있다.

긍정적인것가운데서 첫번째로 들어야 할것은 이 책에 당시 량반사대부들의 부패상을 폭로비판한 문학작품이 많이 수록되여있는 점이다. 그런 작품가운데 대표적인것은 《량반전》, 《예덕선생전》, 《말거간전》 등이다.

두번째로 들어야 할것은 이 책에 실려있는 저자의 진보적인 문학적견해이다. 이 견해에서 귀중한것은 창작에서 옛날것과 남의것에 대한 모방주의를 반대하고 현실에 있는 사실과 자기 나라의것을 위주로 하여야 한다는 진보적사상이다. 그는 이런 립장에서 자기 조국의 아름다움을 노래하기 위해 힘썼고 보고듣는 현실속에서 진리를 찾았던것이다.

세번째로 들어야 할것은 이 책에 실려있는 《열하일기》에 담겨진 저자의 해박한 지식과 진보적인 견해이다. 《열하일기》는 저자가 1780년에 중국으로 가는 사절단의 비공식성원으로 참가하여 베이징, 열하 등지를 참관하고 돌아오는 과정에 직접 보고 들은 자료에 기초하여 쓴것인데 그는 이 저서에서 기행문, 소설, 정론, 수필 등 여러가지 형식을 통하여 정치, 경제, 철학, 력사, 천문, 지리, 풍속 등에 대한 많은 내용을 서술하였다.

《연암집》에서 네번째로 들어야 할것은 《과농소초》에 반영되여있는 저자의 농사짓는 방법과 농업기술을 발전시키기 위한 대책적 의견이다.

이 책에서 저자는 당시까지 도달한 비교적 우수한 농사법들을 소개하고있으며 외국의 선진적인 기술도 도입할것을 주장하고있다.

《연암집》에는 이러한 긍정적인 측면이 있음에도 불구하고 당시의 시대적제한성과 저자의 계급적처지, 봉건유교사상에 바탕을 두고있는것으로 하여 그로부터 흘러나오는 부정적측면이 다른 실학자들보다 정도의 차이는 있지만 역시 적지 않다.

례를 들면 저자가 《량반전》에서 량반제도자체는 부정하지 않았다. 그것은 《량반전》서문에서 《선비의 도리를 지켜야 한다.》라고 한데서 그가 본질상 량반제도를 옹호하는 립장에 서있었다는것을 보여준것이다.

이 책은 이러한 부정적측면들이 있기는 하지만 우리 나라 서적유산으로서 특별한 가치를 가지고있다.

박지원의 학풍을 이어받아 많은 저술 및 출판 활동을 한 사람은 리덕무, 류득공, 박제가 등이였다.

리덕무는 규장각 검서로 있으면서 서적편찬출판 및 보관 사업에서 많은 활동을 하였다.

그가 특히 《무예도보통지》편찬에 기울인 노력은 크다. 그의 저서로서는 《청장관전서》(71권 25책)가 있다.

이 전서가운데서 특히 들어야 할것은 조선 및 중국 력사개요를 쓴 《기년아람》, 유생, 녀성, 아동들의 봉건적생활규범에 관한것을 쓴 《사소절》, 책을 읽다가 발취하여놓은것인 《이목구심서》, 수필집인 《앙엽기》, 베이징기행문인 《입연기》 등이다.

이 전서는 저자의 사상적 및 계급적 제한성으로 하여 적지 않은 부족점을 가지고있으나 당시의 사회형편과 력사, 문학을 연구하는데 일정한 기여를 하였다.

이가운데서 추려서 뽑은 《아정유고》(4책)는 1795년에 출판되였으나 전서는 필사본으로는 전해오다가 더러는 없어졌다.

류득공과 박제가도 규장각 검서로서 출판사업을 진행하는데 많은 기여를 하였다. 이들은 리덕무까지 포함하여 모두 서자출신이였기때문에 당시 사회에서는 높은 벼슬에 오를수 없었으며 해박한 지식과 예리한 안목으로 오직 책을 저술 및 편찬하는 사업에 전력을 기울였다.

류득공(1748~?)은 《경도잡지》, 《4군지》, 《발해고》 등을 저술하여 력사, 지리 연구에 이바지하였고 박제가(1750~1805)는 《북학의》, 《정유집》을 저술하였는데 특히 가치있는것은 《북학의》이다.

《북학의》(2권 1책)는 저자가 사신의 수행원으로서 중국을 네번이나 갔다오면서 자기가 보고 느낀것을 우리 나라의 경제와 기술 발전에 기여하도록 하기 위하여 쓴 책이다.

《북학의》는 내편, 외편으로 구성되였는데 내편에는 수레, 배, 성곽, 벽돌, 기와, 사기그릇, 삿자리, 주택, 도로, 다리, 목축, 은, 철, 재목, 녀자옷, 종이, 활, 총, 문방구, 골동서화 등 39개 항목이 있고 외편에는 논밭, 거름, 뽕나무, 과실나무, 농잠총론, 과거제도, 록봉제도, 장사, 병론, 북학변 등 16개의 항목이 있다.

저자는 이 책에서 인민들의 생활과 나라의 부강발전에 절실히 필요한 농업, 수공업, 상업에 대한 문제와 일련의 정치문제, 국방력을 강화할데 대한 문제 등에서 시급히 고쳐야 할것들을 제기하고 있는데 이를 통해서 저자의 진보적인 사상과 애국적인 관점과 립장을 잘 볼수 있다.

그러나 이 책에는 부정적인 요소들도 적지 않게 들어있다. 특히 이 책에는 저자가 당시 다른 나라의 앞선것을 배우려고 극력 주장하던 나머지 다른 나라를 무조건 숭상하는 사대주의적표현들이 부분적으로 나타나고있다.

그러나 이 책은 당시 실학파들이 봉건경제의 침체와 기술적락후성을 퇴치하고 외국의 기술과 합리적인 제도를 받아들여 나라를 개혁발전시켜보려는 선진적인 사상이 반영되여있는것으로 하여 의의가 있다.

18세기말~19세기초에 활동한 실학파학자 다산 정약용(1762~1836)이 저작한 《여유당전서》(503권 182책)는 그 내용의 진보성과 저작물의 방대한 량으로 하여 실학파의 서적뿐만아니라 우리 나라 출판문화력사에서 특별한 위치를 차지하고있다.

다산은 1762년 8월 5일에 경기도 광주의 량반가정에서 출생하여 일생을 학문연구와 저술활동에 바쳤다.

그는 15살 되던 해에 이미 성호 리익의 유고를 읽고 실학에 뜻을 두게 되였으며 1780년 정조4년에 문과에 급제하여 약 10여년간 벼슬살이를 하였으나 이 시기에도 집필활동은 그만두지 않았다.

다산의 집필활동을 대체 세 시기로 구분할수 있다.

첫째 시기는 1777년에 그가 성호 리익의 유고를 읽기 시작하여 1801년 벼슬생활을 끝마칠 때까지이며 둘째 시기는 1801년으로부터 1818년까지 18년간 귀양살이를 한 때까지이며 세째 시기는 1818년에 류배지로부터 석방되여 돌아온후부터 1836년 사망할 때까지이다.

이제 그의 서적저술 및 편찬활동을 시기별로 중요한것만 보면 다음과 같다.

첫째 시기는 그가 관직에 있으면서 자기의 진보적 리상과 방안들을 직접 실천해보려고 시도하던 때인만큼 주로 정치, 경제적 대책을 제기하는 건의서 즉 소, 책들과 과학론문형태인 론, 설 등과 당시 사회모순을 비판한 시작품들을 썼다.

이러한 례로는 1789년에 저술한 《지리책》,《문체책》을 비롯하여 1790년에 쓴 《십삼경책》,《인재책》 등을 들수 있으며 소로서는 《응지농정소》를 비롯한 여러편들이 있다.

또한 과학연구결과를 발표한 론문으로서는 1792년에 쓴 《성설》,《기중도설기》,《종두설》 등을 대표적으로 들수 있다.

이 《성설》과 《기중도설기》는 다산자신이 국가의 위임을 받고 수원성수축을 직접 설계함과 동시에 기중기를 고안하여 그를 리론적으로 분석한것이며 《종두설》도 역시 종두를 실험한 경험을 리론화한것이다.

이 첫시기에 다산은 과학론문집을 내놓기 위하여 일정한 노력을 기울였다. 1797년에 의학서적인 《마과회통》(10권)을 쓴것은 그 례로 된다. 그러나 다산의 방대한 서적이 나온 시기는 바로 둘째 시기에 속한다.

다산은 당시 반대파집권자들에 의하여 1801년에 장기로 귀양갔다가 다시 형이 가해져서 강진에로 옮기게 되였다.

이 18년간에 갖은 박해와 고통을 겪었으나 그는 과학연구와 저술 사업에 온갖 정력을 다 기울였다.

그는 자유로운 생활을 못하는 조건에서 글을 쓰는데서 자료의 제한을 받았고 종이조차 제대로 구할수 없었다. 그러나 그는 이런 애로를 극복하면서 많은 서적을 집필하였다. 지금 전하고있는 《여유당전서》 500여권가운데 많은 부분과 그중에도 가장 우수한 저서와 작품들이 이 시기에 저술발표되였거나 집필된것이다.

이러한 저서들가운데 중요한것만 들면 다음과 같다.

1803년 《주역심진》 20권, 《역학선언》 12권, 1811년 《아방강역고》 10권, 1812년 《민보의》 3권, 《춘추고징》 12권, 1813년 《론어고금주》 40권, 1814년 《맹자요의》 9권, 《대학공의》 3권, 《중용자잠》 3권, 《대동수경》 10권, 1815년 《심경밀험》, 1816년 《악서고존》 12권, 1817년 《경세유표》 49권, 1818년 《목민심서》 49권 등이다.

이상에서 렬거한 저서들만 보더라도 무려 15종 200여권에 달한다.

그러나 이상 수자들이 이 시기 그의 저서의 전부를 포괄한것이 아닐뿐만아니라 문예작품을 비롯한 시와 산문작품들도 방대한 량에 달하며 그 내용에서도 사상예술적으로 우수한것들이 많다.

례를 들면 다산의 시에서 가장 대표적으로 알려진 《범사냥》, 《고양이의 론고장》 등과 《감사론》, 《전론》 등 우수한 정론들도 모두 이 기간에 창작된것이다.

셋째 시기는 대체로 류배기간에 미완성하였거나 준비하였던 저서들을 완성시킨 기간이다.

이 시기의 중요한 저작을 들면 다음과 같다.

1819년 《흠흠신서》 20권, 《아언각비》 3권, 1834년 《상서고훈지원록》 31권이다.

다산의 저서 총권수에 대하여 대체 다음과 같은 세가지로 전하고있다.

첫째는 다산이 61살되던 해에 자기의 묘지명을 쓰면서 자기의 저서를 렬거하였는데 그에 의하면 경집 232권, 문집 126권, 잡찬 141권으로 총 499권으로 되여있다.

둘째는 그의 현손 정규영이 기록한 《렬수전서총목록》에 의하면 경집 250권, 문집 126권, 잡찬 166권 총 542권으로 되여있다.

셋째는 76개 분책으로 된 《여유당전서》에 의하면 《1935년 신조선사에서 출판한 제1집 시문집 25권, 제2집 경집 48권, 제3집 례집 24권, 제4집 악집 4권, 제5집 정법집 40권, 제6집 지리집 8권, 제7집 의약집 6권 총 154권을 76책으로 수록하고있다.

그러면 묘지명에서 렬거한 권수와 《렬수전서총목록》의 권수와 《여유당전서》의 권수가 차이나는것은 무슨 까닭인가?

하나는 다산이 환갑을 지낸후에도 계속 저술사업을 하였기때문이며 다른 하나의 차이는 그의 저서가 제때에 출판되지 못했기때문에 초고로서 전해오면서 적지 않게 분실되고 없어저 적어졌기때문이다.

다산의 저술성과는 그 량보다 내용의 진보성에 있다.

《여유당전서》에는 그 시기 실학파들가운데서 가장 선진적인 저자의 사상과 견해가 반영되여있는것으로 하여 다른 실학자들의 서적보다 특이한 가치를 가지고있다.

　그 가치에서 첫째로 들어야 할것은 이 책에 반영되여있는 진보적인 사회정치적견해이다.

　그는 《경세유표》, 《전론》, 《원목》, 《탕론》을 비롯한 많은 저술에서 봉건통치제도가 빚어낸 토지제도와 조세제도의 문란, 각종 가렴잡세에 의한 통치배들의 비인간적착취, 량반사대부들의 무위도식, 인재선발에서 불평 등 각종 사회적폐단과 고질화된 학정들을 그 시기 어느 실학자들보다도 예리하게 분석비판하고 당시로서는 비교적 진보적인 개혁안과 대책적의견들을 제기하고있는것이며 제한된 범위에서나마 농민들의 비참한 생활에 대하여 《동정》을 표시하고있는 점이다.

　둘째로 들어야 할것은 이 책에 저자의 실사구시적인 진보적인 견해들과 과학연구의 학풍이 반영되여있는 점이다.

　그는 사회생활에서 기술이 노는 역할을 일정하게 인정하고 《기중도설》을 비롯한 각종 기술적문제들의 해결과 수레, 배들을 많이 만들어 널리 사용할것을 제기하였고 과학을 발전시킬데 대하여 강조하였다.

　셋째로 들어야 할것은 이 책에서 저자는 조국의 력사, 지리, 언어에 대하여 고증학적인 방법으로 깊은 연구를 진행하여 선행실학자들이 이룩한 성과를 일층 더 발전시킨 점이다.

　넷째로 들어야 할것은 이 책에 저자의 자연현상에 대한 과학적인 견해와 사회생활에서 미신과 관념론적인것을 비판한것, 문학에서 진보적인 미학적견해들을 보여주고있는 점이며 유교경서연구에서 주자의 주석에 대한 고루하고 교조적인 태도를 반대하고 그 해석에서 비판적인 분석을 가한 사실이다.

　다섯째로 이 책은 그 량의 방대성에서도 개인의 저서로서는 이전시기에는 이처럼 방대한 서적이 없다는 사실을 들지 않을수 없다. 이것은 우리 나라 출판문화력사에서 특이한 한 자리를 차지한다.

그러나 이 책에는 부정적인것도 적지 않다.

첫째로 들어야 할것은 저자자신의 사상적 및 계급적 제한성으로 하여 봉건제도 그자체를 부정하지 않았을뿐만아니라 통치계급의 립장에서 모든 문제를 해결하려고 한것이 이 전서에 일관하여 표현되고있는 점이다.

그가 이 전서에 담고있는 모든 정치적견해와 경제개혁안들이 당시까지 활동한 실학자들가운데 그 누구보다도 한층 높은 수준에 이르렀으며 당시 사회의 모순을 아주 예리하게 비판하였음에도 불구하고 그 본질에 있어서는 리조봉건국가를 강화하려는 테두리를 벗어나지 못하였다.

례를 하나 든다면 제8~12권에 수록되여있는 론설부분에 저자의 정치경제적견해가 집중적으로 표현되고있다. 그중에서도 봉건왕권의 절대화를 부인하고 민본사상을 담은 《탕론》과 《원목》, 탐오하는 도적으로 론단한 《감사론》, 토지에 대한 사유제를 부인하고 로력에 의한 수확물의 분배를 기본으로 한 《전론》 등과 같은것은 확실히 당시까지 그 어느 실학자에게서도 찾아보기 어려운 진보적인 정론들이였으나 이러한 진보적내용을 담은 견해들은 봉건제도자체를 부인하지 않았으며 《어진 임금》, 《선량한 관리》만 들어서면 봉건제도하에서도 자기가 리상하는 사회가 온다고 보았다.

그가 봉건 왕권과 제도 자체를 옹호하였다고 하는 다른 하나의 실례는 당시에 봉건제도의 모순을 반대하여 일어난 농민들의 폭동에 대하여 적대시하는 태도를 취한데서도 쉽게 찾아볼수 있다.

1811년 평안도농민전쟁이 일어났을 때 그가 강진에 귀양가서 있었는데 이 농민전쟁이 일어났다는 소식을 듣고 그들을 《토벌》하도록 하기 위하여 창의문까지 썼던것이다.

이 한가지 사실로서도 그가 봉건제도를 옹호한 사상을 보고도 남음이 있다.

둘째로 이 전서에는 저자의 봉건유교사상이 다른 일부 실학자들보다도 더 철저하였다는것을 결함으로 들어야 한다.

저자가 유교경전해석에서 당시까지 절대화되여있던 주자의 견해를 일부 반박하고 자기의 견해를 내놓은데 대해서는 긍정적으로 평가해야 하겠지만 반면에 공자와 맹자의 봉건유교사상을 절대지지한 측면은 다른 유학자들보다 별다른 점이 없다.

그것은 이 《전서》의 제2집에 수록되여있는 경집을 통하여 잘 알수 있다.

《경집》은 지자의 유교경전을 해석한 책들로 묶은것인데 그의 《자찬묘지명》에 쓰고있는것을 보면 그가 류배생활기간과 그 이후의 저술중심은 유교경전과 관련된 서적을 서술하는데 중심을 두었다는것을 알수 있으며 이 《경집》에 포함된 책들은 근 150권이나 되는 방대한 량이다.

이 《경집》에 전체 흐르고있는 저자의 기본사상은 반동적인 봉건유교사상을 미화분식하려는데 있다.

몇가지 례를 들어본다면 그는 《주역사전》에서 《하늘》이 세상만사를 다 주재하는듯이 묘사하였으며 《대학강의》에서는 하늘에 옥황상제가 있듯이 한 나라에는 오직 하나의 군주가 있으며 이 군주가 바로 《하늘》을 대변하고있기때문에 결국 봉건군주에게 《충성》을 다하는것이 《하늘의 명령》에 순종하는것으로 되며 《선》으로 된다고 설교하였다.

그는 공자와 맹자에 대해서도 절대 숭배하는 립장에 서있었다.

그는 《론어고금주》에서 《공자의 말 한마디한마디는 사람들이 본받아야 할 모범이요, 세상을 건지는 강령》이라고 하였으며 《대학강의》에서는 《맹자의 말에 조그마한 부족점도 있을수 없다.》고 하였다.

이상 몇가지 례만 가지고도 그의 봉건유교사상의 심도를 짐작할수 있다.

셋째로 이 《전서》를 통해서 저자의 사대주의적립장을 결함으로 들어야 한다.

그가 사대주의를 반대한 부분적인 표현들이 있기는 하지만 그렇다고 하여 그가 사대주의를 원칙적으로 반대하였다고 볼수 없으며 그가 사대주의를 반대한것조차도 봉건유교사상의 범위내에서 반대한것이다.

　그런 실례는 이 《전서》에서 허다하게 볼수 있는바 그 하나의 례를 들면 이 《전서》의 제6집 《지리집》에 올라있는 《대동수경》에서 《기자동래설》을 그대로 인정하고있는 점이다.

　또하나의 례를 들면 이 《전서》의 제1집에 수록되여있는 《아언각비》의 서술에서 우리 나라 사람이 늘 쓰는 보통말을 그 기본내용으로 하고있음에도 불구하고 그 설명은 대부분 중국의 옛날책들을 기준으로 하고있는 점이다.

　이외에도 저자는 각종 저서의 인용사료를 조선사료에서 드는 실례가 아주 적으며 한문만 옳은 글이라고 보는 사대주의적견지에서 우리 나라 국문을 홀시하는 허무주의적인 태도를 취하였다.

　이것은 저자가 이처럼 방대한 저서를 내놓으면서 국문가사 한편도 짓지 않았으며 우리 정음문자에 대해서도 한마디 칭송하는 말조차 변변히 하지 않았다. 이것은 자기 나라의 우수한 고유문자를 하찮게 보는 태도이며 한문에 대한 숭배사상에서 온것이다. 이것은 저자보다 한세기전인 서포 김만중의 국문에 대한 선진적인 태도에 비하면 아주 보수적이다.

　이상에서 정약용의 저서 《여유당전서》의 체제와 내용을 개괄적으로 고찰하였으며 그 긍정적인것과 부정적인것을 비판적으로 보았다.

　이 저서는 일련의 결함을 가지고있음에도 불구하고 실학사상을 연구함에 있어서나 우리 나라 력사, 철학, 정치, 경제, 군사, 법제, 어학, 문학, 음악, 지리, 의학, 기술 등 여러 부문을 연구하는데 있어서 아주 중요한 자료로 된다.

　《여유당전서》의 출판경위를 보면 당시 봉건통치자들의 박해로 말미암아 제때에 출판되지 못하고 그 일부가 20세기초에 단행본으로 출판되기는 하였으나 전체적으로는 1938년에 《여유당전서》라는 이름으로 처음 출판되였다.

　이 시기 편집자들은 본래의 권수, 책수에는 관계없이 모두 7집 154권 76책으로 편찬출판하였다.

제3절. 각종 도서의 출판

1. 우리 말 연구와 어학도서의 출판

우리 말에 대하여 새로운 인식을 가지고 우리 민족글자인 훈민정음을 과학적으로 연구하는 기풍은 17세기이후 현저히 강화되였다.

이 사실은 한편으로는 외래침략자를 반대하여 투쟁하는 과정에 민족적자각과 애국적감정이 높아진것과 관련되며 다른편으로는 실사구시적인 학풍이 더욱 발현된 결과이다.

그리하여 훈민정음은 이 시기에 와서 대중속에 깊이 침투되게 되였으며 훈민정음을 천시하던 일부 지배계급들속에서까지도 우리의 글, 말을 결코 무시할수 없는 존재로 인정하게 되였다.

이 사실은 김만중의 《서포만필》에서도 찾아볼수 있는바 그는 유식하다는 봉건량반들이 남의 말과 글인 한자, 한문으로 작품을 쓰는 폐단에 대하여 앵무새가 남의 말을 흉내내여 지껄이는것과 같은것이라고 규탄하였다.

량반유학자가정출신인 김만중의 이 말은 바로 이 시기 사회적풍조가 자기 나라 민족어를 더 잘 연구하고 발전시켜야 하겠다는 민족적자각이 점점 높아가고있다는것을 그대로 반영한것이다.

이러한 사실은 또한 이 시기 국문시가와 국문소설의 발전에서도 찾아볼수 있지만 정음문자에 대한 연구의 강화에서도 그를 리해하기 어렵지 않다.

이 시기 모국어에 대한 연구서적으로는 이미 우에서 지적한 신경준의 《훈민정음운해》, 류희의 《언문지》 등을 대표적으로 들수 있으며 언해편찬사업이 18세기를 전후하여 대대적으로 진행된 결과 언해서적들이 수많이 나온 사실에서도 모국어연구의 발전면모를 찾아볼수 있다.

이 시기 편찬된 언해들을 년대별로 몇가지 들면 다음과 같다.

1632년 《가례언해》, 1656년 《경민편언해》, 1736년 《녀사서언해》, 1744년 《어제소학언해》, 1745년 《어제상훈언해》, 1756년 《어제훈서언해》, 1765년 《어제백행원언해》, 1777년 《명의록언해》, 1778년 《속명의록언해》, 1864년 《증수무원록언해》, 1804년 《십구사략언해》, 1852년 《태상감응편도설언해》 등이다.

이외에도 륜음을 비롯한 각종 국문문건들이 있으며 불경언해는 이 시기에 새로 편찬한것은 적으나 이미 있던 책들을 다시 복각한것이 적지 않다.

그리고 국문을 연구한 도서로는 1846년에 나온 《언음첩고》(2권 1책)를 대표적으로 들수 있다.

이 책은 《훈몽자회》를 비롯한 13종의 서적에서 쉮갈리기 쉬운 조선음을 나누어놓았다.

이 시기 편찬된 리두도서로는 1789년에 리의봉이 지은 《고금석림》가운데 《라려리두》와 1829년경에 봉건정부 문신들의 합작인 《리두편람》, 저자 및 출판년월일 불명의 《유서필지》 등이 있다.

또한 운서와 자전류도 새로 편찬된것이 적지 않다.

그 대표적인것으로는 1747년에 저작된 박성원의 《화동정음통석운고》(1권)를 비롯하여 1751년에 출판된 홍계희의 《삼운성휘》, 1797년에 리덕무, 서명응, 리경무 등이 공동편찬출판한 《어정규장전운》이 있으며 옥편으로는 정약용, 리가환 등이 공동으로 편찬한 《전운옥편》을 들수 있다.

이 시기 외국어서적도 대량적으로 편찬출판되였다.

한어와 관련된것으로는 1670년에 《로걸대언해》(최세진이 편찬한것)를 중간하였으며 1677년에 《박통사언해》를 중간하였다. 그리고 1765년에 김창조가 편찬한 《박통사신석언해》가 나왔으며 1657년에 정양이 출판한 《한어집람자해》와 《어록해》 등 단어해석서적도 나왔다.

그리고 한어에 대한 언해도 편찬출판되였는데 그 대표적인것은 1721년에 편찬된 《오륜전비기언해》와 19세기에 리응헌이 편찬한

《화음계몽언해》가 나왔다.

일어에 대한 서적도 나왔다. 그 대표적인것으로는 16세기에 강우성이 편찬한 《첩해신어》가 1676년에 출판되였고 1748년에 최학령등이 편찬한 《개수첩해신어》가 나왔으며 18세기에 홍순명이 편찬한 《왜어류해》(2권)와 저자불명인《린어대방》등이 나왔다.

몽골어서적으로는 1741년에 출판된《몽어로걸대》, 1790년에 편찬된 《몽어류해》 등이 있다.

2. 국문소설도서의 출판

소설창작사업이 15세기부터 발전하기 시작하였지만 훈민정음이 발포된 이후시기인 16세기까지도 국문소설은 나오지 않았으며 사회생활과 인간관계의 복잡한 이모저모를 폭넓게 반영한 한문장편소설도 창작된것을 찾아보기 힘들다.

이는 당시 지배계급들이 한문소설만을 문학으로 알고 국문소설에 대해서는 그 사회적의의를 과소평가하며 천시했던 사정과 관련된다.

특히 16세기는 한문문학이 대단히 발전되던 시기인만큼 소위 《순정문학》이 아닌 국문소설이 계속 배격당하지 않을수 없었다. 따라서 국문소설창작에 대해서는 일부 소설창작을 시도하고있던 진보적인 작가들까지도 념두에 두지 않았으며 쓰지 않았다. 그래서 16세기말에 나온 림제의 《서옥설》, 권필의 《주생전》까지도 다 한문으로 씌여졌다.

그러나 임진조국전쟁이후 반침략애국사상의 강화와 인민들의 미학적요구의 발전, 시야의 확대 특히 서민계층들의 적극적인 진출은 소설문학의 발전을 촉진시켰으며 이와 동시에 훈민정음이 점차 대중속에 애용되고 깊이 침투된 사실은 국문으로 씌여진 문학작품창작을 절실히 요구하게 되였다.

이는 이미 16세기 사람인 신흠 등의 론설에서도 찾아볼수 있거니와 17세기 후반기에 활동한 김만중에게서도 그 견해를 더욱 뚜렷이 볼수 있다.

김만중은 《서포만필》에서 다음과 같이 말했다.

《지금 우리 나라의 시와 산문은 자기 나라 말을 버리고 남의 나라 말을 배우니 설사 그것이 십분 서로 비슷하다고 하더라도 다만 앵무새가 사람말을 흉내내는데 지나지 않는다.》

문학작품을 자기 모국어로 쓸데 대한 이와 같은 긍정적인 주장은 당시 시대적요구의 반영이며 오랜 력사적기간에 걸친 우리 문학발전의 합법칙적인 결과이다.

우리 나라에서 최초 국문소설작품으로 들어야 할것은 《임진록》,《박씨부인전》,《림경업전》 등이다.

이 작품의 작가는 알수 없으며 어느해에 국문으로 씌여졌는가 하는것도 분명치 않으나 처음부터 한문본이 아니고 국문본이라는것은 의심할바 없다.

이 세 작품은 임진조국전쟁을 비롯하여 외래침략자를 반대하는 시기 조선인민의 투쟁사실을 폭넓게 포괄하고있는 점으로 하여 17세기이후 창작된것이라고 추정된다.

허균(1569~1618)의 《홍길동전》과 저자 미상인 《전우치전》 등도 17세기에 나온 국문소설작품이지만 이 작품들이 처음부터 국문소설로 창작되였는가 하는 문제는 확정하기 어렵다. 그러나 이 소설들이 오래전부터 국문본으로 전해져서 인민들속에 널리 애독된것은 사실이다.

이 시기 국문소설로서 특이한 위치를 차지하는것은 김만중이 쓴 《구운몽》과 《사씨남정기》이다.

김만중(1637~1692)은 우리 나라 소설문학발전에 크게 기여한 작가일뿐만아니라 목적의식적으로 국문소설을 창작한 선구자의 한 사람이다.

그의 호는 서포라고 하였으며 벼슬은 대제학까지 지냈다.

《구운몽》과 《사씨남정기》의 저작년대는 자세히 알수 없으나 대채 그의 류배시기 작품이라고 전한다.

그의 종손 김춘택이 《서포는 우리 말로 소설을 많이 지었다.》고 한 사실로 미루어보아 이 두 작품외에 더 있었다고 생각한다.

《구운몽》은 당해 시기의 량반귀족들의 생활을 생생한 화폭으로 묘사한 작품이다.

그러나 이 두 작품은 작가의 진보적견해와 사실주의적필치로 하여 그 직접적인 창작동기의 범위를 훨씬 벗어나서 봉건사회하에서의 축첩제도를 비롯한 여러가지 사회적모순을 폭넓게 보여주고있다. 이런 점으로 하여 이 두 작품은 특별한 가치를 가진다.

《사씨남정기》의 작가에 대해서는 김춘택이라는 설도 있으나 이는 김춘택이 김만중의 국문본을 한문으로 번역한 사실이 있기때문이며 《사씨남정기》의 저자가 김만중이라는데 대해서는 김춘택자신이 쓴 《북헌잡설》에서도 인용한바 있다.

《구운몽》과 《사씨남정기》는 필사본으로 전해오다가 출판되였다. 판본으로는 전주 토판본, 경판본, 안성본, 룡인본 등이 있다.

18세기에 들어와서 국문본소설은 더욱 광범히 나오게 되였다.

그중에 국문소설로서 《옥루몽》과 《옥련몽》, 《옥린몽》을 대표적으로 들수 있다.

그 저자는 남의훈(17세기말~18세기초) 혹은 홍진사 혹은 옥련자라고도 전해지고있으며 《옥린몽》은 1713년경에 나온 리정의 작품이다.

18세기이후의 소설로서 지금까지 가장 애독되고있는것가운데 대표적인것은 《춘향전》, 《심청전》, 《흥보전》 등이다.

《춘향전》 역시 정확한 창작년대와 저자는 알길이 없으나 1754년(영조30년)에 지은 송만재의 관극시(《관우희》)에 의하여 이미 18세기중엽이전에 춘향가, 심청가, 흥부가 등 판소리 열두마당판이나 장면이 상연되였다고 한 사실을 알수 있는데 이것을 통해서 이런 작품들이 이미 18세기에는 판소리로서 널리 보급되여있었다는것을 짐작할수 있다.

《춘향전》의 판본은 여러가지가 있으나 전주토판인 《렬녀춘향수절가》가 가장 오랜 판본이며 이외에도 경판본, 안성판본이 또 따로 있다.

그 판본의 내용상 차이는 전주토판본이 판소리대본을 위주로 하였다면 경판본과 안성판본 등은 소설적구성을 주되는것으로 하고 있는 점이다.

이밖에 사본으로서 세칭《고본춘향전》을 비롯한 인본이 있고 20세기초 계몽기이후 문체로 씌워진 《언문춘향전》과 《옥중화》, 《옥중가인》, 《옥중향》과 한문으로 씌여진 《수산광한루기》, 《한문가극춘향전》 등이 있다.

《심청전》 역시 작가는 알려있지 않으나 전해오는 과정에 적지 않은 이본이 생겼다.

판본을 보면 《심청전》이라는 이름으로 불리우는것이 세종류 있으며 려규형이 가극체로 쓴 《심청왕후전》과 작가를 모르는 신소설로 된 《강상련》과 한문본 《심청전》 등이 있다.

《흥보전》은 구전설화를 소설화한것으로서 그 표현된 언어로 보아 대체 17세기 후반기작품이 아닌가고 추정된다.

이것도 작가는 알수 없으며 전해오는 과정에 역시 이본이 생겼다. 그리하여 《놀보전》으로 불리우는것과 신소설로 된 《연의각》 등이 있다.

이외에도 《한중록》과 《배비장전》, 《리춘풍전》, 《채봉감별곡》과 풍자적인 우화를 소설로 쓴 《서동지전》, 《섬동지전》, 《토끼전》, 《장끼전》 등이 있다.

이 작품들의 대부분은 작가와 그 년대가 분명치 않고 이본도 많으나 다 가치가 있는 국문소설로서 우리 나라 민족고전유산의 풍부성과 우수성을 과시하고있다.

다른 한편으로 이 시기 창작된 소설작품들을 한데 묶은 《화몽집》, 《삼설기》 등과 같은 소설집이 나온것도 비록 필사본이기는 하지만 하나의 이채를 띠게 하였다.

《화몽집》에는 림제의 《원생몽유록》과 같이 저자가 알려져있는 것과 함께 《동선기》, 《운영전》, 《영영전》, 《몽유달천록》, 《피생명몽록》, 《금화령회록》 등과 같은 작가를 모르는 작품들이 실려있으며 《삼설기》에는 《세 선비가 황천에 잘못 들어간 이야기》, 《오호대장기》, 《황주목사의 충고》, 《로처녀가》 등 6편이 수록되여있다.

이 작품들은 단편이고 한문으로 씌여진것이지만 이 시기 소설 창작이 더욱 풍만하게 나오고있었음을 볼수 있게 한다.

3. 문집류와 패설관계도서의 출판

1) 문집류

문집은 17세기이후에 와서 더욱더 편찬의 성황을 보이였다.

그것은 한문문학의 발전과 관련된다. 조선의 한문문학은 고려 중엽이후에 고문(옛날한문)을 숭상하게 되였으나 리조중엽까지도 소위 성리학의 영향을 받아 한문문장에는 공령투(과거시험문체)와 어록문구(성리학자들이 쓰는 백화문체)가 섞이게 되였고 따라서 한문문학의 견지로 볼 때는 문체의 간결성이 부족하였다. 그리하여 고문문체를 숭상하는 작가들은 이런 문장을 《추솔》(간결하지 못하다는 뜻)하다고 비평을 하였다.

그러나 16세기말~17세기에 와서 고문을 숭상하는 한문학작가들이 배출하게 되여 주소적인 문체(문장에 주석을 가하는 문체)를 버리고 한층 세련된 한문문체의 새로운 경지를 개척하였다.

이러한 한문문학가들의 대표적인 사람들로는 월사 리정구, 상촌 신흠, 계곡 장유, 택당 리식을 들수 있으며 농암 김창협, 간이 최립도 이들과 같은 위치에서 꼽을수 있는 고문문장가들이며 그들이 지은 문집들이 대표적이다.

18~19세기에 내려와서는 고문문체를 가장 발전시킨데서도 연암 박지원을 첫째로 들게 된다. 그리고 연천 홍석주, 대산 김매순, 녕재 리건창 등은 다 한문문학의 대가로서 우리 나라 고문문체를 발전시키는데 크게 기여하였으며 그들의 문집은 한문문학사에서 일정한 자리를 차지한다.

이와 병행하여 17세기 한시문학작가로서 널리 알려진 사람은 차천로, 권필 등을 들수 있으며 그들의 시문집이 편찬되였다.

18∼19세기에 내려와서는 리덕무를 비롯한 4가(류득공, 박제가, 리서구)들과 신위, 리광려, 리용휴, 리가환, 리언진, 리학규, 리상적, 리량연 등이 대표적인 시인들이며 그들의 시문집에는 그 내용에서 사상성이 있고 표현수법이 수수한 작품들이 많다.

이 시기의 문집에 대하여 대표적인것만 몇가지 소개하면 정문부의 《농포집》 2권 2책, 리정구의 《월사집》 68권 20책, 장유의 《계곡집》 36권 18책, 송시렬의 《송자대전》 236권 113책, 김창협의 《농암집》 36권 18책을 비롯하여 39종이나 된다.

2) 패설관계도서

우리 나라에서 패설문학작품이 오랜 력사적기간을 걸치면서 발전해왔다는것은 이미 언급하였다.

17세기이후에도 패설작품은 계속 많이 편찬되였다.

그가운데서 류몽인의 《어우야담》, 홍만종의 《명엽지게》, 정도응의 《소대수언》, 편찬자를 모르는 《대동야승》 등은 가치있는 서적들이다.

이에 수록된 야사들을 몇개 부류로 나누어보면 첫째 부류에는 리조 전반기의 대표적인 작품들인 성현의 《용재총화》(10권), 서거정의 《필원잡기》(2권), 남효온의 《추강랭화》(1권), 어숙권의 《패관잡기》(4권)를 비롯한 일련의 패설문학작품들과 차천로의 《오산설림초고》(1권)와 심광세의 《해동악부》(1권) 등이 속한다. 이 패설문학작품들은 조선중세문학사연구에 귀중한 자료로 된다.

둘째 부류에는 권오의 《해동잡록》(6권), 남효온의 《사우명행록》(1권), 임보신의 《병진정사록》(1권) 등이 속한다. 이 책들에는 리조초이후 16세기 전반기까지 활동한 인물들의 전기를 실었으며 허봉의 《해동야언》(3권), 리정형의 《동각잡기》(2권), 윤국형의 《문소만록》(1권) 등은 15∼17세기초의 정치적사변들을 취급하고있다. 이러한 전기와 사건기록들은 리조 전반기 력사연구를 위한 귀중한 자료로 된다.

셋째 부류에는 리이(1536~1584)의 《석담일기》(2권), 《광해조일기》(4권), 《응천일기》(7권), 《광해군일기》, 리귀의 《목재일기》(8권)와 특히 《인조반정》시기의 일기인 《연평일기》가 속한다. 이 책들은 17세기초 당시의 력사자료와 정계의 동향을 구체적으로 전하여준다.

넷째 부류에는 리조시기의 복잡한 사회관계와 당파관계를 보여주는 김안로의 《기묘록보유》(5권), 《을사견문록》(1권), 우성전의 《계갑일록》(1권), 황유철의 《정술록》(1권), 신익성의 《허백당일기》(1권) 등이 속한다. 이 책들에는 고려말 왕조의 리면사를 전하는 신흠의 《상촌집》을 비롯하여 세상에 잘 알려져있지 않았던 사실들이 적지 않게 들어있으며 그밖에도 당시 당파싸움을 연구하는데서도 참고로 된다.

《대동야승》은 리조성립후 250여년동안 여러 사람들이 저술해놓은 57종의 야사들을 수록한 방대한 패설총서이다. 대체로 이 작품들은 17세기 후반기~18세기중엽에 이루어진것이라고 본다.

이와 같이 17세기이후에 패설서적편찬사업은 활발히 진행되였다.

《대동야승》가운데 수록된 도서들은 17세기이전것을 수집정리한것이 많지만 17세기이후것도 적지 않다.

뿐만아니라 《대동야승》과 비슷하게 이 시기 편찬된것으로 《소대수언》, 《패해》 등도 있다.

그런데 17세기에 와서 패설종류의 서적은 크게 세가지로 나누어볼 필요가 있다.

첫째는 야담종류를 들수 있는데 여기에서는 17세기초 작품인 《어우야담》, 그이후 작품인 《청구야담》 등이 해당되며 그 내용도 아주 우수하다.

둘째는 류설종류를 들수 있는데 여기에는 17세기의것으로 《지봉류설》과 《류원총보》, 《성호새설》, 18세기의 서명응의 《고사신서》, 저자를 모르는 《재물보》, 《만가총보》, 19세기 조재삼의 《송남잡지》 등이 있다.

셋째는 잡지종류를 들수 있는데 여기에는 18세기 리덕무의 《앙엽기》, 안정복의 《잡동산이》, 19세기 리규경의 《오주연문장전산고》 등이 대표적이다.

특히 《오주연문장전산고》는 실학에 조예가 깊은 리규경의 선진적인 견해와 해박한 지식에 의하여 력대의 제도, 력사, 지리, 정치, 경제, 군사, 철학, 문학, 천문, 수학, 자연, 기술, 농업, 수공업, 상업 등에 관한 여러가지 내용을 서술하고있는 가치있는 책이다.

저자의 계급적 및 시대적 제한성으로 하여 일련의 부족점이 있기는 하지만 기일원론적인 중세유물론을 발전시킨 그의 철학적견해를 비롯하여 천문에 대해서 지전설을 지지하고 지구인력을 인정한 견해, 기계와 기술에 대한 새로운 지식과 견해 등은 당시로서는 누구보다도 높은 수준에 도달하였다.

총 60권으로 된 이 책은 1,400여종에 달하는 제목으로 복잡하게 서술하고있으므로 당시의 자료를 연구하는데 일정한 기여를 하고 있다.

4. 력사도서의 출판

력사책편찬사업은 이 시기에 와서도 봉건통치자들의 가장 중요한 관심사의 하나였다.

영조와 정조는 자기의 봉건통치를 미화하기 위하여 력대임금의 《가언》, 《선정》을 당대와 후세에 보이려는 목적밑에 이 사업에 더욱 큰 력량을 돌리게 되였다.

그리하여 이 시기 력사서적은 종래 편찬하여오던 리조실록외에 사료로서 《승정원일기》를 1746년과 1890년에 대대적으로 편찬보수한바 있으며 또한 《일성록》을 1760년에 방대한 량으로 편찬하였고 《비변사등록》(273책이나 되는 광해군시기부터 철종때까지 11대 약 250년간의 기록)도 이 시기에 완성한것이다.

뿐만아니라 편년체력사를 국가가 직접 편찬한것도 적지 않은데 《국조보감》은 그 대표적인것의 하나이다.

이 시기 력사책은 국가적인 편찬뿐아니라 개인에 의하여 편찬된것도 적지 않다. 안정복의 《동사강목》, 《렬조통기》를 비롯하여 《동사찬요》, 《동사회강》 등이 이 시기를 전후하여 편찬되였다.

당시 편찬된 력사서적가운데 대표적인것은 역시 《리조실록》이다.

1) 《리조실록》

《선조실록》(221권)은 춘추관 편찬인데 인본이다.

선조의 재위 41년간의 사실이 기록되여있다.

1616년에 기자헌 등이 편찬하여 1617년에 인쇄하였다.

원래 실록을 춘추관과 기타 세 사고에 보관하기 위하여 4부씩 작성하던것을 선조 39년에 5부씩 만들어 보존하기로 되였다. 그리하여 선조실록부터 5부씩 인쇄하게 되였다.

《선조수정실록》(42권)은 춘추관 편찬이며 인본이다.

실록을 수정하게 된 동기는 집권한 당파들이 자파에 유리하게 그 내용을 뜯어고치기 위하여서였다. 실록을 수정하기 시작한것은 이것이 처음이였다.

1644년에 리식이 수정하는 사업을 책임지고 진행하였고 1657년에 김육이 완성시켰다.

《광해군일기》(187권)는 춘추관 편찬이며 인본이다.

광해군의 재위 14년간의 사실이 기록되여있다. 1624년에 《연산군일기》를 편찬한 례에 의하여 진행하였다.

《인조실록》(50권)은 춘추관 편찬이며 인본이다. 인조의 재위 27년간 사실이 수록되여있다. 1653년에 리경여 등이 편찬하였다.

《효종실록》(21권)은 실록청 편찬이며 인본이다.

효종의 재위 16년간 사실이 기록되여있다.

1661년~1662년에 리경석 등이 편찬하였다.

《현종실록》(22권)은 실록청 편찬이며 인본이다.
 현종의 재위 15년간 사실이 기록되여있다. 1677년에 권대운 등이 편찬하였다.
 《현종개수실록》(28권)은 실록청 편찬이며 인본이다. 1683년에 김수항 등이 수정할 책임을 지고 진행하였다.
 《숙종실록》(65권)은 실록청 편찬이며 인본이다. 숙종 재위 46년간 사실을 기록하고있다. 1728년에 편찬사업이 진행되였다. 편찬자의 이름은 잘 알수 없다.
 《경종실록》(15권)은 실록청 편찬이며 인본이다. 경종 재위 4년간 사실을 기록하고있다. 1732년에 편찬사업이 진행되였다. 편찬자의 성명은 잘 알수 없다.
 《경종수정실록》(5권)은 실록청 편찬이며 인본이다. 1781년에 정존겸 등이 수정사업을 진행하였다.
 《영조실록》(127권)은 실록청 편찬이며 인본이다. 영종의 재위 52년간 사실이 기록되여있다. 1781년에 리휘지 등이 편찬하였다.
 《정조실록》(54권)은 실록청 편찬이며 인본이다. 정조의 재위 24년간 사실이 수록되여있다. 1805년에 리병모 등이 편찬하였다.
 《순조실록》(34권)은 실록청 편찬이며 인본이다. 순조의 재위 34년간 사실이 기록되여있다. 1838년에 리상황 등이 편찬하였다.
 《헌종실록》(16권)은 실록청 편찬이며 인본이다. 헌종 재위 15년간 사실이 기록되여있다. 1851년에 조인 등이 편찬하였다.
 《철종실록》(15권)은 실록청 편찬이며 인본이다. 철종 재위 14년간 사실이 기록되여있다. 1865년에 정원용 등이 편찬하였다.
 이외에 고종실록(48권)과 순종실록(17권)이 편찬되여 현재 전하기는 하나 일제의 조선강점후 편찬된것이기때문에 그 내용에는 일제의 조선강점을 변호하는 허위적인 기사들이 많이 포함되여있다. 그러나 이것까지 합하면 《리조실록》은 1,973권 9백수십책에 이르는 세계에서 류례를 볼수 없는 방대한 분량의 책이다.
 17세기이후 실록출판 및 보존 사업은 다음과 같이 진행하였다.

첫째로, 임진조국전쟁시기 왜적의 침략에 의하여 4부씩 있던 실록가운데서 3부가 불타고 오직 전주사고본만이 남았는데 17세기에 들어서면서 강화도에 옮겨둔 이 원본에 의거하여 3부 더 인쇄하는 사업이 진행되였다. 이 사업은 1603년부터 시작하여 1606년에 끝마쳤다.

이와 같은 사업은 이 시기까지 실록작성에서는 있어보지 못한 큰 일이였으며 새로운 례였다.

둘째로, 이제까지 4부씩 작성하던것을 5부씩 작성하여 춘추관과 지방 각 사고에 보관하게 된것과 함께 사고의 이동이 임진조국전쟁과 리괄의 반란을 계기로 몇번 있은 사실이다.

임진조국전쟁 이전까지는 서울의 춘추관과 성주, 충주, 전주 네곳에 사고를 두었으나 임진조국전쟁의 경험에 비추어 실록을 5부씩 작성하여 비치하는 문제가 제기되면서 사고도 다섯곳에 두기로 하였다.

그리하여 1609년 당시까지 있던 원본인 전주 사고의것은 강화도 마니산 사고에 보관하고 새로 인쇄한 3부는 춘추관과 태백산, 묘향산 사고에 각각 보관하고 인쇄의 초본 1부는 오대산 사고에 두었다.

그후 1624년 리괄의 반란때에 춘추관의것이 소실되였으므로 이를 계기로 하여 사고의 다소 이동이 또 있었는데 마니산것은 정족산으로, 묘향산것은 무주적상산에 옮겼다.

리조말기까지 이렇게 계속 보존되여왔는데 일제가 우리 나라를 강점한 다음 오대산에 보관되여있던 실록을 략탈하여 도꾜대학으로 옮겨다 두었다가 도꾜 지진재해시에 없어지고말았다.

이는 우리 나라의 문화유산에 대한 일본제국주의자들의 략탈적 죄악의 또하나의 사실로써 영원히 규탄을 면치 못할것이다.

2) 《승정원일기》

《승정원일기》란 리조시기의 중앙관청의 하나인 승정원에서 기록한 일기로서 《리조실록》에 비하여 훨씬 더 자세하다. 《승정원일기》의 작성과정을 보면 리왕조초기부터 이 일기는 매일 빠짐없이 기록하여왔으나 임진조국전쟁시기에 적들의 만행에 의하여 그 시기까지의것은 완전히 불타버렸기때문에 다시 수복하지 못하였다. 그리고 임진조국전쟁이후 1623년까지 32년간 일기는 1624년 리괄의 반란때문에 또 없어졌다.

그러나 이 부분만은 곧 보충하였던것인데 1744년에 화재가 나서 임진조국전쟁이후 1721년까지의 130년간것이 또 불타없어졌다.

봉건국가는 이것을 다시 새로 작성하기 위하여 1746년에 일기청을 설치하고 인조때로부터 경종원년까지의 99년간의 일기를 다시 정리하여 548권으로 만들었다. 그러나 인조 이전의 선조 및 광해군시기의 일기는 자료가 부족되여 결국 보충하지 못하였다. 그후 1888년(고종22년)에 또 화재가 나서 이 일기 361권이 없어졌으므로 1890년에 이를 또 보충한바 있다. 이렇게 다시한것들은 《개수일기》라고 하였다.

이 일기의 이름은 1894년 이후 승정원관제의 변경에 따라 내용과 체제가 수차 바뀌였으나 달라진것은 별로 없다.

이 일기의 현존 편목과 그 년대 및 책수는 다음과 같다.

《승정원일기》 1623년 3월부터 1894년 6월까지 3,047책
《승선원일기》 1894년 7월부터 1894년 10월까지 5책
《궁내부일기》 1894년 10월부터 1895년 10월까지 5책
《비서감일기》 1895년 4월부터 1895년 10월까지 8책
《비서원일기》 1895년 11월부터 1905년 2월까지 115책
《비서감일기》 1905년 3월부터 1907년 10월까지 38책
《규장각일기》 1907년 10월부터 1910년 7월까지 33책

이상 책수는 총 3,251책이며 포괄된 년대는 287년이다. 이 일기들은 례외없이 사본으로 해당 관청에 보관되여오다가 일제강점이후 규장각장서고에 이관되였다.

《승정원일기》의 사료적가치는 실록에 비하여 더 자세하게 당시

사실이 기록되여있는 점이다. 원래 승정원이란 리조시기 국왕의 명령, 지시를 출납하는 기관이였던만큼 당시 국가의 대소사무는 다 이 기관을 통하지 않는것이 거의 없었다. 그러므로 이 일기는 이러한 내용들을 다 기록하고있다.

3) 《국조보감》

《국조보감》은 리조정부가 직접 편찬한 편년체력사이다. 이를 편찬한 목적은 력대 왕들의 《선정》을 후세에 보여주자는데 있었다. 그러므로 그 내용에는 인위적으로 력사적사실을 미화한 점이 적지 않다. 이 보감은 네가지로 나누어 전하고있는데 그 내용을 보면 다음과 같다.

《사조보감》은 1457년에 신숙주, 권람 등이 왕명을 받고 편찬한 것인데 태조, 태종, 세종, 문종 4대왕의 력사사실들이 편년체로 서술되여있다. 《선조보감》(10권)은 1684년에 편찬한것이며 선조시기의 력사사실이 서술되여있다.

《숙묘보감》(15권)은 1730년에 편찬한것이며 숙종시기의 력사사실이 서술되여있다.

《국조보감》(100권)은 1782년에 편찬한것이다. 그 내용을 보면 우의 보감에서 즉 정종, 단종, 세조, 예종, 성종, 중종, 인종, 명종, 인조, 효종, 현종, 경종, 영조 왕대들의 사적을 보충하여 종래 것과 한데 묶어서 68권으로 만들었다.

그후에도 이런 사업이 계속 진행되여 헌종왕대에는 정조, 순조 두 왕대의 사적 14권을 편찬보충하였다. 순종때에 와서 헌종, 철종 년간의 력사사실을 쓴 책 8권을 또 편찬보충하여 결국 《국조보감》의 총 권수는 100권으로 되였다.

《국조보감》은 이렇게 량적으로도 방대한 편년체통사일뿐만아니라 이를 집필하는데서는 주로 《리조실록》을 참고하였기때문에 그중에는 비판적으로 섭취할만한 사료도 있다.

4) 관청지, 읍지 기타 도서

이외에도 사료적가치를 가지고있는 서적들이 허다하게 저작편찬되여 이 시기의 문화유산의 풍부성을 과시하고있다.

이 시기 각 관청지로서 《규장각지》, 《서운관지》, 《통문관지》 등이 있으며 각 지방에서 읍지들도 적지 않게 편찬출판되였다.

읍지는 원래 군별로 되여있는데 《령남지》와 같이 한개 도를 종합하여 편찬된것도 있다. 읍지가운데는 《평양지》, 《중경지》, 《동경지》 등이 우수하다.

이런것들이 17세기이전에도 편찬되였지만 18~19세기경에 더 많이 편찬되였다. 그중에는 사본도 많지만 중앙과 지방에서 발간한 인쇄본도 적지 않다. 그리고 인물에 대한 자료로도 남공철의 《고려명신록》(12권 6책)과 《국조인물고》(74권 74책), 홍량호의 《해동명장전》(6권 3책) 등에 있다.

5. 정치, 경제 및 법전 관계 도서의 출판

1) 정치, 경제 관계도서

17세기중엽이후 우리 나라 정치, 경제적환경의 변화와 함께 각계층들은 자기들의 리해관계를 반영하는 서로 대립된 사상문화적 대책을 론의하게 되였다.

특히 인민대중의 정치적시야가 확대되였고 정치적압박과 경제적착취에서 벗어나려는 사상이 점차 장성을 보게 되였다. 이를 반영하여 당시 실학자들을 비롯한 선진적학자들이 봉건제도의 모순을 비판하며 개혁해보려는 정론과 정치, 경제 문제들을 취급한 서적들을 많이 저술하였고 따라서 그런 출판물들이 16세기이전에 비하여 량적으로나 질적으로 훨씬 우수한것들이 많이 나오게 되였다.

그 대표적인 출판물은 류수항의 《우서》, 리면백의 《감서》, 우하영의 《천일록》, 리만운의 《만기요람》, 《동국문헌절요》 등이다.

류수항의 《우서》는 18세기초에 저작된것인데 10권 9책이나 되며 사본으로 전해오고있다.

그러므로 이 책은 아직까지 널리 알려지지 않았으나 대체로 전하는 그 내용은 봉건국가의 정치적부패상을 비판하고 그에 대한 필자의 개혁의견을 첨부하고있다.

《감서》의 저자 리면백은 정동유의 제자로서 그의 영향을 받아 모국어연구에 일생 정력을 바친 학자이다. 특히 정음자모의 변화에 대한 그의 저서 10여권이 있었다고 한다.

리면백은 실사구시적인 학풍의 영향을 받아 《감서》를 저술하게 되였다. 이 책에 서술되여있는 《무론》(국방강화를 주장한것), 《동론》(당쟁의 폐해를 비판한것), 《례》(유학자들의 형식주의적례법을 비판한것) 등은 18~19세기 봉건 정치와 사상을 연구하는데서 귀중한 자료로 된다.

《천일록》은 저자가 1796년(정조20년) 4월과 1804년(순조4년) 2월에 당시 국왕이 어려운 시국의 타개책을 요구한데 대한 대답으로 저술하여 제출한것이다.

책의 저술년대는 대체 1777년~1800년사이라고 보이며 그 체계는 건도(도시건설), 토지제도와 같이 각기 큰 제목을 달고 그밑에 또 소제목들을 달아 총 11권으로 편찬하였다.

《천일록》에는 정치, 경제, 문화, 군사, 교육, 력사, 지리, 풍속 등 사회생활의 거의 모든 분야가 포괄되여있으며 그 서술형식에 있어서도 혹은 일반서술체 혹은 문답체 혹은 상소문 형식으로 다양하게 이루어져있다.

《천일록》은 내용이 풍부하고 사료적가치가 큰 책임에도 불구하고 저자의 이름이 밝혀져있지 않은것으로 하여 저자에 대한 다른 견해들이 있었는데 최근에 와서야 《리조실록》을 통해서 수원의 유생우하영의 저술이라는것을 확증하게 되였다. 이 책은 필사본으로 전해오고있다가 1964년에 《농가총람》을 비롯한 그 일부가 번역출판 되였다.

《만기요람》은 총 11책인데 사본으로 전해오고있다. 책은 재용편과 군정편으로 나누어져있는데 재용편에는 공물, 세금, 화폐, 시장 등에 대하여 서술하고있고 군정편에는 륙진개척, 백두산경계를 설정한 사실을 비롯하여 당시 국방과 관계된 중요한 문제들을 력사적으로 고찰하고있다. 이런 점에서 《만기요람》은 참고할 가치가 많다.

《동국문헌절요》(4권 4책)는 저자를 자세히 알수 없고 필사본으로 전해왔으나 그 내용은 봉건시기 경제를 연구하는데 참고로 된다.

책의 체계를 보면 제1권에 도로와 수로, 전체 경계 등 내용이, 제2권에는 조세에 대한 내용이, 제3권에는 재정에 대한 내용이, 제4권에는 화폐, 병고(군사에 대한것) 등이 서술되여있다.

이상에서 본바와 같이 당시 진보적인 학자들은 봉건정치의 모순을 분석하고 그를 개혁해보기 위하여 애국적인 립장에서 일정하게 가치있는 도서들을 많이 저술편찬하였다.

2) 여러가지 법전

봉건통치자들은 봉건통치제도를 현상태로 유지하려고 하였을뿐만아니라 더욱 강화하여 인민들에 대한 압박과 착취를 합법화하기 위한 목적에서 법전 즉 법률서적들을 더 많이 편찬출판하였다.

17세기 이후에 나온 법전들을 개괄해보면 1698년에 리익 등이 왕명에 의하여 《수교집록》—《대전후속록》 편찬이후 155년간에 반포된 왕의 명령들을 수집정리한것 6권 2책을 편찬출판하였고 1701년에는 최석정 등이 또 왕명에 의하여 《전록통고》(12권 5책)를 편찬출판하였다.

《속대전》은 《경국대전》편찬이후 새로 변경된 법률조문들을 수정보충하여 편찬한것이다.

또 1784년에는 김치인 등이 왕명에 의하여 《대전통편》을 편찬하였다.

이 책은 이미 편찬하여 시행하고있던 《경국대전》과 《속대전》 그리고 《속대전》이 나온 이후의 중요 법령들을 보충통합하여 하나의 편으로 만든것이다.

편찬의 규례는 대체로 《경국대전》의 례를 그대로 준수하면서 《경국대전》의 본문은 《원》자, 《속대전》의 본문은 《속》자, 새로 보충한 부분은 《증》자로 음각을 하여 알기 쉽게 표식을 달았다. 그리고 출판도 바로 이해에 하였다.

《대전회통》(6권 5책)은 1865년에 왕명에 의하여 조두순 등이 편찬출판하였다.

《대전회통》을 편찬한 리유는 《대전통편》이 만들어진 이후의 새 법령조문들을 보충할 필요성과 동시에 이미 있었던 조문들에는 수정할 부분도 제기되였기때문이다.

그리하여 《대전통편》을 기본으로 하고 그 이전과 그 이후의 법령들을 종합보충하였는데 이를 구별하도록 하기 위하여 원래 있던 〈원〉, 〈속〉, 〈증〉자 외에 새로 보충한 부분에다가는 〈보〉자를 음각하여 구분할수 있게 하였다.

이는 1865년에 출판되였는데 리조봉건정부로서는 최후로 만든 법전인만큼 그 이전에 나온 법전보다 가장 종합적이고 완성된것이라고 할수 있다.

그 내용과 편찬목적은 물론 봉건제도를 강화하기 위한것이지만 리조법제연구에 참고자료로 되고있다.

이외에도 개인들이 편찬한 법전도 몇 종류 있는바 정약용의 《흠흠신서》를 제외하고도 구윤명의 《전률통보》(6권 5책)와 홍인호 등이 편찬한 《심리록》(32권 6책) 등이 있다. 그러나 이런 책은 다 출판되지 못하고 필사본으로 전해왔다.

6. 군사관계도서의 출판

군사학은 우리 나라의 오랜 전통을 계승하면서 특히 임진, 병자 두차례의 전쟁경험을 통하여 많은 발전을 가져왔다.

그리하여 종래 있던 군사학서적에다 새로 얻은 경험들과 연구성과들을 보충하게 됨으로써 일련의 병서들이 출판되게 되였다.

봉건정부는 1749년에 조관빈, 박문수, 김상로 등 5명에게 지시하여 《속병장도설》(1책)을 편찬출판케 하였다.

이 책은 15세기에 이미 출판된 《진법서》, 《병장설》, 《병장도설》을 그 토대로 하고 그후 외적격퇴의 경험을 섭취하여 보충편찬한것이다. 그 체제는 《병장도설》과 큰 차이가 없으나 특히 진을 치는 법에 대하여 자세히 서술하고있다. 출판은 편찬과 동시에 되였다.

다음으로 들어야 할것은 《병학통》(2권 1책)이다. 《병학통》은 당시 정부가 장시항 등에게 지시하여 편찬한것인데 그 내용은 대체 《속병장도설》과 《병학지남》에 의거한것이였으나 당시 실시하고있던 군사훈련에 대해서 자세히 서술하고있다.

훈련내용을 배우는자들에게 알기 쉽게 하기 위하여 판화를 첨부하였으며 1785년에 출판하였다. 이 시기 군사학출판물에서 특색을 가지는것은 《무예도보통지》(4권 4책)이다. 《무예도보통지》는 당시 정부의 지시에 의하여 리덕무가 편찬하고 설명을 붙여놓았다.

책의 체계를 보면 첫째 《병기총서》를 비롯하여 《기예질의》와 인용 서목 등을 첨부하고 본편에는 당시까지 우리 나라에서 사용해 오던 무예 즉 군사기예 24종의 그림을 첨부하여 서술하였으며 다음은 《관복도설》, 《고이표》로써 끝을 마치였다.

이 책은 그 내용에서도 조선인민의 영용한 군사기예를 보여준것으로 하여 의의가 있지만 출판물로서 중요한 가치를 가진것은 판화기술의 우수성과 판각이 정교하고 아름다운 점이다.

이 책은 1790년에 언해까지 1권 첨부하여 출판하였다. 글씨는 박제가가 썼다.

 이외에도 봉건정부에서 편찬한 《이진총방》 1책, 김석주가 편찬 출판한 《행군수지》 1책, 화약과 관계된 서적으로 1796년에 군기시에서 편찬출판한 《신전자초방》 1책이 있다.

 그리고 국방대책과 군사학리론을 배합시켜 서술한 책으로는 저자를 모르는 《음우비》(1책)와 신관호의 《민보집설》이 특별한 의의를 가진다.

 《음우비》는 국방강화의 필요성과 그 대책을 여섯가지로 나누어 서술한 아주 중요한 책이였으나 출판되지 못하고 사본으로 전해오고 있다.

 《민보집설》(1책)은 1866년에 프랑스함대의 강화도침략을 계기로 하여 저자가 국방을 강화할 필요성을 절실히 느끼고 1867년에 편찬하였다. 그 내용은 보갑, 보제, 보기, 보약 등으로 나누어 사람들이 어떻게 군사지식을 가져야 하는가를 구체적으로 서술하고있는 점에서 특별히 의의가 있는 서적이다. 이 책은 인쇄본으로 전하고 있다.

7. 자연과학과 기술 도서의 출판

 이 시기 자연과학은 진보적인 실학사상과 기계기술문명의 접촉에 의하여 새로운 발전을 지향하게 되였는바 따라서 그 성과를 반영한 서적들이 수많이 나오게 되였다.

1) 천문, 수학 분야 도서

 천문, 수학 분야에서는 경선중, 박률, 홍대용, 허원, 홍길주, 리상혁, 성주덕, 남병철, 남병길, 리명칠 등 우수한 천문 및 수학자들에 의하여 천문, 수학 서적들이 많이 편찬출판되였다. 그중에 특히 지적해야 할 서적은 천문서적으로 《세초류휘》, 《칠정세초》, 《해경세초해》,《추보속해》,《성경》,《시헌기요》,《국조력상고》,《천동상위고》등이며 수학서적으로서는 《상명수결》을 비롯하여 《수원》,《주해수용》,《산학정의》,《산술관견》등을 들수 있다.

《세초류휘》(2책)는 1705년에 당시 관상감(천문관계를 맡은 관청의 이름—필자)을 책임지고있던 허원이 편찬하여 1710년에 출판하였으며 《칠정세초》(1책)는 관상감의 력관들이 편찬하여 출판한것인데 이 책은 력법(책력에 대한 리론—필자)에서 새로운 리론인 시헌법에 기초하여 일월 및 5성을 관측하는 요결을 서술한데 의의가 있다.

《해경세초해》(3권 2책)는 천문학자이며 수학자인 남병철이 편찬하였고 그 아우 남병길이 출판하였다. 이 책에는 천체관측에 관한 리론과 방식이 설명되여있다.

《추보속해》(4권 3책)도 남병철의 저술인바 일월의 운행과 일식, 월식, 항성 등에 대하여 자세히 해설을 가하고있다. 이 책은 1862년에 출판되였다.

《시헌기요》와 《성경》,《의기집설》,《량도의기설》,《산학정의》등은 모두 남병길의 저작이다.

《시헌기요》(2권 2책)는 그의 저술가운데서도 대표작인바 당시 사용되고있던 시헌법을 한층 구체적으로 설명하고있는 점에서 가치있다.

《시헌기요》는 상편, 하편으로 되여있는데 상편은 천상, 지체, 황적도, 5성행도 등을 서술하고있으며 하편은 《교식총론》과 《일식산례》, 《월식산례》 등을 서술하고있다. 이 책은 1860년에 편찬되여 출판되였다.

《성경》(2권 2책)은 우리 나라에서 전해오던 천문도를 기본으로 하면서 외국학설도 참고하여 별의 도표를 만들고 그에 설명을 가한것인데 1762년에 완성되여 출판되였다. 《의기집설》(2권 2책)은 우리 나라에서 사용한 천문관계기구의 구조 및 리용법을 쓰고있는데서 특색이 있다.

이 시기 국가에서 직접 편찬출판한 천문서적은 《국조력상고》를 들수 있다. 이 책은 1795년에 정부의 지시에 의하여 성주덕이 편찬 출판한것인바 리조력대 력서형편에 관한 내용이 서술되여있다.

《천동상위고》도 고려시기의 천문에 관한 자료를 수집정리한것이다. 최천벽(17세기말~18세기초)이 1708년에 편찬출판하였다.

이 시기에 이룩된 천문, 력법 분야의 커다란 성과는 수학의 발전에 기초해서만 가능하였다. 그렇기때문에 이 시기의 수학자는 수학서적을 저술했을뿐만아니라 우에서 본바와 같이 천문에 관한 서적도 많이 집필출판하였다.

17세기에 나온 대표적인 수학서적으로서는 경선중이 저술한 《상명수결》과 박률이 저술한 《수원》이 있다. 이 책들의 출판년대는 정확히 고증할수 없으나 그 내용에는 당시 우리 나라 수학가들의 독창적인 견해가 서술되여있다.

18세기이후에 우리 수학은 더욱 발전하였고 따라서 우수한 수학서적들이 많이 나오게 되였다. 홍대용의 《주해수용》과 남병길이 저술한 수학책은 특별한 의의를 가진다.

남병길은 원래 재능있는 수학 및 천문학자로서 그 형 남병철과 함께 여러 저술을 통하여 당시 수학을 한층 높은 단계에로 발전시켰다.

남병길의 저서인 《량도의 기설》(1책)은 량도의기의 도해를 만들고 그에 의한 하늘과 땅의 높이와 크기, 해와 달의 운행을 추산하는 산수공식설명을 첨가하였다.

이 책은 1855년에 을묘자로 출판하였다.

《산학정의》는 《해경세초해》와 함께 수학의 여러가지 풀이법들을 정리하여 해설하였고 수학지식을 천문관측의 추산에 응용하고있는 점에서 이 시기 수학서적의 대표작이라고 할수 있다.

이 책은 상, 중, 하 3권으로 되여있으며 1867년에 출판하였는데 판본도 아주 선명하고 아름답다. 리상혁의 《산술관견》(1책)과 리명칠의 《산학통편》도 매우 중요한 자리를 차지한다. 《산술관견》은 1855년에 남상길이 활자로서 출판하였으며 《산학통편》은 현대사칙(가감승제)산수를 자세히 설명하여 그 보급에 기여하였다.

이 시기 수학서적을 언급하는데서 홍길주의 《해항총서》가운데 있는 《총비기》를 언급하지 않을수 없다.

《총비기》는 지금까지 널리 알려지지 않은것이며 또 전문적인 수학서적이 아니라고도 볼수 있다. 그러나 《총비기》에 서술되고있는 《기하신설》, 《호각연례》 등은 홍길주의 수학연구의 수준이 매우 높다는것을 보여주며 수학서적으로서 빼놓을수 없는것이다.

2) 지리도서

지리서적으로서 이 시기 대표적인것은 김정호의 《대동여지도》이다.

김정호의 호는 고산자이다. 그의 생존 및 활동에 관한 년대는 아직 충분히 해명되지 못하고있으나 당시 미천한 가문의 출신이라는 것과 그의 저서들에 기록된 년대와 그의 가장 친근한 벗으로서 긴밀한 련계를 가지고있었다는 최한기와의 련계관계로 보아 그는 19세기초부터 《대동여지도》를 재판하고 체포된(1864년)시기까지 기간에 활동하였다고 본다.

그는 이와 같이 서민계층의 가난한 가정에서 출생하여 사회적 천대와 통치계급들의 온갖 압박이 있었음에도 불구하고 그를 물리치면서 자기의 생애를 오직 조국의 지리학연구에 바쳤으며 나중에는 목숨까지 빼앗기면서도 지리학사에 귀중한 유산인 《대동여지도》를 제작하여놓았다.

그의 지리도서 제작과정을 보면 1834년에 《청구도》(2책)를 제작하였고 그후 여러해에 걸쳐 백두산을 몇번이나 올라가보고 전국 8도를 빠짐없이 답사한 기초우에서 1861년에 《대동여지도》를 제작하였으며 1864년에는 《대동지지》(15책)를 편찬하였다.

《대동여지도》는 그의 선행한 지도와 대비하여볼 때 몇가지 특색이 있다. 첫째는 그 규모가 가장 방대하고 내용 구성과 체계가 정연하며 수리적토대가 정확한 근대적인 실용지도라는 점이며 둘째는 종전의 지도는 흔히 국가적인 지시에 의하여 만든데 비해서 순전히 개별적인 전문가의 제작이라는 점이며 셋째는 대량출판을 전제하고 처음부터 인쇄본을 만든 점이다.

《대동여지도》는 조선전역을 22층으로 횡단하여 1단을 120리로 한 축척이 16만 2천분의 일로 되여있다. 그렇기때문에 이 지도는 220책의 첩본(접는 책)으로 구성되여있다.

《대동여지도》의 범례로서 지도표가 제시되여있으며 지도방안과 지도편찬의 기본방향을 언급한 지도류설도 부록으로 삽입되여 있다.

이 지도에는 자연, 경제, 군사, 교통, 문화 기타 부문의 내용들이 체계적으로 상세히 묘사되여있으며 그의 주기항목은 11,600개에 달한다.

오늘까지도 이 지도는 귀중한 가치를 가지고있으나 당시 완고한 리조봉건통치자들은 국가기밀이 루설된다는 부당한 구실을 붙여 옥에 가두고 결국 그의 목숨까지 빼앗았다.

이러한 환경에서 《대동여지도》 간행사업도 순탄할수 없었다.

초판은 지금부터 130여년전인 1861년에 인본으로 간행된바 있으나 1864년에 다시 복각출판한것은 세상에 나오지 못하게 되여 주로 초판인본의 몇부가 지금까지 전해지고 사본이 간혹 전하고 있다.

이 지도 출판사업과 관련하여 전해지고있는 이야기가 하나있다.

그는 아들이 없고 외딸이 있었는데 그의 딸은 매우 재능있는 문필가였으며 일찍부터 아버지의 뜻을 받들어 늦도록 출가도 안가고 이 큰 사업을 방조하였다.

《대동여지도》 편찬사업으로 말미암아 가산이 파산되자 아버지의 뜻을 성취시키기 위하여 기름장사를 해가면서 빈궁과 온갖 난관을 극복하고 부친 김정호의 《대동여지도》 판각사업과 그 출판의 비용을 보장하였다고 한다.

이렇게 출판을 한 《대동여지도》는 보는바와 같이 판화미술에 있어서나 인쇄기술에 있어서 아주 훌륭하다.

김정호가정처럼 출판활동을 하여 후세에 커다란 업적을 남긴 례도 력사에 드문것이다.

제3장. 〈조보〉와 〈닉명서〉를 비롯한 각종 형태의 선전문

제1절. 〈조보〉의 기원과 발행조직, 내용과 성격

1. 〈조보〉의 기원

우리 나라에서 근대신문의 원형으로서 〈조보〉와 같은 보도물이 오랜 옛날부터 존재하여왔다.(이 〈조보〉의 명칭은 〈조보〉, 〈기별지〉, 〈소식〉, 〈저보〉, 〈란보〉, 〈한경보〉 등 여러가지로 불리웠으나 편의상 〈조보〉로 통일한다.)

〈조보〉가 우리 나라에서 어느 시기부터 있게 되였는가 하는 문제는 여러가지 설이 있기는 하지만 《고려사》와 《고려사절요》에 있는 다음의 자료에 의하여 고려의 충렬왕시기(13세기)부터라고 본다.

《고려사》에 의하면 〈처음 선전소식을 만들었다.〉라고 하였고 《고려사절요》에는 더 구체적으로 다음과 같이 쓰고있다.

〈처음 선전소식을 만들었다. 옛 제도에는 모든 명령과 요구하는 것을 꼭 지시로 내려보냈는데 임금(충렬왕)이 왕위에 오른 이후부터 지시가 너무 잦고 번거로운 바람에 고을들이 그 지시를 맞이하기에 힘겨워서 지쳤다.

리분성이 건의하기를 〈소소한 일을 일일이 지시로 내려보내여 번거롭게 할 필요가 없으니 청컨대 승선(승지—필자)을 시켜서 임금의 지시를 종이에 써서 하나의 서사물로 만들고 그 종이끝에 서명을 한 다음 여러 도에 내려보내도록 할것입니다.〉라고 하였다.

안찰사와 고을원들이 그것을 《소식》이라고 하였는데 이로부터 《소식》이 너무 많아져서 고을들이 괴롭게 여기였다.》

《고려사》의 기사나 《고려사절요》의 기사는 그 시기는 다같이 충렬왕 원년이다.

이 자료로서 《기별지》와 같은 관청의 관보적인 보도물이 바로 《소식》(소식은 기별이라는 말과 같은 의미이다.—필자)의 시초로 되였다고 볼수 있다.

또 《고려사절요》에 의하면 《응방(매기르는곳—필자)의 오숙부와 방문대 등이 마침내 《소식》을 스스로 초고를 만들었다.》라고 한 기사가 있는것으로 보아 점차 하급관리들도 이 《소식》의 초고를 만들어서 돌리지 않았는가 하는것도 추측되며 이 《소식》이 관리들 사이에 쓰이는 보도물로서 점차 그 사용범위가 일반화되여갔다는것도 짐작할수 있게 한다.

그러나 14세기말에 와서 리조의 성립과 관련하여 1392년에 예문춘추관에서 봉건정부의 명령, 지시, 정령들을 서울과 지방의 각급 관청에 통보하였는데 이것은 그 이전시기부터 내려오던 《선전소식》보다 발전된 리조시기에 있어서 《조보》의 시초라고 볼수 있다.*

* 《백과사전》 4권, 과학백과사전출판사, 1976년판, 638~639페지

15세기에 와서 《조보》와 같은 보다 발전된 보도물이 나오게 되자 이 시기까지 내려오던 《소식》의 형태는 점차 그 성격이 변해졌다는것을 다음의 자료에 의하여 알수 있다.

《태종실록》에 의하면 의정부에서 제의하기를 《민간에서 서로 통하는 보고서의 형식을 전하앞에 사용하는것은 합당치 않습니다. 《상언》대신에 《상서》로, 《계본》대신에 《장인》으로, 《계목》대신에 《소식》으로 고치기 바랍니다.》*라고 하였다.

* 《태종실록》 권24, 12년 12월

이 자료를 통해서 《소식》이 밑에서 제의하는 문건의 이름으로

변해졌다는것을 볼수 있으며 그렇게 된 리유는 이 시기에 《조보》와 같은 보다 발전된 보도물이 나오게 된 조건에서 《소식》과 같이 우에서 밑에다 알리는 관보형태를 이중으로 둘 필요가 없기때문에 밑에서 보고하는 문건의 이름으로 고친것이라고 본다.

《조보》에 대한 기사가 리조시기의 기록으로서 가장 일찍 보이는것은 1432년 7월 20일 황희의 편지에서 《지금 남쪽에서 돌아와 막 안부를 물으려고 하던차 마침 〈저보〉가운데서 춘주고을원으로 임명되였다는것을 알게 되였습니다.》*라고 한것이다.

* 《조선사료집》속 제2집, 제5호

이 자료를 통하여 이 시기에는 《조보》가 있었을뿐만아니라 관리들에 대한 일상적인 보도수단으로 리용되고있었다는것도 짐작할수 있다.

황희가 태종시기부터 관리로 활동한 사람인만큼 우의 자료를 통하여 《조보》가 이미 태종시기에도 사용되고있었으리라는것을 추측하기 어렵지 않다.

이렇게 놓고볼 때 《소식》이 자기의 성격을 밑으로부터 올라오는 문건형태로 고치게 될 필요가 태종시기에 응당 제기될수 있었다고 본다.

이렇게 사용되기 시작한 《조보》는 리조말기 1884년 《한성순보》가 나올 때까지 근대신문의 원형으로서 오랜 기간 존속되여왔다.

2. 《조보》의 발행조직과 내용 및 성격

《조보》의 발행조직을 보면 리조봉건시기 초기에는 예문춘추관에서 담당수행하였고 16세기후에는 승정원에서 그 사업을 주관하였다.

편집으로부터 발행, 배포 과정은 지극히 간단하였다. 승정원에서 각 관청으로부터 제공받은 자료와 승정원자체가 발표할 필요를 느끼는 자료들을 먼저 취사선택하여 조보소에 넘기면 중앙 각급 관청들과 한성부 및 기타 기관들에서 파견한 기별서리들이 필사해 갔다.

《6전조례》에 의하면 6조와 그에 소속된 관청들에는 기별서리와 기별군사를 각각 가지고있었다. 례를 들면 병조, 호조, 례조, 공조와 규장각, 교서관, 사헌부, 종친부, 사간원 등에는 각각 1명으로부터 4명까지의 기별서리가 있었으며 기별서리의 역할은 《조보》를 필사해가는 일과 그것을 가지고 가서 배포하는것이였다.

이렇게 필사한것은 사실 원고가 아니라 그자체가 곧 보도물이며 인쇄하지 않고 필사로 끝나는만큼 이로써 《조보》의 편집과 제작 과정은 끝났다.

이것은 인쇄하는것이 아니고(선조때 잠간 인쇄한 일이 있었다.) 필사해가는것인만큼 그 필사한 글씨는 속기체초서로 썼기때문에 알아보기가 힘들 정도이다. 특히 글씨는 필사해가는 기별서리가 다른만큼 글씨체가 필사하는 서리의 필법에 따라 각이하였다.

《조보》의 형태를 보면 매일 매장의 크기가 동일하지 않으나 대체로 그 크기는 35센치 정도의 조선종이 한장에 해당하며 그보다 훨씬 작은것도 있었다.

기사배렬은 내용의 경중과 사건처리순서에 따라 배렬되여 있다.

처음에 발행하는 날자를 쓰고 그다음 기사에는 따로 제목을 붙이지 않았으며 기사문장은 한문에다 리두와 리문식 용어와 문체를 혼용하였다.

그래서 하나의 독특한 조선식한문문체를 이루고있으며 대체로 표현이 간략화되여있다.

《조보》의 배포방법을 보면 수도안에는 직접 기별서리자신이 가지고 배포하는 경우와 각 관청에 배치되여있는 기별군사가 배포하는 경우가 있었다.

그리고 도, 군 급에는 군급의 서울련락소인 경주인과 도급의 서울련락소인 계수주인이 각기 자기가 위임받고있는 도 혹은 군에 발송하였다.

이 발송체계는 우역체계를 리용하기도 하였다. 이렇게 발송하는 경우에 매개 독자에게 각각 한부씩 보내는것이 아니라 회람형태로 되여있었으며 비밀을 보장하기 위하여 밀봉해 보내는것이 통례로 되여있었다.

따라서 배포대상 즉 독자층은 높은 관리들이거나 퇴직한 량반들에게 한하였고 일반인민들에게는 배포하지 않았다.

이렇게 배포된 《조보》는 독자들이 다 본 다음에 회수하는것을 원칙으로 삼았으며 간혹 회수되지 않고 집에 두는 경우도 있었으나 이것이 실록을 비롯한 력사서적편찬사료로 리용된 례가 적지 않다.

그런데 《조보》의 발행력사에서 하나의 특이한 사실로 지적해야 할것은 16세기중엽에 와서 활자로 인쇄한 사실이다.

률곡 리이의 《경연일기》 1578년 2월조에 의하면 서울에서 무직업자들이 《조보》를 인쇄하여 돈벌이를 하려고 하다가 당시 국왕인 선조에게 발각되여 탄압을 받아 중지되고 발행하던 사람들은 귀양간 사실을 기록하고있다.*

* 《률곡전서》 권30

우리는 이것을 통하여 당시 국왕을 비롯한 봉건통치자들이 인민들의 언론출판에 대한 통제가 얼마나 가혹하였으며 자기들의 계급적리해관계에 조금이라도 저촉되는 경우에는 무자비한 탄압을 가하였다는것을 알수 있다.

《리조실록》에 의하면 《조보》인쇄판매사건을 통하여 체포투옥된 사람이 30여명이나 되였으며 얼마나 가혹한 고문을 하였는지 끝 운명할 지경이라고 하였다.*

* 《선조실록》 권12, 11년 정월

《조보》를 인쇄했다는 한가지 사실로 하여 이와 같은 박해를 받았으니 《조보》가 자기 존재를 마치게 된 1884년까지 필사 이외에 다른 형태로 발전할수 없다는것도 리해할만한 일이다.(영조시기에 다시 인쇄하자는 론의가 있었으나 실현되지 못하였다.)

《조보》의 내용을 보면 이미 언급한바와 같이 봉건정부의 관보로서 무엇보다도먼저 국왕의 명령지시와 국가의 중요결정 및 관리임명에 대한 기사들을 먼저 실었으며 그 다음으로 나라안에 생긴 기이한 소식과 이상한 일들, 천재, 사변, 외국과 관련되는 소식, 전란과 관계된 기사들이다.

이런 기사의 례를 몇가지 들어보기로 하자.

관리임명에 대한 기사는 《조보》에 거의 빠짐없이 수록되는 대상의 하나이다.

《하루날 승지들의 교체를 승인하였다. 전일부터 후보자명단에 들었던 좌승지 김수근… 등을 비준하였다.…》*

　* 1850년 3월 1일 《조보》

국내의 기이한 소식과 재변에 대한것도 거의 빠짐없이 수록되고있다.

전자의 례로서는 《네발과 네개의 날개를 가진 병아리가 생겼다.》라고 한것이며 후자의 례로서는 《대동강물이 넘어들어와 민가를 많이 매몰하였다.》라고 한것이다.

또 국제소식에 대한 기사로서는 《왕궁문에 붙은 격문에 의하여 청나라군사가 명나라본토에 침범한것을 알았다.》*라고 한것이다.

　* 1617년 2월 《조보》
　　1583년 7월 《조보》
　　1618년 5월 7일 《조보》

그러나 《조보》의 내용에서 기본을 이루고있는것은 국왕의 《선정》과 《덕》, 봉건정부의 정책과 조치의 《정당성》을 관리들과 인민들에게 선전하는것이었으며 이로부터 《조보》의 계급적성격은 명백하게 규정지을수 있다.

《조보》는 봉건통치자들의 사상 교양과 선전의 무기로서 봉건지배계급의 리익을 위하여 복무하였다는것을 명백히 알수 있으며 이런 점에서 《조보》는 그 시작부터 마지막까지 반인민적성격을 가리울수 없었다.

어느때나 신문은 그의 모든 원형도 포함하여 계급적성격을 띠지 않은것이 없는것처럼 《조보》의 발생자체도 봉건지배계급들이 자기의 통치를 유지공고화할 필요로부터 만든것이다.

그렇기때문에 사료에서 확증된바와 같이 오랜 기간 봉건통치자들은 이 사상적무기를 그 누구에게도 양보하지 않고 독점하였다.

그 내용에 대한 국왕의 엄격한 통제와 인쇄하지 못하게 한 엄한 처벌은 《조보》의 성격을 잘 알수 있게 하는 좋은 례로 된다.

또한 그 계급적성격은 독자의 구성에서도 잘 알수 있는바 그 대상은 봉건통치계급가운데서도 높은 관료출신자들에게 한정되여있었다.(그러나 이러저러한 경로를 통하여 낮은 관리, 서리들까지 보기는 하였다.)

뿐만아니라 회람식으로 배포된 《조보》는 마지막에 회수하는것을 원칙으로 하였으며 절대로 매매하거나 공개할수 없는것으로 되여있었다. 이러한 사실로 미루어보아도 《조보》의 반인민적성격은 아주 명백하다.

《조보》는 그 기원에서부터 봉건통치를 강화하기 위하여 만들어낸것이지만 출판보도물발전력사에서 긍정적인 측면과 부정적인 측면이 있다.

긍정적작용을 한것은 첫째로 근대신문의 원형으로서 《조보》가 세계신문력사에서 그 년대가 가장 오랜것의 하나이라는 점이다.

일반적으로 볼 때 근대신문은 비록 그 소박한 형태까지도 포함하여 다 자본주의사회의 산물이며 세계신문력사를 보더라도 봉건시기에 발행된것이 몇종류 있기는 하지만 대체로 다 16세기이후였다. 이것들은 다 상업정보의 교환이 필요한데로부터 수서신문(손으로 쓴 신문—필자), 서간신문(편지쪽지로 쓴 신문—필자)의 형태로 있었다.

※ 우리 《조보》와 비슷한 형태로서 중국의 《저보》, 《당보》는 기타 여러 가지 이름으로 불리워왔으나 1634년에 인쇄하였다고 하였다.(중국보학사) 세계에서 가장 오랜것의 하나로 기원전 59년에 로마에서 관보형태가 있었으나 3세기에 와서 자취를 감추고말았으며 구라파에서는 16세기말에 와서 인쇄를 처음 하였다.

일본에서는 신문류사물로서 가와라가 17세기부터 있었을뿐이다. (《백과사전》《일문》 권1, 5, 평범사, 438페지)

이런 몇가지 사실에서 볼 때 우리 나라의 《조보》는 세계신문력사에서 가장 오랜것의 하나로서 특이한 위치를 차지한다.

둘째로 들어야 할것은 이 《조보》가 당시 력사편찬에서 중요한 자료로 리용된 사실이다.

《조보》가 매일간으로 몇백년동안 계속되여온것만큼 《리조실록》을 비롯한 력사서적편찬에 적지 않게 사료를 제공하였으며 이런 점에서 그 의의가 있다.

그러나 《조보》는 부정적측면도 있다. 그것은 첫째로, 《조보》가 존속기간 계속 봉건통치를 강화하는데 복무한 반인민적보도물이라는 점이며 둘째로, 《조보》가 보도물로서 일정한 기능을 수행하여온만큼 신문의 원형이라고 할수 있지만 그러나 그 내용과 형식, 편집방법에서 볼 때 근대신문과는 완전히 구별되는 보도물이라는 점이다. 다시말하면 신문의 체모를 너무나 갖추지 못하였다.

제2절. 《닉명서》를 비롯한 각종 형태의 선전문

1. 《닉명서》

우리 인민들은 오랜 기간 봉건적착취와 외래침략자들을 반대하여 완강한 투쟁을 전개하여왔다.

17～19세기 전반기에도 《닉명서》는 인민들의 투쟁의 무기로서 일정한 역할을 수행하였다.

그 이름은 《닉명서》, 《패서》, 《패방》, 《벽서》 등 여러가지로 불리워왔지만 그 내용과 성격에서는 차이가 없다.

이에 대한 몇가지 실례를 든다면 다음과 같다.

1504년 연산군의 폭정을 반대하는 언문 《닉명서》, 1531년 김안로, 채무택 등의 비행을 폭로하는 종로 《패방》, 1547년에 왕비의 정권독점을 반대하여 붉은 글씨로 쓴 량재역 《벽서》, 1711년 연은문 《패서》, 1714년 숭례문 《패서》, 1727년 전주와 남원 《패서》, 1728년 서울 서소문 《패서》, 1734년 대구진영 《패서》, 1819년 수원 《패서》, 1826년 청주 《패서》, 1837년 대흥군 《패서》, 1844년 삼가현 《패서》, 산청현 《패서》, 1860년 돈의문 《패서》이다.

이상 자료는 15～19세기중엽까지에 있어서 몇가지 례를 든데 불과하다.

그러나 여기에서 《닉명서》가 15～19세기중엽까지 계속되였다는것을 볼수 있으며 그 내용들은 한결같이 정치경제적인 측면 즉 지배계급의 학정과 만행을 폭로하는 내용을 담고있다는것을 알수 있다. 더우기 그 문장은 간결명료하며 매우 날카롭고 선동적이고 투쟁적이다.

그러한 례는 연산군시기에 있었던 국문 《닉명서》에서 뚜렷이 찾아볼수 있다. 그에 의하면 《옛날 임금은 란시에도 이와 같이 사람을 죽이지 않았는데 지금 임금은 도대체 어떤 임금인가》*라고 하였다.

* 《연산군일기》 권4, 10년 7월

지금 전하는 《연산군일기》 자료는 그때 국문으로 된 원문이 그대로 전하지 않고 한문으로 써서 그 일부를 전하고있을뿐이다.

그러나 이 내용은 그 비판성이 아주 로골적이며 말은 간단하면서도 의미는 매우 깊었다. 더우기 특별한 수식어를 쓰지 않았지만 왕을 살인자, 피수로 규정하였으니 그이상 폭로가 예리할수 없다.

이를 계기로 하여 국문사용이 일시 금지되는 사실까지 있어 《닉명서》가 당시 통치자들에게 준 영향은 심대하였다.

다른 또하나의 례를 들어보자.

《녀왕이 우에서 집정을 하고 간신 리기 등이 밑에서 권력을 롱간하니 나라가 망할것은 멀지 않다. 어찌 한심하지 않은가.》*

※ 《명종실록》 권6, 2년 7월 병인

이 《닉명서》는 1547년에 경기도 광주군 량재역에 붙었고 그 내용에서 폭로성과 비판성이 아주 강하다.

기타 《닉명서》들도 그 내용이 이와 비슷하다는것은 더 말할 필요도 없다. 바로 《닉명서》가 가지고있는 특성의 하나가 여기에 있다.

즉 다른 출판물들은 필사이건 인쇄물이건간에 그 이름이 알려지는 조건에서 국왕을 이렇게 로골적으로 폭로하기는 어려운것이였다.

그렇기때문에 중세기 긍정적인 작품이라 하더라도 이처럼 직접적으로 국왕이나 당시 사회를 폭로하지 못하고 대개 풍자와 은유적수법을 쓰는 경우가 보통이다.

그러나 《닉명서》는 이와는 다르게 지배계급들의 죄악을 예리하고도 로골적으로 폭로하는 투쟁의 무기로 되였다.

《닉명서》의 또하나의 특성은 직접 대중들에게 선전성을 높이며 신속성을 보장하기 위하여 벽에 붙이거나 게시하는데 있다.

그들이 게시하거나 붙이는 장소는 대개 사람이 번화하게 다니는 거리 혹은 시장을 리용하였다.

례컨대 서울에서는 종로 숭례문(남대문의 본래이름), 서소문 등에 《닉명서》를 붙이는 장소로 되여있었고 지방에서는 흔히 시장이나 영문을 리용하였다.

바로 이런데서도 오늘의 삐라와 비슷하다는것을 생각하게 된다.

다음으로 또하나의 특성은 《닉명서》가 피압박군중과 농민폭동군들의 손에 의하여 작성되였다는 사실이다.

봉건시기에 있어서 피압박군중들이 직접 자기의 출판물을 만든 것은 찾아보기 어려우며 농민군들이 만든것도 몇개의 격문밖에는 없다.

그러나 《닉명서》는 거의 모두가 당시 봉건정부와 량반권력자들을 반대하여 투쟁에 궐기한 폭동군과 인민들에 의하여 만들어진 선전물이다.

그렇기때문에 이 출판물은 중세기 어떤 출판물보다 가장 가치있고 귀중한것이다.

바로 《닉명서》가 이와 같은 계급성을 띠고있음으로 하여 봉건통치자들은 《닉명서》를 가장 두려워하였고 그것을 가지고 투쟁하는 사람들을 자기들의 계급적원쑤로 대하였으며 체포하기만 하면 극형에 처하였다.

그러나 대중의 옹호를 받는 《닉명서》는 피압박인민들의 계급투쟁의 무기로서 계속 존재하면서 오랜 기간 커다란 역할을 놀았다.

2. 《륜음》

《륜음》은 봉건시기 국가에서 어떤 사변이 발생하였거나 또는 인민들을 설복시킬 필요가 있을 때 왕이 발표하는 반동적선전문의 한 형태이다.

《닉명서》와 《륜음》은 본질적으로 정반대되는 성격을 가진다.

계급적으로 볼 때 《닉명서》는 피압박인민들의 리익을 옹호하기 위한 선전물이라면 《륜음》은 봉건지배계급의 리익을 옹호하기 위한 반동적출판물이다.

사상으로 볼 때 《닉명서》는 반봉건, 반침략 사상을 기본으로 하고있다면 《륜음》은 봉건군주통치에 순종할것을 설교하는 반동사상을 담고있다.

그렇기때문에 《륜음》은 국가의 문건이면서도 지시나 명령적내용은 거의 찾아볼수 없고 설복의 방법으로 선동하며 회유하는것이 통례로 되고있다.

현대서적에 전하고있는 18세기이후의 《륜음》을 몇가지 들면 다음과 같다.

《수성륜음》(1책)인본은 1751년(영조27년)에 발표된것인데 당시 군대들이 성을 잘 지키라는 내용을 담고있다.

《계주륜음》(1책)인본은 1757년에 관료들이 술을 금지할데 대한 내용이 씌여져있다. 이 책은 국문으로 해석해서 인민들에게까지 반포하였다.

《유호서민인륜음》(1책)인본은 1782년(정조6년)에 충청북도지방에 흉년이 들었을 때 인민들을 무마하기 위해 발표한것이다.

《어제 유함경남북관민인 륜음》(1책)인본은 1788년(정종12년) 함경도일대에 흉년이 들어 인민들이 류랑하므로 그를 회유하기 위하여 발표한것이다.

《척사륜음》(1책)인본은 1839년에 천주교를 반대하기 위하여 발표한것이다.

그후 1881년(고종18년)에 발표한 《척사륜음》이 또 한책 있다.

이러한 《륜음》들은 그 계급적성격으로 보아 반인민적임에도 불구하고 당시 지배계급은 자기의 출판물이기때문에 모두 활자로 인쇄하였으며 국문으로 언해까지 달아 간행하였다.

통치자들은 인민대중의 출판물에 대해서는 매우 가혹한 제한과 탄압을 가하면서도 자기들의 통치를 공고히 하기 위한 출판물에는 있는 노력을 다하였다.

이 사실만 보아도 통치계급들의 출판문화정책의 반동적본질을 알수 있다.

부 록

조선 중세활자 일람표

번호	년대	간지	활자명	글자본 보기명	종류	글자수	책이름 (대표적인것)	글자모양	세계 활자 년대
1	1234	갑오	상정례문 찍은자		주자		상정례문		세계 최초의 금속활자
2	1403	계미	계미자	고주시 서좌씨전	동활자	수십만자		크고 바르지 않다.	
3	1420~1421	경자~신축	경자자		동활자		《문장정종》등	계미자의 개주 극히 깨끗하고 아름답다.	
4	1434	갑인	갑인자	수양대군 필적	동활자	20여만자	《국조보감》,《동국통감》등	선명하고 바르고 크며 아주 우수하다.	
5	1436	병진	병진자	수양대군 필적	연활자		《사정전훈의자치통감강목》	활자가 배나 크면서도 아름답다.	세계 최초의 연활자
6	1450	경오	경오자		주자				독일 구텐베르그 금속활자 발명
7	1452	임신	임신자	안평대군 필적	주자			경자자 개주한것	
8	1452~1454	임신~갑술	실록자		동활자				

— 405 —

번호	년대	간지	활자명	글자본보기명	종류	글자수	책이름(대표적인것)	글자모양	세계활자년대
9	1455	을해	을해자	강희안의 필적	동활자		《동문선》등	임진자 개주 대중소 3종	
10	1465	을유	을유자	정란종의 필적	주자		《구결원각경》등	고르지 못함	
11	1471	신묘	신묘자	왕형공, 구양공 필적	주자		《분류두공부시언해》	경자자보다 적으면서 더욱 정교하다.	
12	1484	갑진	갑진자		동활자	30만자	《당시품휘》등	글자가 바르고 아름답다.	
13	1493	계축	계축자	강목자	동활자		《동국여지승람》등		
14	15세기		국문활자		동활자				
15	1516~1519	병자~기묘	기묘자		놋쇠활자		《령대병운》등		놋쇠활자 새창안
16	1573	계유	계유자	개주갑인자	철활자				철활자 새창안
17	1593~1604	계사~갑진	훈련도감자	안평대군 필적	목활자		《고사찰요》		
18	1668	무신	교서관자	강목자	동철활자	대자6만자 소자4만자	《문곡집》등	매우 정교하고 아름답다.	
19	1695	을해	한구자	한구의 필적	동활자		《잡곡집》등	자형이 적다. 그러나 박력이 있다.	

번호	년대	간지	활자명	글자본보기명	종류	글자수	책이름(대표적인것)	글자모양	세계활자년대
20	1772	임진	임진자	갑인자	주자	15만자	《정문계몽》등	갑인자를 본보기로 하여 우수하다.	
21	1777	정유	정유자	갑인자	주자	15만자	《규장각지》등	갑인자를 본보기로 하여 우수하다.	
22	1782	임인	임인자(재주한구자)		주자	8만자		한구자를 본보기로 박력이 있다.	
23	1795~1796	을묘~병진	정리자	생생자	주자	32만여자	《정리의궤》등	대자, 소자 아름답다.	
24	1797	정사	춘추강자	조씨, 황씨 글씨	주자	5,262자	《춘추》		
25	1858	무오		정리자 한구자	주자	16만자	《량전편고》등	대자와 소자, 한구자를 본보기로 함	
26	1850~1860	경술~경신	운현궁활자	목재집 글씨 본보기	주자	8만자	《량전편2》등		

— 407 —

조선출판문화사
(고대~중세)

집필 라철화 편집 림영규 장정 김기봉 교정 권영욱

펴낸곳   사 회 과 학 출 판 사
인쇄소   평양종합인쇄공장

인쇄 1995년 1월 10일   발행 1995년 1월 20일

ㄱ—45134

海外우리語文學硏究叢書 100
조선출판문화사
(고대~중세)

1996년 6월 10일 인쇄
1996년 6월 20일 발행

저 자 리 철 화
발 행 사회과학출판사
영 인 **한국문화사**
133-112
서울시 성동구 성수1가 2동 13-156
전화 464-7708, 499-0846
팩스 499-0846
등록 2-1276호

값 15,000원

ISBN 89-7735-267-3